한국어교육을 위한 대조 연구

: 한국어와 영어, 스페인어, 러시아어 대조

한국 언어·문학·문화 총서

12

한국어교육을 위한 대조 연구

: 한국어와 영어, 스페인어, 러시아어 대조

원미진 외

머리말

한국어교육 연구의 비약적 성과의 하나는 대조 연구를 통해 한국어의 특성을 밝히고 이 결과에서 어떤 교육적 함의를 끌어낸 것, 다시 말하면 "다른 언어를 통해 한국어 바라보기" 연구의 축적이라 할 수 있다. 혹자는 이런 대조 연구의 질을 문제 삼으면서 연구들의 가치를 낮춰 보기도 하는데 이런 대조 연구의 상당 부분이 석사학위나 박사학위논문으로 작성되었으며 이는 아직 학술적으로 검증이 덜 된 신진 연구자들에 의한 연구이고 특히 이들 중의 상당수는 외국인 대학원생들의 연구라는 것에 대한 불신에서 출발한 것으로 생각한다. 이런 평가에 대해 나는 연구자로서 동의하지 않는다. 모든 출간된 연구는 학위논문이라면 연구자와 지도 교수가 연구를 함께 한 결과물이며, 이 연구들 역시 연구 방법과 절차가 신뢰성 있고 타당하게 진행되었을 것이라 생각한다. 그러나 나 역시 연구자이자 대학원에서 학위논문을 작성하는 신진 연구자들의 지도 교수라는 입장에서 한국어와 다른 언어의 대조 연구를 지도하면서 몇 가지 문제에 대한 고민거리는 늘 가지고 있었다.

우선 한국어에 대한 지식은 어느 정도 있다고 할 수 있지만 다른 언어에 대한 지식이 없는 내가 우리 학생들의 연구와 그 결과에 대해 자신할 수 있으려면 무엇이 선행되어야 하느냐에 대한 끊임없는 고민이었다. 물론 두 언어를 잘 아는 심사위원을 모시고 연구를 마무리할 수도 있지만 그것은 현실적으로 불가능에 가까우며, 두 언어를 잘 안다는 것과 연구를 한다는 것이 또 다른 문제라는 것은 너무도 당연한 연구의 전제이다. 연구의 결과를 자신할 수 있는 방법은 선행 연구에 대한 충실한 검토, 연구 자료의 신뢰성, 그리고 이것을 분석하는 타당한 방법이 제대로 이루어졌느냐의 문제일 수 있다. 적어도 이 세 가지 문제가 검증된 것이라면 이를 통한 연구의 결과는 충분히 연구로서 가치가 있다고 판단한다. 그런데 연구 과정에서는 이 세 가지 문제의 해결은 늘 개별적으로 다르게 나타난다. 어떤 연구는 생각보다 선행 연구가 너무 많아서 더 이상 연구를 한다는 것이 크게 새로울 것이 없어 보이기도 하고, 어떤 연구 문제는 선행 연구가 너무 없어서 그 연구를 진행하기에는 의지할 만한 근거 있는 문헌 자료를 찾기가 어렵다. 어떤 연구 주제는 해결되어야 하는 문제이나 도무지 자료를 찾을 수가 없거나 자료를 얻을 수 있다고 해도 신뢰할 만한 것인가에 대해 의문이 남기도 하였다. 또한, 연구 문제를 해결할 수 있는 방법은 사실 연구자의 능력에 의지하는데 어떤 연구자에게는 쉬운 방법이지만 어떤 연구자는 특정한 연구 방법을 수행하기에는 적합한 소질이 없는 경우도 있었다. 그래서 이 세 가지의 연구 시작 전에 검토되어야 하는 문제는 당연한 것 같지만 매번 개별적이고 매번 달랐다.

두 번째로 대조 연구를 수행하거나 지도하면서 늘 마주치는 문제의 하나는 왜 특정 주제에 대한 많은 연구가 이루어졌음에도 불구하고 수많은 연구 결과에 대해 종합하기 어려워 계속 그 주제에 대해 연구를 계속하도록 하느냐의 문제였다. 자료와 방법이 달라서 어느 정도 결과가 다를 수 있는 것은 너무도 당연한데 그럼에도 불구하고 종합적인 혹은 통합적인 결과에 대해 동의할 만한 사실은 아직도 없느냐의 문제이다. 늘 연구 문제를 가져오는 학생들의 연구 목적을 살펴보면 이런 특정한 사실에 대한 연구가 부족해서 이를 더 연구해서 교육적 함의를 도출해 보겠다는 것인데 이는 반은 사실이고 반은 선행 연구에 대한 검토가 부족해서라는 생각이 들기도 하였다. 이런 문제에 대한 궁금증과 해결 방법을 찾기 위해 이 분야의 대조 연구 결과를 정리하고자 하였고, 많은 연구들을 정리하기 위한 방법에 접근하고 싶었다.

마지막으로 해결해 보고 싶었던 문제는 그렇다면 향후 대조 연구를 한다면 연구자들이 갖춰야 하는 것은 무엇일까에 대한 정리였다. 이 문제는 어떤 측면에서는 앞의 두 문제가 해결된다면 저절로 해결 가능한 문제일 수도 있다. 이런 관점에서 이 책은 그동안 한국어교육을 위해 수행된 대조 연구를 정리하고 이 정리를 바탕으로 앞으로 어떤 연구가 더 수행되어야 하는지를 제시해 보고자 하였다. 이 목적을 우선 고려하면서 언어 대조의 영역별로 그 분야의 연구에 대한 쟁점들을 정리하여 제시하였고 이를 바탕으로 해결해야 하는 문제를 지적해 보기도 하였다.

이번 학기에는 그동안 대조 연구나 이와 관련된 한국어교육 연구로 석사논문이나 학술지 논문을 작성했던 경험이 있는 박사 과정생들이 함께 모여 자신의 연구 분야를 정하고 그 분야에 대한 정리 작업을 시작하였다. 큰 틀에서 연구 영역을 나누고 각각의 영역을 담당하는 최소 2-3명 이상의 소그룹으로 영역을 배분하였다. 소그룹 작업은 어려움도 있지만 한 사람의 정리보다는 서로 피드백을 주고받는 과정에서 한 개인이 놓친 부분을 보완할 수 있을 것이라는 점에서 장점이 있다. 영역별로 정리가 되면 발표하고 피드백을 주고받으면서 비교적 비슷한 방법으로 원고를 작성하였다. 자신이 맡은 영역에 대한 정리를 통해 그동안의 연구에 대한 쟁점을 끌어내서 선행 연구자들이 해결하지 못했던 문제가 무엇인가를 찾아내는 작업을 우선적으로 실시하였다. 이 작업을 시작할 때 연구 영역의 선정에 있어 연구자 개인의 관심에서 출발한 경우도 있지만 모두 다른 영역을 맡아야 하기에 원하지 않는 부분을 맡을 수밖에 없었던 연구자도 있었기에 개별적인 주제에 대한 논의가 분량이나 깊이에 차이가 있을 수 있다. 영역별로 전체적으로 정리한 내용은 개별적인 논의가 아니라 그 장의 논의에 관여한 여러 명의 논의를 종합한 결과이다. 그 영역 안의 소주제들은 개별 연구로 진행되었고, 연구자의 깊이 있는 논의가 영역에 따라 다양한 관점에서 이루어졌다.

이 책에서 제시하고 있는 연구의 결과나 논의는 함께 논의하고 이야기를 나눈 결과이기에 연구자 개인의 문제가 아니라 함께 책을 집필한 우리들의 의견이라고 할 수 있으며 이 책의 집필 방향과 분석의 틀을 제시한 나의 책임이 가장 크다고 할 수 있다. 혹시라도 이 책에서 인용된 선행 연구자 중에 연구 쟁점을 제시하는 부분에서 자신의 연구가 잘못 인용되었고, 이에 대해 비판으로 인해 자신의 작업이 폄훼되었다고 느낀다면 이것은 공부하고 있는 과정에서 비판적 시각을 강조한 나에게 책임이 있음을 밝힌다. 집필은 최대한 중립적으로 기술하자는 방침을 세웠음에도 불구하고 쟁점을 끌어내다 보면 무언가 한쪽의 입장이 강조될 수밖에 없는 측면이 있었음에 대해 양해를 구한다. 그럼에도 불구하고 이 책은 여기에 자료로 제시된 수많은 대조 연구를 수행한 연구자들에게 빚지고 있으며, 그들의 선행 연구가 이 책의 집필을 가능하게 했다는 점에서 진심으로 감사의 말씀을 전한다.

마지막으로 한 학기 동안 수많은 연구를 찾아서 읽어 보고, 그것을 정리하고, 그리고 다시 또 정리하는 글을 쓰면서 보낸 이 책의 집필자 모두에게 고마움을 전한다. 더불어 많은 글을 모으고 정리하느라 고생한 양지현과 박미영, 전하리에게 특별한 감사의 말을 남긴다. 우리 모두는 한 언어 사용의 전문가이지만 다른 언어에 대해서는 완벽한 전문가가 아니다. 또한 연구자로서는 언어 연구에 대해서 혹은 언어 교육에 대해서는 지금도 여전히 갈 길이 먼 연구자들이다. 혹시라도 책에서 드러난 불완전함이 있다면 이런 점에 대해 추후 계속 연구할 것이라는 점을 밝히며,

다만 현재까지 축적된 우리 연구 능력의 결실이라는 점을 말하고 싶다.

나와 한국인 연구자에게는 "다른 언어를 통한 한국어 바라보기"였다면 외국인 연구자들에게는 "한국어를 통한 모국어 바라보기"였을 텐데 이를 통해 바라본 우리 모두의 모국어가 어떤 모습이었을지 자못 궁금하다. 앞으로 계속 한국어교육을 위한 대조 연구를 하고 싶은 연구자들에게 한 번쯤은 읽어 봐야 할 책으로 남을 수 있기를 기대하며 서문을 대표 집필하였다. 우리의 연구가 나아가야 할 방향에 조금이라도 길을 제시했으면 하는 바람을 해본다.

2022년 8월

연세대학교 외솔관에서

원미진

차례

제3장
한·서 대조 연구

제4장
한·러 대조 연구

제1장

한국어교육을 위한
대조 연구 방향 모색

I.
한국어교육을 위한 대조 연구 살펴보기
: 한·영, 한·서, 한·러 대조 연구를 중심으로

원미진

1. 들어가는 말

한국어교육을 위한 대조 연구를 살펴보기 위해 한국어-중국어, 한국어-영어, 한국어-스페인어, 한국어-러시아어를 우선적으로 살펴보았는데, 한·중 대조 연구의 급속한 팽창[1]과 같은 경향을 다른 언어와의 대조에서는 찾아볼 수가 없었다. 이 책에서는 한·영 대조 200여 편, 한국어와 스페인어 대조 70여 편, 한국어와 러시아어 대조 77편을 분석하였다. 이 숫자는 중국어 대조 연구와는 달리 한국어교육을 위한 대조뿐만 아니라 영어나 스페인어, 러시아어를 중심으로 한국어와 대조를 한 연구도 포함시켜 분석한 결과이다[2]. 한·서 대조나 한·러 대조의 경우 한국어

---

[1] 한국어교육을 위한 대조 연구라는 제목으로 두 권의 책을 발간하는데 1권의 한국어와 중국어 대조는 2천여 개의 연구를 다루고 있다. 본 권에서는 세 개의 언어권과의 대조를 살펴보고 있지만 중국어 대조와 비교하여 볼 때 숫자로는 상당히 적다고 하겠다. 이는 한·중 대조의 엄청난 양의 증가는 중국어권 학습자의 수나 중국어 사용 연구자의 팽창이 가져온 결과임에 비해 다른 언어권에서는 그런 현상은 아직 일어나지 않았기 때문이라 판단된다.

교육을 위한 대조 연구의 초기라 연구가 많지 않아서 이 책에서는 한국
어교육을 위한 연구 뿐만 아니라 두 언어 자체를 언어학적인 관점에서
대조한 연구나 반대로 외국어교육을 위한 대조 연구의 성과와 함께 살펴
보기로 하였다. 다시 말하면 세 언어권과의 대조 연구는 영어나 스페인
어, 러시아어를 전공한 한국인 연구자에 의해 수행된 연구가 상당수가
존재하고 오히려 연구의 시작 단계에서는 두 언어간 차이를 밝힌 언어학
적인 대조 연구가 많아서 이를 제외하면 대조 연구의 성과를 제대로 밝
힐 수 없기 때문이다.

중국어에 비해 대조 연구의 수가 적은 것은 이 언어권에서 한국어를
배우는 학습자 수의 차이일 뿐만 아니라 연구자 자원의 차이라고 판단된
다. 중국어권 대조 연구를 수행한 연구들의 많은 부분이 한국에 유학을
온 대학원 석박사 학위 논문이었다는 점을 고려하면 상대적으로 이 세
개의 언어권에서 온 한국어교육 전공 연구자의 수는 적기 때문이다. 이
책에서는 한·영, 한·서, 한·러 대조 연구의 지난 20여년간 연구 동향을
정리하고 향후 과제를 제시하였다. 이 장에서는 각 언어권 대조 연구의
전체적인 동향을 정리 요약하고, 세 언어권의 공통적인 점과 차이점을
정리해 봄으로써 한국어교육을 위해 수행된 대조 연구의 동향을 종합해
보려고 한다. 또한 세 언어권에서 공통적으로 나타나는 연구 경향과 다
르게 나타나는 특징적인 모습을 살펴봄으로써 대조 연구를 통해 드러나
는 한국어교육 연구의 특징에 접근해 보려고 한다.

---

2   중국어권의 연구도 중국어 교육을 위한 연구나 중국어 전공 한국인에 의한 연구가
상당수 존재하나 이미 한국어교육을 위한 연구만으로도 연구 동향을 파악하기에 충분
하여 중국어와의 대조에서는 중국어-한국어 대조 연구는 살펴보지 못했다.

2. 한·영 대조 연구의 동향

한국어와 영어의 대조 연구는 2005년 이전에도 40여 편이 존재하였고, 2005년 이후에도 현재까지 매해 10여편의 연구가 수행되었다. 중국어와의 대조 연구가 석박사 학위논문에 치중이 되어 있는 것에 비해 영어와의 대조 연구는 200여 편의 반 정도가 학술지에 게재된 논문이기에 논문의 집필 목적이나 발간 양식에서부터 큰 차이가 있다. 한국어교육을 위한 한·중 대조 연구가 한국어교육을 전공하는 중국어 모어 화자들이 연구가 대다수라면 한·영 대조 연구는 영어 모어 화자의 연구는 소수이며 한국어교육 전공의 연구자들에 의해서 수행된 연구이거나, 한국어교육을 목적으로 하지 않은 한국인 영어를 전공하는 한국인 연구자의 연구 성과물이다. 대체적으로 한국어교육을 위해 한국어와 영어를 대조한 연구의 수와 영어 학습자를 위해 영어와 한국어를 대조한 연구의 수가 비슷하다는 측면에서 한·영 대조 연구는 대조의 방향을 중심으로 검토해 보았다.

연구 분야로 나누어 살펴보면 문법 연구가 가장 많으며, 문법 연구의 동향은 다른 언어권의 경향과 크게 다르지 않다. 두 언어의 문법적 차이에서 가장 관심을 보인 영역은 문장 구성을 다룬 내용이다. 그 다음이 피동과 사동법, 그리고 시간 표현을 대조한 연구이다. 문법 대조를 한 연구들은 다양한 연구 자료를 사용하긴 했지만 최근의 연구일수록 말뭉치를 사용하여 문법 형식을 대조하는 연구들로 나가고 있어 전체 연구의 반 정도는 말뭉치 자료를 통해 대조하고 있다. 이런 경향은 어휘 대조도 마찬가지로 말뭉치를 사용한 대조가 주를 이루었으며 담화의 경우에는 말뭉치보다 DCT를 활용한 연구가 주를 이루고 있다. 문법 대조 연구의 연구 방법을 살펴보면 대체로 선행 문헌을 바탕으로 예문을 통해 문법적 차이를 설명하는 방법을 취하고 있으며 이를 위해 사용된 언어 자료는 반 이상의 연구가 말뭉치를 사용하여 연구를 수행하였다.

그 다음으로 연구가 많이 진행된 영역은 담화 대조로 나타났는데 이는 다른 언어권의 연구 경향과는 차이가 있는 부분이다. 영어를 제외한 다른 언어와 한국어의 대조는 보통은 음운과 문법 대조 연구가 많이 이루어지고 나서 어휘와 담화 연구로 나아가는 경향이 있음에 비해 영어는 전체 연구의 수에 비해 담화 영역의 연구의 수가 상대적으로 많다. 이런 이유의 하나는 한국어교육을 전공하는 석박사 연구자들이 한·영 대조 연구를 할 때 문법이나 어휘 대조보다 화행 대조에 대해 관심을 보이는 것이 하나의 이유라고 생각된다.

한·중 대조 연구는 중국어 모어 화자인 연구자들에 의해 수행되면서 중국어 문장이나 어휘의 의미에 대해 모어 화자의 직관으로 기술하는 대조 연구가 활발하게 나타났다. 반면에 한·영 대조를 하는 영어 모어 화자는 거의 없다고 할 수 있으며 대체로 한국인 연구자에 의해 한국어교육을 위한 대조 연구가 수행이 되었기 때문에 연구 자료의 선정과 연구 방법의 선택에 있어 선호하는 양상이 다르게 나타났다. 연구 자료 사용에 있어서도 문법 대조는 말뭉치 사용이 많다는 것과 음운 대조는 실험 음성학적인 연구가 많은데 이런 경향은 이론적인 논쟁보다는 실제 자료를 통해 증명할 수 있는 부분에 초점을 맞추는 것이 연구자가 객관적으로 증명하기 위해 선택할 수 있는 방법이기 때문이다. 비슷한 이유로 영어 모어 화자가 아닌 한국인 연구자들은 상대적으로 연구 자료 수집에 부담이 덜한 DCT를 사용하는 화행 대조 연구에 더 많은 관심을 보였을 것이라는 추정이 가능하다. 물론 이에 대한 전제는 한국어와 중국어를 대조해서 나타나는 화행의 차이에 비해 한국어와 영어 화자 사이에 느끼는 화행의 차이가 더 많을 거라는 언어 사용의 사회학적 문화적 차이의 문제도 이미 전제하고 있음은 말할 것도 없다.

음운 대조의 경우 50편이 넘는 연구가 이루어졌으며 자음 대조 연구가 이 중에 반 이상을 차지하고 있다. 자음 대조에서의 관심은 한국어 마찰음과 영어 마찰음에 대한 대조 연구가 많았다. 이는 한국어의 마찰음의 수가 영어에 비해 현저히 적다 보니 가장 차이가 나게 인식하는 음운이라는 점에서 연구 대상으로서의 관심이 높아진 부분이라는 점에서 중국어 자음 대조와는 관심 영역이 다르게 나타나는 것을 확인할 수 있었다. 모음 대조의 문제에서도 중국어 모음과의 대조는 한국어에 있지만 중국어에는 없는 모음이 무엇이냐에 대한 것이 초점이었다면 영어와의 대조는 /에/와 /애/가 영어의 /ɛ/나 /æ/와 어떤 차이가 있느냐에 대한 것과 같이 모음이 많은 영어와 한국어의 모음 대조는 비슷한 위치에 있는 모음의 차이가 무엇이냐에 집중하고 있는 것을 볼 수 있다.

한·영 대조에서 나타나는 또 다른 특징은 연구의 수에 있어 한·영 대조의 수나 영한 대조의 수가 비슷하게 나타나며, 양방향 대조가 이루어진 연구의 수도 비슷하게 각각 3분의 1정도를 점유하고 있다는 흥미로운 사실이다[3]. 한국어교육을 위한 대조 연구나 영어교육을 위한 대조 연구의 수가 비슷하다는 것은 상대적으로 한국어교육을 위한 대조 연구가 늦게 시작되었다는 점을 반영한다고 하더라도 양쪽 방향 모두에서 이 분야에 대한 연구는 빠르게 늘지 않고 있는 사실은 반영하고 있다고 생각한다. 결론적으로는 한국어교육계에서는 영어 화자를 대상으로 한 연

---

3   이 책에서 정한 대조의 방향이 꼭 교육의 목적이 한국어교육인 것은 한·영 대조이고, 영어교육인 것은 영한 대조로 나타나고 있지는 않았다. 다만 이 책의 분석 기준은 대조의 항목을 한국어에서 출발하여 영어의 어떤 항목과 대응되느냐에 초점을 맞춘 것은 한·영으로 영어의 항목에서 출발해서 한국어의 어떤 항목에 대응되느냐를 살핀 것은 영한 대조로 대조의 방향을 정하였다.

구를 할 수 있는 연구의 자원이 많지 않다는 것을 확인할 수 있는 작업이
기도 하였다. 같은 주제에 대해 많은 연구 결과가 있어 이를 종합하고
연구 결과를 비교 대조하는 작업을 하기에는 음운 대조 연구를 제외하고
는 아직까지 연구들이 개별적으로 이루어져 있으며 여전히 연구할 영역
이 많이 남아있는 대조 영역이라 할 수 있다.

3. 한·서 대조 연구의 동향

한·서 대조 연구 검토를 위한 검색 결과 70여 편의 연구를 찾을 수
있었고 이 책에서는 70여 편의 연구를 대상으로 분석되었다. 한·서 대조
는 1990년대 후반부터 현재까지 꾸준히 나타나고 있으며 크게 증가하거
나 감소하지 않았는데 초기 연구는 스페인어 전공자들의 스페인어-한국
어 대조 연구가 많았다면 최근의 연구는 한국어교육울 위한 연구가 증가
하고 있는 점이 특징적이라 할 수 있다. 그럼에도 불구하고 스페인어와
한국어 대조 연구는 응용언어학적인 성격이 있는 연구보다는 언어 자체
의 대조에 더 관심을 두고 있는 연구들이 상당수가 있어서 실제로 한국어
교육을 위한 한·서 대조 연구는 20여 편에 불과하다고 할 수 있다.

한·서 대조 연구가 가장 관심을 둔 연구 영역은 문법 대조로 30여 편의
연구가 문법을 대조한 연구이다. 한·서 대조 연구는 초기에 스페인어
전공자들을 중심으로 이루어졌고 특정한 몇몇의 연구자가 논문을 주도하
고 있는 것도 다른 언어권의 연구와 다른 특징적인 현상이다. 연구 논문의
편수에 비해 연구자의 수가 많지 않아서 김경희, 신자영, 심상완, 양승관
과 같은 스페인어 전공자들의 논문이 연구의 많은 부분을 차지하고 있다.
스페인어와 한국어의 협동 작업으로 이루어진 강현화·신자영·이재성·

임효상(2003), 『대조분석론』 연구 작업 이후에 한국어교육쪽에서도 스페인어 대조 연구가 시작되었다고 할 수 있다.

　한·서 대조 연구의 경향은 발간 형태에 따라 반대되는 경향을 보인다. 학술지 논문은 주로 스페인어 연구자들에 의해 연구된 논문이 주를 이루고 있어서 40여 편의 학술지 논문 중에 한국어교육을 위한 연구 목적으로 수행된 연구는 5편 정도인 것으로 파악되었다. 이 연구들은 대체로 선행 문헌을 중심으로 한 문법적 특성을 비교 대조하고 있다. 반면에 학위 논문에서 다룬 30여 편의 연구 중에는 한국어 학습자를 위한 연구가 20편 이상이며 이 중에 10편은 문법 대조이고 8편이 음운 대조였다. 이 연구들은 문헌을 중심으로 한 방법보다는 음운 연구의 경우는 실험 음성학적인 분석이 주를 이루며, 문법 연구도 학습자 대상의 테스트나 학습자의 산출물을 연구 자료로 사용하고 있다. 발간 형태에 따라 연구 경향과 연구 방법의 차이가 나타나고 있는 것은 초기 스페인어 학자들이 연구를 주도한 한·서 대조 연구에서 최근에는 한국어교육을 전공하는 신진 연구자에 의해 연구가 시작되고 있음을 알려주는 증거라고 할 수 있다. 이와 더불어 현재까지 이루어진 연구를 볼 때 두 경향의 연구들 모두 음운과 문법 대조에 집중이 되어 있는 것을 볼 수 있다. 최근 들어 다른 영역으로 관심이 넓어지고 있다고 할 수 있지만 개별적 관심에 의해 연구 주제가 다양하기는 하지만 같은 주제의 연구를 모아 연구 결과를 비교해 보기에는 아직까지 연구가 많지 않다. 그럼에도 불구하고 이 책에서는 가장 많은 연구자들이 관심을 보인 단모음 대조와 주어 생략의 문제를 중심적으로 살펴보았다.

　스페인어는 단모음이 5개인 언어로 한국어 단모음 10개와 대조하면 어떤 음이 발음이 어려운지를 쉽게 예측할 수 있기에 한국어교육을 위한 음운 대조 연구는 조음 음성학적인 연구의 대조와 실제 음성을 측정한 몇 편의 연구가 수행되었으며 음운 대조 연구는 한국어교육을 위한 학위

논문에서 많이 다룬 주제이다.

다음으로는 한·서 대조에 있어 주어 생략을 다룬 연구를 살펴보았는데 한국어와 스페인어 모두 주어 생략이 가능하고 위치도 상대적으로 자유롭다는 점에 있어 공통점이 있다 보니 연구 주제로서의 관심을 둘 수 있는 부분이었다.

스페인어를 사용하는 한국어 학습자가 증가하고 있음에도 불구하고 대학원에서 공부하는 스페인어권 모어 화자를 거의 찾아보기 힘들다는 점도 다른 언어권의 연구가 모어 화자 중심의 한국어교육울 위한 대조 연구가 활발하게 진행되고 있다는 점과 차이가 있다. 물론 영어권 모어 화자도 많지 않으나 스페인어는 그에 비해 더 스페인어 모어 화자의 학위 논문을 찾아볼 수 없었다. 향후 한국어교육을 전공하는 후세대 연구자의 확대도 필요한 부분이 아닐까 한다.

4. 한·러 대조 연구의 동향

한·러 대조를 다룬 연구도 한·서 대조와 비슷하게 77편의 연구를 검색할 수 있었다. 영어나 스페인어 대조 연구와는 달리 한·러 대조는 2004년부터의 연구를 찾을 수 있었다. 2010년 이전까지의 연구가 20편인데 비해 최근 10년 동안 50편 이상 연구가 증가하였고, 이 중에 23편이 2019년 이후의 논문이라는 점은 이 분야의 대조 연구가 급속히 증가하고 있다는 점을 반영한다. 전체 연구 중에 반 정도는 한국어와 러시아어를 언어학적으로 대조한 연구들이며 한국어교육을 목적으로 작성된 연구는 38편인 것으로 확인이 되어 전체 한·러 대조 연구의 반 정도가 한국어교육을 위한 연구인 것으로 파악되었다. 77편의 연구 중에 56편

의 연구가 학위 논문으로 작성되었다는 점에서 대체로 한·러 대조 연구
는 신진 연구자들이 석사 학위 논문(박사 학위 논문 2편 포함)으로 주로 작
성되었다는 점은 한·영 대조나 한·서 대조하고는 다른 점이다.

대조 연구가 많이 이루어진 분야는 문법 대조 연구로 30여 편 정도가
수행되었고 음운과 어휘가 20여 편으로 비슷하게 나타났는데 음운 연구
가 약간 더 많았다. 초기 연구가 문법과 음운 대조가 주를 이루었다면
2016년 연구부터 어휘 대조 연구가 많이 나타났다.

문법 대조 연구의 경우에 가장 많은 연구가 이루어진 부분은 조사를
대조하는 연구인데 러시아어에는 조사는 없지만 격 체계가 있는 언어이
므로 한국어 격조사와 러시아어의 격체계를 대조한 연구들이 많아서 이
책의 4장에서 이를 정리하여 보여주었다.

음운 대조 연구는 한국어교육을 위한 연구가 대부분이어서 러시아어
교육을 위해 작성된 연구가 3편임에 비해 한국어교육을 위해 연구된 음
운 대조 연구는 13편이었고, 2016년 이후에 석사 논문으로 작성된 한국
어교육 연구가 증가하고 있다. 예를 들어 한국어 파열음 대조 연구는 러
시아어권 한국어 학습자들 대상으로 발화나 청취 실험을 하고 음운의
오류를 확인해 보는 연구들이 몇 편이 있는데 그 결과가 다르게 나타난
다. 이는 한·중 대조 연구에서도 나타나는 현상과 비슷한데 연구자들의
연구 조건이 다르기 때문에 나타나는 연구 결과일 수도 있고, 오류를 확
인하는 방법이나 연구자들이 분석하는 방법의 차이일 수도 있는데 학위
논문을 작성하는 초보 연구자들의 기준의 차이일 수도 있을 것이라 판단
되므로 향후 연구의 문제로 남겨 놓을 수 밖에 없다.

어휘 연구 역시 학위 논문으로 작성된 한국어교육 연구가 증가하였는
데, 한·서 대조나 한·영 대조 연구와는 달리 러시아권에서 유학 온 한국
어교육 전공 연구자들의 연구 성과물이다.

전체적으로 한·러 대조 연구의 특성은 전체 연구의 수가 한·서 대조 연구와 비슷한데 비해 연구자의 경향이 확연히 다르다는 점이 특징적이다. 언어 자체를 비교하는 연구 러시아어 교육을 위한 대조 연구가 한·서 대조에 비해 숫자가 적을 뿐만 아니라 한·서 대조 연구가 한국어 모어 화자에 의해 진행된 한국어교육 연구라면 한·러 대조 연구는 러시아어 화자가 연구한 연구들이 상대적으로 많다. 이는 러시아어 화자는 스페인어 화자나 영어권 화자에 비해 현재 한국어교육계에 더 많이 있다는 사실의 반영이다. 러시아어 화자는 러시아에서 온 대학원의 연구자도 있지만 중앙아시아의 독립국가연합 국가들에서 온 학생들과 특히 고려인의 후손인 연구자들의 점점 늘어나고 있어 연구자 자원이 많아지고 있기에 연구가 급속히 늘고 있는 것으로 판단된다.

그러나 한·중 대조 연구는 한자어라는 공통점, 동양 문화권이라는 사회 문화적 배경이 가지고 있는 언어 교육적 관심이 연구 대상 선정에 반영되었다면 러시아어와 한국어의 차이는 문법적인 차이에 있어 한국어나 스페인어의 차이에서 나타나는 것만큼 유형론적인 차이가 크기 때문에 연구 대상 선정에 있어서는 영어나 스페인어와 비슷한 경향을 보인다. 그러나 한국어와의 대조 연구를 하는 연구자의 자원이 가장 중국어권 대조 연구와 가깝다는 점에서 향후 연구의 양적 증가가 가장 먼저 나타날 수 있는 언어권이라 생각된다.

5. 나가는 말

이 책에서는 한국어와 영어, 한국어와 스페인어, 한국어와 러시아 대조 연구를 분석 대상으로 하였고, 본 장에서는 각각의 언어권에서 이루

어진 연구의 동향을 간략하게 살펴보면서 언어권별 연구 동향의 특성을
정리하였다. 이 장을 마무리하면서 각 언어권의 특성을 한국어와 중국어
대조를 포함해서 몇 가지 시사점을 제시해 보고자 한다.

먼저 대조 연구가 이루어지고 있는 연구 대상에 대한 관심이나 연구의
방향에서 나타나는 공통적인 특징이다. 대체로 모든 언어권은 기초적인
음운 대조 연구와 문법 대조 연구는 기본적으로 먼저 수행이 된다. 그다
음에 어휘 연구나 담화 연구가 이루어지는 데 일정 수준의 연구가 진행
된 뒤에는 어휘 대조 연구가 늘어날 수밖에 없을 것으로 보인다. 한·중
대조 연구는 어휘 대조 연구가 전체 연구의 반 정도에 해당하는데 이
이유가 중국어권 한국어 학습자의 언어 사용의 어려움이 어휘에 있기
때문이라기 보다는 음운이나 문법과 같은 연구 대상의 숫자가 제한된
영역에 대한 연구가 일정 수준 이상 이루어지면 새로운 연구 주제를 찾
아보려는 시도가 어휘 영역에서 이루어질 수밖에 없기 때문이다. 음운이
나 문법은 그 개수에 있어 제한된 연구 대상인 반면에 어휘는 열린 집합
으로 그 개수를 셀 수 없다 보니 새로운 주제가 더 많이 나타날 수 있는
영역이다. 다만 조심스러운 이유를 한 가지 더 덧붙인다면 한·중 대조의
경우에는 한자어라는 공통점이 언어 학습에 가져오는 혼란을 해결하기
위한 방법으로 오히려 한자어에 대한 연구의 수가 많은 점이 어휘 연구
의 수가 많아진 이유라는 점이다. 향후 다른 언어권에서 어휘 연구가 어
떤 경향을 보일지에 따라 한·중 대조 연구는 다른 영역과는 연구 영역별
동향이 완전히 다르게 나타난 것인지 다른 언어권에도 일관적인 흐름으
로 나타나게 될지에 대해서는 아직 판단하기에 이르다.

둘째, 음운이나 문법 대조의 문제는 기본적인 음운 대조나 문법 대조
가 동일한 대상을 다루고 있음에도 불구하고 특정 주제는 많은 연구가
수행되는 주제이며 언어 간 차이에 따라 다르게 나타난다. 한·중 음운

대조는 파열음에, 한·영 대조는 마찰음에 한·서 대조는 단모음 대조에
더 많은 관심을 보였다. 문법 대조의 경우는 모든 언어권에서 한국어 조
사와의 대조에 가장 많은 관심을 보였는데 중국어는 부사격 조사에, 영
어는 영어 전치사에 해당하는 한국어 조사에, 러시아어는 러시아어 격체
계에 해당하는 한국어 조사에 대한 연구가 관심을 받았다. 대조언어학의
특성이 두 언어 간의 차이를 발견하는 데에 초점을 두는 학문이라는 점
에서 한국어를 학습할 때 가장 어려운 영역이라고 판단되는 언어 간 차
이에 집중이 됨에도 불구하고 결론적으로는 한국어 자체 학습에 어려움
이 있는 영역으로 수렴되는 경향을 보였다. 즉 음운 대조는 한국어의 평
음, 경음, 격음의 삼지적 삼관속과 문법 대조에서의 조사 영역이 가장
연구의 관심을 받는 분야로 나타났다.

셋째, 연구 자료를 사용하는 경향에서 보이는 연구 영역별 일관적인
흐름이다. 음운이나 문법의 연구가 초기에 선행 문헌을 바탕으로 연구가
이루어지다가 실험 음성학이나 말뭉치의 실제 사용 양상을 파악하는 방
법으로 진행이 되고 있는 것은 모든 언어권에서 나타나는 특징이다. 또
한 한국어 모어 화자가 한국어교육을 위한 대조 연구를 수행할 때 사용
하는 연구 자료에 대한 선호와 다른 언어의 모어 화자가 그 언어와 한국
어를 대조할 때 선호하는 연구 자료의 선호에 차이가 있고, 한국어교육
을 전공하는 연구자와 다른 언어를 전공하는 연구자가 사용하는 연구
자료의 선호도 차이가 있다. 언어적 전문성이 낮을수록, 한국어 모어 화
자일수록 좀 더 말뭉치나 객관적인 조사 자료를 바탕으로 연구하고 있는
경향을 확인할 수 있었다.

넷째, 언어권에 따라 한·중 대조 연구는 전반적으로 중국어 모어 화
자에 의해 수행이 되었다면 한·영 대조나 한·서 대조는 한국어 화자에
의해 수행이 되었다는 점에서 상반된다. 한·러 대조는 점점 더 러시아어

모어 화자의 연구가 증가하고 있는 추세에 있다. 이런 연구자의 경향은 한국어를 학습하는 그 언어권의 학습자 수뿐만 아니라 한국의 대학원에서 유학하고 있는 언어권의 연구자 수를 반영한 결과이다. 이런 연구 경향은 한국어교육을 위한 대조 연구는 대체로 대학원의 석박사 연구자들에 의해 수행되며 이들이 향후 계속해서 연구계에 남는다면 대조 연구의 큰 자산으로 기여하게 될 것이다.

마지막으로 이 책의 분석 대상 논문을 통해 밝혀 보려 했던 한국어는 어떤 언어적인 특성이 있는가를 정리해 본 결과, 아직까지는 특정한 모습으로 나타나지 못했다는 점을 말하지 않을 수 없다. 언어 간 차이에 의해 드러나는 특성을 통해 한국어 학습자에게는 무엇이 어려울 것이라는 것을 제시하는 것은 대조 연구의 결과로서 제시하기에는 지나치게 단순한 결과일 것이다. 특히 이 책에서는 연구 결과로 드러나는 언어 간의 차이보다는 연구 방법이나 연구 자료가 가져오는 결과의 차이에 집중하다보니 언어 간의 어떤 차이였는지에 대한 본질을 놓치게 된 점을 고백하지 않을 수 없다. 그러나 현재까지 연구 결과를 종합하고 이를 통해 한국어교육 연구에 시사점을 제시할 수 있었던 것이라는 점에서는 의미 있는 작업이었으며 향후 해결될 문제를 남긴 것으로 연구의 의미를 찾고자 한다.

한·영 대조 연구

Ⅰ.
한·영 대조 연구 동향 분석

1. 들어가는 말

영어와 한국어는 서로 다른 어족에 속하며 언어학적 특징 또한 다르다. 따라서 영어와 한국어 학습자의 언어 학습 과정에서 생기는 오류의 화석화를 막기 위해서는 두 언어 간 차이점을 파악하는 대조 분석적인 관점이 필요할 것이다. 또한 이러한 대조 분석을 통해 오류를 예측하고 오류의 양상을 파악함으로써 효과적인 언어 습득을 위한 교육적 방법론을 고안하는 것이 필요하다. 이를 위해 본고에서는 한국어와 영어의 대조 및 비교 분석 연구의 경향을 살펴보고 한국어와 영어의 대조 연구에서 나타나는 쟁점을 파악하고자 한다. 이를 통해 현재까지 한국어와 영어 대조 연구의 변화와 특징을 살펴볼 수 있으며 특히 최근 이와 관련된 연구를 하고 있는 전문가들에게 기초자료로 활용될 수 있을 것이다.

연구에서 살펴본 논문들은 학술연구정보서비스인 RISS에서 '한영대조', '한영비교', '영한대조', '영한비교' 등의 주제어를 검색하여 나온 논문 중 대조·비교 연구에 해당하여 선정한 201편의 논문이다. 201편의 논문을 연구 영역별로 문법, 어휘, 담화, 음운, 문화로 나누었으며 연구

방법별로는 선행 문헌 정리, 언어 자료 분석, 사전, 실험 조사, 기타로
나누어 분석하였다. 본고에서 다룬 논문은 박사학위논문 15편, 석사학
위논문 85편, 학술지 101편이며, 연구 방향에 따라 목적과 연구 결과의
차이가 있으므로 한·영, 영·한, 양방향으로 연구 방향을 나눠 연구 방
법별로 분석하였다.[1] 본고에서 분석한 201편의 연도별 연구 수는 다음
〈표 1〉과 같다.

〈표 1〉 연도별 한·영 대조 연구 동향

연도	연구 영역						합계
	문법	어휘	담화	음운	문화	기타	
2021~	4	4	4	3			15
2020	1	1	1	1			4
2019	5		1	1			7
2018	3	2	5	2			12
2017	2		6	2		1	11
2016	2	3	2				7
2015	3	5	4	2			14
2014	8	2	3			1	14
2013	5	1	5	1			12
2012	5	5	1	2			13
2011	4	1	1	2			8
2010		2	4	5		1	12
2009	3		3	3		1	10
2008	4		1	1			6
2007		1	1	2	1		5
2006	4	1	2	2			9
2001~2005	7		4	10	1		22
1972~2000	7	1	6	4	2		20
합계	67	29	54	43	4	4	201편

---

1 대조의 출발점, 목표어에 따라서 한·영, 영·한, 방향이 드러나지 않고 두 언어를 비
교 및 대조한 연구는 양방향으로 정리하였다.

연도별 연구 수를 살펴본 결과, 한국어와 영어를 대조한 연구는 박주현(1972)으로 시작하여 2007, 2008년에 다소 감소하였으나 다시 2009년에 10편, 2021년 이후에도 15편의 연구가 이루어져, 한국어와 영어의 대조·비교 연구는 꾸준히 이루어지고 있다고 할 수 있다. 다음 2장에서는 한국어와 영어, 영어와 한국어, 양방향 대조 연구의 수와 영역별 주요 연구 방법에 대해 살펴본다. 3장에서는 한국어와 영어의 대조 연구에 대해, 4장에서는 영어와 한국어의 대조 연구에 대해 살펴보고 그 연구의 결과를 정리한다. 5장에서는 영어와 한국어 양방향 대조 연구에 대해 살펴보고 그 연구의 결과를 정리하며 대조 연구의 결과에서 나타나는 쟁점들에 대해 논의해보고자 한다. 마지막으로 6장에서는 한국어와 영어의 대조 연구 결과와 쟁점에 대해 요약하고 결론을 제시하고자 한다.

2. 한·영, 영·한, 양방향 대조 연구 수

1) 한국어와 영어의 대조 영역 및 연구 방법

한국어와 영어의 대조 관련 연구는 총 201편이다. 연구 영역은 문법, 어휘, 담화, 음운, 문화, 기타로 나누었으며 연구 방법은 선행 문헌 정리, 언어 자료 분석, 사전, 실험 조사, 기타로 나누었다. 선행 문헌 정리는 선행 연구에서 살펴본 이론과 선행 연구에서 사용한 분석 자료를 사용하여 한국어와 영어를 대조 및 비교하는 방법이다. 언어 자료 분석은 번역본, 드라마 및 영화 대본, 학습자 교재, 소설, 말뭉치 등의 자료를 분석하여 한국어와 영어를 대조 및 비교하는 방법이며 사전은 사전적 의미를 통해 한국어와 영어를 대조한다. 실험 조사는 이론을 바탕으로 연구자가 실험을 진행하여 나온 결과를 통해 한국어와 영어를 대조하는 방법으로, 대표적으로 음운을 대조하기 위한 실험음성학 분석 방법을 사용하거나, 화행을 대조하기 위해 DCT 또는 역할극을 통한 실험 분석 방법을 사용한 경우가 많았다. 마지막으로 기타 연구 방법에는 SNS 글을 분석한 연구가 포함되어 있다. 선행 문헌 정리에 포함된 논문들은 연구자마다 분석 기준이 되는 이론적 배경과 분석의 틀이 다르기 때문에 본고에서는 언어자료 분석, 사전, 실험 조사, 기타 연구 방법을 기준으로 분석을 하고자 한다. 연구 영역과 연구 방법별 연구 수는 다음 〈표 2〉와 같다.

〈표 2〉 연구 영역 및 연구 방법별 한·영 대조 연구 동향

연구 방법		문법	어휘	담화	음운	문화	기타	합계
선행 문헌 정리		40	12	16	16	5	2	97
언어 자료 분석	번역	2	2				1	
	대본	1	1	6				
	교재	2	3		1			51
	소설	3	1	2				
	말뭉치	12	8	9	1			
사전			2					2
실험 조사		6		21	26			51
기타								
합계		66	29	54	44	5	3	201

한국어와 영어 대조 연구는 문법 영역에서 가장 많이 이루어졌다. 그다음으로 담화, 음운, 어휘 그리고 문화와 기타 영역 순이다. 문법 영역에서는 선행 연구의 이론을 바탕으로 문법을 대조하는 연구가 주로 이루어졌으며 다음으로는 말뭉치 분석 방법을 사용하였다. 반면 담화 영역에서는 실험 조사 방법을 통한 연구가 가장 많이 이루어졌다. 담화의 세부 영역 중 화행 연구에서는 주로 DCT나 역할극을 통한 실험 조사 방법을 사용하기 때문이다. 음운 영역에서도 실험 조사 방법을 통한 연구가 가장 많이 이루

어졌는데, 음운 특성을 대조하고 비교하기 위해 실험음성학적 방법을 사용하기 때문이다. 어휘 영역에서는 선행 문헌 정리 방법 다음으로 말뭉치 분석을 통한 연구가 두 번째로 많았다. 주로 특정 단어, 표현에 대해 말뭉치 자료를 사용하여 대조 및 분석을 하고자 한 연구가 많았다.

본고의 목적은 한국어와 영어의 대조와 관련된 학위 논문 및 학술지 논문 201편을 대상으로 연구의 동향을 분석하는 데 있다. 그리고 영역별 연구 방법과 자료에 초점을 두고 살펴보고, 목표어에 따라 방향을 한·영, 영·한, 양방향 세 가지로 분류하여 연구 동향의 차이점을 밝혀보고자 한다.

2) 영역별 연구 방법 및 자료 정리

(1) 문법

한국어와 영어 대조에서 가장 많이 연구가 이루어진 문법 영역을 살펴보고자 한다. 본고는 연구 방법에 따라 선행 문헌 정리, 언어 자료 분석, 사전, 실험 조사, 기타로 나누었다. 한·영 문법 대조 연구에서는 선행 문헌을 바탕으로 이론적인 분석을 한 연구가 대부분이었으며 대부분의 연구가 이론을 중심으로 예문을 통해 정리하는 연구를 진행하였다. 본고에서는 언어 자료, 실험 조사 등을 통해 산출된 언어 자료를 어떻게 연구하였는지 살펴보고자 하는 목적에 따라 연구 방법 및 자료 정리분석에서 선행 문헌을 제외하여 분석을 시도하였다. 〈표 3〉은 연구 방법과 자료에 따라 언어자료 분석에서 사용한 '교재, 번역, 대본, 소설'과 사전 대조, 말뭉치 대조, 실험 조사로 분류한 것이다. 연구자마다 하나의 대조 방법을 사용한 경우도 있었지만 여러 대조 방법을 사용한 경우도 있었으므로 이는 중복 표기를 하였다.

〈표 3〉 문법 영역 연구 방법

세부 영역	논문	교재	대본	사전	소설	말뭉치	실험 조사	번역
문장 구성	최우성(2015)	○						
	하지혜(2016)						○	
	백승주(2011)					○		
	이인영(2019)				○			
	이길섭(2012)	○						
	토마쉬 빌츠니스키(2021)					○		
	이춘희(2015)					○		
	이영옥(2002)					○		
	강찬미(2013)					○		
	최정인(2019)						○	
시간 표현	조은경(2019)					○		
	김선희(2011)	○						○
	우영미(2002)					○		
	하은진(2012)				○			
	조은경(2019)					○		
어미	이민진(2019)					○		
	서세정(2008)		○					
피동 /사동	채숙희(2006)					○		
	김미경(2013)						○	
	최경미(2013)							○
	김상옥(1996)				○			
	석은진(2009)						○	
	이자미(2019)					○	○	
높임 표현	이은숙(2008)							○
완화	김영아(2014)					○		
한정성	김상임(2012)						○	
조사	민선영(2014)					○		
합계		3편	1편		3편	11편	7편	3편

　　가장 많이 사용된 연구 방법은 말뭉치 연구이며 문법 연구 중 39.2%
가 말뭉치를 활용하여 문법 대조 연구를 하였다. 다음으로 많이 이루어진 실험 조사 연구는 언어 테스트, 인식 조사, 사용 양상 조사, DCT, 산출 실험을 모두 포함하는 것이며, 문법 대조 연구에서는 언어 테스트 와 사용 양상 연구를 중심으로 연구가 진행되었다. 이외에도 교재, 대 본, 소설, 번역 등 다양한 방법론을 사용하였다.

(2) 어휘

어휘 대조 연구에서 가장 많이 이루어진 연구 영역은 품사이다. 특히 품사 중 동사 대조 연구가 가장 많았으며 동사를 대조한 김경욱(2007), 오은화(2021), 홍진주(2008), 오인향(2014), 이은비(2015)에서는 교재, 대 본, 사전, 소설 내에 있는 동사를 대조하거나 말뭉치, 실험 조사를 활용 하여 동사를 대조한 것을 확인하였다. 문법 대조 연구와 동일한 연구 방 법 및 자료 틀에서 어휘 대조 연구를 분석한 결과는 다음 〈표 4〉와 같다.

〈표 4〉 어휘 영역 연구 방법

세부 영역	논문	교재	대본	사전	소설	말뭉치	실험 조사	번역
품사	김경욱(2007)			○		○		
	오은화(2021)	○	○					
	홍진주(2008)					○		
	오인향(2014)				○			
	이은비(2015)						○	
	윤령규(2020)					○		
	정희란(2022)					○		
	김수인(2014)			○		○		
사회 문화적 연구	안수빈(2016)			○				
	카물로비만수리(2012)			○				
	김현효(2015)		○					
통합 관계	김우빈(2021)	○						
	이양금(2010)	○						

	정주은(2016)			○				
	강병장(2012)				○			
의미 관계	주진국(2011)							○
	민주영(2014)				○			
	강영웅(2015)				○			
	연준흠(2021)				○			
기타	조해순(2010)			○				
	박효진(2015)							○
합계		3편	2편	4편	3편	9편	1편	2편

연구 방법을 살펴보면 어휘 또한 말뭉치를 연구 자료로 활용한 연구가 9편으로 많이 사용되었음을 알 수 있다. 특히 다른 영역에서 사용되지 않은 사전 분석이 이루어진 것이 특징적이다. 김수인(2014)과 김경욱 (2007)은 사전과 말뭉치 분석 방법을 함께 활용했으며, 사전적 의미들을 사전 분석을 통해 알아본 후에 말뭉치로 다양한 용례를 찾아보는 과정을 사용하였다.

(3) 담화

한국어와 영어 대조에서 문법 다음으로 연구가 많이 이루어진 담화 영역의 연구 방법과 자료를 살펴보고자 한다. 〈표 5〉는 연구 방법과 자료에 따라 언어자료 분석에서 사용한 '교재, 번역, 대본, 소설'과 사전 대조, 말뭉치 대조, 실험 조사로 분류한 것이다.

<표 5> 담화 영역 연구 방법

세부영역	논문	교재	대본	사전	소설	말뭉치	실험조사	번역
전략	김시정(2014)						○	
	송경숙(2014)						○	
	배여진(2011)						○	
문법	주신자(1998)				○			
표현	김명희(2017)					○		
	김석훈(2017)					○		
	최은영(2001)						○	
	오상석(2014)					○		
	이성범(2016)		○					
	이성범(2018)		○					
	연준흠(2022)						○	
	김수경(2012)					○		
생략	김지은(2021)						○	
운율	임선희(2018)					○		
인지	권영주(2002)						○	
함축	이은식(2007)		○					
구문	이영옥(2009)		○					
설득장치	조정민(2010)				○			
화행	박은영(2000)						○	
	윤은미(2004)						○	
	신승윤(2017)						○	
	이성범(2018)		○					
요청화행	박상희(2013)						○	
	김선영(2014)						○	
	박크리스티(2019)						○	
거절화행	김향선(2002)						○	
	이한민(2009)		○					
	이복자(2013)						○	
간접화행	양용준(2020)						○	
갈등화행	박선경(2015)		○					

감사 화행	이미순(2006)						○	
사과 화행	피츠제럴드 에린(2013)		○					
	엄기찬(1994)						○	
위로 화행	김진주(2018)		○					
칭찬 화행	이주영(2010)						○	
지시 화행	노심덕(1998)		○					
합계			10편		2편	5편	18편	

담화 영역에서는 주로 화행 연구가 이루어졌으며 주로 DCT, 역할극, 대본 분석과 설문조사 방법을 사용하였다. 본고에서 설문조사는 DCT를 활용한 연구와 자기 보고 문항 또는 객관식 설문 문항을 모두 포함하였다. 이들에 대한 설명은 〈표 15〉에서 후술하도록 하겠다.

(4) 음운

한국어와 영어 대조의 음운 대조에서 연구된 영역은 크게 자음과 모음으로 구분할 수 있다. 특히 모음 대조에서는 한국어에는 없는 영어의 모음 또는 이중모음에 대한 연구가 많이 이루어졌으며, 자음 연구에서는 파찰음에 대한 연구가 주를 이루었다. 연구 방법을 살펴보면 실험음성학적 분석 방법을 많이 활용하였다. 연구 영역에 따라 연구 방법 및 자료를 분류한 내용은 〈표 6〉과 같다.

〈표 6〉 음운 영역 연구 방법

영역	논문	교재	대본	사전	소설	말뭉치	실험 조사	번역
모음	오연진(2001)						○	
	오은진(2002)						○	
	황혜정(2005)						○	
	윤홍섭(2005)	○						
	손형숙(2010)						○	
	윤은경(2011)						○	
	류나영(2018)						○	
	이효진 외(2012)						○	
	임신영(2017)						○	
	한양구(2002)						○	
자음	김정은(2021)						○	
	최진(2009)						○	
	손일권(2010)						○	
	김다운(2018)						○	
	김수미(2017)						○	
	안현기(2009)						○	
	박채림(2010)						○	
	정욱재(2013)						○	
	이효영(2021)						○	
	이상도(2007)						○	
	김성희(2012)						○	
	윤규철(2019)					○		
자·모음	박시균(2015)						○	
음절	장선미(2015)						○	
	김민정(2008)						○	
	김선미(2011)						○	
	이희천(2002)						○	
휴지	민수정(2010)						○	
합계		1편				1편	26편	

 음운 대조 분석에서는 실험 음성학적 접근법으로 한국어와 영어의 음
운을 대조하고, 학습자들의 음성을 분석함으로써 교육적인 방안까지 나

아가는 연구들이 주를 이루었다. 해당 연구 방법에 대해서는 3절부터 연구 방향별(한·영, 영·한, 양방향)로 자세히 기술하고자 한다.

(5) 문화 및 기타

한국어와 영어의 문화 및 기타 영역을 대조 및 비교한 연구들은 모두 선행 이론을 바탕으로, 연구자가 번역, 대본, 교재, 소설, 말뭉치 등으로 이루어진 언어 자료를 분석하거나 사전 대조, 실험 조사 등의 방법을 사용하지 않은 연구였다. 박순봉(1997)은 영어와 한국어의 문화 표현을 비교하였으며, 미국과 한국의 문화 차이를 속담에서 찾고자 하였다. 연구 결과 미국인들과 한국인들이 생각하는 인간의 본성, 자연과의 관계, 사회관계 등에 있어 차이점이 나타났다. 이진학(1998)에서도 영어와 한국어 표현에서 다르게 해석되는 차이점에 주목하여 원활한 의사소통을 하는 데 목적을 두고 영어와 한국어의 표현 차이에 대해 연구하였다. 연구 결과 영어에서는 개인적 개념이 명확히 부각되었으며 화자 위주의 사고방식을 보였다. 한국어와 달리 연령이나 지위의 상하관계, 친소관계에 따라 세분화되어 있지 않다는 차이가 나타나 한국어 원어민과 영어 원어민과의 원활한 의사소통을 위해서는 언어적, 비언어적 영역을 조화롭게 학습해야 한다고 하였다. 봉민아(2002)에서는 한국어와 영어의 자음과 모음의 차이와 유사점, 어순 오류에 대해 분석하였다. 두 언어의 음운과 어순의 차이를 밝히고 언어 표현에서 나타나는 문화적 차이가 있는지 살펴보고자 마지막 장에서는 한국 문화와 미국 문화를 여러 측면에서 비교하였다. 최윤영(2014)에서도 음운, 형태, 통사, 의미, 문화를 대조 및 비교하였으며 특히 문화적 측면에서는 한국은 수직적 관계, 영어는 수평적 관계를 중시하기에 경어법을 특히 중요하게 학습해야 한다고 하였다. 박희은(2007)에서도 언어적 능력의 습득뿐만 아니라 한국 문화에 대한 이해와 지도가 병행되어야 한다는 전제 하에 영어권 한국어 학습자를 위한 문화 학습 방안을 연구하였다. 연구 결과 앞서 본 박순봉(1997), 이진학(1998)과 마찬가지로 상호 의존성과 개인주의가 가장 크게 구별되는 특징으로 나타났다. 미국인 화자는 개인주의, 자기중심적 사고방식이 특히 두드러지며 이에 대한 예는 가족집단을 나타내는 성을 앞세우는 한국과 이름을 쓰고 성을 쓰는 영어 등 여러 어휘를 통해 엿볼 수 있다고 하였다. 이 외에도 한국과 미국의 문화적 간섭을 유발할 수 있는 정통적 가치 체계, 생활 양식, 사고, 표현의 차이 등을 대조 및 분석하였으며 이러한 문화 차이를 인식하고 이해 및 극복을 하기 위해서 할 수 있는 문화 교육 방안을 제시하고 실험을 실시하였다. 실험 결과 문화 수업을 실제로 진행한 결과 영화를 교육 매체로 활용하여 수업을 하였을 때 학습자들은 한국 문화에 대한 이해와 관심이 증가한 것으로 나타났다. 한편 기타 영역에는 문장부호를 비교한 김도훈(2010)과 음운, 지시어, 지시대명사, 이동어휘, 상, 격, 어순을 대조한 이숙(2009), 한국어와 영어의 영화제목 번역 전략에 대한 대조 분석을 한 구본석·서정목(2017)이 있다. 이들은 문화 영역을 제외한 다른 영역을 다루었기 때문에 기타 영역으로 분류하였다.

3. 한·영 대조 논문

한국어·영어 대조 연구는 문법, 어휘, 담화, 음운에서 골고루 분포되어 연구가 이루어졌다. 대조의 출발점, 목표어에 따라서 한·영, 영·한, 양방향으로 연구 방향을 나누어 분석하였을 때, 한·영 대조 연구가 가장 활발하게 이루어진 것을 확인하였다. 한·영 대조 연구를 연구 영역과 연구 방법에 따라 분류한 결과는 다음 〈표 7〉과 같다.

〈표 7〉 한·영 대조 연구 영역 및 연구 방법별 연구 동향

		문법	어휘	담화	음운	문화	기타	합계
선행 문헌 정리		11	8	8	8	1		36
언어 자료 분석	번역							17
	대본							
	교재	2	3					
	소설		2					
	말뭉치	4	3	3				
사전			1					1
실험 조사		1		9	9			19
기타								
합계		18	17	20	17	1		73

한·영 대조 연구 중 특히 가장 많이 이루어진 분야는 담화 분야로 20편의 연구를 확인할 수 있었다. 그 중 실험 조사를 활용하여 연구가 주로 진행되었으며 본고에서 실험 조사는 언어 테스트, 인식 조사, 사용 양상 조사, DCT, 산출 실험으로 분류하였다. 특히 담화 연구는 DCT를 사용하였다. 담화 영역 다음으로는 문법, 음운, 어휘, 문화 순으로 연구가 많이 진행되었음을 확인하였다. 문법과 어휘에서는 선행 문헌을 정리하는 방식이 주로 활용되었으나 음운 영역에서는 인식 조사, 산출 실험 등의 실험음성학적 연구 방법을 주로 사용하였다. 다음 절에서 5개의 연구 영역에 따라 연구 방법과 연구 결과를 자세히 살펴보고자 한다.

1) 문법

문법의 세부 영역을 살펴보면 '부사'를 연구한 논문이 3편으로 가장 많았다. 그리고 피동은 2편, 높임법은 2편으로 그 뒤를 이었다. 피동 연구의 경우 주로 파생적 피동법, 통사적 피동법, 어휘적 피동법으로 나누어 논의하고, 피동 표현을 선정하여 영어와 비교하였다. 이 외에 계사, 구문,

어미, 사동, 격, 시제, 양태, 어순, 관형사를 대조한 논문들이 있었다. 연구 방법을 살펴보면 대부분이 선행 문헌을 정리하는 연구 방법을 사용하였다. 연구 주제에 따라 참고한 이론이 달랐으며 예를 들어, 이동 동사 연구는 Talmy(1985, 2000)의 이론을 바탕으로 정리하여 분석하였다. 그리고 이에 더하여 말뭉치를 사용한 연구가 4편이 있었다. 말뭉치 연구 방법은 주로 말뭉치에서 연구하고자 하는 표현을 직접 찾아 영어와 대응하여 분석, 용례를 제시하였다. 구체적으로 살펴보면 다음 〈표 8〉과 같다.

〈표 8〉 한·영 문법 대조의 말뭉치 연구 방법

논문	연구 내용	연구 목적	방법
백승주 (2011)	접속 표현	한국어 접속부사 '그러나'의 영어 대응접속 표현의 차이를 살핌	-영한 병렬 말뭉치 구축 〈Harry Potter And The Chamber Of Secrets〉과 한국어 번역본 〈해리포터와 비밀의 방〉을 구축한 후 접속부사 '그러나'와 대응되는 영어 접속 표현을 찾아 분석 -병렬 말뭉치 검색기 hepman으로 용례를 검색, 원시 코퍼스를 검색해 선후행 문맥 조사
이민진 (2019)	연결어미 '-(으)면'	'-(으)면'의 의미기능을 알아보고 영어 대응 표지를 검토	-병렬 말뭉치 사용 국립국어원, 21세기 세종계획 병렬말뭉치 문어·구어 자료에서 '-(으)면' 용례를 추출하고 의미, 영역별 영어 대응 용례를 제시
토마쉬 빌츠니스키 (2021)	'이다'구문	'이다'구문과 상응하는 영어 구문을 대조분석	-병렬 말뭉치 구축 전자 성경 자료[2]에서 추출, 분석 -GNU Wget을 사용해 HTML문서를 받고 GNU sed, 윈도우 배치 스크립트의 기능으로 HTML태그, 기호를 제거한 후 UTagger를 활용해 형태소 분석
민선영 (2014)	조사 '의'	'의'의 의미별로 영어 대응양상과 특성을 밝혀 교육 방향을 모색	-병렬 말뭉치 사용 국립국어원 언어정보나눔터 '자원찾기'항목에서 검색하여 언어별로 검색 일부를 의미별 분포와 영어 대응 양상 분석

---

2 교황청 총괄 하에 각 국가 주교회의로부터 통제를 받은 자료가 대중에게 무료로 제공

교재를 분석한 연구는 두 편이 있었다. 최우성(2015)에서는 한국어 교재 24권내의 추측 양태 부사를 분석하였다. 교재 내 양태 부사의 기본적인 의미만 제시하였는지, 영어 대역 일치, 통사 제약, 의미적 특징, 화용적 쓰임에 대한 대조 분석이 제시되어 있는지 확인하였다.[3] 또한 실험조사와 말뭉치 방법을 복합적으로 사용한 연구가 있었다. 이자미(2019)에서는 한국어 통합교재와 문법 교재에서 사동 표현을 정리하여 설문조사를 실시하였다. 그 후 국립국어원 학습자 오류 주석 말뭉치를 통해 학습자들의 사동 표현 이해도를 살펴보았다.

한·영 문법 대조 연구의 결과를 중심으로 살펴보면, 백승주(2011)에서는 영어 역접 표현이 한국어의 '그러나'와 어떻게 대응되는지 분석하였다. 영어판에서 역접 표현이 없는데도 '그러나'가 삽입되는 경우에는 함축적 의미의 대립을 보였으며 한국어 번역본에 '그러나'가 삽입되는 문장에는 부정적인 어구가 나타난다는 공통점이 있었다. 이민진(2019)에서는 연결 어미 '-(으)면'이 영어 대응문에서 어떠한 양상으로 나타나는지 살핀 결과 if절은 가장 넓은 조건 유형을 다룰 수 있었으며 조건절과 결과절의 위차 변경도 가능하였다. 특히 unless나 without과 같이 부정의 뜻을 단어 자체에 내포하고 있는 단어들은 한국어는 '-(으)면'과 부정을 나타내는 단어의 조합으로 나타나기 때문에 별도로 다룰 필요가 있음을 지적하였다.

2) 어휘

어휘의 세부 영역을 살펴보면 동사가 5편으로 가장 많았다. 그리고

된다. 한국어 성경은 https://bible.cbck.or.kr, 폴란드어 성경은 https://biblijni.pl /biblia, 영어 성경은 https://bible.usccb.org/bible 에 제공되어 있다.

3 『연세 한국어』 1~6, 『100시간 한국어』 1~6, 『Korean through English』 1~3, 『서강 한국어』 1~5, 『Active Korean』 1~4.

I. 한·영 대조 연구 동향 분석 **49**

관용어, 은유, 색채어를 연구한 논문이 각 2편으로 그 뒤를 이었다. 이외에도 온감 연어, 금기어, 속담, 호칭어, 형용사, 접속기제를 대조한 논문이 있었다. 어휘의 연구 방법을 분석한 결과 주로 선행 연구의 분류나 이론을 참고하여 교재, 사전, 소설의 어휘를 분석하거나 말뭉치의 어휘 자료를 사용하여 대조 연구를 하기도 하였다.

먼저 교재를 활용한 연구 방법에는 김우빈(2021), 오은화(2021), 이양금(2010) 논문이 있다. 김우빈(2021)에서는 영어권 학습자들에게 한국의 문화와 언어 습득에 도움이 되고자 선행 연구의 속담 분류를 기준으로 국내 기관 별 한국어 교재 내에 있는 속담을 분석하였다. 이양금(2010)에서는 한국어 통합교재, 관용어 연구는 관용어 교재를 분석하여 목록을 선정, 유형별로 분류하였다. 5단계 난이도로 나눈 후 실험 연구를 하였다. 관용어 교육의 경우, 대조 교육을 할 경우 학습 성취도가 높다는 가설이 검증되었다. 오은화(2021)에서는 한국어 교재와 유튜브 자막을 비교하여 한국어와 요리 동사의 일대일 대응을 살펴보았다. 이를 정리하면 〈표 9〉와 같다.

〈표 9〉 한·영 어휘 대조의 교재 연구 방법

논문	연구 내용	연구 목적	방법
김우빈 (2021)	속담	영어권 학습자에게 한국의 문화·언어 습득에 도움이 되고자 함	-이기문(1976), 박현주(2011)의 속담분류(언어, 인생, 가정, 사회, 지능, 사리, 행위, 심성)를 기준으로 국내 한국어 교재[4] 내 속담 분석
이양금 (2010)	관용어	문화적 차이점을 인식하여 관용어 교육방안을 제시하고자 함	-한국어 통합교재[5], 관용어 연구는 관용어 교재를 분석하여 목록을 선정, 유형별로 분류 -5단계 난이도[6]로 나눈 후 실험 연구
오은화 (2021)	요리 동사	요리 동사의 사용을 살펴보고 효과적인 교육을 위해 어휘 대조를 함	-교재와 유튜브 채널의 자막을 비교하여 한국어와 요리 동사의 일대일 대응을 살핌 -한국어 교재, 유튜브 자막[7]

4 『새인하한국어』 3-6, 『서울대 한국어』.
5 『말이 트이는 한국어』 2, 『배우기 쉬운 한국어』 3, 4, 『한국어 중급』 1, 2, 『살아있는

다음으로 사전을 활용한 김덕숙(2012) 연구에서는 사전에 나온 어휘들의 예문을 근거로 목표 어휘(능격 동사)의 의미와 가장 일치하는 단어를 찾았다. 한국어 사전은 '외국인을 위한 한국어 학습 사전', '의미로 분류한 한국어, 영어 학습 사전', '표준국어대사전'을 참고하였으며 영어 사전으로는 'Cambridge Dictionaries Online', 'Collins Cobuild Advanced Learner's Dictionary', 'Longman Dictionary of Contemporary English', 'Oxford Dictionaries Online' 등을 참고하였다. 이 연구의 목적은 중국어, 일본어, 영어의 각 언어권별로 한국어 능격 동사를 대조하여 '어휘적 능격성'에서 보편성을 이끌어 내고자 하였다. 따라서 여기에서 추가로 중국어, 일본어 사전도 함께 참고하였다.

이외에도 소설과 논설문에 나타난 어휘를 대조한 연구도 있었다. 조해순(2010)에서는 영어권, 중국어권 학습자의 논설문 쓰기 텍스트 10~15편을 분석하여 작문에서 나타난 접속기제를 분석하였다. 그리고 정주은 (2016)에서는 박완서 '엄마의 말뚝'의 한국어 관용어와 번역본의 표현을 대조하였다. 오인향(2014)에서는 원문과 번역문으로 구성되어 있는 소설책 'Please Look after Mom'과 '엄마를 부탁해'에서 나타난 이동 동사를 정리하고 분석하였다. 마지막으로 말뭉치를 활용한 연구 방법의 논문은

한국어 관용어』.

6 이양금(2010)의 5단계 난이도 등급은 선행 연구 송현아(2008)을 참고하여 재설정하였다.

　　1단계: 의미와 표현이 일치하는 항목.

　　2단계: 의미는 같으나 표현이 일부분 다른 항목.

　　3단계: 한국어에서 관용어가 영어에서는 관용어가 아닌 항목.

　　4단계: 의미는 같으나 표현이 전혀 다른 항목.

　　5단계: 한국어의 관용어가 영어 표현에 없는 항목.

7 교재는 『서울대 한국어』 3A, 『새 연세 한국어 어휘와 문법』 2-1, 『이화 한국어』 2-1, 유튜브는 〈백종원의 요리 비책〉, 〈Maangchi〉 채널을 분석.

다음 〈표 10〉과 같다.

〈표 10〉 한·영 어휘 대조의 말뭉치 연구 방법

논문	연구 내용	연구 목적	방법
강영웅 (2015)	완곡어	영어권 학습자에게 완곡어 사용·빈도 등 근거 자료를 제공	-한국어 완곡 표현(죽음, 질병, 배설물, 성, 결함)을 선행 연구를 바탕으로 선정, 말뭉치에서 사용빈도를 확인 -영어: BYU의 COCA말뭉치[8] -한국어: 21세기 세종말뭉치의 구어 전사 자료
강병창 (2012)	온감 연어	온감 연어들의 비유적 의미 확장을 은유, 환유 측면에서 비교	'따뜻하다', '뜨겁다'에 상응하는 영어, 독일어 연어를 인지의미론 관점에서 비교 분석하고 고빈도 연어군의 언어 간 특성을 보고 의미 확장 양상을 비교 -영어: COCA -독일어: 라이프치히대학의 독일어 어휘 프로젝트 -한국어: 21세기 세종계획 문어원시 말뭉치
홍진주 (2008)	이동동사 V-어 가다/오다	'V-어 가다/오다' 합성동사의 영어 대응 양상 분석	-21세기 세종계획 병렬 말뭉치 구축 -국립국어연구원의 한국어교육용 기본어휘에서 동사 53개를 선정. 병렬 말뭉치에서 42개의 합성 동사를 8개의 유형으로 나누어 분석

　　강영웅(2015)에서는 죽음, 질병, 배설물, 성, 결함 등 한국어 완곡 표현을 선행 연구를 바탕으로 선정한 후 말뭉치에서 사용빈도를 확인하는 연구를 진행하였다. 또한 강병창(2012)에서는 '따뜻하다', '뜨겁다'의 온감 연어들의 비유적 의미를 은유와 환유 측면에서 영어와 한국어를 비교하였다. 홍진주(2008)에서는 'V-어 가다/오다' 합성 동사의 영어 대응양상을 분석하였다. 21세기 세종계획 병렬 말뭉치 구축하여 국립국어연구

8　Brigham Young University의 Mark Davies가 만든 4억 5천만 어절 수의 현대 미국 영어 말뭉치(Corpus of Contemporary American English)이다. 1990년부터 2012년까지의 구어, 소설(fiction), 잡지, 신문, 그리고 학술적 텍스트로 구성되어 있다.

원의 한국어교육용 기본어휘에서 동사 53개를 선정. 병렬 말뭉치에서
42개의 합성 동사를 8개의 유형으로 나누어 분석하였다.

3) 담화

담화의 세부 영역을 살펴보면 '화행'을 연구한 논문이 6편으로 가장
많았다. 그리고 표현은 5편으로 의문문, 생략현상, 문법이 그 뒤를 이었
다. 담화에서 가장 많은 연구 영역인 화행 연구는 한국어와 영어의 화행
을 선행 연구의 이론 배경을 바탕으로 발화 형태와 발화 의도, 힘의 관계
와 공손 체계 등에 따라 분류하여 연구를 하였다. 주로 실험 대조 연구
방법을 활용하였으며 그중에서도 담화 완성형 테스트(DCT)를 설문지를
통해 화행의 양상을 살펴본 연구가 많았다. 한국어-영어 화행 대조 연구
의 경우 영어-한국어, 양방향과 달리 한국어교육의 관점으로 출발하였
기 때문에 영어권 한국어 학습자들의 역할극을 통해서 화행 양상을 살펴
보았음을 확인하였다. 담화 영역의 실험대조 연구 방법을 활용한 연구를
정리하면 다음 〈표 11〉과 같다.

〈표 11〉 한·영 담화 대조의 실험 연구 방법

논문	연구 내용	연구 목적	방법
이복자 (2013)	거절 화행	재외동포 학습자들의 숙 달도에 따른 거절 협상 양상을 비교 분석	-학습자 구어 담화 발화 데이터 수집 -영어권 재외동포 학습자와 한국어 모어 　화자 총 80명 -역할 수행 -사회적 거리, 힘 -유대 공손 체계, 상호 공손 체계, 위계 　공손 체계 -9가지 상황(초대, 요청, 제안) -거절 전 단계, 거절 후 단계 비교
연준흠 (2022)	감정 표현	한국어와 영어의 감정 표 현 차이를 언어, 문화적	-선행 연구를 참고하여 감정 표현 선정 -『한국어 기초 사전』, 『Oxford Learner's

		으로 분석하여 해석	Dictionary』에서 제시하는 뜻풀이와 예문을 기준 -대역어 분석은 사전 예문, 준구어 말뭉치 예문, 병렬 말뭉치 예문을 분석[9] -영어권 한국어 학습자 3명, 두 언어 전문가 3명의 서면 인터뷰를 진행
박크리스티 (2019)	요청 화행 공손성	한국어와 영어의 요청 화행에서 나타나는 공손 전략의 차이와 사회적인 요소를 살펴봄	-20~35세 한국어 모어 화자 6명, 한국에서 거주하는 미국 이민 1세대 영어 모어 화자 6명을 대상으로 면담 -면담 후 수집된 녹음 자료를 전사, 모국어 요청 화행을 수집하고 외국 여행, 거주 경험, 지역의 영향에 대해 물어 봄 -격식적이거나 비격식적인 요청 상황에서 사용하는 요청 화행을 분석
윤은미 (2004)	거절 화행	한국인과 고급 영어권 학습자의 거절 화행 실현 양상의 차이를 체면과 공손성 중심으로 분석	-한국어 모어 화자 20명, 영어 모어화자 20명, 영어가 모어인 한국어 학습자 20명의 역할극 -6개의 상황으로 구성 -사회적 지위, 친밀도 -직접 거절, 이유제시설명, 회피, 기타로 거절 실현 유형을 설정 -존칭 사용, 감사 표현, 사과 표현, 관심 표시, 공감대 강조, 수락 소망 표시, 거절 후 보상 등 7가지 유형으로 분류
김지은 (2021)	생략 현상	영어권 학습자들의 주제어를 생략하면서 담화 상에서 응집성을 유지하는지 분석	-영어권 한국어 학습자, 중국어권 한국어 학습자들의 스토리 텔링을 한 구어 담화 발화 데이터를 수집한 후 실험대조 -문장 구조적 측면에서 분석

실험대조 방법을 사용한 연구는 화행을 연구한 이복자(2013), 박크리스티(2019), 윤은미(2004), 조유정(2022)와 생략현상을 연구한 김지은(2021), 감정 표현을 연구한 연준흠(2022)가 있었다. 이복자(2013)에서는

9 연준흠(2022)에서는 준구어 말뭉치를 유료 동영상 스트리밍 서비스인 '넷플릭스(Netflix)'에서 제공받은 영화와 드라마 대본으로 엑셀 파일에 정리하여 분석하였으며, 대역어는 한국정보화진흥원에서 공개한 AI Hub의 한국어-영어 번역(병렬) 말뭉치를 사용하였다.

영어권 재외동포학습자와 한국어 모어화자의 거절 화행에서 나타나는 거절 협상 양상을 숙달도별로 비교 분석하고자 역할극을 통해 실험 연구를 하였다. 연구 결과 학습자 집단은 숙달도가 높아짐에 따라 모어 화자와 유사한 거절 협상 양상을 나타냈으나 거절 협상 과정에서 학습자는 거절을 강화하고 한국어 모어 화자는 타협을 이끌어내 청자 체면을 보호하려는 특징을 보인다는 점에서 차이가 나타났다.

윤은미(2004)에서도 한국어 모어 화자와 영어 모어 화자, 영어권 한국어 학습자를 대상으로 거절화행 양상을 역할극을 통해 분석하였다. 이복자(2013)에서는 거절 협상 전략을 중심으로 살펴보았다면 윤은미(2004)에서는 체면과 공손성을 중심으로 거절 화행 양상을 살펴보았다. 연구 결과 영어 모어 화자가 한국어 모어 화자보다 직접 거절을 하는 것으로 나타났으며 친밀도에 있어서는 한국어 모어 화자가 영어 모어 화자 집단에 비해 친밀도가 높은 상대의 체면을 덜 고려하는 것으로 나타났다.

한편 조유정(2022)에서는 거절 화행을 서면을 통한 담화 완성형 테스트(DCT)로 분석하였다. 영·유럽권 한국어 학습자와 한국어 모어 화자, 중국어권 학습자를 대상으로 사회적 지위, 친밀도, 나이 변인을 설정하여 24개의 거절 상황을 설정하였다. 역할극에 비해 DCT는 설문지를 통해 화행을 수집하기 때문에 6~9개의 상황을 설정하는 역할극과 달리 24개의 상황을 설정할 수 있어 단기간에 많은 양의 자료를 수집할 수 있다는 데에 장점이 있다. 연구 결과 한국어 학습자 집단에서는 영·유럽권의 학습자가 직접 거절 전략을 높게 사용한 것으로 나타났으며 한국어 모어 화자는 완곡한 거절을 주로 사용하는 데 비해 영·유럽권 학습자는 단언적 거절 사용이 높게 나타났다.

한편 박크리스티(2019)에서는 한국어 모어 화자와 미국 1세대 영어 모어 화자의 요청 화행 양상에서 나타나는 공손성을 살펴보고자 면담의 방법을 통해 대조를 하였다. 연구자가 직접 면담을 하고 녹음 자료를 전사하여 화행 양상을 살펴보았는데, 연구 결과 한국어와 영어의 문법, 어휘적 차이, 한국어의 학습 경험, 미국 지역 방언과 지역 문화의 영향, 한국 생활과 문화 경험, 직업과 회사 문화에서 차이로 인해 한국어 요청 화행에 영향을 받는 것으로 나타났다. 이렇듯 한국어와 영어의 화행 연구는 실험 대조를 위해 다양한 연구 방법을 사용하였는데, 많은 양의 자료를 수집하기 위해서는 DCT를 통한 연구 방법이 효율적이며, 언어적, 비언어적 요소를 함께 보고 분석을 하고자 한다면 역할극을 통한 연구 방법을 사용하므로 연구자의 목적에 따라 실험 대조의 방법을 선택적으로 사용할 수 있을 것이다.

이외에도 김지은(20212)에서는 주제어 사용과 생략 현상을 살펴보고자 한국어 모어 화자와 영어권 한국어 학습자, 중국어권 한국어 학습자의 스토리텔링을 한 담화 발화 데이터를 수집하여 비교 및 대조하였으며 연준흠(2022)에서는 한국어와 영어의 감정 표현 차이를 언어적, 문화적으로 분석하였다. 연구 방법으로는 서면 인터뷰를 실시하였는데, 사전, 대역어 분석, 말뭉치 분석을 통해 언어적 차이와 표층 문화적 차이를 분석하고 실제 언어 사용과 일치하는지 확인하기 위해 인터뷰를 실시하였다. 연구 결과 한국어와 영어의 감정 표현 중 사과, 감사, 애정 표현에서 관계주의가 큰 영향을 미치는 것으로 나타났다.

4) 음운

음운의 세부 영역을 살펴보면 '발음'을 연구한 논문이 5편으로 가장 많았다. 그리고 자음과 모음은 각 4편, 3편으로 그 뒤를 이었다. 발음 연구의 경우에는 한국어 학습자와 영어 학습자의 발음을 분석하여 학습자에 맞는 발음 교육 방안을 모색하기 위한 연구가 주를 이루었다. 또한

자음과 모음의 대조 연구에서는 한국어와 영어의 음운 체계를 비교하여
특성을 대조 분석하였다. 이 외에 억양, 품사체계, 보상 장음화를 대조
한 논문들이 있었다.

연구 방법을 살펴보면 대부분이 선행 문헌을 정리하거나 실험음성학
적 대조를 활용한 연구들이 대부분이었다. 선행 문헌을 정리한 장아롱
(2012)에서는 한중영 음소 대조 분석을 위해 Whiteman(1970)의 기술
(description), 선택(selection), 대조(contrast), 예측(prediction)의 4단계
분석 과정론을 참고하고 Prator(1967)가 제시한 난이도 위계 가설에 근
거하여 한국어 발음에서 겪을 어려움 단계를 설정하였다. 또한 실험음성
학적 연구 방법을 활용한 연구를 정리하면 다음 〈표 12〉와 같다.

〈표 12〉 한·영 음운대조의 실험 연구 방법

논문	연구 내용	연구 목적	방법
김수미 (2017)	공명 자음	공명 자음 습득 과정 중 중간언어의 변이 양상을 살펴봄	한국어 학습자 38명, 한국인 화자 5명의 음성을 수집한 후 학습자 변인 (연령, 학습기간, 매체, 학습전략, 학습 목적)에 대한 조사와 언어 적성 검사를 실시
최진, 박시균 (2009)	폐쇄음 발음	선행 연구의 결과를 바탕으로 한국어와 영어의 자음 음운 체계를 비교하여 특성을 대조 분석함	-한국어 폐쇄음 발화와 지각 실험을 1,2차에 걸쳐 실시 -발화 실험은 폐쇄음 vot값을 측정, 지각 실험은 발화 실험에 참여한 영어권 화자들을 대상으로 한국어 모국어 화자의 발음을 들은 후 지각도를 측정
박채림 (2010)	/ㅅ, ㅆ/ /S/	마찰음 'ㅅ', 'ㅆ'와 영어 마찰음을 대조함	한국어 단모음 8개(ㅏ,ㅜ,ㅗ,ㅓ, ㅐ, ㅣ, ㅔ, ㅡ)를 /_ㅏ_/처럼 'ㅅ, ㅆ'을 어두와 어중에 넣어 발음 한 자료를 Praat으로 분석
장선미 (2015)	종성 발음	영어권 학습자의 발음을 분석하여 학습자에 맞는 종성 발음 교육 방안을 모색함	영어권 학습자의 3달간 녹음한 일곱 가지 종성 발음을 무의미 단어(1음절 / 2음절)와 유의미 단어(어중/어두)로 나누어 녹음하여 한국어 모어 화

			자와 녹음 자료를 Praat으로 분석
류나영 (2018)	모음 지각	학습자의 모국어 배경이 L2모음을 지각하는데 어떤 영향을 미치는지 보고자 함	선형 판별 분석(LDA)을 통해 어떤 모음이 어려울지 예상하고 음소 확인 실험 진행
윤은경 (2011)	활음 길이	활음의 길이, 활음 대 모음의 비율에 대해 음성학적 측면으로 대조 분석을 하고자 함	-Klatt(1973), 양병곤(1994)을 참고하여 제1 목표음과 전이구간, 제2 목표음으로 구간을 나눈 후 전이 구간 길이를 측정 -한국인 4명, 미국인 4명의 576개 녹음 자료를 분석
이효진 외 (2012)	/ㅢ/	영어 이중모음에 포함되지 않은 한국어 이중모음 /의/의 실험음성학적인 대조 분석을 통해 음형적 특징을 살펴봄	-영어권 한국어 학습자 26명(초급 이상/한국 거주 경험이 1년 이상 /한국어 하루 3시간 이상 사용) -'의자, 회의, 의사, 강의'를 녹음하여 Praat으로 분석 후 SPSS로 통계
손형숙, 안미애 (2009)	/에:ɛ, 애:æ/	대구지역 20대 화자들이 외국어 모음을 발음할 때 본인이 가진 모음 발음 영역을 어떻게 활용하는지 고찰함	-영어음성학 수강생 중 대구 지역 출신 여학생 30명을 대상으로 녹음 -한국어 영어 모두 /s/로 시작하는 음절 구조를 가지는 단어로 구성
임신영 (2017)	/æ/	CVC환경에서 모음의 지속시간에 미치는 인접폐쇄음의 영향을 발화를 통해 살펴봄	-여성 대학생(한국인 23명, 원어민 8명) -실험 자료는 C2VC2환경과 C1VC2V환경을 구분하여 작성

먼저 실험음성학적 대조 방법을 사용한 연구들의 연구 내용 크게 자음과 모음으로 나눌 수 있고 구체적으로 폐쇄음 발음이나 모음 발음, 모음 지속 시간 등을 연구하였다. 자음 연구에서는 공명음, 폐쇄음, 종성, 마찰음으로 다양하게 연구가 진행되었다. 김수미(2017)에서는 한국인 모어 화자와 미국 국적의 한국어 학습의 음성을 수집한 후에 학습자 변인에 따른 중간언어 변이 양상을 살펴보고 언어 적성 검사를 실시하였다. 최진 외(2009)에서는 1차와 2차에 걸쳐 한국어 폐쇄음에 대한 발화 실험과 지각 실험을 실시하였다. 구체적으로 발화 실험은 폐쇄음 VOT값을 측정하였고 지각 실험은 발화 실험에 참여한 영어권 한국어 학습자들을 대상으로 한국어

모국어 화자의 발음을 들은 후 지각도를 측정하였다. 이외에도 장선미(2015)와 박채림(2010)에서는 대조하고자 하는 음운을 어중과 어두, 어말로 구분하여 발음 한 자료를 praat으로 분석했다는 공통점이 있다.

모음을 대조한 연구에서는 활음, 이중모음이나 전체 모음을 대상으로 연구가 진행되었으며 주로 모음의 중간 위치에서 F1과 F2를 산출하였다. 특히 한·영 모음 대조 연구에서는 /에:ɛ, 애:æ/를 대조한 연구가 두드러지게 나타났다. 손형숙 외(2009)와 임신영(2017)에서는 공통적으로 /æ/모음을 한국어의 /애/모음과 비교하였다. 손형숙 외(2009)는 /s/로 시작하는 음절 구조의 단어를, 임신영(2017)은 유성폐쇄음/d/와 무성폐쇄음/t/에 따른 후행모음 /æ/의 모음의 길이를 측정하였다. 이는 선행 자음의 조음 위치와 관련된 특성을 분석하기 위해 후행 모음 앞의 선행 자음을 설정하여 분석하였으며 이에 따른 연구 결과도 다르게 나타났다. 임신영(2017)은 선행 자음인 무성 폐쇄음, 유성 폐쇄음에 따른 /ㅐ/의 지속 시간이 다르게 나타났음을 확인했다. 손형숙(2009)에서는 한국어의 /에, 애/ 모음은 영어의 /ɛ, æ/에 비해 고모음으로 발음되므로 오히려 영어의 긴장모음 /e/와 대응됨을 확인하였다.

5) 문화

한국어와 영어의 문화 대조 연구로는 박희은(2007)이 있다. 영어권 한국어 학습자들을 위하여 한국과 미국의 문화적 간섭에서 오는 의사소통 문제를 살펴보고 문화 학습 방안을 연구하였으며 연구 방법으로는 선행 연구의 이론을 바탕으로 상호 문화적 의사소통 양식을 정통적 가치체계의 차이, 생활양식 및 사고의 차이, 표현의 차이로 나누어 비교 및 대조 분석하고 분석하였다. 연구 결과 미국인 화자는 개인주의, 자기중심적 사고방식이 특히 두드러지는 것으로 나타났다. 분석 내용을 바탕으로 한국과 미국의 문화 차이를 인식하고 극복을 하기 위해서 문화 교육을 하기 위한 교육 방안으로, 영화를 교육 매체를 제안하였으며 국내 거주 중인 한국어 중급, 고급 수준의 영어권 학습자 18명을 대상으로 주 1회 2시간씩 6개월 간 문화 수업을 실시하였다. 실험 결과 학습자들은 영화를 교육 매체로 활용하여 수업을 하였을 때 한국 문화에 대한 이해와 관심이 증가한 것으로 나타났다.

4. 영·한 대조 논문

영어와 한국어 대조 연구는 문법, 담화, 음운 영역에서 활발하게 이루어지고 있다. 문법 영역 연구가 가장 많이 이루어졌으며 다음은 담화, 어휘 순이다. 영·한 대조 연구를 연구 영역과 연구 방법에 따라 분류한 표는 다음 〈표 13〉과 같다.

〈표 13〉 영·한 대조 연구 영역 및 연구 방법별 연구 동향

		문법	어휘	담화	음운	문화	기타	합계
선행 문헌 정리		11	1	5	5	2		24
언어 자료 분석	번역						1	14
	대본			2				
	교재				1			
	소설	3		1				
	말뭉치	4	1	1				
사전								
실험 조사		4		6	8			18
기타								
합계		22	2	15	14	2	1	56

영·한 대조 연구 중 특히 가장 많이 이루어진 분야는 문법 분야로 22편의 연구를 확인할 수 있었다. 그 중 선행 문헌을 정리하는 방식의 연구 방법이 주로 사용되었으며 언어자료분석 방법에서는 소설 내 문법을 대조하거나 말뭉치를 활용하여 대조하였음을 확인하였다. 문법 다음으로는 담화 영역에서는 DCT를 활용한 연구가 주를 이루었으며, 음운 영역에서는 실험음성학적 방식이 주로 활용되었다. 한·영 대조 연구와 달리 어휘 영역에서는 많은 연구가 이루어지지 않았다는 점이 특징적이다. 또한 문화 영역에서도 선행 문헌을 정리하는 방식의 연구가 이루어졌다. 다음 절에서 5개의 연구 영역에 따라 연구 방법과 연구 결과를 자세히 살펴보고자 한다.

1) 문법

영·한 대조 연구에서 문법의 세부 영역을 살펴보면 '시제/상'을 연구한 논문이 4편으로 가장 많았다. 그리고 수동태와 문법표현은 각 2편으로 그 뒤를 이었다. 이 외에 전치사, 한정성체계, 완화 표지, 어순, 조건문, 지시대명사, 통사, 명사화, 타동성 등을 대조한 논문들이 있었다.

연구 방법을 살펴보면 선행 문헌을 정리하거나 말뭉치, 실험 조사를 활용한 연구들이 대부분이었다. 먼저 선행 문헌 정리에서는 선행 연구의 이론과 예시를 바탕으로 어순, 조응표현, 조건문, 지시대명사, 강조표현, 시제 등을 대조하였다. 특히 다양한 연구 자료를 활용한 하은진(2012)에서는 소설·실용서·연설문에 나타난 한국어 '-었-'을 분석함으로써 시제와 상을 대조하였다.

구체적으로, 소설은 한영 번역 텍스트 소설(노인과 바다의 원본과 번역본)과 실용서는 The art of loving, 연설문은 오바마의 취임식 연설문을 활용하였다.

본고에서는 말뭉치와 실험대조를 중심으로 자세히 살펴보고자 한다.

영·한 문법 연구에서 말뭉치를 활용한 논문을 정리한 표는 다음 〈표 14〉
와 같다.

〈표 14〉 영·한 문법 대조의 말뭉치 연구 방법

논문	연구 내용	연구 목적	연구 방법
강찬미 한승규 (2013)	조사 오류	-한국어의 조사와 영어의 전 치사 대조 -병렬 말뭉치에서 장소를 나 타내는 전치사 'in, at, on'의 한국어 형태적, 의미적 대응 양상	-19개의 연설문을 한영병렬말뭉치 용례검 색시스템을 이용해 전치사를 포함한 문장 용례 추출 -장소와 소재를 나타내는 전치사구의 의미 기준을 참고하여 용례를 선별한 후 한국어 에 대응하는 형태와 의미를 정리
김영아 (2014)	완화표지 사용 양상	'I think', 'I guess'와 같은 동사부류 완 화 표지가 한국어에서는 어떻 게 표현되는지를 대조	-말뭉치 기반 연구[10]와 말뭉치 주도 연구[11] 가 혼합된 연구 -영화 Jerry Maguire와 미국 드라마 Sex and the City의 한글과 영어 자막을 추출하 여 병렬 말뭉치를 구축
우영미 (2002)	현재완료 대응 표현	영어의 현재완료가 한국어로 어떻게 표현될 수 있는지 비교 후 학습자들의 현재 완료 사용 에 도움을 주고자 함.	-한국어 소설 4종(나목, 난장이가 쏘아 올 린 작은 공, 움직이는 성, 파로호)과 그 소설 의 영어 번역본 -현재완료 have+p.p, has+p.p, 've+p.p, 's+p.p형태를 찾아 한국어 소설에서 대응하 는 표현을 찾고 비교 분석

　말뭉치 연구방법을 사용한 논문은 3편이었다. 강찬미·한승규(2013)와
김영아(2014)는 병렬말뭉치를 이용하여 영어에서 자주 사용하는 전치사
나 완화표지를 한국어에서 어떻게 표현되는지 양상을 살펴보았다. 또한
우영미(2002)는 한국어 소설 4종(나목, 난장이가 쏘아 올린 작은 공, 움직이는

10　이론을 검증하는 데 '말뭉치의 예문'을 사용하는 것인데 본고에서는 준구어 영한/한
　　영 병렬 말뭉치뿐만 아니라 이들 말뭉치에 상응하는 한국어 준구어와 구어 말뭉치를
　　사용하였다.
11　'말뭉치의 통계 자료'들이 보여 주는 결과를 연구의 대상으로 삼는 것인데, 본고에서
　　는 영어에서 흔히 사용되는 완화표지를 선정할 때 Biber 외(1999: 16)의 연구를 바탕
　　으로 하였다.

성, 파로호)과 그 소설의 영어 번역본을 이용하여 현재완료 (have+p.p, has+p.p, 've+p.p, 's+p.p)형태를 찾아 한국어 소설에서 대응하는 표현을 찾고 비교 분석하였다.

실험대조를 실시한 논문은 총 2편이었고, 모두 설문조사와 병행하여 실험을 진행하였다. 김미경(2013)에서는 고등학생 60명을 대상으로 비대격 동사 습득에 대한 내용을 교수한 실험 집단과 아닌 집단인 비교집단으로 나누어 구문에서 나타나는 과수동화 오류에 대한 결과를 비교, 분석하였다. 또한 김상임(2012)에서는 영문과 대학생 63명을 대상으로 한국어 동화를 활용해 한국어 화자의 의식에 관사의 개념이 있는지 확인하였다.

설문조사를 실시한 논문은 총 1편이었다. 석은진(2009)은 한국어와 영어의 타동성을 비교 연구하기 위하여 충북 청주시의 인문계 S고등학교 1학년을 대상으로 총 70명의 학습자들에게 11문항의 설문지를 작성하도록 하였다. 총 11문항은 전치사 오류분석에 대한 선행 연구를 참고로 한국어와 영어 양어의 구조적 의미상 차이에서 발생하기 쉬운 문제를 선정하였다. 보충어구를 취하는 데 있어 명사 앞에 전치사 유무를 어느 정도나 정확하게 판단하고 사용하여 자동사 용법과 타동사 용법을 구분할 수 있는가에 대한 내용이었다.

2) 어휘

어휘 영역에서는 박주현(1972)와 정희란(2022)의 연구가 있다. 박주현(1972)에서는 한국어 '이다, 있다'와 영어 'be'동사를 비교하여 영어 학습 방안을 모색하고자 선행 연구의 이론을 바탕으로 비교 분석하였다. 연구에서는 영어의 'be'동사와 한국어의 '이다, 있다'는 관련이 컸으며 'be'동사는 의문문, 부정문, 명령문, 조동사에서 영어의 다른 일반동사와 다르게

취급하지만 한국어의 '이다, 있다'는 다른 동사나 형용사의 어순과 끝바꿈
이 비슷하다는 것을 설명하였다. 정희란(2022)에서는 영어의 'heavy'와
한국어의 '무거운'의 의미를 비교하였다. 연구 방법으로는 말뭉치를 사용
하였는데, 영어 사전은 네이버 영어사전, Collins Dictionary, Oxford
language 등을 참고하였으며 한국어 사전은 네이버 국어사전 및 연세
현대 한국어 사전 등을 참고하였다. 분석 자료가 되는 코퍼스의 경우 영어
는 COCA에서 heavy의 명사 연어를 100개 추출하였으며 한국어 말뭉치
자료는 국립국어원 언어정보나눔터 말뭉치에서 '무거운'을 검색해 100개
의 예문을 추출하여 두 어휘의 의의를 분류하고 비슷한 의미를 가진 의의
를 묶었다. 연구 결과 'heavy'는 네 가지의 의미로 구분되었으며 네 개
모두 중심의의를 가지고 있었다. 반면 한국어의 경우 두 가지의 의의만
가지고 하위분류된 의의에서도 차이점이 나타났다.

3) 담화

담화의 세부 영역을 살펴보면 표현 연구가 6편으로 가장 많았으며 화
행 연구가 5편으로 많이 이루어졌다. 그리고 생략 구조, 설득 장치, 인지
관점에 관한 연구가 모두 1편씩 이루어져, 한·영 대조와 마찬가지로 영
·한 대조 연구에서도 화행연구가 활발하게 이루어지는 것을 알 수 있었
다. 연구 방법을 살펴보면 이론 중심으로 언어 자료와 실험 대조를 하지
않은 연구가 5편, 실험 대조 6편, 대본/드라마 말뭉치 3편, 신문 사설에
서 살펴 본고가 1편으로 실험 대조 연구가 가장 많이 이루어졌다. 가장
많이 이루어진 실험 대조 연구는 설문 조사의 방법이었다. 설문조사 연
구 방법을 활용한 연구를 정리하면 다음 〈표 15〉와 같다.

〈표 15〉 영·한 담화 대조의 설문조사 연구 방법

논문	연구 내용	연구 목적	세부	방법
권영주 (2002)	시간·공간 인지관점	인지 관점의 차이로 원활한 의사소통이 불가능할 수 있으므로 그에 대한 원인을 규명하고자 함	객관식 설문	-번역식 텍스트를 선택하여 총 10문제 출제 (객관식) -빈도 높은 오류를 미리 선정해서 예제를 제시함 1. 봄이 왔다. a. Spring came. b. Spring has come.
양용준 (2020)	간접화행 It is(was) ~that 강조구문	'this'와 'that'이 한국어로 번역될 때 나타나는 화용론적 생략현상, 교차번역을 조사해보고 그 원인을 분석함		-영어와 한국어의 간접화행에 대한 이해도(6문항, 80명 대상) -5likert척도 사용
최은영 (2001)	공손 표현	공손 표현 사용에 있어 차이점을 사회적 변수인 신분, 나이, 힘, 친밀도에 따라 차이를 살펴보고 공손 표현에 대한 집단 간 인식도를 비교		-자기보고(self-report)문항 -3단계 평정척도(낮춤1, 정중2, 매우정중3) -공손성에 대한 인식 & 선호도 분석 ① Would you please watch my bag for a minute?
배여진 (2011)	요청화행 전략	화용론적 의사소통능력 중 요청화행 전략 이용에 대해서 알아봄	DCT	-대구에 위치한 대학생 36명 -담화완성테스트(DCT) 사용 -문법적 오류는 무시하고 화용상의 표현 방법을 고려하기 때문에 한국인 영어 학습자에게 영어 사전의 사용을 허락함. -참여 학습자들과 비교하기 위한 영어 원어민의 데이터는 Byon(2004)[12]의 연구에서 발췌
김향선 (2002)	거절 화행	거절 화행을 한국인, 영어원어민, 한국인 영어 학습자 집단의 화행을 비교 대조 분석하여 학습자의 목표 언어와 이들의 양 언어를 비교 대조		-12가지 상황을 주어 DCT 형태로 질문함 -상대방과의 친밀도, 상대방의 사회적 지위, 거절의 용이성에 대해 각 문항의 빈도에 따라 항목별로 분석
김시정 (2014)	거절전략 사용	거절 전략 사용에 있어서 원어민 그룹과 비원어민 그룹의 차이를 살펴봄		(a) 100명의 미국인 영어 화자, (b) 78명의 고등학교 정규 교육 과정을 마친 한국인 예비대학생, (c) 100명의 영어 전공 한국인 대학생들에게서 담화 완성 과업(DCT)를 통해 영어 거절 화행에 대한 자료를 수집함. -DCT는 거절의 반응을 이끌어 내는 의사소통기능(요청, 초대, 권유, 제안)변수에 따라 서로 다른 사회적 지위(윗사람, 또래 집단, 아랫사람)의 상대 화자에게 거절하도록 총 12개의 항목으로 고안

---

12 Byon은 미국에 위치한 대학교 여성들 50명을 대상으로 담화 완성 테스트를 이용하였다.

담화 영역에서 설문조사의 방법을 사용한 연구는 객관식 설문과 화행 양상을 알아보기 위한 DCT설문으로 나눌 수 있다. 권영주(2002)에서는 시간과 공간의 인지관점의 차이와 차이로 인한 의사소통 오류에 대한 원인을 규명하고자 번역식 객관식 설문을 실시하였다. 연구 결과 한국어의 시간 표현은 사건의 발생시점을 중심으로 출발점인 과거에 중점을 두어 표현하는 데 반면 영어는 현재를 중심으로 표현하여 시공간에 대한 인지 관점의 차이가 시제 표현 차이에 영향을 주었으며, 한국어와 영어의 공간 인지 관점의 차이를 인지하지 못하여 'come'과 '오다' 잘못된 대응을 하게 된다는 것이라고 하였다. 양용준(2020)과 최은영(2001)에서는 이해도, 인식도를 테스트하기 위해 설문을 실시하였는데 양용준(2020)에서는 'that'과 'this'의 한국어 번역에서 나타나는 화용론적 생략 현상, 교차 번역을 조사하기 위해 이해도를 알기 위한 설문을 실시하였다. 최은영(2001)에서는 공손 표현 사용에 있어 변인에 따라 공손 표현에 대한 집단 간 인식도를 비교하였다. 한편 화행 연구를 위해 배여진(2011), 김향선(2002), 김시정(2014)에서는 DCT를 위한 설문조사를 실시하였다. 연구 결과 김시정(2014)에서는 앞서 간접/직접 거절 화행을 연구한 결과와 같이 한국인 대학생 그룹이 미국인 그룹에 비해 간접 거절 전략 사용이 다소 높게 나타났다. 초대와 제안에 대한 거절에서는 좀 더 직접적으로 거절하며 요청에는 간접적으로 거절하려는 경향이 나타났다. 요청 화행을 연구한 배여진(2011)에서도 영어 원어민과 한국어 원어민에게서 언어적 문화적 차이가 나타났는데, 한국어 원어민들이 요청했을 때는 '사과'의 수치가 높으며 '감사, 칭찬'수치는 낮은 반면, 영어 원어민은 '사과'의 수치가 낮고 '감사, 칭찬' 전략의 수치가 높은 것으로 나타났다.

한편 말뭉치를 사용한 연구는 김명희(2017)가 있다. 'O Corpus[13]'의 일부로서 한국어와 영어의 여성화자 각각 20쌍이 과업중심대화(task-based conversations)를 하였으며 연구 결과 두 언어 모두 소극적 공손 표현을 사용하여 약화된 반대 표현을 선호하였으며 수평적 관계에 있는 학생 간 대화에서 직접 표현이 더 자유롭게 쓰였음을 확인하였다.

대본을 사용한 연구도 있었는데, 노심덕(1998), 이은실(2007)에서 한국어와 영어의 영화 대본을 이용하여 대조 분석을 실시하였다. 이은실 (2007)에서는 대본에서 Grice의 네 가지 격률을 위배한 대화 함축의 비중을 살펴보기 위하여 전체 대화수를 교환 회수(turn)로 산정하여 대화 함축 대화의 개수를 의사소통의 성공여부로 가려내었다. 두 편씩 대본을 선정하여 대화 격률을 위반한 대화함축을 전체 대화 수에서 어느 정도의 비중을 차지하는지를 알아보았고, 상황과 격률별로 나누어 특징을 살펴본 후, 비교논의를 하였다. 연구 결과 두 언어 모두 대화함축 비중은 일상적으로 나타나나 영어에서는 대화 함축의 간접 표현이 정중성을 나타내었으며, 한국어에서는 대화자들의 친소 관계가 낮거나 상위에 있는 청자에게는 더욱 대화함축을 활용하여 의사소통을 하는 것으로 나타났다.

4) 음운

영·한 대조 연구에서 음운의 세부 영역을 살펴보면 모음과 자음을 연구한 논문이 각 4편으로 가장 많았다. 특히 자음을 대조한 연구에서는 장애음, 분절음, 자음동화, 비음 등 세부 영역에서 연구가 이루어졌음을 확인했다. 그리고 수동태와 문법표현은 각 2편으로 그 뒤를 이었다. 이 외에 전치사, 한정성체계, 완화 표지, 어순, 조건문, 지시대명사, 통사, 명사화, 타동성 등을 대조한 논문들이 있었다.

---

13 'O Corpus'는 일본 Japanese Academy for the Promotion of Science의 후원으로 만들어진 영어, 일어, 한국어, 아랍어, 태국어 여성화자들의 비디오 코퍼스로, 과업중심대화, 내러티브, 자유대화 등으로 이루어져 있다.

그리고 연구 방법에 따라 분류한 결과 주로 이론적 대조와 실험대조로 이루어졌다. 이론적 대조는 선행 연구의 음운 체계 대조 방법을 참고하여 분석하거나 영어교과서의 내용을 분석하여 제시하였다. 영·한 논문에서 이루어진 실험대조는 다음 〈표 16〉과 같다.

〈표 16〉 영·한 음운 대조의 실험 연구 방법

논문	연구 내용	연구 목적	방법
오연진 (2001)	모음 길이	-포먼트 주파수, 모음길이 측정 -한국인 영어 학습자가 청취에 어려움을 겪는 영어모음을 파악하고 발음 지도 후 청취력 향상을 분석	-최소대립쌍이 포함되어 있는, 실생활에 쓰일 수 있는 자연스러운 문장 6개를 선정 -영어 원어민 3명과 한국인 성인 6명의 녹음 자료를 분석
김선미 남기춘 (2011)	음절	- 한국인 화자가 영어 음성 연속체에서 단어를 분절할 때 강음절(강세 음절)을 단어 시작의 단서로 사용하는지 알아봄 - 실험1에서는 모음으로 시작하는 단어로, 실험2에서는 자음으로 시작하는 단어로 선정 - 고려대학교 남녀 학부생 (1) 29명, (2) 32명	(실험1) 모음으로 시작하는 2음절 고빈도 단어로 CELEX의 빈도를 참조하여 조건당 30개씩 총 60개의 단어를 선정 (실험2) 자음으로 시작하는 2음절 고빈도 단어로 CELEX의 빈도를 참조하여 조건당 33개씩 총 66개의 단어를 선정 -실험은 참가자 한 명씩 개별적으로 이루어졌으며 단어 탐지과제[14]가 사용됨
이희천 (2002)	음절 구조	-학습자가 모국어 간섭 현상으로 얼마나 어려움을 겪고 있는지 파악 -음절 발화 교육을 실시한 후, 영어 음절 발화에 모국어의 간섭 현상이 어느 정도 변화하는지 고찰함	-장항공업고등학교 1학년 남학생 40명을 대상으로 통제반과 실험반으로 나누어 녹음을 실시. -1차와 2차의 녹음 자료에 대한 정확성 여부를 판정한 후 통계 처리하여 연구 자료로 사용함.
김성희 조현관 (2012)	폐쇄음-공명음 연쇄 (비음화, 유성음화)	한국어에 존재하는 동화현상 중 영어 발음에 부정적 전이를 초래하는 '폐쇄음 비음화' 현상에 초점을 맞추어, 명시적 발음지도를 통해 한국어 규칙의 전이에 의한 영어 발음 오류의 개선이 가능한지 확인함	-중학교 3년 재학생 6명 -한국인 학습자의 발음을 영어를 모국어로 사용하는 원어민 화자의 발음과 비교하기 위해 미국인 남성 1인의 발음을 녹음 후 음향분석 프로그램의 스펙트로그램을 보고 판정
황혜정 문승재 (2005)	/에:ɛ, 애:æ/	모음쌍 /에/ /애/와 /ɛ/ /æ/에 대해 음향학적으로 접근함.	-한국어 화자 남성 24명 -영어의 /ɛ/, /æ/모음과 한국어 /에, 애/ 모음 대응의 타당성 여부를 밝힘.

이상도 김수정 (2007)	비음	비음이 단어 내 나타나는 위치에 따라 다른 음성적 실현 양상을 보일 것임	피시콰이어(Pcquirer)라는 음성측정기를 사용함
민수정 정영진 (2010)	휴지	-문장휴지와 절/구/단어 휴지와 단 어 내 분절음 간의 휴지 -영어화자와 한국어화자의 발화에서 나타나는 휴지의 특성을 상호 대조함	-영어 발화 자료: 2종의 TOEIC 듣기교 재의 Part3에서 대화문을 각 2개씩 발췌 -한국어 발화 자료: TOPIK의 고급평가 문제의 대화문 2개와 남녀 연설문 각 1개 총 4개
한양구 이숙향 (2002)	/i, ɪ/ /u, ʊ/ /æ, ɛ/	두 개의 모음쌍 /i, ɪ/, /u, /u, ʊ/, /æ, ɛ/의 발음의 정확성 확인	-CSL 4300B 사용 -미국인 화자(남, 여 각 1명), 한국어 모 어 화자(여 2명) -영어 모음은 /h(V)d/ 설정 -Say _____ slowly라는 틀 문장 안에서 자연스럽게 발성

가장 많이 연구된 모음 대조 연구를 확인해보면 모음 길이, /에, 애/
연구가 있으며 황혜정(2005)과 한양구(2002)에서 /에, 애/ 모음 발음 분
석 결과 /에, 애/ 모음이 구분되지 않고 큰 차이가 없다는 공통적인 결과
가 나왔다. 이 외에도 음절, 비음, 휴지 대조에 관한 연구가 있었다.

김성희(2012)에서는 한국인이 미국인에 비해 비음화와 유성음화를 더
많이 사용하고 있음을 밝혔다. 이상도(2007)에서는 비음의 특성을 스펙
트로그램에 의존한 음향음성학적 방법으로 밝히기에 한계가 있으므로
공기역학적 방법을 도입하여 Pcquirer(피시콰이어)라는 음성측정기를 사
용하였다는 점이 김성희(2012)와 차별점을 갖는다. 이상도(2007)에서 영
어와 한국어의 비음을 비교한 결과, 인접하는 모음의 비음화 비율에 있
어 상반된 현상을 보여 주었다. 영어에서는 비음에 선행하는 모음의 비
음화 비율이 후행하는 모음의 비율보다 높았지만, 한국에서는 비음에 후

---

14 참가자는 조용한 방에서 컴퓨터 앞에 앉아 헤드폰을 통해 나오는 자극을 듣고 그 실험
자극 속에 실제 영어 단어가 포함되어 있으면 될 수 있는 한 빠르게 'Yes' 버튼을 누르고
찾은 영어 단어를 말하고, 영어 단어가 포함되어 있지 않으면 'No' 버튼을 눌렀다.

행하는 모음의 비음화 비율이 선행하는 모음의 비율보다 높았다.

5) 문화 및 기타

영어와 한국어의 문화 대조 연구로는 이진학(1998), 봉민아(2002), 구본석, 서정목(2017)의 연구가 있다. 한·영 대조 연구와 유사하게 이론적으로 대조 연구를 진행하였는데 이진학(1998)은 선행 연구의 가설을 검토하여 그에 대한 여러 가지 관점을 살펴보았다. 관점의 차이로 생겨나는 표현의 차이와 사회문화적 측면을 가진 고유적이고 관용적인 표현들을 분석하였으며 연구 결과 미국에서는 개인의 개념, 화자위주의 사고방식이 뚜렷하게 나타나 한국어와 같이 대인관계를 표시하는 언어나 연령, 지위에 따른 세분화가 되어 있지 않다고 하였다. 봉민아(2002)는 먼저 영어와 한국어의 발음을 자음과 모음으로 나누어 그 차이와 유사점을 살펴보고 한국학생들이 발화나 작문 시에 흔히 모국어의 어순 체계를 작용시킴으로서 오류가 발생하는 상이한 어순체계를 비교하였다. 그리고 한국어식 사고 때문에 영어를 학습하거나 사용하는데 수반되는 어려움과 오류현상을 극복하고자 한국문화와 미국문화를 사고유형과 생활방식의 차이, 어휘 사용과 비언어적 표현의 차이에서 비교해 보았다. 이에 따라 비디오 시청 후 토론, 신문과 잡지 활용, 노래, 원어민과의 시간 갖기 등 교육 방안을 제안하며 언어의 내적 차이인 문화적 의미를 정확히 알아야 함을 강조하였다. 마지막으로 구본석·서정목(2017)에서는 미국 영화 100편을 선정하여 번역 과정에서 적용된 번역 전략을 분석하고 영화제목의 번역에 문화적, 언어적, 영화 내용에 따른 유형에 따라 다양한 번역 전략이 적용됨을 밝혔다.

5. 양방향 대조 논문

양방향 대조 연구에서도 문법 영역 연구가 가장 많이 이루어졌다. 다음으로는 담화, 어휘와 음운, 기타, 문화 순이다. 양방향 대조 연구를 연구 영역과 연구 방법에 따라 분류한 표는 다음 〈표 17〉과 같다.

〈표 17〉 양방향 대조 연구 영역 및 연구 방법별 연구 동향

		문법	어휘	담화	음운	문화	기타	합계
선행 문헌 정리		17	3	9	3	1	3	36
언어 자료 분석	번역	2	2					
	대본	1	1	3				
	교재							21
	소설							
	말뭉치	3	5	3	1			
사전			1					1
실험 조사			1	4	8			13
기타				1				1
합계		23	13	20	12	1	3	72

양방향 대조 연구 중 특히 가장 많이 이루어진 분야는 문법 분야로 23편의 연구를 확인할 수 있었다. 그중 선행 문헌을 정리하는 방식의 연구 방법이 주로 사용되었으며 언어자료분석 방법에서는 번역문, 대본, 말뭉치를 활용하는 방법을 활용하였다. 문법 다음으로는 담화 영역에서는 선행 문헌을 정리하는 방식이 많이 사용되었으며 이 외에도 대본 내의 담화를 분석하거나 DCT를 활용한 연구가 주를 이루었다. 음운 영역에서는 한·영, 영·한 대조 연구와 동일하게 실험음성학적 방식이 주로 활용되었다. 다음 절에서 5개의 연구 영역에 따라 연구 방법과 연구 결과를 자세히 살펴보고자 한다.

1) 문법

양방향 대조 연구에서 문법의 세부 영역은 다양하게 연구되었다. 부정 표현, 경어법, 수동, 어미 대조를 연구한 논문이 각 2편이 있었으며, 이 외에도 접미사, 구문, 문법화, 통사, 한정사, 총칭성, 조사, 명사절, 시점, 논항구조, 자음탈락 등 여러 영역에 걸쳐서 연구가 이루어졌음을 확인했다.

연구 방법을 살펴보면 양방향 연구에서 문법 대조 연구는 주로 선행 연구의 이론을 바탕으로 문헌을 통해 대조하는 선행 문헌 정리 분석이 가장 많았다. 말뭉치를 활용하여 분석한 연구는 3편이었다. 먼저 말뭉치를 활용한 분석 방법은 다음과 같다.

〈표 18〉 양방향 문법 대조의 말뭉치 연구 방법

논문	연구 내용	연구 목적	방법
이영옥 (2002)	장소 이동 표현	장소 이동 표현을 통해 한국어와 영어의 차이를 나타내는 표현을 살핌	-영어는 신문, 잡지, 소설, 수필 등의 실제 자료를 수집하였으며 한국어로 이에 대응하는 표현을 찾아 비교
채숙희 (2006)	수동태	번역 문제를 해결하기 위해 전략보다 대조 분석을 통해 생각해 볼 기회를 제공	-병렬 코퍼스 -해리포터 시리즈의 1권 & 번역본을 대상으로 코퍼스를 구축 -영어 원문에서 모든 수동태 문장을 수집한 후 한국어 문장도 함께 수집하여 어떻게 표현되는지 조사
조은경 (2019)	과거-비과거 분할 시점	한·영 병렬 말뭉치에 기반하여 보편적 언어 특성인 분할 시점의 측면에서 분포와 차이를 살핌	-세종 한영 병렬 말뭉치 -1:1 대응 관계에 있는 문장만 추출하여 한국어 시점 표지에 대응하는 영어 분할 시점 형식 대조

말뭉치를 활용한 연구들의 연구 내용을 살펴보면 장소 이동 표현, 수동태, 과거-비과거 분할 시점이 있었다. 주로 영어 또는 한국어의 실제 자료를 수집하고 이에 대응하는 표현을 찾아 어떻게 표현되는지를 대조하는 방식으로 이루어졌다. 이영옥(2002)에서는 영어의 신문, 잡지, 소

설 등을 수집하여 장소 이동 표현을 찾고 한국어로 이에 대응하는 표현을 살펴보았다. 채숙희(2006)에서는 해리포터 시리즈와 번역본을 대상으로 코퍼스를 구축하고 수동태가 어떻게 표현되는지 살펴보았다. 조은경(2019)에서는 세종 한영 병렬 말뭉치로 한국어의 과거-비과거의 분할 시점 표지에 대응하는 영어 형식을 대조하는 연구를 진행하였다.

특히 이영옥(2002)은 실제 자료를 수집하여 장소 이동 표현을 대조하였다. 분석 결과 한국어에서는 35.4%가 자동사인데 반해 영어에서는 14.3%만이 자동사였다. 또한 한국어에서 형용사나 둘 이상의 자동사가 연결되어 표현되는 상황에서 동작의 주체와 객체를 타동사로 연결 짓는 구문이 광범위하게 사용되는 현상을 볼 수 있었다. 또한 발음 기관을 지칭하는 표현들은 발언, 화행의 진행, 언어표현의 사용의 세 범주에서만 나타난다는 사실을 발견하였다는 점에서 의의가 있다.

2) 어휘

어휘의 세부 영역을 살펴보면 표현, 동사, 성별어, 환유법, 대응어, 신체어, 슬픔 어휘, 지칭어 등 다양하게 연구가 이루어짐을 알 수 있다. 이중 표현과 동사 연구가 각각 3편으로 가장 많이 이루어졌다. 연구 방법으로는 주로 말뭉치를 활용하여 분석하였다. 선행 연구를 참고하여 이론적 대조를 한 연구 3편과 대본 분석 1편, 번역 대조 2편이 있었으며 설문조사를 한 연구는 없었다. 실험 연구는 1편이 있었는데, 이은비(2015)에서 실험연구를 통해 이동동사를 연구하였다. 양방향 어휘 연구에서 말뭉치를 활용한 분석 방법을 확인하면 다음 〈표 19〉와 같다.

〈표 19〉 양방향 어휘 대조의 말뭉치 연구 방법

논문	연구 내용	연구 목적	방법
김경욱 (2007)	음식 동사	한국어와 독일어, 영어의 음식물 섭취를 의미 내용으로 하는 동사들을 대상으로 유의어 목록을 선정하고 공통점과 차이점을 살펴봄	−사전의 용례에서 실제 언어 자료를 가져옴 −부족한 부분은 각 언어 전문가와 저자들의 직관을 활용 −부분적으로 말뭉치를 사용
김수인 (2014)	'먹다'	영어와 한국어의 '먹다' 관련 동사의 은유 표현을 살펴보고 은유적 확장 경로와 확장 원리를 비교 분석	−사전적 의미[15]와 관용어 표현들에 더불어 말뭉치[16]를 통해 용례를 찾음
민주영 (2014)	시간 표현	시간 개념을 표현할 때 사용되는 공간 개념 어휘의 양상을 말뭉치 용례로 살펴봄	−21세기 세종계획 최종 성과물의 현대 문어와 구어 말뭉치 −한마루 직접 검색기를 사용
윤령규 (2020)	슬픔	영어에 초점을 둔 이전 연구의 한계와 단점을 보완하여 일상 언어에서 한국어와 영어의 슬픔 개념 은유를 찾음	−영어/한국어에서 각 단어에 대한 개념적 은유를 분석. −sadness(14개), sad(2개), sadly(3개), 슬픔(11개), 슬픈(2개), 슬프게(3개) −영어는 COCA, 한국어는 RIKS를 사용
연준흠 (2021)	사과 표현	사과 의미 표현의 문화적, 언어적 차이를 준구어 데이터를 통해 분석하여 문화적 특성을 대조	−사전은 『한국어 기초 사전』, 영어는 『Oxford Language』를 기준으로 대역어를 분석 −준구어 자료는 넷플릭스의 드라마 대본에서 분석 −분석 후 이중언어화자 인터뷰

　　말뭉치를 활용한 연구들을 살펴보면 사전의 용례에서 언어 자료를 가져온 후에 말뭉치를 통해 용례를 분석하고 있었다. 김경욱(2007)에서는 음식물 섭취를 의미하는 동사를 대상으로 공통점과 차이점을 살펴보았는데 말뭉치를 통해 용례를 분석할 수 없는 경우에는 전문가의 도움을 받아 연구를

15　『표준국어대사전』, 『한국현대문학대사전』, 『교양영어사전』, 『The Collins English Dictionary』, 『Oxford collocations Dictionary of Students of English 2nd Edition』, 『Oxford Idioms Dictionary for Learner's of Englsih』, 『Oxford Phrasal Verb Dictionary』.

16　국립국어원 〈말뭉치〉, 〈세종 말뭉치〉, Corpus of Contemporary American English, Global Web-Based English.

진행하였다. 김수인(2014)에서도 '먹다'관련 동사의 은유 표현을 살펴보았다. 사전에서 의미와 표현을 찾고 말뭉치로 용례를 찾았으며 연구 결과 21개의 개념적 은유가 도출되었으며 영어보다 한국어에서 더욱 활발한 확장을 보였다. 표현을 연구한 민주영(2014)와 연준흠(2021)에서는 준구어 말뭉치를 활용하였다. 민주영(2014)에서는 21세기 세종계획 구어 말뭉치와 문어 말뭉치를 사용하였으며 연준흠(2021)에서는 넷플릭스의 드라마 대본에서 분석하였다. 연구 결과 시간 표현의 경우 영어와 한국어 모두 시간적인 앞뒤개념이 존재하지만 그 의미를 나타내는 어휘 체계와 용법은 다른 특성을 보였다. 한국어의 경우 공간어휘가 시간개념을 나타내는 어휘로 자유롭게 사용할 수 있는 편이지만 영어에서는 공간만을 나타내는 어휘, 시간만을 나타내는 어휘로 쓰이는 경우가 더 많았다. 감정 표현의 경우에는 대화의 대상이 나와 어떤 관계가 있느냐가 중요한 요인으로 분석되었기 때문에 관계주의가 한국어 감정 표현에 큰 영향을 준다는 점을 밝혔다. 윤령규(2020)에서도 슬픔의 감정을 나타내는 'sadness'와 'sad', 'sadly'와 '슬픈', '슬픔', '슬프게'에 대한 개념적 은유를 말뭉치를 통해 분석하였다.

한편 실험 연구를 진행한 이은비(2015)에서는 총 24명의 영어 외국인 화자들과 제2언어로서 영어를 학습하는 학습자 60명을 대상으로 실험 연구를 진행하였다. 두 그룹의 각 실험과제에 대한 응답을 통해 이동 표현을 어떻게 인식하는지 살펴보았으며 첫 번째 실험과제는 10개의 작문과제로, 움직임을 나타내고 있는 그림에 대해 두 그룹 학습자들이 알고 있는 이동동사를 활용하여 묘사하는 문장을 적도록 하였다. 두 번째 과제는 그림 속 움직임을 나타내는 8개의 문장을 보고 얼마나 문장이 자연스럽게 느껴지는가를 표시하게 하였다. 그 후 두 번째 과제를 바탕으로 한국인 학습자들의 토익점수에 기반하여 영어 능숙도에 따라 다시 그룹을 나누어 추가 분석을 하였다. 연구 결과 영어 능숙도가 높은 화자라고 할지라도 능숙도가 낮은 학습자들에 비해 원어민과 더 유사한 반응을 보이는 것은 아닌 것으로 나타났다. 이은비(2015)에서는 실험 연구를 통해 이동동사의 표현 양상과 함께 학습자들의 능숙도에 따라서도 결과를 도출해 낼 수 있었다.

3) 담화

양방향 대조 연구의 담화 세부 영역을 살펴보면 화행을 연구한 논문이 7편으로 가장 많았다. 그리고 표현, 담화구조, 담화전략, 운율, 통사 순으로 그 뒤를 이었다. 한·영, 영·한에서는 DCT를 위한 설문 조사를 많이 하였는데, 양방향 대조 연구에서는 주로 말뭉치를 사용하는 연구 방법을 사용하였다. 그 다음으로는 설문조사와 대본, 인터넷 자료를 통해 분석하였다. 양방향 담화 연구에서 말뭉치를 활용한 분석 방법을 확인하면 다음 〈표 20〉과 같다.

〈표 20〉 양방향 담화 대조의 말뭉치 연구 방법

논문	연구 내용	연구 목적	방법
김석훈 (2017)	지시표현	뉴스 담화 상에서 사용되는 지시표현의 분포와 사용에 관해 화용적 관점에서 대조	-최근 10년간(2007~2017) 영어와 한국어 온라인 뉴스 담화 코퍼스 표본 추출
오상석 (2014)	'두려움'	'두려움'의 개념화 양상을 살핌	-세종말뭉치(총 3천 9백만어 어절) -영어는 기존 연구(Kovecses 1999, 2000)에서 사용한 개념적 환유와 개념적 은유의 범주와 예문 활용 -한국어는 '두려움', '무서움', '겁', '공포(감)'의 네 단어와 어울리는 환유와 은유의 표현 검색
임선희 (2018)	yeah, yes, '예'	긍정어 담화표지 중 yeah와 yes 그리고 '예'를 대상으로 화자의 태도에 따른 운율 특성을 분석	-yeah yes: 벅아이코퍼스(40명의 화자 대상으로 녹음) -'예': 서울코퍼스(서울 사는 화자 40명 대상으로 녹음)

양방향 대조 연구에서 화행 대조는 설문조사, 대본 등을 분석하였다. 이영옥(2009)에서는 화행이라는 광범위한 주제에 관한 연구에는 말뭉치 자료들로부터는 다양하고 체계적인 자료를 얻기 어렵다고 언급하며 여러 표현들이 동시에 사용되고 있는 자연상태의 자료들을 수집하여 분석하였다. 화행 구문의 예들은 한국어의 경우 라디오, 텔레비전 방송 뉴스, 대담프로그램, 일상생활 대화에서 수집하였으며 영어의 경우 영자 신문, 잡지, 소설, 자서전, 수필, 사전 등에서 수집하였다. 연구 결과 한국어에서는 형용사와 둘 이상의 자동사가 연결되어 표현하는 상황에서는 주체와 객체를 타동사로 연결 짓는 구문이 광범위하게 사용되는 것이 나타났다. 그러나 연구 방법에 있어 개인 자료 목록만으로는 한계가 있음을 밝히며 이러한 연구는 여러 사람의 공동 작업이 필요하다는 한계를 밝혔다.

이한민(2009)에서는 2005년 이후 방영된 한국 드라마 20편, 미국 드라마 20편 총 40편의 대본을 분석하였으며 간접 화행의 수행 이유로 영어에서는 부담 완화, 한국어에서는 강조의 측면이 두드러짐을 확인하였다. 피츠제럴드(2013)에서도 2008년에서 2011년 사이에 방송된 호주 드라마 4편과 한국 드라마 4편에서 수집하여 직접 화행의 예들을 기록하였다.[17] 연구 결과 호주인들이 한국인보다 더 많은 사과 화행을 수행하였다. 이주영(2010)에서는 선행 연구를 바탕으로 설문조사를 이용하여 칭찬 화행을 대조하였는데 구체적으로 반응유도 방법과 관찰 방법에서 얻어진 124개 국어 자료와 148개의 영어 자료를 분석(한국인, 미국인 화자 100명 설문조사)하였다. Knappetal(1984)의 칭찬 반응 분류 방식을 기반으로 하여 수집한

---

17 공식적 드라마 대본에서 대화를 발췌하는 것보다 드라마 대화를 듣고 쓰는 것이 실생활에서 일어나는 대화를 더 정확히 반영한다고 판단하여 분석하였다.

자료를 분류하였고 Wolfson& Manes(1980)과 Pomerantz(1978)의 연구
논문을 중심으로 분석하였다. 연구 결과 영어의 칭찬은 동기가 친밀성
확립 및 증대에 있어 칭찬 응답 표현이 정형화되어 있으나 국어에서는
소극적이고 간접적인 특징이 있다는 특징이 나타났다. 마지막으로 이미
순(2006)에서는 감사 표현을 비교하기 위해 영어 모국어 화자와 한국어
모국어 화자에게 DCT를 사용해 11개의 상황을 설정하고, SAT로 사회적
거리, 사회적 지위 관계, 신세를 입은 정도의 세 변인을 포함하여 5단계
척도로 평가하였다. 연구 결과 감사 표현의 전체 전략 사용은 모두 여성
이 남성보다 높게 나타났으며 영어권 집단의 여성과 한국어권 집단의
남성은 사회적 거리가 가까울수록 신세를 졌다고 생각할수록 전략 사용
이 많아진다는 공통점을 보여 영어와 한국어 감사화행에서 성별로 공통
점과 차이점이 나타남을 확인하였다.

4) 음운

양방향 대조 연구에서 음운의 세부 영역을 살펴보면 자음이 5편으로
가장 많았다. 자음 중에서는 마찰음을 대조한 연구가 2편, 전체 자음을
대조한 연구가 2편, 파열음을 대조한 연구가 1편이 있었다. 그리고 모음
을 대조한 연구가 2편, 자모음을 대조한 연구가 1편이 있었으며, 이 외
에도 음운, 발음 등 여러 영역에 걸쳐서 연구가 이루어졌음을 확인했다.

연구 방법을 살펴보면 양방향 연구에서 음운 대조는 주로 실험대조와
선행 문헌을 정리 분석하는 방법을 사용하였다. 먼저 음성 실험학적 방
법을 활용한 논문을 확인하면 다음 〈표 21〉과 같다.

〈표 21〉 양방향 음운 대조의 실험 연구 방법

논문	연구 내용	연구 목적	방법
김다운 (2018)	중첩자음	중첩자음이 해당 언어에서 대응하는 단자음과 음소 대립을 하는 언어들에서 보편적으로 보이는 음성적 특징이 영어와 한국어에서도 동일하게 적용되는지 고찰함	-영어 원어민 화자 7명을 대상으로 발화 실험을 진행함 -발화 방식을 초점 발화와 비 초점 발화상황으로 나누어 개별적으로 통계 처리하였으며, 발화 속도가 배제된 상태에서 중첩 여부에 따라 목표 자음의 길이 차이가 음향적 나타나는지 봄
안현기 (2009)	치경 마찰음	영어와 한국어의 마찰음 중에서 치경마찰음 만을 선정하여—영어의 /s, z/와 한국어의 /s', s/—마찰음 자체와 후행하는 모음의 음향적 특질 비교	-미국인, 한국인 피실험자는 제시된 문장을 자연스럽게 다섯 번씩 반복하여 읽음 -영어는 'Say sa again과 'Say za again'이라는 문장을 사용하였고, 한국어는 '이것이 싸이다'와 '이것이 사이다'라는 문장을 사용 -Praat 4.4.26 프로그램 사용
이효영 (2021)	/h/	-한국어와 영어에서 나타나는 /h/의 실현 양상을 비교해 봄 -L1의 전이가 음운론적 차원과 음성학적 차원 중 어디에서 일어나는지 확인하고자 함	-30대 영어 화자 4명, 한국어 화자 4명의 발화 자료(/h/가 실현된 85개의 영어 단어를 Longman Dictionary of American English에서 뽑아서 실험 단어로 선정) -한국어 발화 자료는 국립국어원에서 발행한 서울 화자의 읽기 코퍼스에 사용된 스크립트의 일부 '그리운 시냇가'와 '해님과 달님'을 사용함
정욱재 오미라 (2013)	마찰음	한국어와 영어 화자가 발화한 마찰음을 분석하여 /i/ 모음 뒤에서 실현되는 한국어 마찰음이 영어의 /ʃ/와 어떤 음성적 차이를 가지는지 살펴봄	-Praat 프로그램 사용 -한국인10(남5, 여5) 미국인4(남2, 여2) -'이것도_이다'에 '살-쌀', '술-쑬', '실-씰'을 3회씩 발음한 180개 자료와 'Say_again'에 'sign-shine', 'sue- shoe', 'see-she'를 3회씩 넣어 발음한 72개의 자료를 분석함 -마찰음의 특징을 비교하기 위해 미국 원어민 화자에게 'Say_please'에 'sky', 'spy', 'style'을 삽입하여 녹음한 36개의 자료도 준비함

---

18 폐쇄음-공명음 연쇄는 폐쇄음-비음, 폐쇄음-유음, 폐쇄음-활음과 같이 세 가지 종류의 연쇄를 말한다.

조현관, 김성희 (2012)	폐쇄음–공명음 연쇄[18] 발음	폐쇄음–공명음 연쇄에 대한 발음 분석	-스펙트로그램을 보고 판정함 -중학교 3학년 6명/미국인 남성 1명 (결과) 교육 이전에는 모국어 음운론의 부정적 전이로 인해 폐쇄음 비음화와 폐쇄음 유성음화가 빈번하게 나타났지만 교육 후 폐쇄음 비음화와 폐쇄음 유음화의 빈도수가 상당히 감소된 것으로 보아 발음이 상당한 정도로 향상되었음이 증명됨
손일권 (2010)	모음길이	/p,t,k/와 /b,d,g/가 영어의 음절말음에 오는 경우 음절말음과 그것을 선행하는 모음길이 비교	-한국인 10명(남5, 여5), 영어 화자 10명(남4, 여6) - 최소 대립쌍을 이루는 28개의 영어 단어를 녹음자료로 사용 Spectrogram 사용
김정은 (2021)	동시조음	-자음과 모음의 동시조음에서 자음체계의 특징이 동시조음에 어떻게 반영되는가 -모음 간의 동시조음에서 특정 방향으로 나타나는 동시조음 양상	-미국인 10/한국인 10/일본인 10 -모음 /i, ɑ(a), u/가 (1) 자음에 의해 조음위치가 변화하는 것, (2) 인접한 모음에 의해 조음위치가 변화하는 것을 살펴보기 위하여 두 종류의 문장 구조를 사용함

　구체적으로 연구 영역에 따라 크게 자음과 모음으로 구분해보고 그 중 자음을 대조한 연구를 살펴보고자 한다. 자음 대조의 연구 내용은 중첩 자음, 치경 마찰음, /h/, 마찰음, 폐쇄음—공명음 연쇄 발음이 있다. 안현기(2009)와 정욱재(2013)는 마찰음 대조를 통해 후행하는 모음에 따라 선행하는 마찰음이 한국어와 영어를 비교했을 때 어떠한 차이를 가지는지 비교하고자 하였다. 후행 모음의 값을 측정하는 것은 선행 마찰음의 조음 위치와 관련된 특성을 분석하기 위한 것이며, 두 논문에서 설정한 환경은 동일하게 나타났다. 주로 /i/ 모음 뒤에서 실현되는 한국어와 영어의 마찰음의 차이를 보고자 하였다. 안현기(2009)에서는 'Say ＿ again.'과 '이것은 ＿ 이다.'라는 문장 내에 목표 단어를 자연스럽게 읽도록 하였으며, 정욱재(2013) 또한 같은 환경을 설정하여 실험자의 자연스러운 발화를 유도하였다. 이를 통해 결과적으로 영어의 마찰음은 조음 위치 면에서 명확히 구분되지만 한국어는 영어와는 달리 두 마찰음의 위치 면에서

차이가 없음으로 밝혀졌다. 이를 바탕으로 마찰음의 음성, 음운적 특징에 따라 이에 대한 연구가 꾸준히 이루어졌음을 알 수 있었다.

5) 문화 및 기타

양방향 대조 연구에서 한국어와 영어의 문화 대조 연구로는 표현을 비교한 박순봉(1997), 음운, 오류분석을 중심으로 음운, 지시어, 지시대명사, 이동 어휘, 상, 격, 어순을 분석한 이숙(2009), 문장부호를 비교한 김도훈(2010), 음운, 형태, 통사, 의미, 문화를 대조 분석한 최윤영(2014)이 있다. 모두 선행 연구의 이론을 바탕으로 언어자료나 실험 연구를 하지 않았다. 박순봉(1997)에서는 한국과 영어권 문화의 차이를 속담표현에서 확인하였으며, 김도훈(2010)에서는 〈한글 맞춤법〉부록에 명시되어 있는 한국어 문장부호의 기준으로 하나의 언어적 실체로 인식하여 영어의 문장부호 중 콜론과 대시와 비교하였다. 각각의 문장부호에서 수행하는 기능을 기술하고 영어의 경우 더 광범위한 기능을 수행하고 용법에 있어서도 한국어에 비해 다양성을 보임을 밝혔다. 마지막으로 최윤영(2014)에서는 거시적 관점에서 음운, 형태, 통사, 의미, 문화적 측면을 대조 분석하였는데 연구 결과 영어권 국가에서는 수평적 관계를 중시하지만 한국에서는 수직적 관계의 문화에 속하기 때문에 경어법이 발달하였으며 이 외에도 두 언어 간 음절과 통사적 측면, 문법상에서도 차이를 지니고 있으므로 언어유형론적 특징을 잘 알고 정확하게 이해할 수 있도록 교육해야 함을 강조하였다.

6. 나가는 말

지금까지 한국어와 영어의 대조 연구 동향을 살펴보았다. 이번 장에서는 지금까지의 논의들을 요약하고 한·영, 영·한, 양방향 연구에서의 차이점을 기술하고자 한다.

현재까지의 한국어와 영어 대조는 대체로 문법 대조, 담화 대조, 음운 대조에 집중해 있음을 확인하였다. 본고에서 분석 대상으로 삼은 197편의 연구 중 66편의 연구가 한국어와 영어의 문법을 대조하였으며, 특히 초기의 한국어와 영어 대조는 문법 연구에 초점을 맞춰 이루어졌음을 알 수 있었다. 또한 한·서, 한·러 대조 연구와 비교했을 때, 담화 연구가 활발히 이루어진 것이 특징적이라고 할 수 있다. 담화 대조에서는 객관식 설문 문항이나 DCT를 활용한 설문 대조 방식이 많이 사용되었으나, 연구별로 대상이나 설문의 내용이 다르므로 이에 따른 연구 결과를 분석하는 연구도 의미가 있을 것이다. 그리고 음운 대조 연구는 문법과 담화 대조 연구와 비교했을 때, 선행 연구를 분석하여 대조한 연구와 실험음성학 분석 방법을 사용한 연구가 주를 이루었다. 특히 실험음성학 분석 방법에서 Praat를 활용하여 분석하였으며 자음, 모음 모두 활발하게 연구가 진행되었음을 확인하였다.

본고는 한국어와 영어 대조 연구를 출발점·목표어를 기준으로 한·영, 영·한, 양방향 연구로 분류하여 살펴보았다. 모든 방향에서 연구가 골고루 이루어져 왔음을 알 수 있었고, 특히 한·영 대조 연구에서는 대조 분석뿐만 아니라 한국어교육의 관점에서 이루어진 연구가 주를 이루고 있다. 또한 연구 방법별로 살펴보았을 때, 말뭉치를 활용한 연구는 한·영 대조에서 문법 영역에서 많이 사용되었고, 양방향 대조에서 담화 영역에서 많이 사용되었음을 확인하였다. 특히 음운 대조 연구에서는 한

·영 연구에서 음성 실험 방식을 주로 사용했음을 알 수 있었다. 이는 한·영 연구에서 일정한 시간을 내어 변화를 관찰하는 '종적 연구'를 활용하였으며, 학습자들의 음성을 분석함으로써 교육적인 방안까지 나아가는 연구들이 있었다. 이상으로 본고가 한국어와 영어의 대조 연구에 도움이 되기를 바라며, 문법과 담화뿐만 아니라 다양한 연구 영역에서도 한국어와 영어의 대조 연구가 활발하게 이루어지기를 기대한다.

● **참고문헌**

강창우(2010), 「간접화행의 형태와 기능에 대한 대조언어학적 연구 -한국어, 독일어, 영어를 중심으로-」, 『독어학』 13, 한국 독어학, 235-260쪽.

강병창(2012), 「'따뜻함'과 '뜨거움'의 온감 연어에 나타나는 비유적 의미 확장 -한국어·영어·독일어의 비교」, 『국제어문』 55, 국제어문학회, 151-181쪽.

강영웅(2015), 「한국어와 영어의 금기·완곡 표현의 사용 양상 대조 연구」, 연세대학교대학원 석사학위논문.

강찬미·한승규(2013), 「장소를 나타내는 영어 전치사 "in, at, on"과 대응하는 한국어 형태 대조 연구 -영어 연설문을 중심으로-」, 『언어사실과 관점』 32, 연세대학교 언어정보연구원, 343-367쪽.

구본석·서정목(2017), 「영어, 한국어/영어, 베트남어 영화제목의 번역전략에 관한 대조 연구」, 『문화와 융합』 39(6), 한국문화융합학회, 357-388쪽.

권미정(2009), 「한국어 교육을 위한 한국어와 영어의 공손 표현 대조 연구」, 한양대학교 석사학위논문.

권순영(2012), 「한국어와 영어의 품사 체계 비교 연구: 외국인 학습자 관점에서」, 충북대학교 석사학위논문.

권영주(2002), 「한국어와 영어의 인지관점에 관한 고찰」, 동국대학교 석사학위논문.

금윤경(2015), 「영어, 한국어, 중국어 폐쇄음의 기식성 비교」, 경북대학교 석사학위논문.

김광숙(1999), 「영어와 한국어 보상 장음화 대조 연구」, 성균관대학교 석사학위논문.

김경욱(2007), 「한국어-독일어-영어 음식물섭취 및 음식제공 동사류의 결합가 대조연구」, 『독어학』 15, 한국독어학회, 71-92쪽.

김남길(2008), 「대조 분석과 난이도 등급: 한국어와 영어의 몇 문법 요소를 중심으로」, 『한국어정보학』 10(2), 한국어정보학회, 35-42쪽.

김년호(2010), 「한국인 영어학습자와 영어 원어민 화자가 발음한 영어 무성 파열음에 대한 음향음성학적 연구」, 단국대학교 석사학위논문.

김다운(2018), 「영어와 한국어 단자음과 중첩자음의 길이 비교 연구」, 이화여자대학교 석사학위논문.

김덕숙(2012), 「한국어 능격동사의 대조언어학적 연구 -영어, 일본어, 중국어와의 대조 : 영어, 일본어, 중국어와의 대조」, 한국외국어대학교 석사학위논문.

김도훈(2010), 「영어와 한국어 문장부호의 비교 연구 -Colon(쌍점)과 Dash(줄표)를 중심으로」, 『영어영문학』 21, 23(1), 21세기영어영문학회, 147-176쪽.

김두홍(2021), 「단어 내 위치에 따른 영어와 한국어 폐쇄음의 기식성 비교」, 경북대학교 석사학위논문.

김미경(2013), 「한국어와 영어의 비교 분석에 따른 수동태 교수방법의 효과에 관한 연구」, 국민대학교 석사학위논문.

김미영(2022), 「한국인 영어 학습자와 미국인 한국어 학습자의 L2 마찰음 산출과 인지 연구」, 전남대학교 석사학위논문.

김민정·이희란(2008), 「후기 한국어-영어 이중언어 학습자의 음운인식 능력」, 『언어치료연구』 17(4), 언어치료학회, 95-120쪽.

김상임(2012), 「한국어와 영어의 한정성체계 비교연구」, 서울여자대학교 석사학위논문.

김상혁(2018), 「한국어와 영어 능격동사 비교」, 『영어영문학연구』 60(4), 한국중앙영어영문학회, 219-242쪽.

김서영(2021), 「한국어·프랑스어·영어 피동 구문 유형론적 대조 연구」, 한국외국어대학교 석사학위논문.

김선미·남기춘(2011), 「영어의 강음절(강세음절)과 한국어 화자의 단어 분절」, 『말소리와 음성과학』 3(1), 한국음성학회, 3-14쪽.

김선영(2014), 「한국어와 영어의 요청 화행 비교 분석」, 서강대학교 석사학위논문.

김시정(2014), 「의사소통 기능으로서의 영어 거절 전략 사용 연구」, 영남대학교 박사학위논문.

김선희(2011), 「시제 체계 대조를 통한 '-었-'의 교수 방안 연구 : 한국어와 영어의 시제 불일치 사례 분석을 중심으로」, 선문대학교 석사학위논문.

김성희·조현관(2012), 「한국어 전이에 의한 영어발음 오류 및 발음지도 효과: 폐쇄음-
공명음 연쇄를 중심으로」, 『한국현대언어학회 학술발표논문』, 한국현대언
어학회, 107-110쪽.

김소지·조세연(2021), 「영어와 한국어의 대조 스트리핑 구문」, 『인문과학연구』
69, 강원대학교 인문과학연구소, 79-99쪽.

김수미(2017), 「한국어 학습자의 중간언어 변이 양상 연구: 공명 자음의 지각과 산
출을 중심으로」, 숙명여자대학교 박사학위논문.

김수인(2014), 「영어와 한국어의 '먹다' 관련 개념적 은유의 비교 분석」, 성균관대
학교 석사학위논문.

김시정(2014), 「의사소통 기능으로서의 영어 거절 전략 사용 연구」, 영남대학교 박
사학위논문.

김애정(2017), 「한국어 'X되다/받다/당하다' 피동 표현과 영어 수동문 대조 연구」,
가톨릭대학교 석사학위논문.

김영아(2014), 「영어 완화 표지와 한국어 종결어미 비교 -영어권 학습자를 위한
문법 설명」, 『한국어 교육』 25(1), 국제한국어교육학회, 1-27쪽.

김우빈(2021), 「영어권 학습자를 위한 한국 속담 교육 방안 : 한·영 속담비교를
중심으로」, 인하대학교 석사학위논문.

김은경(2014), 「한국어와 영어의 높임법 대조 연구」, 동신대학교 석사학위논문.

김은경(2016), 「한국어와 영어의 호칭어 대조 연구」, 『한국어교육연구』 4, 한국어교
육연구학회, 61-80쪽.

김은선(2014), 「영어와 한국어 무성폐쇄음의 성대진동개방시간과 고저 성조와의
관계」, 동아대학교 석사학위논문.

김인균(2004), 「한국어와 영어의 명사 형성 접미사 비교 및 대조」, 『이중언어학』,
이중언어학회, 67-85쪽.

김일옥(2021), 「한국어 자음체계 대조 연구: 중국어, 베트남어, 태국어, 일본어,
영어를 대상으로」, 부산대학교 석사학위논문.

김자영(2022), 「한국인 영어 학습자와 미국인 한국어 학습자의 L2 폐쇄음 산출 연
구」, 21세기영어영문학회 학술대회, 64-71쪽.

김정은(2021), 「동시조음에 관한 음향음성학적 연구: 영어, 한국어, 일본어를 중심
으로」, 경북대학교 박사학위논문.

김종명(2004), 「불어, 한국어, 영어 및 일어의 TOUGH 형용사구문 대조연구」, 『佛
語佛文學硏究』 60, 한국불어불문학회, 489-519쪽.

김지은(2021), 「영어권 학습자와 중국어권 학습자의 한국어 이야기 주제어 학습」, 서강대학교 박사학위논문.

김창국(2014), 「한국어성경과 영어성경의 경어법 비교 연구」, 안양대학교 석사학위논문.

김향선(2002), 「한·영 화행 대조분석」, 동국대학교 석사학위논문.

김현효(2015), 「한국어와 영어 성별어 비교연구」, 『한국산학기술학회논문지』 16(10), 한국산학기술학회, 6527-6533쪽.

김혜경(2016), 「중국어, 영어, 한국어 양상사의 문법화 과정 대조 연구」, 『중국어문화논집』 98, 중국어문학연구회, 49-75쪽.

김희정(2015), 「한영 속담 속 은유 비교연구」, 목포대학교 석사학위논문.

남영자(2018), 「한국어 청자의 영어 파열음과 마찰음의 지각동화 및 변별」, 『영어영문학』 23(1), 미래영어영문학회, 207-223쪽.

노심덕(1998), 「영어와 한국어의 지시 화행에 나타난 언어적 정중성」, 東亞大學校 大學院 박사학위논문.

노정민(2010), 「한국과 미국의 영자신문 사설에서의 설득장치 비교」, 연세대학교 석사학위논문.

노진서(2015), 「신체 어휘 관용어의 언어 보편성 -한, 영 손 관용어의 비유 의미를 중심으로-」, 『한민족문화연구』 52, 한민족문화학회, 7-28쪽.

도현희(2012), 「영어 파열음의 유무성에 대한 한국어 화자와 영어 모국어 화자의 음향적 비교 분석」, 충북대학교 석사학위논문.

류나영(2018), 「영어권, 중국어권 학습자의 한국어 모음 지각 -모국어와 목표 언어 간의 음향 자질의 유사성과 한국어 경험의 효과 중심으로-」, 『한국어교육』 29(1), 국제한국어교육학회, 1-23쪽.

민선영(2014), 「한국어 조사 '의'의 영어 대응 양상 연구 : 한영 영한 병렬 말뭉치 분석을 중심으로」, 연세대학교 석사학위논문.

민수정·정영진(2010), 「한국어와 영어 발화에 나타나는 휴지(pause)의 음성학적 비교분석」, 『언어과학』 17(4), 한국언어과학회, 39-57쪽.

민주영(2014), 「공간 개념을 사용한 시간 표현에 나타난 한국어와 영어의 차이」, 『언어정보』 18, 고려대학교 언어정보연구소, 51-72쪽.

박기성(2000), 「영어와 한국어의 총칭성에 관한 대조 분석」, 『코기토』 55, 부산대학교 인문학연구소, 271-302쪽.

박미숙(2018), 「한국어와 영어의 어간 말 자음탈락 분석」, 『영어영문학연구』 57(2),

인문학연구, 79-100쪽.

박상희(2014), 「영어 비즈니스 이메일에 나타나는 한국과 미국 직장인의 요청화행 비교」, 이화여자대학교 석사학위논문.

박세현(2004), 「반복의문문의 억양: 영어와 한국어의 대조」, 『영어영문학연구』 46(2), 한국중앙영어영문학회, 121-139쪽.

박순봉(1997), 「영어와 한국어의 문화표현 비교연구」, 『중원인문논총』 16, 건국대학교 중원인문연구소, 55-77쪽.

박시균(2015), 「한국어, 영어, 일본어의 음성, 음운 차이에 대한 연구」, 『국어국문학』 58, 국어문학회, 49-77쪽.

박연하(2021), 「한국어·영어·중국어 계사구문의 유형론적 대조 연구」, 한국외국어대학교 석사학위논문.

박은영(2000), 「영어권 한국어 학습자와 한국어 원어민의 화행 실현 비교 연구」, 이화여자대학교 석사학위논문.

박재연(2003), 「한국어와 영어의 양태 표현에 대한 대조적 고찰: 부정과 관련한 문법 현상을 중심으로」, 『이중언어학』 22, 이중언어학회, 199-222쪽.

박채림(2010), 「영어 마찰음 /S/와 한국어 마찰음 'ㅅ, ㅆ'에 관한 대조 음향연구」, 홍익대학교 석사학위논문.

박크리스티(2011), 「한·영 공손성 대조 연구」, 연세대학교 석사학위논문.

朴壽眞(1998), 「영어와 한국어의 시제(Tense)와 상(Aspect)에 대한 비교연구 : 한국인의 영어 습득을 중심으로」, 충남대학교 석사학위논문.

朴宙現(1972), 「한국어와 영어 "be" 동사의 비교연구」, 『영어영문학연구』 6(1), 한국현대영어영문학회, 131-148쪽.

박효진·박윤희(2015), 「한영 문학 번역에서의 이름 및 지칭어 고찰」, 『국제어문』 64, 국제어문학회, 193-214쪽.

박희은(2007), 「영어권 한국어 학습자를 위한 문화 학습 방안 연구: 한미간 문화적 간섭에서 오는 의사소통 문제를 중심으로」, 경희대학교 석사학위논문.

배여진(2011), 「한국인 영어학습자와 영어 원어민의 요청화행 지식에 관한 비교연구」, 계명대학교 석사학위논문.

배태영(1985), 「한국어와 영어에 있어서의 조응 표현 비교」, 『언어연구』 6, 경희대학교 언어연구소, 10-27쪽.

백승주(2011), 「한국어 접속표현과 영어 접속표현의 변환(shift)현상 연구 -접속부사 "그러나"의 대응 양상을 중심으로-」, 『한국어 교육』 22.4, 국제한국어교육학회, 131-162쪽.

백운일(2003), 「한국어 파찰음과 영어 파찰음의 조음적 차이에 관한 연구」, 『음성과학』 10(4), 한국음성학회, 57-62쪽.

봉민아(2002), 「효율적인 영어교육을 위한 영어와 한국어의 비교분석」, 충남대학교 석사학위논문.

서문화(2012), 「한국어와 영어의 구조와 어휘표현의 차이」, 충주대학교 석사학위논문.

서세정(2008), 「한국어 선어말 어미 "-겠-"의 영어 대응 양상 연구, 영한 병렬 말뭉치를 이용하여」, 『언어사실과 관점』 22, 연세대학교 언어정보개발원, 193-215쪽.

서아름(2011), 「한국어 학습자의 거절 화행 전략 연구」, 연세대학교 석사학위논문.

서월아(2011), 「영어, 중국어, 그리고 한국어 부사어 비교연구」, 조선대학교 석사학위논문.

서휘선(2018), 「영어와 한국어의 조건문 대조연구」, 경상대학교 석사학위논문.

석은진(2009), 「한국어와 영어의 타동성 비교연구」, 충북대학교 석사학위논문.

손일권(2010), 「한국어 모국어화자와 영어 모국어화자의 영어발음에서 음절말의 유무성 폐쇄음과 선행모음의 길이비교」, 『현대문법연구』 60, 현대문법학회, 137-155쪽.

손형숙·안미애(2009), 「한국어와 영어의 모음 발음영역에 대한 실험음성학적 연구: 대구 지역 여성화자를 중심으로」, 『언어과학연구』, 언어과학회, 117-140쪽.

송부선(2006), 「영어와 한국어에서의 '화'와 '행복' 은유」, 『한국어 의미학』 20, 한국어의미학회, 121-137쪽.

신승윤(2017), 「영어권 한국어 학습자의 사과 전략 사용 양상 연구」, 연세대학교 석사학위논문.

신혜선(2014), 「한국어와 영어의 어순 대조를 통한 한국어 교육 방안 연구」, 忠南大學校 석사학위논문.

안수빈(2016), 「한국어와 영어의 색채어 대조 연구」, 대진대학교 석사학위논문.

안정근·은호윤(2006), 「영어와 한국어 지시대명사 대조 연구」, 『신영어영문학』 35, 신영어영문학회, 229-249쪽.

안현기(2009), 「/자음-모음/ 연접환경에서의 영어와 한국어의 마찰음 음성특질 비교연구」, 『영어학』 9(2), 한국영어학회, 181-302쪽.

양용준(2005), 「영어와 한국어 강조표현 비교」, 『영어영문학』 11, 미래영어영문학
　　회, 113–137쪽.

양용준(2013), 「영어와 한국어의 한정사(Determiners)에 관한 비교분석」, 『영어
　　영문학』 18(2), 미래영어영문학회, 145–156쪽.

양용준(2018), 「영어와 한국어의 공범주 현상 비교 분석」, 『현대영어영문학』
　　62(4), 한국현대영어영문학회, 61–80쪽.

양정임(2018), 「영어권 초급 학습자를 위한 한국어와 영어의 공손 표현 대조 연구」,
　　중부대학교 석사학위논문.

엄기찬(1994), 「영어 원어민과 한국인의 화행 비교 분석 연구」, 한국교원대학교 석
　　사학위논문.

연준흠(2021), 「한국어와 영어의 사과 표현이 가진 언어·문화적 특성 대조 연구
　　–'미안하다, 죄송하다, sorry, apologize'를 중심으로–」, 『언어사실과
　　관점』 54, 연세대학교 언어정보연구원, 227–257쪽.

연준흠(2022), 「한국어와 영어의 정표화행에 쓰이는 감정 표현의 언어·문화적 분
　　석」, 연세대학교 박사학위논문.

오상룡(2018), 「영어와 한국어의 환유 비교」, 『영어영문학연구』 60(4), 한국중앙
　　영어영문학회, 263–281쪽.

오연진(2001), 「한국인 성인 영어 학습자와 영어 원어민의 영어 모음 발음 대조
　　분석: 음향 분석과 청취 실험을 통하여」, 중앙대학교 석사학위논문.

오은진(2002), 「자음의 조음 위치와 인접 모음 길이의 상관성에 관한 연구: 영어와
　　한국어의 경우」, 『음성과학』 9(3), 한국음성학회, 201–210쪽.

오은화(2021), 「영어권 한국어 학습자를 위한 한영 요리 동사 대조 연구」, 『國際言
　　語文學』 49, 국제언어문학회, 255–289쪽.

오인향(2014), 「한국어·영어·독일어 이동동사 '가다·오다'의 특성 : 신경숙의 '엄
　　마를 부탁해'를 중심으로」, 경북대학교 석사학위논문.

우영미(2002), 「영어 현재완료와 한국어 대응 표현 비교 연구」, 부경대학교 석사학
　　위논문.

원척(2014), 「중국어 조사 '的'와 한국어, 영어의 대응표현 대조연구」, 전남대학원
　　석사학위논문.

유태옥(1990), 「영어와 한국어의 장애음의 대조 분석」, 건국대학교 박사학위논문.

유현대(2006), 「한국어와 영어의 은유표현 비교연구」, 충남대학교 석사학위논문.

윤령규(2020), 「'슬픔'의 개념화: 영어와 한국어의 말뭉치 기반 연구」, 『현대영미

어문학』 38(4), 현대영미어문학회, 109-129쪽.

윤은경(2011), 「한국어와 영어 이중모음의 대조분석 -활음의 음의 길이를 중심으로」,
　　　『한국어 교육』 22(4), 국제한국어교육학회, 299-319쪽.

윤은미(2004), 「한국인과 영어권 한국어 학습자의 거절화행 비교 연구」, 연세대학
　　　교 석사학위논문.

윤혜준(2012), 「미각형용사의 의미전이 및 확장 양상 비교 연구 : 한국어, 독일어,
　　　영어의 단맛 표현 형용사를 중심으로」, 『언어정보』 15, 고려대학교 언어
　　　정보연구소, 115-132쪽.

윤홍섭(2005), 「중학교 영어 교과서에 나타난 모음 분석: 한국어 모음과 비교하여」,
　　　『영어영문학연구』 47(2), 한국중앙영어영문학회, 307-328쪽.

이규진(1997), 「간섭현상으로 인한 한국인의 영어발음 오류 가능성에 대한 연구:
　　　영어와 한국어의 음운체계 대조분석을 통하여」, 건국대학교 박사학위논문.

이길섭(2012), 「한영 대조분석을 통한 한국어 관형사절 교수방안 연구」, 한국외국
　　　어대학교 석사학위논문.

이문정(2014), 「한국어와 영어의 명사구 구조 비교」, 경북대학교 석사학위논문.

이미순(2006), 「영어와 한국어 감사화행의 성별 비교연구」, 울산대학교 석사학위
　　　논문.

이민진(2019), 「한국어 연결어미 '-(으)면'의 영어 대응 양상 연구 : 한·영 병렬
　　　말뭉치를 중심으로」, 연세대학교 석사학위논문.

이보림(1998), 「한국어 화자의 영어 어말 폐쇄음 파열의 인지와 발음 연구, 말소리,
　　　38(38)」, 대한음성학회, 41-70쪽.

이복자(2013), 「영어권 재외 동포 한국어 학습자의 거절 화행 연구」, 연세대학교
　　　석사학위논문.

이상도·김수정(2007), 「공기역학자료를 이용한 한국어와 영어 비음에 대한 음성
　　　학적 연구」, 『새한영어영문학』 49(3), 새한영어영문학회, 85-100쪽.

이서완(2013), 「한국어 학습자를 위한 영·한 색채어 비교·분석 및 교육 방안」,
　　　경남대학교 석사학위논문.

이숙(2009), 「한영 대조분석 -영어권 한국어 학습자들의 오류분석을 중심으로」,
　　　『語文學論叢』 28, 국민대학교 어문학연구소, 179-192쪽.

이양금(2010), 「대조를 통한 한국어 관용어 교육 연구 : 영어권 학습자를 대상으로」,
　　　부산외국어대학교 석사학위논문.

이영옥(2002), 「한영간 장소이동표현의 차이」, 『담화·인지언어학회 학술대회 발

표논문집』, 담화·인지언어학회, 109-122쪽.

이은비(2015), 「한국어와 영어화자의 공간적 인식과 이동 동사의 활용」, 전남대학교 석사학위논문.

이은숙(2008), 「문화적 차이에 따른 한·영 언어 비교 연구」, 『언어학연구』 13, 한국중원언어학회, 127-154쪽.

이은실(2007), 「영어와 한국어 구어체의 대화함축 비교」, 성신여자대학교 석사학위논문.

이인선(2018), 「영어와 한국어의 전제 용법에 대한 비교 연구」, 제주대학교 석사학위논문.

이인영(2019), 「영어 정관사 'the'와 한국어 조사 '은/는'의 의미 기능 비교 연구: 소설 분석을 중심으로」, 공주대학교 박사학위논문.

이자미(2019), 「한국어 사동 표현의 오류 분석 연구 : 영어·스페인어권 학습자를 중심으로」, 한국외국어대학교 석사학위논문.

이주영(2010), 「국어와 영어에서의 칭찬 화행」, 성균관대학교 석사학위논문.

이준욱(2020), 「영어와 한국어 어두파열음에 대한 음향음성학적 비교 연구」, 서울과학기술대학교 석사학위논문.

이지혜(2009), 「영어권 한국어 학습자의 요청, 재요청 화행 연구」, 고려대학교 석사학위논문.

이진학(1998), 「문화에 나타난 한국어와 영어의 표현차이 연구」, 계명대학교 석사학위논문.

이춘희(2015), 「원어민 코퍼스와의 비교를 통한 한국 대학생의 여격동사 구문 활용 특성 분석」, 『영어영문학연구』 41(4), 영어영문학연구, 167-184쪽.

이효영(20221), 「한국어 화자와 영어 화자의 /h/ 실현 대조 연구」, 조선대학교 석사학위논문.

이효진·박주영·이아름·박상희(2012), 「영어권 한국어학습자와 중국어권 한국어 학습자의 이중모음 /ㅓ/의 특성 비교 -실험음성학적 대조」, 『한국언어치료학회 2012년도 제18회 학술발표대회 논문집』, 한국언어치료학회, 289-294쪽.

이희천(2002), 「한국 학생들의 한국어 음절 발화 습관이 영어 발음에 미치는 영향에 관한 연구」, 『영어영문학연구』 28(1), 대한영어영문학회, 243-270쪽.

임미화(2002), 「영어권 화자의 한국어 발음 교수법 연구: 발음 간섭 현상 개선을 중심으로」, 건국대학교 박사학위논문.

임선희(2018), 「영어 yeah, yes와 한국어 '예'의 담화기능과 운율의 상호작용 비교」, 중앙대학교 박사학위논문.

임신영(2017), 「영어와 한국어에서 모음의 지속시간에 미치는 인접 폐쇄음의 영향」, 『한국영미어문학회 학술대회 발표논문집』, 한국영미어문학회, 67-71쪽.

장리룡(2016), 「한국어·중국어·영어 접속표현의 유형론적 대조연구」, 전남대학교 박사학위논문.

장선미(2015), 「한국어 학습자의 종성 발음 분석 및 교육 방안 연구: -영어권과 일본어권을 중심으로-」, 계명대학교 석사학위논문.

장아롱(2012), 「한영 음소대조분석을 통한 한국어 발음지도 연구」, 충남대학교 석사학위논문.

정병철(2020), 「영어와 한국어의 논항구조 구문 대조 연구」, 『언어과학연구』 95, 언어과학회, 281-309쪽.

정아영(1985), 「한국어와 영어의 음운론적 대조 연구」, 『이중언어학』 2(1), 이중언어학회, 67-87쪽.

정영심(2013), 「영어권 한국어 학습자를 위한 한·영 격 실현 대조연구 : 주격과 목적격을 중심으로」, 전남대학교 석사학위논문.

정욱재·오미라(2013), 「한국어 마찰음 /s,s'/와 영어 마찰음 /s,ʃ/의 음성학적 비교 연구」, 21세기영어영문학회, 65-72쪽.

정주은(2016), 「문학 작품을 활용한 한·영 관용어 대조 분석 : 박완서의 『엄마의 말뚝 I』을 중심으로」, 부산외국어대학교 석사학위논문.

조경숙(2000), 「한국어와 영어의 시제/상 체계」, 『人文社會科學硏究』 7, 호남대학교, 59-79쪽.

조기현(2017), 「영어와 한국어의 비정형 명사절 대조분석」, 『현대영어영문학』 61(4), 한국현대영어영문학회, 359-378쪽.

조유정(2022), 「한국어 학습자의 거절 화행 연구」, 연세대학교 석사학위논문.

조은경(2019), 「한영 과거-비과거 분할 시점 대조 분석 -세종 한영 병렬 말뭉치에 기반하여-」, 『한국어 의미학』 64, 한국어의미학회, 29-55쪽.

조인정(2006), 「논문 : 영어권 한국어 학습자의 주격과 목적격 조사 대치 오류에 대한 비교언어학적 분석」, 『한국어 교육』 17(3), 국제한국어교육학회, 281-299쪽.

조해순(2010), 「한국어 학습자의 쓰기 텍스트에 나타난 텍스트 결속적 접속기제 연구 : 영어권 학습자와 중국어권 학습자를 중심으로」, 한국외국어대학교 석사학위논문.

채숙희(2006), 「수동태 문장에 대한 중심화 이론적 접근: 영어와 한국어의 대조분석」, 『신영어영문학』 33, 신영어영문학회, 279-300쪽.

최경미(2013), 「영어와 한국어 번역에 나타난 수동태 구조 비교 연구」, 창원대학교 석사학위논문.

최소라(2013), 「치경 마찰음의 음향적 특성: 한국인의 영어와 한국어 발화를 중심으로」, 중앙대학교 석사학위논문.

최우성(2015), 「영어권 한국어 학습자를 위한 한·영 '추측' 양태부사 대조연구」, 한국외국어대학교 석사학위논문.

최윤영(2014), 「영어와 한국어의 총체적 대조분석 연구」, 『신학과 목회』 41, 영남신학대학교, 237-261쪽.

최은영(2001), 「영어 공손 표현에 관한 비교 연구」, 전남대학교 석사학위논문.

최정인(2019), 「영어와 한국어 종결성 인식 비교: 명사구의 한정성을 중심으로」, 『언어과학연구』 90, 언어과학회, 407-448쪽.

최진·박시균(2009), 「영어권 화자의 한국어 폐쇄음 발음 분석과 교육」, 군산대학교 석사학위논문.

카몰로비 만수리(2012), 「영어, 한국어, 우즈벡어의 신체 관련 관용어 비교 연구 : '머리', '눈', '손'을 중심으로」, 계명대학교 석사학위논문.

토마쉬 빌츠니스키(2021), 「'이다' 구문의 한국어·폴란드어·영어 대조 연구 : 성경 병렬말뭉치를 중심으로」, 계명대학교 박사학위논문.

피츠제럴드 에린(2013), 「호주 영어와 한국어에서의 사과 화행 대조 분석」, 청주대학교 석사학위논문.

하은진(2012), 「한국어 '-었-'에 대한 한영 번역 연구」, 부산대학교 석사학위논문.

하지혜(2016), 「영어권 한국어 학습자의 부사어 위치 및 어순 습득 연구」, 이화여자대학교 박사학위논문.

한길(1998), 「한국어와 영어의 높임법 비교 연구」, 『江原人文論叢』 7, 강원대학교 인문과학연구소, 5-31쪽.

한양구·이숙향(2002), 「한국어 모국어 화자의 영어 모음 발성에 관한 실험음성학적 연구」, 『말소리』 44, 대한음성학회, 15-32쪽.

호선희(2012), 「영한 두 언어 간의 과거시상에 대한 대조연구 : 정신공간이론을 중심으로」, 한국방송통신대학교 석사학위논문.

홍진주(2008), 「영어권 한국어 학습자를 위한 문화 학습 방안 연구: 한미간 문화적 간섭에서 오는 의사소통 문제를 중심으로」, 연세대학교 석사학위논문.

황미경(2010), 「한국어-영어 이중언어화자의 한국어 파열음 VOT에 관한 연구」, 이화여자대학교 석사학위논문.

황진주(2015), 「영어권 한국어 학습자의 요청 화행에 나타난 언어적 전략과 비언어적 전략 연구」, 이화여자대학교 석사학위논문.

황혜정·문승재(2005), 「한국인이 발음한 한국어 /에, 애/와 영어 /ɛ, æ/ 모음」, 『말소리』 56, 대한음성학회, 29-47쪽.

Ⅱ.
한·영 음운 대조 연구 분석
: 실험 음성 대조를 중심으로

1. 들어가는 말

제 2언어 습득에 있어서 각 언어가 가지고 있는 음운 체계가 다르므로 새로운 언어를 습득하는 것은 쉽지 않다. 특히 한국어와 영어 발화 상황에서는 정확한 어휘와 문법을 사용하더라도 음운을 어떻게 인식하고 발음하는지에 따라 의사소통이 달라질 수 있기 때문에 대조 분석을 통한 오류 분석과 발음 학습 전략을 활용하는 활동도 필요하다고 할 수 있다.

한·영 대조 분석 연구의 전체적인 동향을 살펴본 결과, 문법과 담화 다음으로 많이 이루어진 연구 영역은 음운이었다. 본고에서 살펴본 논문들은 학술연구정보서비스(RISS)에서 '한국어 영어 음운 대조', '한국어 영어 발음', '한국어 영어 모음', '한국어 영어 음운', '한국어 영어 자음' '한국어 영어 음절' 등을 키워드로 검색하여 나온 논문 중 대조·비교 연구에 해당하여 선정한 59편의 논문이다. 본고에서는 59편의 논문을 연구 방법별로 문헌 연구, 실험 음성 대조, 말뭉치로 나누어 분석하였다. 특히 한·영 음운 대조 연구 분석 방법 중 가장 활발하게 이루어진 실험

음성 대조 연구에 초점을 맞추어 살펴보고자 한다.

2. 연구 분석 방법

본고에서는 최근까지 활발하게 연구가 이루어진 실험 음성학적 연구를 모아서 세분화된 연구 방법을 분석한 후, 연구 방법에 따라 연구 결과에 어떠한 차이가 있는지 자세히 살펴보고자 한다.

〈표 1〉 분석 틀

분류	세부 분류	내용
시기	–	
학위 및 분류	학위논문(석사, 박사), 학술지	
연구 방법	문헌 연구, 실험 대조, 말뭉치	
연구 대상	성별	남자, 여자
	숙달도	초급, 중급, 고급
	인원수(그룹별)	5명 이하, 6명~10명, 11명~15명, 16명 이상
실험 음성학적 연구 방법	분석 도구	Praat, PC Quirer, CSL 4300B, Wavesurfer 1.8.5, Palatometer 6300
	문장 틀	사용함, 사용안함
	음절 수	1음절, 2음절, 3음절 이상

위의 〈표 1〉은 분석에 사용한 분석 틀을 정리한 것이다. 표 내용을 중심으로 3장에서는 한·영 음운 대조의 연구 동향을 살펴본 후, 4장에서 실험 대조 연구에 대한 이론적 설명과 5장에는 주제별 연구를 검토하여 이를 비판적으로 고찰하고 연구 대상과 연구 자료/방법별로 자세히 알아보고자 한다.

3. 한·영 음운 대조 연구의 흐름

1) 연도별 연구 동향

본고는 음운 대조 연구에 대한 논의가 시작[1]된 1980년대부터 2022년 4월까지의 석·박사 학위 논문과 학술지 게재 논문을 통해 음운 대조 연구의 동향을 분석한다. 특히 실험 음성 대조 연구에서 연구 대상과 연구 주제 및 방법별로 살펴보고 실험 음성 대조 연구의 쟁점들을 분석하는 데에 목적이 있다.

〈표 2〉 연도별 한·영 음운 대조 연구 방법 동향

	~2000	2001~2005	2006~2010	2011~2015	2016~2020	2021~2022
문헌 대조	4	5	5	2	1	1
실험 대조	0	6	10	7	6	5
말뭉치	0	0	0	1	2	0
합계	4	11	15	10	9	6

한·영 대조 연구에서 음운 연구를 연도별, 연구 방법별로 분석한 결과는 〈표 2〉와 같다. 1985년을 시작으로 현재까지 꾸준히 연구가 이루어졌으며, 연구 방법에 따라 분류했을 때, 음운 연구의 연구 방법은 실험 음성 대조와 문헌 연구에 치우쳐 있음을 확인하였다. 그리고 과거에는 문헌 연구 방법을 주로 사용하였지만 2007년을 기점으로 객관적인 수치를 활용하는 실험 음성학적 연구가 증가하였다.

1　한국어 화자 대상 비교 연구 뿐만 아니라 한국어 화자가 아닌 학습자 대상 연구도 대조 분석의 한 방법으로 보고 본고에서 함께 분석하였다.

2) 발간 유형별 연구 동향

본고에서는 한국어와 영어의 음운 대조 연구의 동향을 먼저 살펴보고 자 한다. 구체적인 분석 대상은 1985년에서 2022년까지 학술지와 학위 논문에 실린 논문으로 〈표 3〉과 같다.

〈표 3〉 학위 및 분류

발간 유형		연구 수	비율
학위 논문	석사	20	33.9
	박사	5	8.5
학술지		34	57.6
합계		59	100(%)

한국어와 영어의 음운 대조 관련 연구는 총 59편이다. 연구 방법은 주로 문헌 연구와 실험 음성 대조를 이용한 연구로 분류하였으며, 연구 영역은 크게 자음과 모음, 초분절음소를 중심으로 살펴보았다. 세부적 인 연구 영역은 4장에서 자세히 기술하겠다. 한국어와 영어의 음운 대조 연구는 실험 음성학적 접근법으로 한국어와 영어의 음운을 대조하고, 학 습자들의 음성을 분석함으로써 교육적인 방안까지 나아가는 연구들이 주를 이루었다. 먼저 논문의 발간 유형에 따라 연구를 분류해보면 대부 분의 한·영 대조 연구는 학술지 논문이 34편(57.6%)으로 가장 많았으며, 학위 논문에서는 석사 학위논문이 20편, 박사 학위논문이 5편으로 총 25편이 있었다.

3) 연구 주제 및 방법별 연구 동향

한·영 대조 연구에서 음운 연구를 연구 주제 및 내용에 따라 분석한 결과 자음의 특성을 서술한 연구와 학습자의 발화 실험을 진행한 연구가 가장 빈번하게 나타남을 알 수 있다. 자음과 모음을 함께 분석한 연구는 9편, 자음만 분석한 연구는 33편, 모음만 분석한 연구는 13편, 억양, 운율 등 초분절음소를 분석한 연구는 4편임을 확인하였다.

〈표 4〉 연구 주제 및 방법별 한·영 대조 연구 동향

연구 주제 및 방법	음운				합계	비율
	자모음	자음	모음	초분절음소		
문헌 연구	7	7	3	2	19	32.2
교재 분석			1		1	1.7
실험 대조	2	24	9	2	37	62.7
말뭉치		2			2	3.4
합계	9	33	13	4	59	100(%)

음운 대조 연구에서 가장 많이 사용된 연구 방법은 실험 대조 방법이다. 2000년대 이후로는 한국어와 영어의 발음 양상과 문제를 밝히기 위해 실험 음성학적 조사를 실행한 연구를 찾아볼 수 있었다. 특히 2000년대 중-후반부터 Praat을 이용하여 자음과 모음의 포먼트를 분석한 실험 음성학적 연구가 많이 수행되었다.

특히 문헌 대조 연구방법에서는 자모음을 함께 분석한 연구가 많았지만, 실험 음성학 분석 대조 연구에서는 자음 또는 모음 연구에 집중하여 분석했다는 점도 특징적이다. 이는 2000년대에 이르러 연구 주제가 전에 비해 세분화된 것과 연관지어 생각해볼 수 있다. 즉, 연구물 수가 늘어나면서 연구 주제가 세분화되고 실험 음성학적 연구방법론에 의해 이루어지게 됨을 알 수 있다. 특히 2000년대 후반에 이르러서 단지 조음방법이나 위치에 의한 음운 대조를 거쳐 포먼트 값, VOT 등을 활용하여 한국어와 영어의 대조 분석도 보다 상세하게 이루어졌음을 확인하였다.

4) 실험 대조 연구 방법의 분포

실험 음성학적 연구 방법을 사용한 논문의 세부 방법들을 분류하였다. 본고에서 분류한 '문헌 연구'는 한국어와 영어의 자모음의 특성과 체계를 비교, 대조한 내용을 서술한 연구 방법으로 분류하였지만, 실제로 문헌 연구는 〈표 5〉와 같이 오류 분석이나 교수방안을 제시할 때 실험 대조 연구 방법과 복합적으로 활용됨을 알 수 있다.

〈표 5〉 한·영 음운 대조 연구 방법

대분류	연구	문헌 정리	청취 실험[2]	산출 실험	인지 실험	오류 분석
자모음 (2)	김민정 외(2008)	○	○		○	
	오은진(2002)			○		
모음 (9)	김정은(2021)	○				
	류나영(2018)		○	○	○	
	손형숙 외(2010)					
	오연진(2001)	○	○			
	윤은경(2011)	○		○		
	이희천(2002)	○				
	임신영(2017)				○	
	한양구 외(2002)				○	
	황혜정 외(2005)			○		
자음 (24)	금윤경(2015)	○		○		
	김년호(2010)	○		○		
	김다운(2018)	○	○	○		
	김두홍(2021)			○		
	김미영(2022)	○	○	○		
	김성희 외(2012)			○		○
	김수미(2017)	○	○	○	○	○
	김은선(2014)			○		
	김자영(2022)			○		
	남영자(2018)		○	○		
	도현희(2012)	○		○		
	박채림(2010)	○			○	

	백운일(2003)			○		
	손일권(2010)	○				○
	안현기(2009)	○				
	이보림(1998)			○		
	이상도 외(2007)			○		
	이준욱(2020)	○		○		
	이효영(2021)	○	○			
	장선미(2015)	○		○		
	정욱재 외(2013)			○		
	최소라(2013)	○	○			
	최진 외(2009)	○	○	○	○	
	황미경(2010)	○		○		
초분절음소 (2)	김선미 외(2011)		○	○	○	○
	민수정 외(2010)			○		

학습자의 발화를 녹음한 뒤 오류를 분석하거나, 교수학습 방안으로 음성 발화를 수집하고 활용하여 기술하였다. 음운 대조 연구에서 가장 기본적으로 사용되는 방법은 음성 발화 연구로써 주로 문헌 연구 또는 음성 인지, 청취 실험, 인지 실험과 복합하여 활용되었다. 그 중 음운 대조에서 사용된 청취 실험은 한국어와 영어의 음향적 특성을 비교하여 오류를 예측한 후, 한국어 학습자들이 한국어 음운을 듣고 인지할 때 어떤 지각적 단서를 활용하는지 확인하기 위해 활용되었다.

특히 학습자의 발화 음성을 분석한 연구들은 학습자의 음운/음성적 문제점을 찾고 교육 방법을 개선하기 위함이었다는 점에서 의의가 있다. 하지만 이러한 연구들은 연구자의 직관에 의존하거나 구체적인 분석 틀에 따라 연구의 결과가 달라질 수 있다. 구체적인 연구 대상자와 녹음

---

2 학습자의 음성 지각에 나타나는 중간언어 변이 양상을 확인하고자 하는 지각/청취 실험이다. 해당 음운을 듣는데 어려움이 있는지, 음운을 얼마나 잘 지각하는지 파악하기 위함이다.

자료 및 측정 방법에 대해서는 다음 절에서 기술하고자 한다.

4. 한·영 음운 대조 연구: 실험 음성학적 연구 방법

데이터베이스 분석 결과 실험 음성학적 연구 방법을 사용한 연구의
대상과 측정 방법을 분석하였다. 이를 통해 한국어와 영어의 음운 교육
과 관련한 연구물에서는 주로 어느 그룹을 대상으로 연구하는지, 어떠한
측정 방법과 자료를 사용하는지 경향을 살펴볼 수 있었다. 한 편의 연구
물에서 둘 이상의 그룹을 대상으로 실험을 진행한 경우에는 중복표기를
하였으므로 전체 연구물의 수와는 비례하지 않으므로 전체적인 동향을
파악하는 것에 초점을 맞추고자 한다.

음운 대조 분석 결과에 미치는 변인에는 여러 가지가 있다. 특히 선행
연구를 종합했을 때 연구 대상자의 숙달도, 성별, 연령, L2에 대한 경험
의 정도 등이 큰 영향을 줄 것으로 추측된다.[3] 본고에서는 성별, 숙달도,
그룹별 인원수를 정리한 '연구 대상'과 분석 도구, 측정 방법을 정리한
'연구 방법'으로 나누어 분석해보았다.

1) 연구 대상: 성별

실험 음성학적 연구에서는 주로 Praat를 이용한 스펙트로그램을 활용
하며, VOT값, Pitch, F0을 살펴볼 때, 화자의 성별에 따라 실험값이 다

---

3 양순임(2006)은 학습자의 오류에 영향을 미치는 변인으로 언어권, 학습 단계, 성별,
   연령, 언어 적성 등이 있음을 언급하며 이러한 변인들을 바탕으로 균등한 피험자를
   모집하였음을 밝혔다. 또한 박진원(2001)은 성별에 따라 공명주파수가 다름을 언급하
   며 피험자 집단을 구성할 때 성별이 다르면 성도의 길이를 감안해야하므로 음향 분석
   이 어렵고 오류가 많이 난다고 하였다.

르게 나타나기 때문에 이를 하나의 성별로 통일하거나 남녀 혼합의 경우 동일한 숫자로 배분하여 각각 분석하기도 하였다. 연구 대상자 선정 기준을 보면 성별에 따라 남성 학습자(황혜정:2005, 이희천:2002, 김다운:2018, 김성희:2012), 여성 학습자(오연진:2001, 손형숙:2010), 남성과 여성 학습자(오은진:2002, 김민정;2008, 윤은경:2011, 류나영:2018, 한양구:2002, 손일권:2010, 김수미:2017, 박채림:2010, 정욱재:2013, 이효영:2021, 이상도:2007, 장선미:2015, 김선미:2011, 민수정:2010)로 분류할 수 있다. '기타'로 분류한 것은 해당 연구에서 성별에 대한 언급이 없는 경우이다.

〈표 6〉 실험 음성학적 한·영 음운 대조 연구의 피험자 성별 분석

변인		연구 수	비율
성별	남	12	16.4
	여	7	9.6
	남·여 혼합	37	50.7
	기타	17	23.3
합계		73	100(%)

남자와 여자를 혼합하여 분석한 연구가 대부분이었으며, 학습자의 성별을 정확히 언급하지 않은 연구가 4편으로 대부분의 실험 음성학적 연구에서 학습자의 성별을 유의미한 통제 변인으로 삼고 있음을 알 수 있다. 금윤경(2015)은 신뢰할 만한 VOT값 측정을 위해 모든 화자를 남성으로 제한하였다. 이는 남성 학습자와 여성 학습자의 경우에는 포먼트 값에 차이가 있으므로 성별에 따라서도 실험 결과에 차이가 있을 것이기 때문인 것으로 보인다. 하지만 대부분의 연구에서는 남자와 여자를 혼합하여 연구 대상으로 삼았고, 특별히 남성 학습자와 여성 학습자의 비교를 위함은 아닌 것으로 확인된다.

2) 연구 대상: 숙달도

본고에서는 숙달도와 거주 기간별로 연구 대상을 분석하려고 하였으나, 대부분 연구에서 이를 구체적으로 기술하지 않았다. 숙달도의 경우 초·중·고급으로 명시된 경우에는 해당하는 항목에 표기하며, 숙달도에 대한 기술 없이 거주 기간이나 학습 기간만을 제시한 경우에는 기타로 분류하였다. 숙달도는 '초급, 중급, 고급'으로 단일 그룹만을 대상으로 연구하거나 '초·중급', '중·고급', '초·중·고급'과 같이 다양한 숙달도의 학습자를 대상으로 연구를 한 경우도 확인하였다. 숙달도 변인을 다양하게 제시한 연구에서는 숙달도에 따른 그룹별 비교도 함께 이루어졌다는 점에서 의의가 있다.

〈표 7〉 실험 음성학적 한·영 음운 대조 연구의 피험자 숙달도 분석

변인		연구 수	비율
숙달도	초급	3	5.1
	초·중급	3	5.1
	초·고급	3	5.1
	중급	1	1.7
	중·고급	2	3.4
	고급	2	3.4
	초·중·고	1	1.7
	기타	44	74.5
합계		59	100(%)

모국어의 영향이 많이 미치는 초급 단계에서는 자음과 모음의 형태를 익히면서 나타나는 오류 양상에 대한 분석과 교육 방안에 대한 연구가 이루어졌다. 또한 중급과 고급 단계에서는 중간 언어 체계가 모국어 체계에서 벗어나 목표어 체계에 얼마나 가까워지는지를 살펴보기 위한 연구가 주를 이루었다.

위의 분류 결과와 같이 자모음 발음 교육과 관련하여 학습자의 숙달도 전 과정에서 발음 교육의 중요성을 다시 확인할 수 있었다. 또한 김수미 (2017)에서는 초중고급을 대상으로 비교 연구를 함으로써 숙달도가 향상됨에 따라 자음의 지각의 정도와 발음의 정확성이 어떻게 변화했는지 살펴보는 연구도 진행되었다. 또한 한국어에 노출되는 시간에 따라 한국인에 가까운 발음이 가능하다는 것을 실험으로 증명하였으며, 학습자가 한국어의 음성을 습득할 때 중간언어의 과정을 거치면서 중간언어의 변이가 발생한다고 보았다.

3) 연구 대상: 그룹별 인원수

한 편의 연구물에서 수행된 그룹별 인원수를 살펴보면 〈표 8〉과 같다. 한 편의 연구물에서 두 집단 이상을 대상으로 연구를 진행한 경우에는 각 그룹의 인원수를 동일하게 설정하여 변인을 통제하는 것을 확인하였다.

〈표 8〉 실험 음성학적 한·영 음운 대조 연구의 (그룹별)인원수 분석

변인		그룹 수	비율
인원수 (그룹별)	5명 이하	27	37
	6명~10명	27	37
	11명~15명	2	2.7
	16명 이상	14	19.2
	기타	3	4.1
합계		73	100(%)

각 그룹의 인원수는 최소 2명에서 45명으로 다양하다. 5명 이하가 27 그룹, 6명~10명이 27그룹으로 가장 많았다. 그리고 많은 수의 학습자 (16명 이상)를 대상으로 연구가 이루어진 그룹 수가 14그룹이었다. 연구 대상자가 적을 경우에는 포먼트 측정 데이터가 부족하므로 통계적 분석

결과를 얻기 힘들고 그 결과를 일반화하기도 어려우므로 많은 학습자들
을 대상으로 연구가 진행되었음을 볼 수 있다.

4) 분석 도구

한·영 음운 대조 연구에서 음성 산출 실험 자료를 분석하기 위해 다양
한 프로그램이 사용되고 있다. 음성분석 프로그램에는 WaveSurfer,
Speech Analyzer, Praat 등이 있다(이지훈 2017:14). WaveSurfer는 오
픈소스 툴로서 스웨덴의 Centre for Speech Technology에서 개발한 프
로그램이며, Speech Analyzer는 프리웨어로서 Summer Institute of
Linguistics에서 개발한 음성분석프로그램이다. Praat은 암스테르담 대
학의 Paul Boersma와 David Weenink가 공동으로 개발한 음성 분석
및 합성 프로그램이다.

〈표 9〉 실험 음성학적 한·영 음운 대조 연구의 음성 분석 도구

	변인	연구 수	합계
분석 도구	PC Quirer	3	8.1
	Praat	25	67.6
	Wavesurfer 1.8.5	2	5.4
	CSL4300B	2	5.4
	PAL 6300	1	2.7
	기타	4	10.8
합계		37	100(%)

대부분의 연구에서 활용된 Praat를 통한 연구는 녹음된 파일에서 추출
된 음성파형과 스펙트로그램(spectrogram)으로 이루어지는데 이를 통해
다양한 연구가 이루어졌다. Praat이 사용되기 이전에 한·영 음운 대조연
구에서는 PC Quirer, CSL4300B를 활용해 파형(waveform)과 스펙트로그

램을 확인하였다. PC Quirer은 미국의 Scicon R&D사가 개발한 기계로
DC 채널로 얻어진 아날로그 신호를 16비트 디지털 신호로 바꾸어 주는
변환기를 포함한 하드웨어 부분과 이 신호를 분석하는 프로그램으로 구성
되어 있다. 하드웨어에 내장된 마이크를 통해 오디오 신호를 수집하고,
구강 마스크와 비강 마스크를 따로따로 변환기에 연결하여 비강과 구강
내의 공기양의 변화를 모두 수집한다(이상도, 2007:89). CSL 4300B를 활용
한 연구에서는 별개의 윈도우에 분석대상 음성의 파형과 스펙트로그램을
동시간화시킨 후 청각적, 음향적 분석을 하였다(이보림, 1998).

5) 측정 방법: 문장 틀

실험 음성 대조 연구에서 실험 방법상의 차이가 결과 차이의 원인이
될 수 있다. 일정한 문장 틀을 사용하였는지 단어만을 발화하게 하였는
지, 몇 음절을 사용하였는지도 연구자마다 다르다. 따라서 연구별로 측
정 방법의 변인을 세분화하여 분석해보고자 한다.

〈표 10〉 실험 음성학적 한·영 음운 대조 연구의 문장 틀

변인		연구 수	합계
문장 틀	사용함	22	59.5
	사용 안 함	12	32.4
	기타	3	8.1
합계		37	100(%)

일정한 틀 문장은 '이것은 __이다.', '___ is the word.'등의 문장 내
에 해당 단어를 발화하게끔 하는 것이다. 이는 자연스러운 발화를 돕기
위함이며 단어만 발화하는 상황에서의 음향 분석 결과에서 차이가 있을
것으로 추측된다.

6) 측정 방법: 음절 수

음절 수를 분석해보았을 때, 단어의 음절 수가 일정한 경우와 여러 음절 단어를 사용한 연구로 구분할 수 있겠다. 그리고 아래 표와 같이 대부분의 연구에서 단음절을 활용해 실험을 진행했음을 알 수 있다.

〈표 11〉 실험 음성학적 한·영 음운 대조 연구의 측정 음절 수

변인		연구 수	합계
음절 수	1음절	16	43.3
	2음절	9	24.3
	3음절 이상	1	2.7
	혼합	7	18.9
	기타	4	10.8
합계		37	100(%)

화자들의 가장 자연스러운 발음을 녹음할 수 있는 이상적인 읽기 목록은 2음절 이상의 유의미한 단어들로 읽기 목록을 구성하는 것이다. 하지만 특정 모음이 선후행하면서 동일한 강세 조건을 가지는 2음절 이상의 유의미한 단어들로만 읽기 목록을 구성하는 것은 거의 불가능하므로 대부분의 연구들에서 강세의 영향을 받지 않는 단음절의 단어들로만 구성한 것으로 보인다. 이에 따라 1음절의 단어를 사용한 실험 연구들은 단어를 주어진 문장 틀 내에서 발화하게끔 하는 경우가 대부분이었다.

김수미(2017)에서는 학습자의 숙달도에 따라 음절 수는 달리하였다. 예를 들어 고급 학습자들에게는 3-4음절의 단어를 제시하고, 초중급 학습자들에게는 2-3음절로 구성하였다. 특히 장선미(2015)에서는 음절 수에 따른 발음의 차이가 없다고 언급하였으나 한국어 모어 화자와 영어권 학습자 사이에 1음절 종성 발음과 2음절 종성 발음을 비교하였다는 점에서 의의가 있다.

7) 측정 방법: 기타

이 외에도 실험 대상 문장과 단어의 배치가 어디에서 이루어졌는지, 예를 들어 특정 음운이 어두위치에서 이루어졌는지 어중위치에서 이루어졌는지에 따라 분석도 가능할 것이다. 음운 배치 환경에서는 어두위치와 어중위치를 혼용하여 사용하거나 일정한 음운 배치 환경에서 단어를 발화하는 경우로 분석할 수 있다. 이는 5장 한·영 음운 대조의 쟁점에서 특히 자음의 음운 배치를 어떻게 하였는지 확인해보고자 한다.

이 외에도 포먼트 측정 지점에 의한 분류도 가능하다. 무성파열음과 같은 경우 폐쇄구간이 끝나는 순간 개방파열이 존재하고 곧 이어 마찰소음과 기식음이 음성환경에 따라 다양한 비율로 섞여 나온다. 이 후 후행 모음이 시작되는 부분의 포먼트는 포먼트 전이구간이라고 하며 앞에 오는 자음에 따라 그 패턴이 다양하게 나타난다. 이에 따라 성대진동이 시작되기까지의 시간을 측정함으로써 유성음과 무성음의 구분이 가능하다 (신승훈, 윤규철; 2012).

모음은 성대의 울림이 시작되는 지점을 측정할 수 있는데 일반적으로 제1포먼트부터 제4포먼트까지 임의로 설정하여 동시에 나타나는 점을 기준으로 하여 모음의 시작점을 구한다(정효정, 2012). 가장 널리 활용되는 포먼트 값은 제1포먼트 값과 제2포먼트 값인데 전자는 모음의 높낮이와 관련되고, 후자는 모음의 앞뒤 위치에 관련된다. 제1포먼트 값이 크면 저모음이고, 작으면 고모음이다. 제2포먼트 값의 경우에는 포먼트 값이 크면 전설모음이고 작으면 후설모음이다.

5. 한·영 음운 대조의 쟁점

1) 쟁점: 한·영 마찰음의 차이

한·영 마찰음 연구는 마찰음의 조음 위치를 나타내는 음향적 단서를 찾는 연구가 많은 관심의 대상이 되었다. 한·영 마찰음은 비슷한 음성적 특징을 공유하더라도 실제로 조음 위치에 따라 발성에 차이가 있기 때문에 실험 음성학적으로 마찰음을 대조하는 연구가 진행될 필요성에 따라 이에 대한 연구가 꾸준히 이루어졌음을 알 수 있다. 주로 한국어의 /ㅅ, ㅆ/에 대응하는 영어의 /s, z/와의 대조 연구가 주를 이루었다. 또한 한국어의 마찰음은 조음위치에 대한 관심보다 경마찰음과 평마찰음을 구분하는 음향학적 단서를 찾는 것에 초점을 두며 마찰음 후행모음의 발성 형태에도 관심을 두었다. 먼저 본고에서 분석한 6편의 연구를 살펴보면 〈표 12〉와 같다.

〈표 12〉 한·영 마찰음 대조 연구

연구	문장 틀	음운 배치	음절 수	연구 대상	연구 결과
Cho (2002)	X	어두/어중 위치 혼용	2음절(3) 3음절(1)	한국인 12	-모음과 모음사이에서 /ㅆ/음 후행 모음 도입부의 기본 주파수는 같은 위치의 /ㅅ/음보다 통계적으로 유의미하게 높음
안현기 (2009)	이것이 ___ 이다. Say ___ again.	어두위치	2음절	미국인 5 한국인 5	-모음과 모음사이에서 /ㅆ/음 후행 모음 도입부의 기본 주파수는 같은 위치의 /ㅅ/와 차이가 없음 -한국어는 영어와 달리 운율구조의 지배를 받아 두 마찰음이 동일한 고성조의 패턴을 보임 -한·영 마찰음의 차이는 후행모음의 발성형태에서 차이가 보다 드러남

박채림 (2010)	내가 ___ 발음합니다.	어두위치 어중위치	2음절	한국인 10 (남5 여5)	-마찰구간은 어두, 어중에서 마찰음 /ㅅ/보다 /ㅆ/이 더 길고, /ㅅ, ㅆ/ 뒤 모음 환경에서 차이가 없음 -기음 구간은 마찰음을 구분 짓는 음향학적 특징을 가지고 있지 않지만, 마찰 구간은 구분 짓는 특징 있음 -영어/s/와 달리 한국어는 평음 /ㅅ/와 경음/ㅆ/로 나누어짐
정욱재 외 (2013)	이것도 ___ 이다. Say ___ again.	어두위치	1음절(6)	한국인 10 (남5 여5) 미국인 4 (남2 여2)	-영어 음소 /s/,/ʃ/가 조음 위치에서 명확히 구분되는 반면 한국어 이음[ʃ],[ʃˀ]는 조음위치에서 유의미한 차이 없음 -영어/s/가 마찰길이 면에서 한국어 /ㅅ/보다 /ㅆ/과 더 유사함 -한국어 /ㅅ/이 격음, 평음 중 하나로 분류되기보다 혼합적 단위로 간주될 필요가 있음
최소라 (2013)	I am saying '___' now. 이것은 '___'입니다.	어두위치 어중위치	2음절(3) 3음절(2)	한국인 18	-어두의 영어/s/와 한국어/ㅅ/의 소음 지속 시간에 차이가 없음 -영어와 한국어 마찰음 발화에는 단어 위치에 따라 서로 다른 음향 단서가 사용됨 -소음 지속 시간이라는 음향 단서가 영어와 한국어의 각 마찰음을 비교할만한 주요 역할임
김미영 (2022)	이것도 ___이다 ___를 읽어요	단어 초 문장 초	1음절	(초)미국인 8 (여4 남4) (고)미국인 8 (여4 남4) 한국인 6 (여3 남3)	-영어에서 후행 모음이 /a,i/보다 /u/일 때 산출과 인지를 가장 못하며, 한국어도 /u/일 때 산출과 인지를 가장 못함 -영어와 한국어 모두 고급 학습자가 초급 학습자 보다 인지를 더 잘함 - 한국인과 미국인(고급) 학습자에서 /s(ㅅ)/가 /s'(ㅆ)/보다 기식 시간이 더 길었지만 미국인 초급 학습자에게 기식 시간의 차이가 없었음

연구를 살펴보면 한국어 마찰음의 차이에 영향을 주는 각 변인이 다르다. 구체적으로 cho(2002)에서는 기식성과 소음지속시간이 두 마찰음을 구분하는 음운적 자질이라고 주장한다. 안현기(2009), 최소라(2013), 김미영(2022) 또한 소음 지속 시간이라는 음향 단서가 영어와 한국어의 각 마찰음을 비교할만한 주요 역할을 한다고 주장한다. 반면 박채림(2010)은 기식성은 한·영 마찰음을 구분 짓는 음향학적 특징을 가지고 있지 않으며 마찰 구간만이 한·영 마찰음을 구분 짓는다고 설명하였다.

먼저 박채림(2010)과 정욱재(2013)는 한국어 /ㅅ/과 /ㅆ/의 마찰구간 길이를 분석하였다. 박채림(2010)에서 마찰구간은 어두, 어중에서 마찰음 /ㅅ/보다 /ㅆ/이 더 길다고 하였다. 이보다 구체적으로 정욱재(2013)는 후행 모음이 /ㅏ/일 경우 어두에서 한국어 /ㅅ/의 마찰구간이 /ㅆ/의 마찰구간보다 짧게 나타난다고 하였다. 두 연구의 연구 결과가 동일하게 나타났으며, 정욱재(2013)에서는 후행 모음에 따라 연구 결과를 분석하였다. 두 연구 모두 연구 결과에 영향을 미치는 변인들 중 음절 수를 제외하고는 큰 차이가 없었으므로 연구 결과도 비슷하게 도출되었음을 확인하였다.

또한 박채림(2010), 정욱재(2013), 김미영(2022)은 한국어 마찰음에 대한 기음 구간에 대한 분석을 통해 한국어 /ㅅ/이 평음인지 격음인지, 평음과 격음의 두 가지 특징을 모두 가지고 있는지에 대해 논의하였다. 세 연구에서는 공통적으로 어두의 마찰음 /ㅅ, ㅆ/ 뒤에 오는 모음이 /ㅏ, ㅜ/일 때 마찰음 /ㅅ, ㅆ/의 기음구간 차이는 크지 않다. 즉, /ㅅ/은 평음에 가깝다는 결론을 내렸다. 특히 김미영(2022)은 더 나아가 미국인 한국어 학습자를 초급과 고급으로 나누어 분석하였을 때, 초급 학습자의 경우에는 기식 시간의 차이가 없었음을 밝혔으며 미국인 한국어 학습자와 한국어 모어 화자의 결과가 유사하므로 학습자의 숙달도에 큰 영향을 받았음[4]을 알 수 있다.

최소라(2013)에서는 단어 내 위치에 따라 영어와 한국어 마찰음에서는 서로 다른 음향 단서가 사용된다고 하였다. 정욱재(2013)는 /ㅅ/에서 발견되는 기식음이 음성적 분류를 위한 충분조건이 되지 못함을 설명하였다. 한편, Cho 외(2002)는 평마찰음에 있어 기식음은 어두에 위치할 경우에만 관찰되며 어중위치에서는 관찰되지 않았다. 평마찰음은 모음과 모음 사이에서 유성음화 되며 평마찰음을 뒤따르는 모음에 기식발성이 나타난다. 음운 배치 환경을 어두위치나 어중 위치를 분류하여 연구한 경우에는 단어 내 위치에 따라 다르다는 점에서 공통점이 있다.

한·영 대조 연구에서 제시된 마찰음 연구의 결과를 정리해보면 공통적으로 한·영 마찰음은 후행 모음에 따라 마찰음에 차이가 있음을 확인하였다. 모음과 모음 사이에서 한국어 /ㅅ, ㅆ/음 후행 모음 도입부의 주파수를 확인한 cho(2002)와 안현기(2009)의 연구를 비교해보면, cho(2002)에서는 모음과 모음사이에서 /ㅆ/음 후행 모음 도입부의 기본 주파수는 같은 위치의 /ㅅ/음보다 통계적으로 유의미하게 높음을 확인하였으나 안현기(2009)에서는 통계적으로 차이가 없음을 확인하였다. 두 연구의 분석 도구와 측정 방법을 분석해보면 문장 틀 사용 여부와 음운 배치 환경이 다름을 알 수 있다. 구체적으로 cho(2002)는 단어만 발화하고 어두와 어중 위치를 함께 사용[5]하였다는 점에서 다르다. 다만 두 연구

---

4 김수미(2017)에서는 초중고급을 대상으로 비교 연구를 함으로써 숙달도가 향상됨에 따라 자음의 지각의 정도와 발음의 정확성이 어떻게 변화했는지 살펴보는 연구도 진행되었다. 또한 한국어에 노출되는 시간에 따라 한국인에 가까운 발음이 가능하다는 것을 실험으로 증명하였으며, 학습자가 한국어의 음성을 습득할 때 중간언어의 과정을 거치면서 중간언어의 변이가 발생한다고 보았다.

5 cho(2002)는 '사다, 싸다'(어두 위치), '나사다, 바싹'(어중 위치)을 혼용하여 사용하였다.

결과의 차이를 알아보기 위해 마찰음의 음향 단서들에 관한 실험이 필요할 것으로 보인다.

안현기(2009)에서는 한국어의 경우는 영어와는 달리 운율구조라는 음운론적 규칙의 지배를 받았음을 언급하였고, 박채림(2010)에서는 한국어의 음운 규칙인 구개음화의 영향으로 영어 /s/발화에 영향을 주었음을 확인하였다. 하지만 출발어와 목표어에 따라 각 언어의 규칙으로 인한 오류 분석 또는 발음 교육에 관한 연구가 많이 진행되지 않았다. 선행 연구를 바탕으로 한국어 학습자 또는 영어 학습자를 위한 교육 방안을 마련하는 것이 필요할 것이다.

2) 쟁점: 한·영 모음 /에:ε, 애:æ/

한·영 모음 /에:ε/와 /애:æ/는 가장 많이 대치되는 모음쌍으로써 주로 /ε, æ/ 모음과 한국어 /에, 애/ 모음이 대응하는지에 대한 타당성 여부와 /에:ε/ /애:æ/를 구분하여 발화하는지 확인하는 연구도 함께 진행하였다. 공통적으로 한·영 모음 /에:ε, 애:æ/ 대조에서 한국인 화자는 영어 모음체계를 한국어 모음체계 내에서 인식하고 있다고 설명한다. 한국어 모음에는 존재하지 않는 영어 모음의 경우, 한국어 모음과 비슷한 음으로 치환하여 조음하는 경우를 확인할 수 있었다. 이는 외국어 학습이 모국어의 간섭 하에 있다는 언어학습의 여러 양상에 나타난 기존의 연구 결과를 뒷받침한다.

〈표 13〉 한·영 모음 /에:ɛ, 애:æ/

연구	분석 도구	음운 배치	문장 틀	포먼트 측정 지점	연구 대상	연구 결과
오연진 (2001)	PC Quirer	C_C	○	–	원어민 3 (여) 한국인 6 (여)	한국어에는 긴장모음과 이완모음의 구별이 없기 때문에 한국인들은 두 모음을 둘 사이의 중간 모음을 발음하거나 긴장모음 대신에 장모음을, 이완모음 대신에 단모음으로 발음하려는 경향이 있음
한양구 (2002)	CSL43 00B	h(V)d[6]	○	/a, c, e, o/는 모음 안정구간의 1/2 지점에서 측정. 나머지 모음은 전체 모음길이의 1/2 지점에서 측정	미국인 2 (여1 남1) 한국인 4 (여)	젊은 세대에서 /에, 애/ 모음이 하나의 모음으로 병합되어 발성되기 때문에 위의 두 대립쌍과 마찬가지로 한국인에게는 구분해서 발성하기 매우 어려운 소리라는 것을 알 수 있음
황혜정 (2005)	Praat	C_C	○	F2를 기준으로 포먼트가 가장 안정적으로 나타나는 지점. 안정 구간 없을 경우 모음 지속 시간의 중간 지점에서 측정	한국인 24 (남)	–영어의 모음을 발음할 때 한국어 모음보다는 입을 조금 더 벌리고, 혀는 더 후설쪽에서 발음함 –영어의 /ɛ/와 /æ/의 모음은 구분되지 않고 통합되어 있음.(한국어와 유사)
손형숙 (2010)	Praat	/s/로 시작	○		한국인 20 (여)	–한국어의 /에, 애/ 모음은 영어의 /ɛ, æ/에 비해 고모음으로 발음되어, 영어의 긴장모음 /e/와 대응됨 –영어의 /ɛ, æ/는 변별됨

실험 음성 대조 방법을 사용하여 /에:ɛ/와 /애:æ/를 분석한 연구를 살펴보았을 때, 대부분의 연구에서 포먼트 측정지점이 유사하였으며 연구 대상과 연구 결과에 있어서 조금씩 차이를 보였다. 황혜정(2005)와 한양구(2002)에서는 학부생들을 대상으로, 오연진(2001)에서는 원어민을 대상으로 실험을 하였으며 이 결과 특히 젊은 세대의 학습자들과 원어민

---

6 /h/는 무성성문음으로서 후행 모음에 동시조음적 영향을 적게 하기 위함이며, /d/는 치경음으로서 선행모음에 영향을 적게 미치게 하기 위함이다.

들에게 한국어의 /에, 애/ 모음을 발성하기 어려운 것으로 나타났다.

황혜정(2005)과 손형숙(2010)의 실험 결과에서 한국어의 /에, 애/ 모음이 변별되지 않았다는 점에서는 공통적이지만 영어의 /ɛ, æ/의 구별에 대해서는 차이가 있다. 황혜정(2005)에서는 한국어와 유사하게 /ɛ, æ/ 또한 구분되지 않고 통합되어 있다고 하였지만 손형숙(2010)에서는 /ɛ, æ/는 변별된다는 점이 특징적이다. 이러한 결과의 차이는 손형숙(2010)에서 연구 대상으로 삼고 있는 한국인 여성들이 모두 음성학 수업을 듣고 있는 수강생이라는 점에서 기인한 것으로 보인다.

먼저 연구별로 /에:ɛ/와 /애:æ/ 대립쌍의 포먼트 값을 비교하고자 한다. 가장 널리 활용되는 포먼트 값은 제1포먼트 값과 제2포먼트 값인데 전자는 모음의 높낮이와 관련되고, 후자는 모음의 앞뒤 위치에 관련된다. 즉, 제1포먼트 값이 크면 저모음이고, 작으면 고모음이다. 제2포먼트 값의 경우에는 포먼트 값이 크면 전설모음이고 작으면 후설모음이다. 연구별로 F1과 F2 값을 비교한 것은 다음 〈표 14〉와 같다.

〈표 14〉 /에:ɛ/와 /애:æ/ 대립쌍 포먼트 값 비교

	포먼트	/에/	/애/	/ɛ/	/æ/	성별
오연진(2001)	F1	–	–	550	690	남
	F2	–	–	1770	1660	
손형숙(2010)	F1	590	845	620	645	남, 여
	F2	2000	1750	2175	2250	
황혜정(2005)	F1	417	417	453	445	남
	F2	1901	1912	1722	1709	
손형숙(2010)	F1	–	–	849	911	남
	F2	–	–	2037	1960	

손형숙(2010)과 오연진(2001)은 Ladefoged(1981)의 모음 체계와 실험 자료를 사용하여 /ɛ, æ/ 포먼트 값을 측정하였다. 위의 포먼트 값을 비교해

보면 /ɛ, æ/모음을 제대로 발음하기 위해서는 /에, 애/를 발음할 때보다 입을 더 벌리고 혀는 약간 뒤에서 조음한다는 것으로 해석할 수 있다. 하지만 제2언어로 한국어를 배우는 학습자들은 이를 제대로 발음하지 못하며 이는 한국인 모어 화자에게 또한 어렵다는 것을 실험적으로 확인하였다. 손형숙(2009)은 한국어의 /에, 애/가 영어의 /e/에 대응하므로 대응하는 두 언어의 모음 체계에 대한 논의가 필요하다고 주장하였다.

이러한 연구 결과를 확인했을 때 한국어 /에, 애/ 모음은 영어의 /ɛ, æ/와 모음 위치와 실제 발음에도 차이가 많다. 특히 오연진(2001)에서는 한국인 영어 학습자들은 영어 모음을 발음할 때 혀와 턱의 활동 범위를 더 넓게 활용해야한다고 제안하였다. 결과적으로 /ɛ, æ/모음을 /에, 애/와 대응시킬 수 있는지에 대한 논의와 함께 정확한 발음을 위한 방법 제시가 필요할 것이다.

6. 나가는 말

지금까지 실험 음성학적 방법을 사용한 한·영 음운 대조 연구들을 분석해보았다. 한영 음운 연구의 주제는 기존에는 자음과 모음 전체에 대한 연구가 이루어졌고 최근 파열음과 마찰음 또는 이중모음으로 그 범위가 구체적이고 정교화되었다. 이는 한국어와 영어를 배우는 학습자들의 숙달도와 목적에 맞게 다양하고 세분화되어 가는 경향을 반영한 것이라고 볼 수 있다. 2000년대 초반에는 문헌 연구 방법을 주로 사용하였지만 2007년을 기점으로 객관적인 수치를 활용하는 실험 음성학적 연구가 증가하였으므로, 이에 대한 분석도 의미가 있을 것으로 생각하였다. 본고는 음운 대조 분석 결과에 미치는 변인에는 여러 가지가 있을 것으로

보고 선행 연구를 종합했을 때 성별, 숙달도, 그룹별 인원수를 정리한
'연구 대상'과 분석 도구, 측정 방법을 정리한 '연구 방법'으로 나누어 분
석해보았다.

먼저 한·영 음운 대조 연구에서 화자의 성별에 따라 실험값이 다르게
나타나므로 남자와 여자를 혼합하여 분석한 연구가 대부분이었다. 이는
남성과 여성 학습자의 경우에는 포먼트 값에 차이가 있으므로 성별 변인
을 통제하기 위한 것으로 보인다. 또한 음향음성 분석에서 대부분의 연
구는 숙달도를 중요한 변인으로 삼지 않았다. 학습자의 숙달도를 고려하
는 것은 모국어의 영향을 많이 받는 초급 단계부터 중간 언어 체계를
지나 목표어까지 어떻게 도달하였는지를 비교함으로써 숙달도별로 효과
적인 발음 교육을 위한 근거로 삼을 수 있을 것이다. 또한 대부분의 연구
에서 한 편의 연구물에서 두 집단 이상을 대상으로 연구를 진행한 경우
에는 각 그룹의 인원수를 동일하게 설정하여 변인을 통제하는 것을 확인
하였다. 이 외에도 일정한 문장 틀을 사용하였는지 단어만을 발화하게
하였는지, 몇 음절을 사용하였는지도 연구자마다 다르게 설정하였으며
이에 따라 연구 결과에도 차이를 보였음을 확인하였다.

5장에서는 한·영 /ㅅ:s, ㅆ:z/와 /에:ε, 애:æ/ 대조 연구 방법에 따른
결과의 차이를 분석해보았다. 한·영 마찰음은 비슷한 음성적 특징을 공
유하더라도 실제로 조음 위치에 따라 발성에 차이가 있기 때문에 실험
음성학적으로 마찰음을 대조하는 연구가 진행될 필요성이 있다. 주로 한
국어의 /ㅅ, ㅆ/에 대응하는 영어의 /s, z/와의 대조 연구가 주를 이루었
다. 또한 한국어의 마찰음은 조음위치에 대한 관심보다 경마찰음과 평마
찰음을 구분하는 음향학적 단서를 찾는 것에 초점을 두며 마찰음 후행모
음의 발성형태에도 관심을 두었다. 특히 모국어의 간섭 하에 한국어의
운율구조 또는 음운론적 규칙의 지배를 받아 영어 /s/발화에 영향을 주

었음을 확인하였지만 출발어와 목표어의 규칙으로 인한 오류 분석 또는 발음 교육에 관한 연구가 많이 진행되지 않았으며 이를 바탕으로 학습자를 위한 교육 방안을 마련하는 것이 필요할 것이다. 한·영 모음 /에:ɛ/와 /애:æ/는 가장 많이 대치되는 모음쌍으로써 선행연구에서는 공통적으로 한·영 모음 /에:ɛ, 애:æ/ 대조에서 한국인 화자는 영어 모음체계를 한국어 모음체계 내에서 인식하고 있다고 설명한다. 한국어 모음에는 존재하지 않는 영어 모음의 경우, 한국어 모음과 비슷한 음으로 치환하여 조음하는 경우를 확인할 수 있었다. 이 또한 제 2언어 학습이 모국어의 간섭 하에 있다는 언어학습의 여러 양상에 나타난 기존의 연구 결과를 뒷받침 한다. 또한 실험 음성 분석 결과 한국어 /에, 애/ 모음은 영어의 /ɛ, æ/와 모음 위치 등에서 차이가 많으므로 결과적으로 /ɛ, æ/모음을 /에, 애/와 대응시킬 수 있는지에 대한 논의도 필요할 것이다.

한·영 음운 대조와 교육과 관련된 선행 연구와 다양한 문헌을 바탕으로 다양한 실험 음성 연구가 등장함에 따라 추후 주목해야할 연구의 동향이 이러한 부분이라고 할 수 있다. 따라서 한국어교육 또는 영어 교육 분야에서 효과적인 교수법을 위해서는 한·영 음운 대조 연구가 지속적으로 이루어져야 하며 대조 분석을 통해 오류를 분석 또는 예측하고 이에 따른 음성학적 자료들을 활용한 교수·학습 방법의 전략적 활용이 필수적이라고 하겠다. 본고를 통해 현재까지 연구된 한·영 음운 대조 분석의 연구 방향을 살펴보는 것은 앞으로 어떠한 한·영 음운 대조 연구가 이어져야 하는지에 대한 이해와 실험음성학적 연구를 위한 설계에도 도움이 될 수 있다. 이러한 부분에서 본고의 분석이 한·영 음운 대조를 연구에 도움이 되기를 기대한다.

● **참고문헌**

문지영(2017), 「한국어 교육에서 자음 발음 교육 연구 동향 분석」, 이화여자대학교 석사학위논문.

웬신(2022), 「중국인 중·고급 학습자를 위한 한국어 단모음 발음 교육 연구–실험 음성학적 분석과 학습자의 인식 조사를 활용하여–」, 서울대학교 박사학위논문.

● **분석 대상 논문**

금윤경(2015), 「영어, 한국어, 중국어 폐쇄음의 기식성 비교」, 경북대학교 석사학위논문.

김년호(2010), 「한국인 영어학습자와 영어 원어민 화자가 발음한 영어 무성 파열음에 대한 음향음성학적 연구」, 단국대학교 석사학위논문.

김다운(2018), 「영어와 한국어 단자음과 중첩자음의 길이 비교 연구」, 이화여자대학교 석사학위논문.

김두홍(2021), 「단어 내 위치에 따른 영어와 한국어 폐쇄음의 기식성 비교」, 경북대학교 석사학위논문.

김미영(2022), 「한국인 영어 학습자와 미국인 한국어 학습자의 L2 마찰음 산출과 인지 연구」, 전남대학교 석사학위논문.

김민정·이희란(2008), 「후기 한국어–영어 이중언어 학습자의 음운인식 능력」, 『언어치료연구』 17(4), 언어치료학회, 95–120쪽.

김선미·남기춘(2011), 「영어의 강음절(강세음절)과 한국어 화자의 단어 분절」, 『말소리와 음성과학』 3(1), 한국음성학회, 3–14쪽.

김성희·조현관(2012), 「한국어 전이에 의한 영어발음 오류 및 발음지도 효과: 폐쇄음–공명음 연쇄를 중심으로」, 『한국현대언어학회 학술발표논문』, 한국현대언어학회, 107–110쪽.

김수미(2017), 「한국어 학습자의 중간언어 변이 양상 연구: 공명 자음의 지각과 산출을 중심으로」, 숙명여자대학교 박사학위논문.

김은선(2014), 「영어와 한국어 무성폐쇄음의 성대진동개방시간과 고저 성조와의 관계」, 동아대학교 석사학위논문.

김자영(2022), 「한국인 영어 학습자와 미국인 한국어 학습자의 L2 폐쇄음 산출 연구」, 21세기영어영문학회 학술대회, 64–71쪽.

김정은(2021), 「동시조음에 관한 음향음성학적 연구: 영어, 한국어, 일본어를 중심
　　　으로」, 경북대학교 박사학위논문.

남영자(2018), 「한국어 청자의 영어 파열음과 마찰음의 지각동화 및 변별」, 『영어
　　　영문학』 23(1), 미래영어영문학회, 207-223쪽.

도현희(2012), 「영어 파열음의 유무성에 대한 한국어 화자와 영어 모국어 화자의
　　　음향적 비교 분석」, 충북대학교 석사학위논문.

류나영(2018), 「영어권, 중국어권 학습자의 한국어 모음 지각 -모국어와 목표 언어
　　　간의 음향 자질의 유사성과 한국어 경험의 효과 중심으로-」, 『한국어교
　　　육』 29(1), 국제한국어교육학회, 1-23쪽.

민수정·정영진(2010), 「한국어와 영어 발화에 나타나는 휴지(pause)의 음성학적
　　　비교분석」, 『언어과학』 17(4), 한국언어과학회, 39-57쪽.

박채림(2010), 「영어 마찰음 /S/와 한국어 마찰음 'ㅅ, ㅆ'에 관한 대조 음향연구」,
　　　홍익대학교 석사학위논문.

백운일(2003), 「한국어 파찰음과 영어 파찰음의 조음적 차이에 관한 연구」, 『음성
　　　과학』 10(4), 한국음성학회, 57-62쪽.

손일권(2010), 「한국어 모국어화자와 영어 모국어화자의 영어발음에서 음절말의
　　　유무성 폐쇄음과 선행모음의 길이 비교」, 『현대문법연구』 60, 현대문법
　　　학회, 137-155쪽.

손형숙·안미애(2009), 「한국어와 영어의 모음 발음영역에 대한 실험음성학적 연
　　　구: 대구 지역 여성화자를 중심으로」, 『언어과학연구』 49, 언어과학회,
　　　117-140쪽.

안현기(2009), 「/자음-모음/ 연접환경에서의 영어와 한국어의 마찰음 음성특질
　　　비교연구」, 『영어학』 9(2), 한국영어학회, 181-302쪽.

오연진(2001), 「한국인 성인 영어 학습자와 영어 원어민의 영어 모음 발음 대조
　　　분석: 음향 분석과 청취 실험을 통하여」, 중앙대학교 석사학위논문.

오은진(2002), 「자음의 조음 위치와 인접 모음 길이의 상관성에 관한 연구: 영어와
　　　한국어의 경우」, 『음성과학』 9(3), 한국음성학회, 201-210쪽.

윤은경(2011), 「한국어와 영어 이중모음의 대조분석 -활음의 음의 길이를 중심으로」,
　　　『한국어 교육』 22(4), 국제한국어교육학회, 299-319쪽.

이보림(1998), 「한국어 화자의 영어 어말 폐쇄음 파열의 인지와 발음 연구」, 『말소
　　　리』 38(38), 대한음성학회, 41-70쪽.

이상도·김수정(2007), 「공기역학자료를 이용한 한국어와 영어 비음에 대한 음성

학적 연구」, 『새한영어영문학』 49(3), 새한영어영문학회, 85-100쪽.

이준욱(2020), 「영어와 한국어 어두파열음에 대한 음향음성학적 비교 연구」, 서울과학기술대학교 석사학위논문.

이효영(2021), 「한국어 화자와 영어 화자의 /h/ 실현 대조 연구」, 조선대학교 석사학위논문.

이효진·박주영·이아름·박상희(2012), 「영어권 한국어학습자와 중국어권 한국어학습자의 이중모음 /ㅢ/의 특성 비교 -실험음성학적 대조」, 『한국언어치료학회 2012년도 제18회 학술발표대회 논문집』, 한국언어치료학회, 289-294쪽.

이희천(2002), 「한국 학생들의 한국어 음절 발화 습관이 영어 발음에 미치는 영향에 관한 연구」, 『영어영문학연구』 28(1), 대한영어영문학회, 243-270쪽.

임신영(2017), 「영어와 한국어에서 모음의 지속시간에 미치는 인접 폐쇄음의 영향」, 『한국영미어문학회 학술대회 발표논문집』, 한국영미어문학회, 67-71쪽.

장선미(2015), 「한국어 학습자의 종성 발음 분석 및 교육 방안 연구: -영어권과 일본어권을 중심으로-」, 계명대학교 석사학위논문.

정욱재·오미라(2013), 「한국어 마찰음 /s,s'/와 영어 마찰음 /s,ʃ/의 음성학적 비교 연구」, 21세기영어영문학회, 65-72쪽.

최소라(2013), 「치경 마찰음의 음향적 특성: 한국인의 영어와 한국어 발화를 중심으로」, 중앙대학교 석사학위논문.

최진·박시균(2009), 「영어권 화자의 한국어 폐쇄음 발음 분석과 교육」, 군산대학교 석사학위논문.

한양구·이숙향(2002), 「한국어 모국어 화자의 영어 모음 발성에 관한 실험음성학적 연구」, 『말소리』 44, 대한음성학회, 15-32쪽.

황미경(2010), 「한국어-영어 이중언어화자의 한국어 파열음 VOT에 관한 연구」, 이화여자대학교 석사학위논문.

황혜정·문승재(2005), 「한국인이 발음한 한국어 /에, 애/와 영어 /ε, æ/ 모음」, 『말소리』 56, 대한음성학회, 29-47쪽.

Taehong Cho 외(2001), Acoustic and aerodynamic correlates of Korean stops and fricatives, *Journal of Phonetics* 30, 193-228.

Ⅲ.
한·영 화행 대조 연구 분석

양지현

1. 들어가는 말

각 언어는 언어권별로 그 언어가 사용되는 사회와 문화의 특성을 반영
한다. 이에 따라 한국어와 영어 역시 서로 화행의 영향을 받는 변인이
다르고 사용하는 전략의 사용도 다르다는 것이 선행 연구를 통해 나타났
다. 따라서 원활한 의사소통을 위해서는 다른 언어와의 비교와 분석을
통한 이해가 필요할 것이다. 이전 장에서 살펴본 한·영 대조 연구 동향
에서는 문법, 어휘, 담화, 음운, 문화 등의 각 연구 영역을 연구 방법
중심으로 살펴보았다. 이번 장에서는 한국어와 영어의 화행 대조 연구에
초점을 맞추어 한·영 화행 대조 연구의 연구 방법을 중심으로 결과를
살펴보고 한국어와 영어의 화행 대조 연구에서 나타나는 쟁점을 찾아보
고자 한다. 이를 위해 본고에서 선정한 한국어와 영어의 화행 대조 및
비교 연구는 모두 26편이다. 연구에서 분석한 논문들은 학술연구정보서
비스(Research Information Sharing Service: RISS)에서 '한영화행대조',
'영한화행대조', '영어권한국어학습자화행', '화행대조', '화행비교'등의
키워드를 검색하여 나온 논문들 중 두 언어를 대조 및 비교한 논문을

최종적으로 선정한 것이다.[1] 선정된 화행 연구들은 연도, 연구 방법, 화행 유형에 따라 분류하였다. 먼저 연도별 한국어와 영어 화행 대조 연구는 다음 〈표 1〉과 같다.

〈표 1〉 연도별 한·영 화행 대조 연구

1994	1999	2000	2002	2004	2006
1편	1편	1편	2편	1편	2편
2009	2010	2011	2013	2014	2015
1편	2편	2편	3편	2편	2편
2018	2019	2020	2022~	합계 26편	
1편	1편	3편	1편		

한·영 화행 대조 및 비교 관련 연구는 1990년대부터 시작하여 2000년대 이전에는 2편(7.7%), 2000년대에는 7편(26.9%), 2010년대에는 13편(50%), 2020년대에는 4편(15.4%)으로 꾸준히 연구가 이루어지고 있다.

본고에서 선정된 화행 연구는 요청 화행, 거절 화행, 사과 화행, 간접 화행, 칭찬 화행, 위로 화행, 지시 화행, 갈등 화행, 감사 화행, 의문문 화행, 비동의 화행이며 이 중 두 개 이상의 화행을 분석한 경우 중복으로 포함하지 않았다. 예를 들어 사과 화행과 감사 응답을 함께 분석한 박은영(2000)과 사과 화행과 칭찬 응답을 함께 분석한 엄기찬(1994)의 연구가 있었으며 거절 화행을 분석하기 위해 초대, 요청, 제안 등과 같은 유도 화행과 함께 인접 쌍을 살펴본 김향선(2002), 윤은미(2004), 이복자(2013), 김시정(2014), 조유정(2022)의 연구가 있었다. 이와 같은 경우에는 연구에서 중심으로 다루고 있는 화행으로 분류하였다. 이러한 기준에

---

1 RISS에서 열람이 가능한 논문들 중 주제어나 목차에 '비교', '대조'가 포함되어 있는 논문들을 선정하였으며, 한국어와 영어의 대조 및 비교에 목적을 두지 않는 논문은 제외하였다.

따라 화행을 유형별로 분류한 후 화행 유형별 연구 수를 살펴보면 다음
과 같다. 한·영 화행 대조 연구는 전체 26편(100%) 중에서 요청 화행과
거절 화행이 각각 6편(23%)으로 가장 많이 연구되었으며 그다음으로 사
과 화행 4편(15.3%), 간접 화행 3편(11.5%), 칭찬 화행 2편(7.7%), 위로 화
행, 갈등 화행, 감사 화행, 의문문 화행, 비동의 화행이 각각 1편(3.9%)씩
이루어졌다. 이 중 석사학위논문은 21편(80.8%)이며 박사학위논문은 2
편(7.7%), 학술지는 3편(11.5%)이었다. 화행 유형별 학위 논문과 학술지
연구의 수는 다음 〈표 2〉와 같다.

〈표 2〉 화행별 한·영 화행 대조 연구 수

화행	학위 및 분류	연구 수
요청 화행	석사학위논문	5
	학술지	1
거절 화행	석사학위논문	5
	박사학위논문	1
사과 화행	석사학위논문	3
	학술지	1
간접 화행	학술지	3
칭찬 화행	석사학위논문	1
	박사학위논문	1
위로 화행	석사학위논문	1
갈등 화행	석사학위논문	1
감사 화행	석사학위논문	1
의문문 화행	학술지	1
비동의 화행	석사학위논문	1
합계		26편(100%)

위에서 본 바와 같이 본고에서 분석하고자 하는 한국어와 영어의 화행
대조 연구는 총 26편이다. 여기에는 대조 언어의 출발점, 목표어에 따라
방향을 나누지 않고 한국어와 영어 두 언어를 비교, 대조한 연구를 모두

포함하였다. 다음 2장에서는 한국어와 영어 화행에서 주로 사용하는 연구 방법인 담화 완성형 테스트, 역할극과 역할 수행, 기타 연구 방법에 대해 자세히 살펴보고자 한다. 3장에서는 화행 유형별로 나누어 연구에서 설정한 화행 상황과 변인을 확인하고 이에 따라 어떤 결과가 나타나는지에 대해 정리한다. 4장에서는 한국어와 영어의 화행 대조 연구에서 나타나는 쟁점과 연구 방법의 쟁점들에 대해 논의하고 마지막으로 5장에서는 본고의 연구 결과와 쟁점에 대해 요약하고 결론을 제시하고자 한다.

2. 한·영 화행 대조 연구 방법

한·영 화행 대조 연구를 분석하기 위해 먼저 연구 방법과 자료 수집법을 살펴보았다. 선행 연구를 참고하여 문헌으로 영어와 한국어의 화행을 대조 분석한 연구는 전체 26편 중 3편이며(신소정, 1999; 강창우, 2006; 양용준, 2020) 23편의 연구는 실험이나 설문조사, 드라마 및 영화 자료, 댓글 등으로부터 언어 자료를 수집하여 분석한 연구이다. 문헌으로 대조를 한 연구는 연구자마다 분석 기준이 되는 이론적 배경과 분석 틀이 다르기 때문에 본고에서는 실험을 통해 얻은 언어 자료, 드라마 및 영화 자료, 댓글을 분석 자료로 삼은 연구 방법을 중심으로 살펴보고자 한다.

이에 따른 한국어와 영어의 화행별 대조 연구 방법을 정리한 표는 다음 〈표 3〉과 같다.

〈표 3〉 한·영 화행 대조 연구 방법

화행	연구자	연구 방법
요청 화행	이성순(2002)	DCT
	이지혜(2010)	DCT, 교육 방안
	김선영(2014)	DCT
	황진주(2015)	역할극, 사전·사후 인터뷰
	박크리스티(2019)	인터뷰
거절 화행	김향선(2002)	DCT
	윤은미(2004)	역할극, 교육방안
	서아름(2011)	역할극, 사전·사후 인터뷰
	김시정(2014)	DCT
	조유정(2022)	DCT
사과 화행	엄기찬(1994)	DCT
	박은영(2000)	DCT
	이복자(2013)[2]	역할수행, 설문조사, 회상기법
칭찬 화행	이주영(2010)	칭찬 반응 유도, 설문조사, 관찰 방법
	곽지영(2013)	DCT
감사 화행	이미순(2006)	DCT
간접 화행	이한민(2009)	드라마 자료 분석
갈등 화행	박선경(2015)	댓글수집
위로 화행	김진주(2018)	드라마 자료 분석
의문문 화행	임은영(2020)	드라마·영화 자료 분석
비동의 화행	조은미(2020)	DCT

한·영 화행 대조 연구의 연구 방법에서 가장 많이 사용된 연구 방법은
담화 완성형 테스트(DCT)이다. 그다음으로는 한국과 영어권의 드라마
또는 영화를 통해 화행 자료를 수집하여 분석한 논문과 학습자들의 역할
극을 통해 화행을 분석한 연구가 많이 이루어졌다. 그리고 연구 방법은

---

2 이복자(2013)의 설문 문항에는 사회 인구학적 배경과 한국어 사용 환경 및 능력에
   대한 질문이 포함되어 있다. 설문 조사는 가장 마지막에 실시하였는데, 전 단계에서
   역할 수행 후 학습자의 회상을 통해 추가 자료를 수집하였다. 회상(retrospection) 기
   법에 대한 설명은 4)기타 연구 방법 참조.

한 가지 방법으로 연구한 논문과 두 가지 이상의 방법으로 연구한 논문
으로 나누어 볼 수 있는데 담화 완성형 테스트와 드라마/영화 자료 분석
을 한 연구에서는 주로 한 가지 방법을, 역할극/역할수행을 통한 자료
수집에서는 두 가지 이상의 방법으로 연구를 진행하였다. 역할극/역할
수행을 통해 한국어와 영어의 화행을 대조 분석한 윤은미(2004), 서아름
(2011), 이복자(2013), 황진주(2015)는 모두 한국어교육의 관점으로 출발
한 연구들로, 영어권 한국어 학습자들의 실제 상황에 가까운 대화를 분
석하고자 하였다. 이를 위해 각 연구마다 6가지부터 9가지까지의 화행
상황을 설정하였으며 각 상황에서 화자가 발화한 의도를 파악하고자 여
러 연구 방법을 사용하였다. 황진주(2015)에서는 역할극 전 사전 인터뷰
를 실시하였고 역할극 후에는 회고적 인터뷰를 실시하여 요청 상황에서
화자가 느꼈던 부담도를 측정하였다. 이복자(2013)에서도 역할 수행 후
바로 학습자들의 발화 의도를 구체적으로 파악하기 위해 인터뷰를 통한
회상기법을 사용하였는데 이러한 인터뷰는 학습자들의 인식을 파악하고
반응에 어떤 영향을 주었는지 파악할 수 있게 하므로 실험 결과를 분석
할 때 유용한 자료로 사용될 수 있었다. 다음은 화행 연구에서 주로 사용
된 연구 방법들에 대해 더 자세히 살펴보도록 하겠다.

1) 담화 완성형 테스트(Discourse Completion Test: DCT)[3]

DCT는 담화 완성형 테스트로, Blum-Kulka 외(1989)에서 비교 문화적
관점으로 각기 다른 언어를 수집하여 요청 및 사과 화행 실현 양상을 비
교 연구한 '비교문화 화행 실현 연구(Cross-Cultural Speech Act Realization
Project : CCSARP)'[4]에서 사용한 것이 대표적이다(Blum-Kulka & Olshtain,

---

3 담화 완성 과업(Discourse Completion Task)으로도 쓰인다.

1984; Blum-Kulka, House & Kasper, 1989). DCT는 유도 기법의 전형적인 방법 중 하나로, 대화에 빈칸을 제시하여 주어진 상황에서 실험 참여자가 대화를 완성할 수 있도록 하거나 연구자가 직접 상황에 대한 실험 참여자의 언어적 반응을 기록할 수 있다. 단기간에 많은 양의 자료를 수집할 수 있으며 연구자가 변인을 통제할 수 있다는 장점이 있어 그간 많은 화행 연구에서 주로 사용되어왔으나 DCT를 통해 화용론적 기능, 담화 기능을 살펴보는 것은 대화 상대자가 누구냐에 따라 달라지기도 한다. 특히 한국어의 경우 상대방의 나이가 많고 적음에 따라 달라지며 상대방의 지위, 친소, 수행 과제의 특성에 따라 다양한 변이가 존재한다(원미진, 2019). 이러한 언어권의 특성에 따라 DCT의 변인을 설정할 수 있다. 다음은 각 연구별로 설정한 한·영 화행 대조 연구의 DCT 변인이다.

〈표 4〉 한·영 화행 대조 연구의 DCT 변인

연구자	사회적 지위(힘)	친밀도	부담의 정도	나이	성별	상황
엄기찬(1994)		○		○		○
박은영(2000)	○	○		○		
김향선(2002)	○	○	○			
이성순(2002)	○	○				○
이미순(2006)	○	○			○	
이지혜(2010)		○	○	○		
배여진(2011)	○	○				
곽지영(2013)	○				○	

---

4 CCSARP에서는 영어의 세 가지 변이형과 다섯 가지 언어 총 8가지 언어(미국 영어, 영국 영어, 호주 영어, 덴마크어, 독일어, 러시아어, 캐나다에서 사용하는 불어, 히브리어)를 대상으로 요청과 사과 화행의 실현에 있어 보편적인 화행 원리가 있는지 조사하였다. 연구 결과 화행을 수행하는 전략은 언어마다 다를 뿐만 아니라 문화마다 서로 다른 사회적 의미를 지니고 있음이 발견되었다(한상미, 2006).

김선영(2014)	○	○	○			
김시정(2014)	○					
조은미(2020)	○	○	○			○
조유정(2022)	○	○		○		

한·영 화행 대조 연구에서는 주로 '사회적 지위', '성별', '친밀도'를 주요 변인으로 설정하였다. 그다음으로 '나이', '부담도'를 살펴보고 있는데 한국 사회에서 나이는 상대방의 나이가 많고 적음에 따라 담화 기능 등이 달라질 수 있기 때문에 특히 중요한 변인이라고 볼 수 있다. 엄기찬(1994), 신소정(1999)에서도 미국 문화와 한국 문화 사이의 가장 큰 차이는 나이에 대한 사고 차이라는 점을 언급하였다. 이러한 관점에 따라 한·영 화행을 대조하며 '나이'를 변인으로 설정한 연구는 엄기찬(1994), 박은영(2000), 이지혜(2010), 조유정(2022)이 있다. 주로 나이는 많거나, 적거나, 같은 경우의 세 가지로 나누어 살펴보았으며, 연구 결과 엄기찬(1994)에서는 칭찬 응답과 사과 화행에서 모두 나이의 영향을 받은 것으로 나타났다. 특히 칭찬 응답에서 영어 원어민은 나이와 관계없이 감사하기 전략을 사용하였지만 한국어 원어민은 나이에 따라 다른 전략을 사용하는 것으로 나타났다. 연장자에게 칭찬을 할 때 한국어 원어민은 되돌리기 전략을, 영어 원어민은 감사하기 전략을 가장 많이 사용하였으며 같은 나이의 경우 한국어 원어민과 영어 원어민 모두 설명하기 전략을 사용하였다. 마지막으로 연하자에게 칭찬을 할 때는 한국어 원어민은 거절하기, 영어 원어민은 감사하기 전략을 가장 많이 사용하였다. 박은영(2000)에서도 청자의 나이가 많을수록 감사 응답에 있어 부인하기 전략을 많이 사용하여 한국 사회의 수직적 위계질서를 그대로 보여주는 연구 결과가 나타났다. 이러한 선행 연구의 결과를 보면 공통적으로 한국어 모어 화자는 청자의 나이에 따라 발화 표현과 전략을 다르게

사용하며 영어권 화자는 한국어 학습을 할 때 이를 인식하여 전략 사용
이나 표현을 다르게 사용하려고 한다. 따라서 영어권 한국어 학습자들은
나이에 대한 한국어 모어 화자의 인식 또는 문화의 차이로 인해 화행에
영향을 받을 수 있을 것으로 예상된다.

DCT를 사용한다면 연구자는 변인과 함께 연구 집단을 나눌 수 있다.
주로 각 언어의 모어 화자로 구성된 2집단 혹은 목표 언어 학습자를 포
함한 3집단, 4집단까지 나누어 연구를 진행한다. DCT를 사용하여 한·
영 화행 대조 연구에서 분류한 집단은 다음 〈표 5〉와 같다.

〈표 5〉 한·영 화행 대조 연구 집단 분류

집단	연구 참여자	국적	연구자
2집단	1) 영어 원어민 2) 한국어 원어민	미국	이미순(2006) 곽지영(2013) 박상희(2013)
		미국(이민 1세대)	박크리스티(2019)
		영국	김선영(2014)
	1) 한국어 원어민	–	이성순(2002)
	2) 영어권 한국어 학습자	미국	조은미(2020)
3집단	1) 영어 원어민 2) 한국어 원어민 3) 영어권 한국어 학습자	미국, 영국, 캐나다, 뉴질랜드, 호주	이지혜(2010)
	1) 교포 학습자[5] 2) 한국어 원어민 3) 영어권 한국어 학습자	미국, 호주, 캐나다	박은영(2000)
	1) 영어 원어민	–	엄기찬(1994)
	2) 한국어 원어민 3) 한국인 영어 학습자	미국, 영국, 캐나다, 호주	김향선(2002)
	1) 영어 원어민	미국	배여진(2011)
	2) 한국인 영어 학습자 3) 한국인 영어 학습자	미국	김시정(2014)
	1) 한국어 원어민 2) 영어권/유럽권 한국어 학습자 3) 중국어권 한국어 학습자	미국(6), 호주(1), 러시아(5), 스위스(1), 독일(4), 영국(3)	조유정(2022)

4집단	1) 영어 원어민 남자 2) 영어 원어민 여자 3) 한국어 원어민 남자 4) 한국어 원어민 여자	미국	곽지영(2013)

DCT를 사용한 연구에서는 주로 2집단 혹은 3집단으로 나누었다. 2집단에서는 한국어 원어민과 영어 원어민으로 나누었으며 한국어 원어민과 영어권 한국어 학습자로 나누기도 하였다. 박은영(2000)에서는 한국어 원어민과 학습자 집단을 영어권 한국어 학습자, 교포 학습자로 나누었는데, 학습자 집단을 둘로 나눈 이유는 교실 환경(classroom setting)에서 한국어를 학습하고, 생활 환경(natural setting)에서 한국어를 학습한 집단은 한국어 사용 환경에 따른 차이가 있을 것으로 보았기 때문이다. 이와 같이 연구자마다 영어권 원어민의 경우 화용 능력이 한국어 사용 환경에 따라 한국 사회와 한국인과의 접촉에 따라 달라질 수 있음을 고려하여 한국 거주 기간을 통제하여 연구 집단을 설정한다. 이복자(2013)에서도 영어권 한국어 학습자들이 한국에 도착한 후 1~3주일 이내에 연구 자료를 수집하였으며, 학습자 집단을 하나로 설정한 조은미(2020)에서도 한국과 미국의 사회문화적 차이를 보기 위해 한국의 영향을 적게 받은 학습자를 선정하고자 재미교포 학습자를 제외하고, 한국에 2년 안으로 거주한 학습자를 기준으로 선정하였다. 한편 곽지영(2013)에서는 성별에 따라 전략에 차이가 있을 것이라는 가정으로, 성별에 따라 4집단으로 나누어 분석하였다. 주로 2, 3집단이지만 이처럼 변인에 따른 차이를 살펴보고자 3집단 이상으로 구성할 수도 있다.

---

5 박은영(2020)에서의 '교포 학습자'는 주로 가정이나 생활 환경에서 한국어를 배운 영어권 학습자로, 한국어 사용 빈도가 높은 점이 특징이다. 외국인이지만 배우자가 한국인이거나 한국어 사용 빈도가 높은 학습자들을 이 집단에 포함하였으며 교포임에도 한국어 사용 빈도가 적은 학습자는 영어권 한국어 학습자 집단에 포함하였다.

분석 대상 언어의 사용 환경이 중요한 것과 같이 박크리스티(2019)에서는 같은 미국인이라도 출신 지역 또한 언어 사용에 큰 역할을 한다고 보았다. 미국에서는 지역마다 말투, 문화가 분명하게 드러나므로 지역이 가지는 의미가 크기 때문이라고 하였는데 예를 들어 미국 북동 주에서 온 참여자는 더 짧고 가볍게 요청하고 직접적으로 요청하는 경향이 나타났으나 중서부에서 온 참여자들은 조심스럽고 공손하게 요청을 하는 결과가 나타났다. 이에 따라 본고에서도 분석 대상자의 국적을 살펴보았다. 연구에서 밝힌 피험자의 국적은 미국이 가장 많았으며, 그다음으로 캐나다, 호주, 영국, 뉴질랜드 순이었다.

2) 역할극과 역할수행

DCT를 통한 연구 방법은 비언어적 전략과 대화의 과정을 보여 줄 수 없다는 한계점을 가지고 있다. 역할극은 이를 보완한 연구 방법으로, 연구자는 특정 상황을 제시하고 피험자가 실제 상황처럼 대화하게 하는데 이 과정에서 화자와 청자의 자연스러운 구어 자료를 수집할 수 있으며 발화 구조를 파악할 수 있다는 장점을 가진다. 그러나 대화 분석을 통해 연구자가 가장 통제적으로 원하는 자료를 얻을 수 있다는 장점에도 역할극 역시 실제적인 자료가 아니라는 점이 자료의 한계이다(원미진, 2019). 그리고 피험자들은 역할극을 통해 화행 실현이 아닌 역할극을 위한 역할극을 수행할 가능성이 있다(윤은미, 2004). 이에 따라 화행을 연구할 때 역할극이 아닌 역할수행을 통한 방법을 사용하기도 한다. 한·영 화행 대조 연구 중에서 3편의 연구는 역할극(윤은미, 2004; 서아름 2011; 황진주, 2015)을 통해 분석하였고 이복자(2013)에서는 역할수행을 통해 화행을 분석하였는데, 역할수행은 역할극과 달리 대화 참여자가 정체성을 그대로 유지한 상태로 상황에 반응하여 대화하는 방법이다. 자신의 정체성을 유지하여 발화하기 때문에 최대한 자연 발화에 근접한 결과를 얻게 한다는 장점이 있다. 예를 들어 역할극에서는 학생이 학생의 역할뿐만 아니라 회사원의 역할로도 발화를 해야 한다면 역할수행에서는 학생이 학생으로서만 반응하는 것이다. 따라서 화행을 분석하고자 할 때 연구자는 연구의 목적에 따라 역할극과 역할수행을 구분하여 선택할 수 있을 것이다. 그리고 역할극과 역할수행 모두 실험자는 피험자의 발화를 녹음, 녹화하여 화행 분석을 위한 자료를 수집하여 분석할 수 있다. 본고에서 역할극을 통하여 자료를 수집한 연구와 변인은 다음 〈표 6〉과 같다.

〈표 6〉 한·영 화행 대조 연구의 역할극/역할수행의 변인

화행	연구자	사회적 지위	친밀도	부담의 정도	숙달도
거절	윤은미(2004)	○	○		
거절	서아름(2011)	○	○		○
거절	이복자(2013)	○	○		○
요청	황진주(2015)	○	○	○	

역할극을 통해 한국어와 영어의 화행을 대조한 연구는 모두 '사회적 지위'와 '친밀도'를 변인으로 설정하였다. 주목할 점은 DCT에서는 화행을 표현하기에 언어적 한계가 있으므로 초급 학습자를 제외한 중급 이상의 한국어 학습자를 대상으로 설문에 참여할 수 있도록 하였다면 역할극에서는 한국어 초급 학습자도 포함하여 숙달도를 변인으로 설정하여 숙달도에 따른 화행의 실현 양상을 살펴보았다는 점이다. 황진주(2015)에서는 초급 학습자의 경우 문법적 지식이 부족하여 상황에 적절한 요청 화행을 하기에 어려움이 있을 것으로 보아 중급 이상의 영어권 한국어 학습자만을 피험자로 모집하였으나 이복자(2013)에서는 숙달도별 화행 양상을 살펴보고자 영어권 한국어 초급 학습자 20명, 중급 학습자 20명, 고급 학습자 20명을 대상으로 역할수행을 실시하였으며 서아름(2011)에

서는 한국어 2급 수준 이상의 능력을 가진 영어권 한국어 초급 학습자와 5, 6급에 준하는 실력을 갖춘 고급 학습자 집단으로 나누었다. 연구 결과 초급 한국어 학습자의 경우 언어적 능력의 한계로 비언어적 전략을 사용하는 경향과 직접 적인 거절 표현을 사용하는 경향이 나타났으며 숙달도가 높아질수록 간접적인 거절 표현을 사용하여 한국어 모어 화자와 유사한 전략을 사용하였다.

다음은 역할극과 역할수행을 사용한 연구에서 집단을 어떻게 분류하였는지 살펴보겠다.

〈표 7〉 역할극/역할수행의 연구 집단 분류

집단	연구 참여자	국적	연구자
2집단	1) 영어 원어민 2) 한국어 원어민	–	황진주(2015)
	1) 재외 동포 2) 한국어 원어민	미국, 캐나다	이복자(2013)
3집단	1) 한국어 원어민 2) 영어권 한국어 학습자(고급) 3) 영어권 한국어 학습자(초중급)	–	서아름(2011)
	1) 영어 원어민 2) 한국어 원어민 3) 영어권 한국어 학습자	–	윤은미(2004)

〈표 7〉과 같이 연구 목적에 따라 역할극과 역할수행을 통한 연구에서도 연구 대상자를 2집단과 3집단으로 나누어 분석하였다. 이복자(2013)에서는 재외동포 한국어 학습자들의 거절 화행을 살펴보기 위해 모두 부모가 한국인이며, 교포 2세 이상 또는 10세 이전 이민을 간 미국과 캐나다 시민권자를 연구 대상으로 하였다. 윤은미(2004)에서는 영어권 한국어 학습자들이 모어로부터 전이되거나 중간언어 화자로서 어떤 양상을 보이는지 살펴보고자 영어 원어민, 한국어 원어민 집단과 같이 비교하여 살펴

보았다. 한편 서아름(2011)과 황진주(2015)에서는 DCT에서 파악하기 어려웠던 비언어적 전략도 같이 분석을 하였는데, 이를 통해 한국어 원어민과 영어 원어민의 언어적·비언어적 전략의 차이를 살펴보고자 하였다. 그러나 비언어적 전략의 항목과 구체적 기준이 조금씩 다르다. 서아름(2011)에서는 Jungheim(2006)의 논의를 바탕으로 '직접 거절', '거절 부담 완화', '거절의 의도와 상관없이 나타나는 비언어적요소'로 구분하여 '얼굴 표정', '손동작', '고개', '자세' 등의 몸짓과 신체 언어 항목을 중심으로 전략을 정리하여 분석하였다. 연구 결과 영어권 학습자는 거절 발화를 할 때 거절을 나타내는 비언어적 전략(몸짓)을 사용하는 경향을 보여 언어적 전략의 효과를 강조하였다. 황진주(2015)에서는 김경지(2009)의 논의를 바탕으로 예비실험 후 결과를 반영하여 수정 및 정리하여 분석의 기준을 세웠다. '직접적 요청 표시하기', '소망 표시하기', '미안함 표시하기', '궁금함 표시하기', '감사함 표시하기', '불편함 표시하기', '친근함 표시하기', '공감 유도하기', '부담회피하기', '부담주기', '동정심 유발하기', '전략 없음'으로 나누었으며 신체언어에는 '얼굴', '머리', '손', '다리 및 발', '몸 전체', '신체접촉', '목소리' 등으로 분류하여 전략에 대응하였으며 신체언어 외에도 말 끝 흐리기, 세게 말하기, 시선 아래로 내리기 등을 포함하였다.

3) 드라마 및 영화

앞서 살펴본 DCT, 역할극/역할수행을 통한 연구 방법 외에도 한국어와 영어의 화행 대조는 드라마 대본, 인터넷 댓글을 분석하거나 면담과 반응 유도 방법 등을 사용한 연구가 있다. 먼저, 드라마 대본을 분석한 연구로는 이한민(2009), 에린피츠제럴드(2013), 김진주(2018)가 있다. 드라마 대본은 준구어자료에 해당하며 영어와 한국어의 화용론적 공통점과 차이점을 밝히기에 실제 대화 자료와 동일하지 않지만 실제와 가까운 상황을 나타낸다.

그리고 연구자가 화자와 청자의 심리 상태를 모두 알 수 있기에 화행의
수행 이유를 파악하고 순수구어 자료에 가까운 결과를 얻을 수 있다는
장점이 있다(이한민, 2009). 한국어와 영어의 화행을 살펴보고자 선행 연구에
서 분석 대상 자료로 선정한 드라마와 영화를 정리하면 다음 〈표 8〉과 같다.

〈표 8〉 한·영 화행 대조 분석 영화 및 드라마

화행	연구자	한국 영화/드라마 제목	영어권 영화/드라마 제목
간접	이한민 (2009)	너는 내 운명(2008~2009) 1~4회	Desperate Housewives 5 (미국/2008~2009) 1~4회
		돌아온 뚝배기(2008) 1~4회	Ugly Betty 3 (미국/2008) 1~4회
		내 인생의 황금기(2008~2009) 1~4회	Gossip Girl 2 (미국/2008~2009) 1~4회
		사랑해, 울지마(2008) 1~4회	the O.C 2 (미국/2005~2006) 1~4회
사과	피츠제럴드에린 (2013)	오작교 형제들(2011) 1~4회 / 약 250분	Home & Away(호주/2011) 5216~5225회 / 약 210분
		웃어라, 동해야(2010) 1~6회 / 약 230분	Neighbours(호주/2011) 6087~6096회 / 약 210분
		드림(2009) 1~3회 / 약 200분	The Slap(호주/2011) 1~4회 / 약 215분
		지붕 뚫고 하이킥(2009) 1~9회 / 약 220분	Packed to the Rafters (호주/2008) 1~5회 / 약 215분
위로	김진주 (2018)	신의 선물(2014) 1~16회	Somewhere Between (미국/2017) 1~10회
		굿닥터(2013) 1~20회	The Good Doctor (미국/2018) 1~18회
		굿와이프(2016) 1~16회	The good wife (미국/2009) 1~23회
		안투라지(2016) 1~16회	Entourage (미국/2004) 1~22회
의문문	임은영 (2020)	굿닥터(2013) 1~20회	The Good Doctor (미국/2018) 1~18회
		엽기적인 그녀(2001)	My Sassy Girl (미국/2008)

김진주(2018)와 임은영(2020)에서는 한국 원작의 드라마와 영화를 미국의 환경에 맞게 다시 만든 리메이크 작품을 선정하였다. 리메이크 작품을 선정하는 것은 동일한 주제로 화행을 연구할 수 있으며 비슷한 상황과 맥락이 설정되어 있고, 주요 인물 또한 작품에서 동일하거나 유사하게 설정되어 있어 언어권별로 비교하기가 좋다는 장점이 있다. 그러나 드라마를 분석 기준으로 삼을 경우, 장르가 어느 한쪽에 치우치지 않고 한국어와 영어권 국가의 문화와 일상적인 대화의 양상을 보여줘야 하므로 다양한 상황이 있는 드라마 작품을 선정해야 한다. 이한민(2009)에서는 특수한 배경, 주제를 다루는 드라마를 제외하였으며 김진주(2018)에서는 시간의 흐름이 구체적이며 인물 관계에 따라 다양한 상황이 제시되는 한국과 미국 리메이크 드라마를 선정하여 연인 간 이야기, 회사 내 직장 상사와의 관계, 가족, 친구와의 소통 등의 내용을 분석하였다. 피츠제럴드에린(2013)에서는 가족 및 사업 관계, 사무적 상황, 다양한 사회적 지위와 여러 연령대의 등장인물이 있는 드라마를 선택하였으며 표본 크기를 비슷하게 하기 위해 총 상영 시간이 200분이 넘지 않도록 하였다. 연구마다 설정한 작품 선정의 기준과 같이 화행 연구에서 작품을 선정하는 기준을 잘 세운다면 드라마와 영화의 준구어 자료를 사용하여 분석하는 화행 연구는 공간과 시간의 제약이 없이 비언어적 요소 또한 살펴볼 수 있으며[6] 분석하고자 하는 언어를 비교문화적으로 연구를 할 수 있다는 장점이 있을 것이다.

---

6   김진주(2018)에서는 리메이크 작품을 통해 위로 화행에서 상황별로 나타나는 언어/비언어 전략을 같이 살펴보았다. 연구 결과 한국어와 영어 두 언어권 모두 '침묵하기 전략'이 가장 많이 사용되었으며 '접촉행위 전략'또한 높은 비중을 차지하였다.

4) 기타 연구 방법

한국어와 영어의 화행 대조 연구에서 DCT, 역할극/역할수행, 드라마 및 영화 자료 외에도 여러 연구 방법이 있었다. 먼저 이주영(2010)에서는 한국어와 영어에서의 칭찬 화행을 분석하고자 DCT보다 관찰 방법에 더 가까운 연구 방법으로 반응 유도 방법을 사용하였다. 이 방법은 연구자가 자연스러운 대화의 상황에서 의도적으로 칭찬하여 화자에게 칭찬과 칭찬 반응을 얻어내는 방법이다. 따라서 실제성이 있는 자연스러운 상황을 연출하여 칭찬 반응을 유도하였는데, 예를 들어 식당에서 종업원에게 손님이 음식에 대해 칭찬을 하고 종업원은 칭찬에 반응을 보이는 상황을 연출하여 칭찬 반응을 유도하였다. 그러나 반응 유도 방법은 자료를 얻을 수 없는 상황이 있을 수 있다는 한계점이 있다. 반응 유도 방법으로 얻을 수 없는 경우에는 자연스러운 관찰 방법을 통해 자료를 얻을 수 있었으며 영어 자료는 미국 학교, 학교 주변 식당, 옷가게, 극장, 쇼핑몰, 소수의 가정에서, 한국어 자료는 한국 대학교 주변, 쇼핑몰, 영화관, 식당, 가정에서 수집하였다. 그리고 한국과 미국의 영화, 드라마, 토크쇼를 관찰하여 자료를 수집하였다.

박크리스티(2019)에서도 자연스러운 대화 상황에서 화행 양상을 살펴보고자 한국어 모어 화자 6명과 미국 이민 1세대 영어 모어 화자 6명을 대상으로 2~3달간 3회의 면담을 통해 요청 화행 사용 양상을 살펴보았다. 면담 과정에서 녹음을 한 후, 녹음 자료를 전사하여 분석하였다. 이러한 내러티브 질적 연구 방법은 피험자의 개인적인 경험 및 정체성에 대해 직접적으로 들을 수 있어 개인적인 자료를 수집할 수 있다는 장점이 있다.

이복자(2013)에서는 역할수행 후에 대화 참여자의 의도를 더 파악하고자 회상기법을 사용하였다. 회상기법은 역할수행 후 회상을 통해 과제에서 명시적으로 드러나지 않은 문제들, 대화 참여자들이 느낀 점을 조사할 수 있다는 장점이 있다. 역할극을 통해 거절 화행을 연구한 서아름(2011)에서도 사후 인터뷰에서 거절 상황에 대한 회고적 인터뷰 방식을 사용하였다.

마지막으로 박선경(2015)에서는 한국어와 영어의 갈등 화행을 비교하기 위해 인터넷 스포츠 뉴스의 댓글에서 선수, 감독, 협회, 팬들의 서로 비방하는 내용이 있는 텍스트를 선별하였으며 선행 연구의 이론을 따라 전략을 분석하였다. 댓글을 통한 분석은 인터넷 환경이므로 피험자의 인구학적 정보를 확보하지 못하고 텍스트의 실제 의도를 알지 못한다는 점, 네티즌의 감정에 영향을 끼치는 여러 요인을 통제하지 못하고 한국의 사례에서 한국어와 영어를 비교했다는 점에서 연구의 아쉬움이 있다고 하였으나 더욱 다양한 인터넷 공간을 대상으로 화행 연구를 하기 위한 기초자료로서 연구의 의의가 있을 것이다.

이상으로 한·영 화행 대조 연구에서 주로 사용하는 연구 방법들에 대해 살펴보았다. 다음 장에서는 분석 대상이 되는 화행별로 그 개념을 정의하고 설정된 상황과 변인들을 자세히 살펴보고자 한다.

3. 한·영 화행 대조 연구

1) 요청 화행

요청 화행은 한국어와 영어의 화행 대조 연구 중 가장 많이 다루어진 화행이다. 요청 화행은 요청에 따른 수락이나 거절 결정이 청자의 몫으로 돌아가기 때문에 체면 위협 행위(Face-threatening acts : FTA)[7]와 밀접한 관계가 있으며, 이러한 이유로 요청 화행에는 공손한 발화 전략이 필요하다(김선영, 2014). 요청 화행을 분석하는 방법은 주로 CCSARP에서 Blum-Kulka 외(1989)에서 사용한 9가지 요청 화행 전략[8]을 바탕으로 한국어 요청 화행에 맞게 재구성하여 사용하여 사용한다(이성순, 2002; 김선영, 2014; 이지혜, 2009; 황진주, 2015). 한국어와 영어의 요청 화행 대조 연구에서 설정한 상황과 실험 관계, 사회적 관계(사회적 지위, 나이, 친소), 기타 변인을 분석한 표는 다음 〈표 9〉와 같다.

〈표 9〉 한·영 요청 화행 대조 연구의 상황 및 변인

연구자/ 연구 방법	상황	실험 관계 (화자-청자)	사회적 관계	
			사회적 지위, 나이	친소
김선영 (2014) /DCT	1. 책 빌리기	학생과 교수	-힘	-
	2. 잠시 자리 봐주기	직원과 상사	-힘	+
	3. 외출 시간 동안 전화 받아주기	직원과 신참 직원	+힘	-
	4. 지나가는 사람에게 대신 길 묻기	화자와 친구	=힘	+
	5. 차로 이사가는 것을 도와주기	화자와 잘 모르는 이웃	=힘	-
	6. 차 빌리기	직원과 친한 상사	-힘	+

---

7 Brown과 Levinson(1987)에서는 체면(face)을 긍정적 체면(positive face)과 부정적 체면(negative face)으로 분류하였다. 긍정적 체면은 인정받고자 하는 욕구, 받아들여지고 싶은 욕구이며 부정적 체면은 방해를 받지 않으려는 욕구이다.

8 Blum-Kulka, House and Kasper(1989)에서는 직접성과 간접성에 따라 요청 화행 전략을 다음과 같이 분류하고 있으며 간접성의 정도에 따른 요청화행 주화행 전략 유형은 다음과 같다(박소연, 2019).

명시적이며 직접적인 관계 (the direct, explicit level)	관례적이며 간접적인 단계 (the conventionally indirect level)	비관례적이며 간접적인 단계 (Non-conventionally indirect level)
명시적 요청 (Mood Derivable)	의무에 의한 도출 (Obligation statements)	강한 암시문 (Strong Hints)
수행문의 사용 (Performatives)	소망 표출 (Want statements)	약한 암시문 (Mild Hints)
울타리 수행문 (Hedged Performatives)	제안성 어구(Suggestory Formulae) 예비적 조건의 언급형 (Query Preparatory)	

	7. 직원에게 휴가 취소 부탁하기	상사와 직원	+힘	+
	8. 편지 타이핑해 주기	상사와 직원	+힘	+
	9. 별장 빌리기	화자와 친한 친구	=힘	+
	10. 자리 바꾸기	화자와 버스 안 승객	−힘	−
	11. 돈 빌리기	직원과 상사	−힘	−
	12. 노트북 빌리기	직원과 신참 직원	+힘	−
박크리스티 (2019) /인터뷰	1. 같이 밥 먹기	화자와 친구	=힘	+
	2. 지갑을 놓고 와서 돈 빌리기	화자와 친구	=힘	+
	3. 시금치 반찬 달라고 하기	화자와 부모님	−힘	+
	4. 차 빌리기	화자와 부모님	−힘	+
	5. 다른 사람 연락처 묻기	화자와 교수/사장님	−힘	−
	6. 기말보고서 마감일 미루기 /승진 부탁하기	화자와 교수/사장님	−힘	−
	7. 필요한 서류 묻기	화자와 낯선 사람	=힘	−
	8. 세금 수수료 면제 부탁하기	화자와 낯선 사람	=힘	−
배여진 (2011) /DCT	1. 수강 신청 요청하기	학생과 교수	−힘	−
	2. 기숙사 위치 묻기	화자와 행인	=힘	−
	3. 다른 친구 연락처 묻기	화자와 후배	+힘	−
	4. 수강 청강 요청하기	학생과 교수	−힘	+
	5. 선크림 빌리기	화자와 친구	=힘	+
	6. 노트북 빌리기	화자와 룸메이트(후배)	+힘	+
	7. 시험 날짜 변경 요청하기	학생과 교수	−힘	−
	8. 친구와 찍을 사진 요청하기	화자와 행인	=힘	−
	9. 종이 빌리기	선배와 후배	+힘	−
	10. 대학 장학금 추천서 부탁하기	학생과 교수	−힘	+
	11. 필기 공책 빌리기	화자와 친한 친구	=힘	+
	12. 펜 빌리기	선배와 후배	+힘	+
이성순 (2002) /DCT	1. 잘못 나온 음식 변경 요청하기	손님과 식당 직원	+힘	−
	2. 보고서 제출 연기 요청하기	학생과 교수	−힘	−
	3. 잘못 산 책 교환 요청하기	손님과 서점 직원	+힘	−
	4. 일주일 동안 노트북 대여 요청하기	화자와 친구	=힘	+
	5. 성적 확인 요청하기	화자와 교수	−힘	+
	6. 설거지 요청하기	화자와 룸메이트	+힘	+
	7. 음악소리 줄여달라는 요청하기	화자와 이웃	=힘	−
	8. 노트 빌려달라는 요청하기	화자와 같은 반 학생	=힘	−

	9. 컴퓨터 수리 요청하기	화자와 학생	+힘	+
	10. 보고서 연기 요청하기	화자와 교수	-힘	+
	11. 주민등록증 요청하기(한국인) 외국인등록증 찾기(외국인)	화자와 직원	-힘	-
	12. 돈 갚을 것을 요청하기	화자와 친구	=힘	+
이지혜 (2010) /DCT	1. 창문 열어줄 것을 요청하기	화자와 옆자리 사람	-나이	-
	2. 창문 열어줄 것을 요청하기		+나이	-
	3. 창문 열어줄 것을 재요청하기		-나이	-
	4. 창문 열어줄 것을 재요청하기		+나이	-
	5. 발표 요청하기	화자와 반 친구	=나이	-
	6. 발표 요청하기		=나이	+
	7. 발표 재요청하기		=나이	-
	8. 발표 재요청하기		=나이	+
황진주 (2015) /역할극	1. 죽 사달라고 부탁하기	화자와 후배	+힘	+
	2. 주말 동안 노트북 빌리기	화자와 친구	=힘	+
	3. 하루만 친구 재워달라고 하기	화자와 룸메이트(선배)	-힘	+
	4. 같이 이사할 집 찾기	화자와 후배	+힘	-
	5. 펜 빌리기	화자와 친구	=힘	-
	6. 강아지 맡기기	화자와 옆집 아주머니	-힘	-

한·영 요청 화행 대조 연구에서는 6가지에서 12가지 사이의 상황을 설정하였다. 시간의 제약으로 역할극에서는 6가지, 인터뷰에서는 8가지 상황을 설정하였으며 DCT의 경우 8~12가지의 상황을 설정하였다. 상황을 살펴보면 김선영(2014), 박크리스티(2019)에서는 학교와 회사를 배경으로 한 상황을 설정하였으며 배여진(2011), 이성순(2002), 이지혜(2010), 황진주(2015)에서는 모두 학교를 배경으로 한 상황을 설정하였다. 그 중 학교와 회사를 배경으로 설정한 김선영(2014)에서는 한국인과 영국인의 요청 화행을 분석한 결과 한국인은 친밀도와 관계없이 화자가 높은 사회적 지위를 가지고 부담의 정도가 낮을 때 직접적 전략을 사용한다는 결과가 나타났다. 주목할 점은 이에 따라 한국인은 부담도가 높은 상황 12(노트북 빌리기)에서는 직접적 요청을 피하는 경향을 보였는데

똑같이 요청 부담이 높은 상황 7(회사 직원의 휴가 취소 부탁하기)에서는 직접적 요청 전략을 사용하였다는 점이다. 이는 요청의 부담이 높은 상황이라고 해도 상황 7의 경우 회사에서 노트북을 빌리는 개인적인 요청이지만 상황 12는 회사에서 진행하는 프로젝트를 위해 직원이 필요하여 휴가를 부탁하는 상황이므로, 화자가 제도적 권력을 갖게 되어 청자와 화자 모두 개인의 요청이 아닌 회사의 요청으로 이해하고 요청에 대한 부담이 낮아진 결과라고 하였다. 따라서 대화의 배경에 따라서도 직접적 요청 전략의 사용이 달라질 수 있음을 알 수 있다.

실험에서의 화청자 관계는 모든 연구에서 친구를 설정하고 있었으며, 사회적 지위 관계에 따라 교수, 선배 및 후배도 등장하였다. 이 외에 룸메이트, 상사, 동료 직원, 낯선 사람, 이웃, 행인, 버스 승객 등의 인물을 설정하였다.

2) 거절 화행

거절 화행은 요청 화행과 같이 한국어와 영어의 화행 대조 연구에서 가장 많이 연구된 화행이다. 거절 화행은 거절의 특성상 단독으로 발화하지 않고 선행 발화 후에 나타난다. 보통 선행 발화는 유도 화행, 시작 화행이라고도 하며 거절 화행을 위한 유도 화행으로 초대, 요청, 제안, 권유 등의 상황을 제시한다. Beebe(1985)에서는 거절을 초대, 요청, 제안 등과 함께 인접 쌍(adjacency pair)을 이루고, 청자에게 이익이 되거나 손해가 되는 행위라고 설명하였다. 한국어와 영어의 거절 반응을 분석하는 방법은 주로 Beebe 외(1990)의 거절 화행 전략 분류표[9]를 바탕으로 하여 재구성한 분석 기준으로 분석한다. 한국어와 영어의 거절 화행 대조 연구에서 설정한 상황과 실험 관계, 사회적 관계(사회적 지위, 친소), 유도 화행을 분석한 표는 다음 〈표 10〉과 같다.

〈표 10〉 한·영 거절 화행 대조 연구의 상황 및 변인

연구자/ 연구 방법	상황	실험 관계 (화자–청자)	사회적 관계		유도화행
			사회적 지위(힘)	친소	
김시정 (2014) /DCT	1. TV 꺼달라는 요청 거절하기	화자와 남동생	+힘		요청
	2. 돈을 빌려달라는 요청 거절하기	화자와 친구	=힘		요청
	3. 일을 도와달라는 요청 거절하기	화자와 교수	−힘		요청
	4. 사촌 동생의 연극 초대 거절하기	화자와 사촌 동생	+힘		초대
	5. 크리스마스 파티 초대 거절하기	화자와 친구	=힘		초대
	6. 생일파티 초대 거절하기	화자와 삼촌	−힘		초대
	7. 짐 옮겨주려는 도움을 거절하기	화자와 남동생	+힘		권유
	8. 친구가 변상하려는 제안 거절하기	화자와 친구	=힘		권유
	9. 밥을 더 먹으라는 권유 거절하기	화자와 친구 어머니	−힘		권유
	10. 컴퓨터 수업 제안 거절하기	화자와 친구	+힘		제안
	11. 학자금 대출 제안 거절하기	화자와 친구	=힘		제안
	12. 작문 수업 수강 제안 거절하기	화자와 교수	−힘		제안
김향선 (2002) /DCT	1. 영화 보러 가자는 제안 거절하기	화자와 친구			제안
	2. 돈을 빌려달라는 부탁 거절하기	화자와 동창			요청
	3. 프로젝트 도움 요청 거절하기	학생과 교수			요청
	4. 당직을 바꿔 달라는 요청 거절하기	동료와 상사			요청
	5. 구두 빌려달라는 부탁 거절하기	화자와 룸메이트			요청

---

9 Beebe, Takahashi와 Uliss-Weltz(1990)의 19가지 전략
   -변명 혹은 이유를 들어 상황 설명하기   -거절하지만 미래에 제안, 요청, 초대를 하
   -상황에 대한 대안 제시하기   겠다는 표현하기
   -직접적 거절을 피하기 위해 질문하기   -능력이 없어 거절한다는 표현하기
   -제안 혹은 요청을 다음으로 연기하기   -말 중간 휴지를 채워 넣는 말하기
   -직접적으로 No라고 거절하기   -요청, 제안, 초대를 받아들이고 싶다는 표
   -거절에 대한 유감과 사과 표현하기   현하기
   -요청, 제안, 초대를 받아들이면 부정적인   -완곡한 거절 표현하기
    영향을 가져온다는 표현하기   -자신의 생활 원칙, 철학 제시하기
   -설명을 피하기 위한 표현 쓰기   -고마움을 표시하며 완곡하게 거절하는 표현
   -거절해야 할 상황에 긍정적인 느낌 표현하기   하기
   -거절에 앞서 제안에 대한 감사 표현하기   -거절 상황에 대한 직접적인 언급을 회피하
                                            는 표현하기
                                          -거절 표현이 아닌 기타 다른 표현하기

	6. 머리를 잘라보라는 권유 거절하기	딸과 엄마			권유
	7. 스키 타러 가자는 제안 거절하기	딸과 아빠			제안
	8. 정리 도와주겠다는 제안 거절하기	화자와 후배			제안
	9. 회식 자리 참석 초대 거절하기	직원과 사장			초대
	10. 차를 태워주겠다는 제안 거절하기	화자와 아는 사람			제안
	11. 길에서 인터뷰 거절하기	화자와 리포터			제안
	12. 필기 빌려달라는 요청 거절하기	화자와 친구			요청
서아름 (2011) /역할극	1. 하숙집 아주머니 딸의 과외 거절 잔치 음식을 먹으라는 제안 거절	화자와 아주머니	-	+	요청 제안
	2. 친한 친구의 여행 숙소 제공 거절 과외 아르바이트 제안 거절	화자와 친한 친구	=	+	요청 제안
	3. 직장 후배의 근무 변경 요청 거절 저녁 식사 초대 거절	화자와 직장 후배	+	+	요청 초대
	4. 교수님의 통역 요청 거절 교수님의 수업 변경 제안 거절	화자와 교수님	-	-	요청제안
	5. 필기 빌려달라는 요청 거절 여행을 함께 가자는 제안 거절	화자와 반 친구	=	-	요청 제안
	6. 과외 교재 변경 요청 거절하기 과외 장소 변경 제안 거절	화자와 학생	+	-	요청 제안
윤은미 (2004) /역할극	1. 돈 빌려달라는 부탁 거절하기	화자와 친구	+힘	+	요청
	2. 캠코더를 빌려달라는 부탁 거절하기	화자와 동료/동급생	+힘	-	요청
	3. 프로젝트 도움 거절하기	화자와 교수	-힘		요청
	4. 파티 초대 거절하기	화자와 친구	+힘	+	초대
	5. 집들이 초대 거절하기	화자와 동아리 회원	+힘		초대
	6. 저녁식사 초대 거절하기	화자와 교수	-힘		초대
이복자 (2013) /역할수행	1. 생일 파티 초대 거절하기	화자와 친구	힘	+	초대
	2. 컴퓨터 빌려달라는 요청 거절하기	화자와 룸메이트	+힘	+	요청
	3. 발표 준비하자는 제안 거절하기	화자와 친구	+힘	+	제안
	4. 동아리 공연 초대 거절하기	화자와 친구	+힘		초대
	5. 노트 빌려달라는 요청 거절하기	화자와 친구	+힘	-	요청
	6. 클럽에 가자는 제안 거절하기	화자와 친구	+힘	-	제안
	7. 저녁 식사 초대 거절하기	화자와 교수	-힘	-	초대
	8. 추가 근무 부탁 거절하기	화자(인턴)와 회사	-힘	-	요청
	9. 수강 과목 제안 거절하기	화자와 교수	-힘	-	제안

조유정 (2022) /DCT	1. 자료 부탁 거절하기	화자와 교수	-힘	+	부탁
	2. 노트북 빌려달라는 부탁 거절하기	화자와 선배	-힘	+	
	3. 수강신청 도움 거절하기	화자와 선배	-힘	+	
	4. 아르바이트 부탁 거절하기	화자와 언니(누나)	=힘	+	
	5. 발표 준비 도움 거절하기	화자와 회사 동료	=힘	+	
	6. 강아지 챙겨달라는 부탁 거절하기	화자와 동생	=힘	+	
	7. 서류 작성 방법 도움 거절하기	화자와 후배	+힘	+	
	8. 이사 도움 거절하기	화자와 후배	+힘	+	
	9. 전공 공부 도움 거절하기	화자와 후배	+힘	+	
	10. 학회 준비 도움 거절하기	화자와 교수	-힘	-	
	11. 설문조사 도움 거절하기	화자와 선배	-힘	-	
	12. 학교 행사 준비 도움 거절하기	화자와 선배	-힘	-	
	13. 근무시간 변경 요청 거절하기	화자와 회사 동료	=힘	-	
	14. 짐 옮기기 도움 거절하기	화자와 동기	=힘	-	
	15. 자기소개서 쓰기 도움 거절하기	화자와 동생	=힘	-	
	16. 발표 날짜 변경 요청 거절하기	화자와 후배	+힘	-	
	17. 차 태워 달라는 요청 거절하기	화자와 후배	+힘	-	
	18. 돈 빌려달라는 요청 거절하기	화자와 후배	+힘	-	

한·영 거절 화행 대조 연구에서는 6가지에서 18가지의 상황을 설정하였다. 역할극은 6가지와 9가지의 상황을 제시하였으며 DCT의 경우 12가지와 18가지의 상황을 설정하였다. 실험 관계는 모든 연구에서 친구(동기)와 교수를 설정하고 있으며, 사회적 지위 관계에 따라 선배 및 후배도 설정하였다. 이 외에 룸메이트, 가족으로 남동생, 언니(누나), 엄마, 아빠, 직장 배경에서 동료, 상사, 사장이 있었다. 리포터와 같은 특정 직업도 있어 거절 화행에서 실험 관계는 비교적 다양하게 설정되었음을 알 수 있다.

그리고 거절 화행을 하기 위한 유도 화행은 연구마다 다르게 제시되었다. 조유정(2022)에서는 부탁 상황[10], 윤은미(2004)에서는 요청 상황과

---

10 조유정(2022)에서는 유도 화행으로 '부탁'을 선정하였다. '부탁'은 '요청'으로 정의하

초대 상황, 서아름(2011)에서는 제안과 요청의 두 가지 유도 화행이 제시
되었다. 이복자(2013)에서는 제안, 요청, 초대의 세 가지 유도 화행이 제
시되었으며 김시정(2014)과 김향선(2002)에서는 제안, 요청, 초대, 권유
의 네 가지 유도 화행이 제시되었다. 선행 연구에서는 요청의 상황을 가
장 많이 포함하였으며, 초대, 제안, 권유, 부탁의 순으로 5가지의 유도
화행 안에서 연구자마다 다르게 설정하고 있는 경향을 보인다. 이러한
유도 화행의 분류에 따라 거절 전략 선택도 차이가 나타나는데, 서아름
(2011)에 따르면 초대 상황에서는 요청 상황에 비해 상대방의 호의를 거
절하는 것에 대한 부담감으로 조금 더 많은 부가 전략들이 사용되며 간
접적인 전략을 선호한다고 하였다. 윤은미(2004)에서는 요청 상황에서
영어 원어민에게서 '싫다'류의 어휘 사용을 통한 직접적 거절이 많이 나
타났으며 한국어 모어 화자의 경우 직접적 거절을 아무도 하지 않은 연
구 결과가 나타났다. 이복자(2013)에서도 영어권 한국어 학습자는 모두
직접적으로 거절을 하였으나 제안 상황에서는 협상을 시도하였고, 초대
상황에서 거절을 할 때는 거절을 완화하려는 반응을 보였다. 김시정
(2014)에서도 미국인 집단이 한국인 집단보다 직접적으로 거절하는 경향
이 있는 것으로 나타났으며 미국인 그룹은 제안에 대한 거절을 할 때
긍정적 의사표시와 함께 거절의 이유를 설명하면서 거절하는 것을 선호
하는 것으로 나타났다. 그러나 앞서 서아름(2011), 이복자(2013)에서 초대
상황에서는 간접적으로 거절하는 경향이 나타났다는 연구결과와 달리
김시정(2014)에서는 요청의 상황에서는 간접적으로 거절하는 경향이 있
으며 초대와 제안의 상황에서는 직접적으로 거절하는 경향이 있다는 상

기도 하지만 표현이 포괄적이며 연구에 따라 정의 범위가 다른 부분이 있어 '부탁'이라
는 표현을 사용하였다.

반된 연구 결과가 나타났다. 이는 서아름(2011)의 초대 상황은 직장 후배와의 대화이며, 김시정(2014)에서는 친구 또는 가족의 관계의 대화이기 때문에 나타나는 차이로 보인다. 따라서 거절 화행을 살펴보기 위해서는 유도 화행을 어떻게 설정하는지, 그리고 유도 화행의 상황에서 화자와 청자의 관계가 누구인지에 따라 연구의 결과가 달라질 수 있음을 알 수 있다.

3) 사과 화행

사과 화행은 화자가 청자에게 피해를 준 것에 대해 후회나 미안함을 전달하는 행위이다(신승윤, 2017). 신소정(1999)에 따르면 화행은 한국 사회에서 나이로 인해 생기는 수직 관계로 인해 사회적 변수인 나이와 친밀도에 영향을 받는다. 따라서 한국 사회의 나이에 대한 사고 차이로 인해 사과 화행에 있어 응답과 표현의 차이가 나타날 수 있다. 그동안 한국어와 영어의 사과 화행 대조 언어 연구에서는 CCSARP의 사과 전략[11]을 사용하여 분석하거나 재구성하여 화행을 살펴보았다. 한국어와 영어의 사과 화행 대조 연구에서 설정한 상황과 실험 관계, 사회적 관계(사회적 지위, 나이, 친소)변인을 분석한 표는 다음 〈표 11〉과 같다.

---

11 Blum-Kulka와 Olshtain(1984)의 사과 전략
　　-사과 표현하기(expression of an apology)
　　-책임 인정하기(take on responsibility)
　　-설명하기(explanation)
　　-보상 제시하기(offer of repair)
　　-재발 방지 약속하기(promise of forbearance)

〈표 11〉 한·영 사과 화행 대조 연구의 상황 및 변인

연구자/ 연구 방법	상황	실험 관계 (화자-청자)	사회적 관계		나이
			사회적 지위(힘)	친소	
박은영 (2002) /DCT	1. 면담 약속에 늦어 사과하기	화자와 교수	-힘	+	-나이
	2. 면담 약속에 늦어 사과하기	화자와 교수	-힘	-	-나이
	3. 친구와 약속에 늦어 사과하기	화자와 친구	=힘	+	=나이
	4. 조별 숙제 약속에 늦어 사과하기	화자와 학생	=힘	-	=나이
	5. 빌린 책을 안 가져와 사과하기	화자와 후배	=힘	+	+나이
	6. 신입생 환영회에 늦어 사과하기	화자와 신입생	=힘	-	+나이
	7. 빌린 책을 안 가져와 사과하기	화자와 강사	=힘	+	-나이
	8. 빌린 책을 안 가져와 사과하기	화자와 강사	=힘	-	-나이
	9. 빌린 책을 안 가져와 사과하기	화자와 학생	+힘	+	-나이
	10. 수업 시간에 늦어 사과하기	화자와 학생들	+힘	+	+나이
	11. 빌린 책을 안 가져와 사과하기	화자와 선생님	-힘	+	+나이
	12. 서류를 늦게 제출해 사과하기	화자와 상사	-힘	+	=나이
	13. 서류를 늦게 제출해 사과하기	화자와 상사	-힘	-	-나이
	14. 서류를 늦게 주어 사과하기	화자와 신입사원	+힘	-	-나이
	15. 서류를 늦게 주어 사과하기	화자와 신입사원	+힘	-	+나이
엄기찬 (1994) /DCT	1. 약속 시간에 늦어 사과하기	화자와 아내/남편	-	+	=나이
	2. 약속 시간에 늦어 사과하기	화자와 선생님		-	-나이
	3. 실수로 부딪쳐서 사과하기	화자와 아이		-	+나이
	4. 문을 늦게 열어 사과하기	화자와 단골손님		+	-나이
	5. 약속을 잊어 사과하기	화자와 아들		+	+나이
	6. 약속 시간에 늦어 사과하기	화자와 딸		+	+나이
	7. 참고서에 우유를 쏟아 사과하기	화자와 반 친구		-	=나이
	8. 실수로 부딪쳐서 사과하기	화자와 할아버지		-	-나이

한·영 사과 화행 대조 연구에서는 8가지와 15가지의 상황을 제시하였다. 박은영(2002)은 대학생을 대상으로 학교가 배경인 상황을 대부분 제시하였으며 실험 관계는 학생, 교수, 신입생, 신입사원 등을 설정하였다. 엄기찬(1994)에서는 아내/남편, 학생/선생님, 직원/손님, 엄마/아빠, 딸/아들 등 인물의 관계의 설정을 다양하게 하였다. 두 연구 모두 나이

를 변인으로 설정하였으며 연구 결과 엄기찬(1994)에서는 한국어 원어민은 연장자에게 '미안합니다'가 아닌 '죄송합니다'를 주로 사용하였으며, 이는 연하자가 연장자에게 하는 기본적 관용 표현이라고 하였다. 반면 영어권 한국어 학습자는 계층적 의식이 없으며 한국 사회에 비해 수평적 인간 관계를 가지고 있어 명시적 사과와 다음으로 설명하기 전략을 많이 사용하는 것으로 나타났다. 이는 박은영(2002)에서도 같은 연구 결과로 나타났는데 명시적 사과 전략 다음으로 영어 원어민은 설명하기 전략을, 한국어 원어민은 상대방 염려하기 전략을 선호한 것으로 나타났다. 학습자 집단별로는 명시적 사과 전략의 표현인 '죄송'과 '미안'에 차이가 나타났는데 한국어 원어민은 사회적 지위에 가장 큰 영향을 받았으며 연장자에게도 '죄송' 표현을 높은 빈도로 사용하여 나이도 영향을 받는 요인으로 나타났다. 만약 동년배나 연하자의 사회자 지위가 높을 때는 사회적 지위가 더 중요한 변인으로 작용하는 것으로 나타났다. 그리고 친밀도의 영향은 낮게 나타났다. 영어권 한국어 학습자는 사회적 지위에 따른 수직적 위계질서를 따르고 나이의 영향도 받았지만 한국어 원어민 화자만큼의 빈도를 나타내지는 않았으며 친밀도에 의한 영향력을 가장 많이 받는 것으로 나타났다. 주목할 점은 영어권 한국어 학습자가 나이에 대해 과도한 인식을 하는 경향이 나타났다는 것이다. 이는 한국어를 학습할 때 중요한 변인인 나이를 지나치게 인식한 것이 복합적으로 나타나는 것으로 해석하였다. 이상의 선행 연구의 결과를 보았을 때 사과 화행에서 한국어는 사회적 지위, 나이가 변인으로 작용하며 영어 원어민 한국어 학습자는 친밀도가 영향력을 지닌 변인인 것을 알 수 있다.

4) 칭찬 화행

칭찬은 상대방에 대한 인정이며 우호적 표현으로 사람의 능력, 성격, 물건 등에 대해 평가하는 감탄의 말이며 칭찬 화행은 사회에 따라 칭찬 및 칭찬 반응이 다르게 나타날 수 있다(이주영, 2010). Wolfson과 Manes(1980)는 영어에서 칭찬 화행에 사용되는 문장은 9가지 유형[12]으로 제한적이며, 정형화된 화행이라고 하였다. 그러나 한국어에서는 그 양상 이 다르다. 신소정(1999)에서는 미국인 화자와 한국인 화자는 칭찬의 대 상을 선택함에 있어 차이가 보인다고 하였으며 칭찬의 응답 전략에서도 차이를 보인다고 하였다. 칭찬 화행을 분석하는 방법은 이원표(1996)의 칭찬 전략 분류[13]를 기준으로 분석하거나(곽지영, 2013), Knapp 외(1984) 의 칭찬 반응 분류 방식[14]을 기준으로 하였다(이주영, 2010). 한국어와 영 어의 칭찬 화행 대조 연구에서 설정한 상황과 실험 관계, 사회적 지위, 칭찬 대상을 분석한 표는 다음 〈표 12〉와 같다.

---

12 Wolfson과 Manes(1980)의 칭찬 화행의 9가지 문장 유형

-NPis/look(really)ADJ   -Youhave(a)(really)ADJNP
-I(really)like, loveNP   -What(a)ADJNP!
-PRO is(really)(a)ADJNP   -ADJNP!
-YouV (really)(a)ADJNP   -Isn'tNPADJ
-YouV (NP)(really)ADV

13 이원표(1996)의 칭찬 전략 분류

-칭찬의 대상 자체에 대한 평가   -인지, 부러움의 표시
-상대방의 능력, 노력에 대한 평가 또는 감사의 표시   -농담
-칭찬 대상과 관련된 질문   -의성어 사용, 놀람의 표현

14 이주영(2010)에서 설정한 Knapp 외(1984) 칭찬 반응 분류 방식을 기반으로 한 분류

-정형화된 칭찬 및 수용   -어색한 수용 및 무응답
-적극적 수용   -부풀려 칭찬 및 수용하기
-격하된 수용   -고마워하지 않거나 동의하지 않기
-타인에게 공 돌리기

〈표 12〉 한·영 칭찬 화행 대조 연구의 상황 및 변인

연구자/ 연구 방법	상황	실험 관계	사회적 지위(힘)	칭찬 대상
곽지영 (2013) /DCT	1. 외모를 칭찬받는 상황	선생님/친구 /후배	+힘 -힘	외모
	2. 스웨터를 칭찬받는 상황			옷
	3. 화자의 발표를 칭찬받는 상황			성취
	4. 화자의 시계를 칭찬받는 상황			소유물
	1. 상대의 모습을 칭찬하는 상황	선생님 (남자/여자) 친구(동성/이성) 후배(남자/여자)	+힘 -힘	외모
	2. 상대의 옷을 칭찬하는 상황			옷
	3. 상대의 발표/수업을 칭찬하는 상황			성취
	4. 상대의 시계를 칭찬하는 상황			소유물
엄기찬 (1994) /DCT	1. 자리를 양보해서 칭찬받는 상황	화자와 할머니	-	성취
	2. 화자의 스웨터를 칭찬받는 상황	화자와 친구		옷
	3. 외모를 칭찬받는 상황	화자와 후배		외모
	4. 발표를 칭찬받는 상황	화자와 반 친구		능력
	5. 책을 빌려줘서 칭찬받은 상황	화자와 친구		성취
	6. 화자의 시계를 칭찬받는 상황	화자와 친구		소유물
	7. 직접 지은 시를 칭찬받는 상황	화자와 아내/남편		능력
	8. 머리 스타일을 칭찬받는 상황	화자와 병원 원장		외모

　한·영 칭찬 화행 대조 연구에서는 4가지에서 8가지 사이의 상황을 설정하였다. 실험 관계는 선생님, 친구, 후배가 공통적으로 설정되어 있으며, 엄기찬(1994)에서는 가족 관계(할머니, 아내/남편)와 병원과 원장과 같은 낯선 사람도 설정되어 있었다. 칭찬 화행의 경우에는 칭찬의 대상, 주제의 설정에 따라 실현 양상을 살펴보기 때문에 무엇을 칭찬 대상으로 설정하였는지 살펴보는 것이 중요하다. 곽지영(2013)에서는 외모, 옷, 성취, 소유물을 칭찬 대상으로 하여 한국 대학생과 미국 대학생의 칭찬, 칭찬 응답을 살펴보았으며 엄기찬(1994)에서는 칭찬의 대상을 외모, 성취, 능력, 소유, 옷으로 구성하였다. 연구 결과 곽지영(2013)에서는 한국과 미국의 대학생 모두 기분 좋은 칭찬으로 성취를 꼽았으며 부담스러운 칭찬으로 외모를 선택하였다. 전략에 있어서는 두 집단 모두 직접적인

평가인 명시적 칭찬을 가장 선호하였으나 칭찬 관련 행동에서 차이점이
나타났다. 미국 대학생들은 칭찬 대상, 주제, 전략 사용에 비교적 정형
화된 패턴이 있으며 칭찬의 적합하거나 꺼리는 주제에 있어 성별, 사회
적 관계에 따른 영향이 별로 없는 것으로 나타났다. 그러나 한국 대학생
들은 칭찬 행동이 미국 대학생들에 비해 여러 요인에 영향을 받아 전략
사용 양상이 다양하게 나타났는데 이는 성별과 사회적 지위의 차이 등에
서 온 영향으로, 한국 대학생들은 타인과의 관계와 상황적 요인에 더 민
감하며 칭찬의 적합한 주제를 고려하는 데에도 반영이 되는 것으로 나타
났다. 칭찬 반응에 있어서도 미국 대학생들은 '수락'의 비율이 매우 높으
며 '거절'의 비율이 낮지만, 한국 대학생들은 '거절', '비껴가기'의 비율이
높고 '수락'의 비율이 낮게 나타나는 차이가 있었다. 이는 엄기찬(1994)
에서도 한국어 원어민이 영어 원어민에 비해 '감사하기' 전략 다음으로
'거절하기'전략을 높게 사용하여 비슷한 연구 결과가 나타났다. 이렇게
한국어 모어 화자가 영어 모어 화자보다 거절 반응이 높게 나타난 원인
에 대해 두 연구에서는 모두 한국어 모어 화자에게 칭찬에 대한 거절은
겸손을 나타내기 때문인 것으로 해석하였다.

5) 기타화행

한· 영 요청 화행, 거절 화행, 사과 화행, 칭찬 화행을 제외한 화행으
로는 간접 화행, 위로 화행, 감사 화행, 비동의 화행이 있었다. 한국어와
영어의 기타 화행 대조 연구에서 설정한 상황과 실험 관계, 사회적 관계
(사회적 지위, 친소), 기타 변인을 분석한 표는 다음 〈표 13〉과 같다.

〈표 13〉 한·영 기타 화행 대조 연구의 상황 및 변인

연구자/ 화행	상황	실험 관계	사회적 관계		기타
			사회적 지위(힘)	친소	
이한민 (2009) /간접	1. 갈등 상황 (진술, 지시, 질문, 청유) 2. 일반 상황 (진술, 지시, 질문, 청유)				
김진주 (2018) /위로	1. 갈등 (불화, 다툼, 싸움, 불만) 2. 병고 (질병, 부상, 사고) 3. 불안 (스트레스, 위협) 4. 비보 (좋지 않은 소식) 5. 상처 (과거의 아픈 기억) 6. 실수/실패 (작은 실수 ~ 큰 실패) 7. 이별 (헤어짐, 잠시 헤어짐) 8. 자책 (죄책감) 9. 죽음 (과거가 아닌 현재의 죽음)	1) 상사-부하/의사- 환자/변호사-의뢰인/ 배우-매니저 2) 친구/동료/연인 3) 부하-상사/환자- 의사/의뢰인-변호사/ 매니저-배우	1) 상하 2) 동등 3) 하상	+ -	절대적 서열 +나이 =나이 -나이
이미순 (2006) /감사	1. 푸른색 스웨터를 선물 받음	화자와 친구	=	=	성별
	2. 식료품을 봉지에 넣어줌	화자와 점원	+	-	
	3. 일을 잘해서 월급을 올려줌	화자와 부사장	-	-	
	4. 친구가 큰 돈을 빌려줌	화자와 친구	=	+	
	5. 남편/아내가 집안일을 해 놓음	화자와 남편/아내	=	+	
	6. 이직 전 작별파티를 마련함	화자와 동료	=	+	
	7. 구하기 힘든 책을 빌려줌	화자와 후배	+	-	
	8. 찾지 못했던 자료를 복사해줌	화자와 교수	-	=	
	9. 헤어스타일을 칭찬해줌	화자와 친구	=	=	
	10. 길을 알려줌	화자와 이웃사람	-	-	
	11. 통계에 관한 일을 도와줌	화자와 어린 동생	+	+	
조은미 (2020) /비동의	1. 홍보 아이디어에 대한 비동의	화자와 회장	+	+	공적
	2. 대학생활에 대한 생각에 비동의	화자와 졸업한 선배	+	+	사적
	3. 추천하신 연구방법에 대한 비동의	화자와 교수	+	-	공적
	4. 대학생활에 대한 생각에 비동의	화자와 대리	+	-	사적
	5. 조별과제 PPT 제작 기준에 대한 비동의	화자와 학과 동기	=	+	공적
	6. 영화에 대한 평가에 비동의	화자와 애인	=	+	사적
	7. 팀과제 아이디어에 대한 비동의	화자와 인턴 동기	=	+	공적

8. 공부 방법에 대한 의견에 비동의	화자와 모임 사람	=	–	사적
9. 선행학습에 대한 의견에 비동의	화자와 후배	–	+	공적
10. 휴학 결정에 대한 비동의	화자와 후배	–	+	사적
11. 발표에 대한 생각에 비동의	화자와 후배	–	–	공적
12. 교수님에 대한 평가에 비동의	화자와 후배	–	–	사적

간접 화행은 하나의 발화가 두 가지 발화 수행력을 가지는 화행이다. 이한민(2009)에서는 한국과 미국의 드라마 대본에서 화자가 간접 화행을 수행하는 의도를 쉽게 밝히기 위해 발화의 상황을 '일반 상황'과 '갈등 상황'으로 나누어 살펴보았다. 갈등 상황은 화자와 청자의 심리적 갈등이 존재하거나 화자만의 심리적 갈등이 존재하는 경우이며 갈등이 존재하지 않는 경우 일반 상황으로 분류하였다. 분석 결과 간접 화행의 주된 수행 이유는 영어의 경우 '부담 완화', 한국어는 '강조'측면이 두드러지는 것으로 나타났다. 그리고 한국어의 간접 화행에서 의문문, 평서문, 명령문, 청유문의 문장 유형이 화행 유형과의 관계가 비교적 유연하여 수행할 수 있는 화행 유형에 크게 제약이 없다는 점을 확인하였다.

다음으로 김진주(2018)에서는 위로 화행 양상을 살펴보고자 9가지의 상황을 설정하였으며 절대적 서열 변인[15]을 설정하였다. 연구 결과 한국어와 영어의 위로 화행에서 공통적으로 '관습적 표현'과 '비언어'전략이 많이 사용되었으며 '비언어'전략 중 '침묵하기'전략이 가장 많이 사용되었다. 두 언어의 큰 차이는 한국어의 경우 부정적 상황에서 들어주고, 묻는 등 정서적 공감을 하는 반면 영어의 경우 부정적 상황에서 객관적 사실을 말하며 긍정적 방향을 알려주거나 신뢰감을 주며 부정적 상황에

---

15 김진주(2018)에서는 연령에 따른 영향을 살피고자 절대적 서열의 유형을 세 가지(위로하는 화자의 연령이 청자보다 높은 경우, 화자와 청자의 연령이 동일한 경우, 위로를 하는 화자의 연령이 청자와 낮은 경우)로 분류하여 영어와 한국어를 비교하였다.

초점을 두지 않는 점이었다. 그리고 갈등 상황에서 한국어는 관심 표현
하기, 영어는 공감하거나 타이르는 전략이 많이 사용되었으며 이에 따라
한국어에서 사용된 대신 감정을 이입하여 감정을 표출하여 갈등 상황에
대한 분노를 위로해주는 '대신 감정 표현하기' 전략이 영어에서는 전혀
사용되지 않았다. 친밀도 역시 두 언어권 모두 영향을 주는 것으로 나타
났으나 한국어의 경우 절대적 서열, 친밀도, 상대적 힘[16]의 순으로 영향
을 크게 받았으며 영어의 경우 친밀도, 상대적 힘, 절대적 서열의 순서로
나타났으나 절대적 서열은 사실상 영향을 거의 받지 않는 것으로 나타났
다. 이를 통해 위로 화행에서도 한국어 모어 화자는 나이의 변인이 화행
에 영향을 주는 데 중요한 요인이 된다는 것을 확인할 수 있다.

한편 이미순(2006)에서는 DCT를 통해 영어 원어민과 한국어 원어민의
감사 화행을 살펴보고자 11가지의 상황을 설정하였으며 두 언어를 성별과
영어 원어민, 한국어 원어민 집단으로 비교하였다. 연구 결과 한국어 원어
민과 영어 원어민은 모두 여성이 남성보다 더 많은 감사 표현의 전략을
사용하였으며 여성이 감정과 기분을 더 많이 표현하고 공손 전략도 더
많이 사용하는 것으로 나타났다. 반면 남성은 감사의 의미로 미안하다는
표현을 여성보다 더 자주 사용하는 것으로 나타났다. 언어권별로 나타나
는 차이점은 영어 원어민의 경우 자신의 감정과 기분, 애정 표현을 더
많이 하며 호의를 베푼 상대방과 감사의 대상을 구체적으로 칭찬하려는
경향이 있으나 한국어 원어민은 선물이나 사건의 가치, 혹은 유용함을
더 많이 강조하는 것으로 나타났다.

마지막으로 조은미(2020)에서는 한국어 원어민과 영어권 한국어 학습

---

16 김진주(2018)에서는 선행연구에서 주로 사용하는 '사회적 지위' 변인을 연구에서 설
   정한 절대적 서열 변인과 구분을 하기 위해 '상대적 힘'이라는 용어를 사용하였다.

자를 대상으로 한국어와 영어의 비동의 화행 양상을 살펴보았다. 비동의 화행은 선행된 청자의 의견에 대해 동의하지 않음을 드러내는 화행이다. 12가지의 상황을 공적 상황과 사적 상황으로 나누어 심리적 부담감과 전략 사용을 비교 분석한 결과 미국인 한국어 학습자는 한국어 원어민에 비해 상대적으로 직접 비동의 전략을 많이 사용하였으며 한국어 원어민은 부가 전략과 간접 비동의 사용을 더 많이 사용하였다. 이는 한국에서 지위가 높은 사람에게 단정적으로 동의하지 않음을 표현하는 것이 무례하게 보일 수도 있기 때문에 다양한 부가 전략을 사용하는 것으로 해석되었다. 예를 들어 친한 선배와 저녁 식사에서 대학 생활에 대한 의견에 동의하지 않는 상황에 대한 실제 응답에서 한국어 원어민은 한 번의 발화에 다양한 전략을 사용하여 청자의 체면 위협을 완화한 반면 영어 원어민은 부분적으로 의견 인정, 단정적으로 비동의, 단정적으로 주장하기와 같은 소수의 전략에 한정된 사용을 보였다. 이에 따라 연구에서는 영어권 한국어 학습자에게 다양한 한국어 비동의 전략 교수가 필요함을 언급하였다.

4. 한·영 화행 대조 연구의 쟁점

1) 한·영 요청 화행의 쟁점

한국어와 영어의 화행 연구 결과를 살펴보면 변인에 따라 직접적 전략을 사용하는 양상이 달라짐을 확인하였다. 김선영(2014)에서 한국인은 친밀도와 관계없이 화자가 청자보다 높은 지위를 가지고 요청 부담의 정도가 낮을 때 직접적 전략을 사용하는 것으로 나타났다. 반면 영국인은 요청 부담의 정도와 관계없이 친밀도가 높고 화자가 청자보다 높은 사회적 지위를 가질 때 직접적인 전략을 사용하는 것으로 나타났다. 황진주(2015)에서도 친밀도가 높고 요청 부담이 낮은 상황에서는 한국인과 영어 원어민은 모두 직접적 요청 전략을 선호하는 것으로 나타났다. 그러나 이지혜(2010)에서는 영어권 한국어 학습자의 경우 친밀도와 관계없이 모어의 영향으로 간접적 전략을 주로 사용하는 경향이 나타나 영어 모어 화자가 간접적 전략을 선호하지만 친밀도의 영향을 받지 않는다는 상반된 연구 결과가 나타났다. 한국어 모어 화자는 요청에 대한 부담의식이 있어 부담의 정도가 높을 때, 친밀도보다는 사회적 지위에 더 영향을 받는 경향이 있다는 연구 결과는 일치하였다. 이와 같은 연구 결과를 종합하여 살펴보았을 때 한국어 원어민은 요청을 할 때 직접적 전략을 주로 사용하는 양상을 보이며 이는 친밀도보다 요청의 부담 정도가 높을 때, 사회적 지위에 더 영향을 받는다는 것을 알 수 있었다.

2) 한·영 거절 화행의 쟁점

한국어와 영어의 거절 화행을 실현하는 전략은 요청, 제안, 초대 등과 인접 쌍을 이루며 상황에 따라 차이가 나타난다. 영어권 화자들은 거절을 할 때 한국어 모어 화자보다 감사 표현을 더 많이 사용하였다. 거절의 이유를 설명할 때 상세하고 구체적인 진술을 더 많이 사용하려고 노력했으며 한국어 모어 화자들은 변명을 간략하게 하며 요청, 초대, 제안의 상황에서 거절을 할 때 유감의 뜻을 전하는 경향이 있었다. 거절 화행에 대한 선행 연구에서는 한국인 화자가 지위 관계에 더 민감할 것이며 직접적 표현의 사용은 영어권 화자에 비해 적게 나타날 것이라고 보았다. 그리고 친밀도의 경우는 한국어 화자는 가까운 사이일수록 직접 거절을, 영어권 화자는 간접적인 거절을 할 것이라고 보았다. 이에 대해 선행 연구를 검토해 본 결과, 조유정(2022)에서도 영유럽권 학습자의 직접 거절 전략

사용이 높게 나타났으며 윤은미(2004) 역시 영어 원어민이 한국어 원어민
보다 직접적인 거절을 하는 것으로 나타났다. 주목할 점은 한국어 원어민
은 과거 상황, 타인과 관련된 경우를 설명하는 경향이 있었으나 영어 원어
민은 거절을 할 때 계획, 의지를 통해 상황을 설명하는 경향이 있었다는
점이다. 그리고 한국인 원어민은 영어 원어민 집단에 비해 사회적 지위에
대한 민감도가 높은 것으로 나타났다. 서아름(2011)에서도 영어 원어민이
한국어 원어민과 비교하였을 때 직접적인 거절 방법을 사용하였으며 특히
비언어적 전략에서 더 뚜렷하게 나타났다. 이복자(2013) 역시 영어권 한국
어 학습자는 문화적으로 한국보다 직접적으로 거절하는 경향이 있는 것으
로 설명하였다. 그러나 친밀도의 경우 한국어 모어 화자 역시 전략을 많이
사용하여 친밀도가 높고 낮음에 따른 차이나 특징은 일관되게 나타나지
않았다(윤은미, 2004; 서아름, 2011; 조유정, 2022).

3) 한·영 사과 화행의 쟁점

선행 연구에서는 영어권 화자는 사과 화행에 있어 설명하기 전략을
많이 사용하며 한국인 화자는 염려하기 전략을 많이 사용한다고 한다.
본고에서 살펴본 연구들의 결과에서는 언어권마다 선호하는 전략은 같
지만 조금씩 다른 결과가 나타났다. 엄기찬(1994)에서는 한국어와 영어
의 사과 화행에서 한국어 원어민, 영어 원어민 모두 명시적 사과 전략을
가장 선호하는 것으로 나타났으며 이때 한국어 원어민은 연장자에게 '죄
송합니다'라는 연장자에게 해야 하는 관용 표현을 주로 사용하고 영어
원어민은 명시적 사과 전략 다음으로 설명하기 전략을 선호하였다. 박은
영(2002)에서도 영어 원어민은 명시적 사과 전략 다음으로 설명하기 전
략을 사용하였으며 한국어 원어민은 상대방 염려하기 전략을 선호하는
것으로 나타났다. 한국어 원어민은 사회적 지위에 따라 사과 화행에 영

향을 받았으며, 친밀도의 영향은 낮게 나타났다. 만약 동년배나 연하자의 사회적 지위가 높다면 사회적 지위가 더 중요한 변인으로 작용하였다. 영어권 한국어 학습자는 친밀도에 의한 영향을 가장 많이 받는 것으로 나타났으며 오히려 한국어를 학습하면서 나이에 대한 인식을 지나치게 하는 것으로 나타났다.

4) 한·영 화행 연구 방법의 쟁점

DCT의 화자와 청자의 관계에 대한 설정은 지금까지 학생-교사, 학생-후배 혹은 선배, 학생-친구와 같은 일대일의 관계를 제시하며 다수의 대화를 통해 화행을 분석한 연구는 없다. 김인규(2021)에서는 대화의 대상이 불특정 다수가 되면 응답자는 불평 화행의 수위가 조절될 수도 있으므로 이에 대한 연구가 필요하다고 하였다. 그리고 성별에 따른 차이를 살펴보고자 할 때 남성이 남성에게, 남성이 여성에게, 여성이 여성에게, 여성이 남성에게와 같은 심층 분석을 하지 못하였다는 한계가 있었다(이미순, 2006). 황진주(2015)에서도 요청 전략 사용에서 성별에 따른 차이가 발견되었으나 이를 심층적으로 다루지 못하여 연구의 한계로 언급하였다. 따라서 앞으로 화행 연구에서 더 다양한 관계 설정과 성별의 설정, 다수의 대화를 통해 나타나는 화행의 양상을 살펴보는 것이 필요할 것으로 보인다. 그리고 연구 대상의 한국어 수준 역시 고려해야 할 점이다. DCT에서는 초급 학습자의 언어적 한계를 고려하여 한국어 중급 이상의 학습자를 연구 대상으로 삼았다면 역할극과 역할수행에서는 숙달도별로 살펴보고자 한국어 초급 학습자 역시 연구 대상에 포함하였다. 역할극과 역할수행은 최대한 자연 발화의 의사소통을 확인하고자 사용하는 연구 방법이다. 비언어적 요소도 살펴볼 수 있어 장점이 있으나 초급 학습자들의 경우 앞에서 언급한 언어적 한계가 있기 때문에 응답에 있어 직접적인 표현을 사용할 수밖에 없는 상황이 발생할 수 있다. 따라서 연구 방법을 설정할 때 연구 목적에 맞게 집단을 나누고, 만약 초급 학습자를 포함한다면 학습자들의 숙달도를 충분히 고려하여 한정적인 응답이 나오지 않도록 고려하여 연구 설계를 해야 할 것이다.

5. 나가는 말

지금까지 한국어와 영어의 화행 대조 연구를 연구 방법과 화행 유형별로 살펴보았다. 선행 연구를 통해 한국어와 영어의 화행을 비교하고 대조하는 연구는 주로 언어 자료를 수집하여 분석하는 방법이었으며 DCT, 역할극과 역할수행, 영화 및 드라마의 대본을 분석하는 방법을 많이 사용함을 확인하였다. DCT는 단기간에 많은 양의 자료를 모을 수 있었으며, 영화 및 드라마 대본을 분석하는 것은 시간과 공간의 제약을 받지 않고 비언어적 요소까지 살펴볼 수 있었다. 특히 한국어교육 분야에서는 DCT에서 언어적 능력으로 인해 참여하기가 어려웠던 한국어 초급 학습자를 포함하는 역할극과 역할수행의 방법을 사용하여 숙달도별로 한국어와 영어의 화행을 분석하였다. 이렇듯 각 연구 방법에는 장점과 한계가 있었으며 어떤 연구 방법을 선택하느냐에 따라 살펴볼 수 있는 요소가 다르므로 분석하고자 하는 화행과 연구 목적에 따라 알맞은 연구 방법을 선택해야 할 것이다. 연구 방법을 살펴본 후에는 화행별로 제시한 상황과 화자와 청자의 관계 그리고 연구 결과를 분석하였다. 대조 연구 방법에 따른 결과를 종합하여 한국어 원어민과 영어 원어민의 전략 차이가 어떤 변인에 영향을 받았는지를 중심으로 논의하였다. 마지막으로는 화행별로 나타나는 쟁점을 간략하게 제시하였다.

본고에서 살펴본 한국어와 영어의 화행을 대조하는 연구는 영어교육과 한국어교육 분야에서 1990년대부터 현재까지 꾸준히 이루어지고 있다. 이렇게 영어와 한국어의 언어권별로 공통점과 차이점을 살펴보는 화행 연구는 한국어나 영어 학습자의 화용적, 사회 문화적 능력에 도움이 될 수 있으므로 앞으로도 다양한 화행과 변인, 더 나아가 화행 교육의 방안까지 생각해 볼 수 있는 화행 대조 연구가 꾸준히 이루어지기를 기대한다.

• 참고문헌

김인규(2021), 「중간언어 화용론의 불평 화행 수집 도구 분석-DCT 상황 구성 요소를 중심으로-」, 『국어교육』 128, 한국국어교육학회, 7-33쪽.
김진주(2018), 「한국어와 영어의 위로 화행 대조 연구」, 한국외국어대학교 교육대학원 석사학위논문.
신승윤(2017), 「영어권 한국어 학습자의 사과 전략 사용 양상 연구」, 연세대학교 교육대학원 석사학위논문.
이원표(1996), 「한국 대학생의 칭찬 화행에 나타난 공손법 분석」, 『외국어로서의 한국어교육』 21.1, 연세대학교 한국어학당, 107-144쪽.
원미진(2019), 『한국어 학습자 언어 자료 분석의 방법과 실제: 한국문화사 한국어 교육학 시리즈』, 한국문화사.
한상미(2006), 『한국어 학습자의 의사소통 문제 연구 : 영어권 학습자의 화용적 실패를 중심으로』, 커뮤니케이션북스.
Beebe, L. & Cummings, M. C.(1985), *Speech Act performance: A function of the data collection procedure?* Paper presented in sixth annual TESOL and sociolinguistic colloquium at the international TESOL convention, New York.
Beebe, L. M., Takahashi, T., Uliss-Weltz, R., Scarcella, R. C., Andersen, E. S., & Krashen, S, (1990), *Pragmatic transfer in ESL refusals.*
Blum-Kulka, S., & Olshtain, E.(1984), *Requests and apologies: A cross-cultural study of speech act realization patterns (CCSARP),* Applied

linguistics, 5(3), 196-213.

Knapp, M. L., Hopper, R., & Bell, R. A.(1984), *Compliments: A descriptive taxonomy*, Journal of communication.

Wolfson, N., & Manes, J.(1980), *The compliment as a social strategy*, Research on Language & Social Interaction, 13(3), 391-410.

• 분석 대상 논문

강창우(2010), 「간접화행의 형태와 기능에 대한 대조언어학적 연구 -한국어, 독일어, 영어를 중심으로-」, 『독어학』 13, 한국 독어학회, 235-260쪽.

김선영(2014), 「한국어와 영어의 요청 화행 비교 분석」, 서강대학교 석사학위논문.

김시정(2014), 「의사소통 기능으로서의 영어 거절 전략 사용 연구」, 영남대학교 박사학위논문.

김향선(2002), 「한·영 화행 대조분석」, 동국대학교 석사학위논문.

곽지영(2013), 「미국 영어와 한국어에서의 공손성 비교 연구」, 연세대학교 박사학위논문.

박선경(2015), 「한국어와 영어 갈등 화행의 비교언어문화적 분석」, 서강대학교 석사학위논문.

박은영(2000), 「영어권 한국어 학습자와 한국어 원어민의 화행 실현 비교 연구」, 이화여자대학교 석사학위논문.

배여진(2011), 「한국인 영어학습자와 영어 원어민의 요청 화행 지식에 관한 비교연구」, 계명대학교 석사학위논문.

박크리스티(2019), 「한·영 공손성 대조 연구」, 연세대학교 석사학위논문.

서아름(2011), 「한국어 학습자의 거절 화행 전략 연구」, 연세대학교 석사학위논문.

신소정(1999), 「영·한 화행 대조 분석」, 『English Linguistic Science』 2, 한국영어언어과학학회 조기영어교육연구소, 114-120쪽.

양용준(2020), 「영어와 한국어의 간접화행 비교 분석」, 『현대영어영문학』 64(4), 한국현대영어영문학회, 99-122쪽.

엄기찬(1994), 「영어 원어민과 한국인의 화행 비교 분석 연구」, 한국교원대학교 석사학위논문.

유지혜(2015), 「홍콩·한국 직장인의 비즈니스 상황 속 영어 거절 화행의 비교」, 이화여자대학교 석사학위논문.

윤은미(2004), 「한국인과 영어권 한국어 학습자의 거절 화행 비교 연구」, 연세대학
    교 석사학위논문.
이미순(2006), 「영어와 한국어 감사 화행의 성별 비교연구」, 울산대학교 석사학위
    논문.
이복자(2013), 「영어권 재외 동포 한국어 학습자의 거절 화행 연구」, 연세대학교
    석사학위논문.
이성순(2002), 「외국인 학습자의 한국어 요청 화행에 관한 연구」, 이화여자대학교
    석사학위논문.
이주영(2010), 「국어와 영어에서의 칭찬 화행」, 성균관대학교 석사학위논문.
이지혜(2009), 「영어권 한국어 학습자의 요청, 재요청 화행 연구」, 고려대학교 석
    사학위논문.
이한민(2009), 「한국어와 영어의 간접 화행 대조 분석」, 이화여자대학교 석사학위
    논문.
임은영(2020), 「한국어 의문문 화행 연구」, 동신대학교 박사학위논문.
조유정(2022), 「한국어 학습자의 거절 화행 연구」, 연세대학교 석사학위논문.
조은미(2020), 「비교문화적 화용론의 관점에서 본 미국인 한국어 학습자의 비동의
    화행 연구」, 이화여자대학교 석사학위논문.
피츠제럴드 에린(2013), 「호주 영어와 한국어에서의 사과 화행 대조 분석」, 청주대
    학교 석사학위논문.
황진주(2015), 「영어권 한국어 학습자의 요청 화행에 나타난 언어적 전략과 비언어
    적 전략 연구」, 이화여자대학교 석사학위논문.

제3장

한·서 대조 연구

Ⅰ.
한·서 대조 연구 동향 분석

박미영·오세원

1. 들어가는 말

본고는 한·서 대조 연구의 동향을 전반적으로 살펴보는 것을 목적으로 한다. 최근 스페인어권 국가들에서 한국어와 한국 문화에 대한 관심이 증가하고 있다. 이는 자연스럽게 스페인어권 한국어 학습자 수의 증가로 이어졌다[1]. 스페인어권 한국어 학습자의 특성을 이해하기 위해서는 한국어와 스페인어 간의 대조 연구가 필수적이다. 학습자의 모국어를 그들의 목표어인 한국어와 비교하여 이해했을 때 그들을 위한 맞춤형 교육을 제공할 수 있게 된다. 하지만 한·서 대조 연구는 한·중, 한·일, 한·영 등 다른 언어들과의 대조 연구에 비해 그 수가 많지 않다. 스페인어가 세계에서 네 번째로 많은 인구가 사용하는 언어라는 점을 생각한다면

---

[1] 민원정(2012), 이용선 외(2010), 박소영(2019)과 같은 연구들을 통해 현재 중남미에서의 한류에 대한 관심이 2000년대부터 지속적으로 이어지고 있음을 확인할 수 있다. 또한 박숙희(2014ㄴ)에서는 스페인어권에서 국내로 입국하는 수가 증가하고 있으며, 이들 중 장기 체류자로 남는 비율 또한 늘어나고 있어 스페인어권 한국어 학습자를 위한 한국어교육 대책 마련이 필요함을 밝혔다.

한·서 대조 연구는 앞으로 더 주목받아 수행될 필요가 있다. 이에 본고
는 지금까지 이루어진 한·서 대조 연구의 동향을 살펴보고자 한다. 이러
한 분석을 통해 앞으로 한·서 대조 연구가 나아가야 할 방향을 확인할
수 있을 것이다.

본고는 한·서 대조 연구의 전체 동향을 살펴본 후 학술지 논문과 학위
논문의 동향을 나누어 살펴볼 것이다. 이는 학술지 논문과 학위 논문에서
서로 다른 경향이 관찰되기 때문이다. 뒤에서 자세히 살펴보겠으나, 학술
지 논문은 스페인어학계와 스페인어교육계의 연구가 주를 이루는 반면
학위 논문은 한국어교육계의 연구가 대다수라는 점에서 차이가 있다.

본고의 분석 대상이 되는 연구 자료는 한국교육학술정보원에서 제공
하는 학술연구정보서비스(Research Information Sharing Service, RISS)에
서 '한국어 스페인어 대조'라는 키워드 검색 결과로 나온 학술지 논문
40편, 학위 논문 31편, 총 71편의 논문이다. 한·서 대조 연구의 전체
경향을 연도별로 살펴보면 다음 〈표 1〉과 같다.

〈표 1〉 연도별 한·서 대조 연구 동향

연도	1996–2000	2001–2005	2006–2010	2011–2015	2016–2020	2021–
연구 수	4편	11편	15편	17편	13편	11편

1990년대 후반부터 시작된 한·서 대조 연구는 비교적 꾸준하게 이루
어져 왔으며, 2001년 이후로 관심이 크게 증가한 것을 확인할 수 있다.
주목할 만한 것은 2000년까지 수행된 모든 한·서 대조 연구들은 스페인
어학계에서 이루어졌으나, 2021년 이후 발표된 연구들은 11편 중 8편이
한국어교육계에서 이루어진 연구라는 것이다. 즉, 한·서 대조 연구는
스페인어학계에서 시작되었으나 현재는 한국어교육계에서 한·서 대조
연구가 더 활발히 진행되고 있다고 할 수 있다. 이는 스페인어권 한국어

학습자의 증가와 맞물려 있는 현상으로 생각된다. 따라서 앞으로의 한
·서 대조 연구는 한국어교육적 관점에서 다양하게 수행될 것으로 기대
된다.

다음으로는 연구 목적별로 한·서 대조 연구를 살펴보도록 하겠다. 한
·서 대조 연구는 크게 제2언어 교육을 목적으로 수행된 연구와 그렇지
않은 연구로 나뉜다. 그리고 제2언어 교육을 목적으로 한 연구는 스페인
어교육 연구, 한국어교육 연구, 스페인어교육과 한국어교육을 모두 염
두에 둔 연구로 다시 나뉜다. 이러한 연구 목적별로 한·서 대조 연구를
분류한 결과는 다음 〈표 2〉와 같다.

〈표 2〉 연구 목적별 한·서 대조 연구 동향

연구 목적		연구 수
제2언어 교육 목적의 연구	스페인어교육 연구	22편
	한국어교육 연구	27편
	두 경우를 모두 염두에 둔 연구	6편
제2언어 교육 목적이 아닌 연구[2]		16편
합계		71편

전반적으로 한·서 대조 연구는 제2언어 교육을 목적으로 이루어지고
있음을 알 수 있다. 그중에서도 한국어교육 연구의 수가 스페인어교육
연구보다 더 많은 것을 확인할 수 있다. 이외에도 제2언어 교육을 일차
적인 목적으로 하지 않는 스페인어학, 로망스어학, 번역학 등의 분야에
서도 한·서 대조 연구가 이루어지고 있었다. 다음으로는 대조 영역별로
한·서 대조 연구를 살펴보도록 하겠다.

---

2 스페인어학, 로망스어학, 번역학 등. 스페인어학이 가장 많은 수를 차지한다.

〈표 3〉 대조 영역별 한·서 대조 연구 동향

대조 영역	연구 수
문법 대조	30편
어휘/표현 대조	17편
음운 대조	16편
담화 대조	2편
문화 대조	1편
텍스트 대조[3]	1편
복합[4]	3편
기타[5]	1편
합계	71편

한·서 대조 연구에서 가장 많은 관심을 받은 영역은 문법 대조이다. 다음으로는 어휘/표현 대조, 음운 대조가 그 뒤를 이었다. 특징적인 것은 학술지 논문과 학위 논문에서 어휘/표현 대조와 음운 대조의 순위가 서로 다르다는 점인데 이에 대해서는 각 장에서 후술하도록 한다. 이외에 한·서 대조 연구에서 담화 대조, 문화 대조, 텍스트 대조 등의 연구가 이루어지기는 하였으나 문법, 어휘/표현, 음운 대조에 비해 그 수가 현저히 적었다. 정리하자면, 지금까지 한·서 대조 연구는 문법, 어휘/표현, 음운 영역에서 주로 이루어졌다고 할 수 있다.

이제 한·서 대조 연구의 연구 동향을 학술지 논문과 학위 논문으로 각각 나누어 살펴보도록 한다. 각 장에서 한·서 대조 연구의 전체 경향을 살펴본 후, 대조 영역별로 세부 동향을 살펴보도록 하겠다.

---

3 정혜윤(2020). 한국어와 스페인어 온라인 신문의 표제 대조 연구이다.

4 두 가지 이상의 영역에서 대조를 동시에 수행한 연구들은 '복합'으로 따로 분류하였다. 어휘/문법/문화를 다룬 강현화·조민정(2004), 어휘/문법을 다룬 조준민(2008), 음운/문법을 다룬 박숙희(2014ㄱ)가 있다.

5 신자영(2010). 스페인어-한국어 병렬 말뭉치 구축 방법론을 다룬 연구이다.

2. 한·서 대조 학술지 논문

1) 개괄 및 총평

이 장에서는 한·서 대조 학술지 논문의 경향을 연도별, 연구 목적별, 대조 영역별, 연구 방법별로 살펴보도록 한다. 그리고 구체적인 연구 내용을 대조 영역별로 자세히 살펴보도록 하겠다. 한·서 대조 학술지 논문은 총 40편[6]으로, 연도별로 분류하면 다음 〈표 4〉와 같다.

〈표 4〉 연도별 한·서 대조 학술지 논문의 연구 동향

연도	1996-2000	2001-2005	2006-2010	2011-2015	2016-
연구 수	4편	11편	13편	6편	6편

학술지 논문에서 한·서 대조 연구는 1996년부터 시작되어 비교적 꾸준히 연구가 진행되고 있음을 확인할 수 있다. 그러나 한·중, 한·일 대조 등의 연구에 비하면 아직 연구의 수가 부족하다고 할 수 있다[7]. 다음으로는 연구 목적별로 살펴보도록 하겠다.

---

6 RISS에서 '한국어 스페인어 대조'라는 키워드로 검색한 결과 총 37편의 학술지 논문 목록을 마련할 수 있었다. 이후에 RISS에서는 검색되지 않았으나 참고문헌으로 제시되어 있는 4편의 연구를 발견하여 추가적으로 연구 목록에 포함시켰다. 또한 학술지 논문 중 김주경(2020ㄱ)은 저자 자신의 학위 논문을 바탕으로 하여 작성된 것이므로, 학술지 논문 동향 분석에서는 제외하였다. 김주경(2020ㄱ)의 연구 내용은 학위 논문을 다루는 부분에서 다시 다루도록 한다.

7 RISS에서 '한국어 중국어 대조' 키워드로 검색된 학술지 논문은 543편, '한국어 일본어 대조' 키워드로 검색된 학술지 논문은 566편이었다.(2022.05.02.)

<표 5> 연구 목적별 한·서 대조 학술지 논문의 연구 동향

연구 목적		연구 수
제2언어 교육 목적의 연구	스페인어교육 연구[8]	14편
	한국어교육 연구[9]	5편
	두 경우를 모두 염두에 둔 연구[10]	6편
제2언어 교육 목적이 아닌 연구[11]		15편
합계		40편

연구 목적별로 분류한 결과, 한·서 대조 학술지 논문에서는 제2언어 교육 목적의 연구가 제2언어 교육 목적이 아닌 연구보다 더 많이 이루어 졌음을 알 수 있었다. 그리고 제2언어 교육을 목적으로 한 경우, 스페인 어교육의 연구가 한국어교육의 연구보다 두 배 이상 많았다. 이는 학위 논문의 경향과 상반되는 부분으로, 학위 논문에서는 한국어교육 목적의 연구가 스페인어교육 목적의 연구보다 더 많이 이루어졌다. 또한 학술지 논문에서는 스페인어 학습자와 한국어 학습자 두 집단을 모두 고려한 연구도 많다는 것이 특징적이다. 두 학습자 집단을 모두 고려한 연구는 학위 논문에서는 발견되지 않고 학술지 논문에서만 발견된다. 한편 학술 지 논문에서는 제2언어 교육 목적이 아닌 스페인어학, 번역학 등에서도 한·서 대조 연구가 많이 이루어졌다. 이는 학위 논문과 차이가 있는 부 분으로, 학위 논문에서 제2언어 교육을 목적으로 하지 않은 연구는 1편

---

8   성충훈(1998; 1999; 2001), 최종호(1999), 김원필(2002), 신자영(2003), 심상완(2003; 2008), 이만기(2005), 양승관(2006; 2009; 2010), 양성혜(2008), 조혜진(2017).

9   강현화·조민정(2003), 서경석(2007), 김원필(2009), 박숙희(2014ㄱ), 김명광(2016).

10 강현화·신자영·이재성(2002), 강현화(2002), 조민정·신자영(2003), 강현화·조민 정(2004), 신자영(2005), 최종호(2014).

11 김우성(1996), 신자영·이만기(2007), 신자영·이기철(2007), 신자영·이기철·나윤 희(2008), 김경희(2010; 2011; 2013; 2015; 2020; 2021), 양승관(2009), 신자영 (2010), 조혜진(2014), 정혜윤(2020), 박소현(2021).

이었다. 이를 통해 제2언어 교육을 목적으로 하지 않은 한·서 대조 연구
는 주로 학술지 논문에서 이루어진 것을 확인할 수 있다. 이처럼 연구
목적별로 한·서 대조 연구를 살펴보았을 때 학술지 논문과 학위 논문의
연구 경향이 어느 정도 차이가 있음을 확인할 수 있다. 다음은 한·서
대조 학술지 논문을 대조 영역별로 나누어 살펴보도록 한다.

〈표 6〉 대조 영역별 한·서 대조 학술지 논문의 연구 동향

대조 영역	연구 수
문법 대조	17편
어휘/표현 대조	13편
음운 대조	4편
담화 대조	1편
문화 대조	1편
텍스트 대조	1편
복합[12]	2편
기타[13]	1편
합계	40편

　학술지 논문에서 연구가 가장 많이 이루어진 영역은 문법 대조였다.
이는 스페인어와 한국어에서 두드러진 차이를 발생시키는 이유 중 하나
가 서로 다른 어군에 속해 있다는 것이라는 사실을 반영한다. 두 번째로
많이 이루어진 영역은 어휘 및 표현 대조이다. 어휘 및 표현 대조 연구는
스페인어의 특정 동사와 한국어의 특정 동사를 1:1로 대응시켜 비교하는
연구뿐만 아니라 관용표현, 속담, 연어 등에 대한 비교까지 비교적 다양
한 주제들에 대해서 이루어졌다. 세 번째로 많이 이루어진 영역은 각 언
어의 음운과 음운현상에 대한 음운 대조 연구로 총 4편이었다. 그 외에

12　강현화·조민정(2004): 어휘/문법/문화 대조, 박숙희(2014ㄱ): 문법/음운 대조.
13　신자영(2010): 서·한 병렬 말뭉치 구축 방법론.

도 스페인어와 한국어의 요청 화행을 대조한 담화 대조 연구, 여러 영역의 대조를 종합적으로 시도한 연구, 병렬 말뭉치 구축 방법에 대한 연구가 이루어진 것을 확인할 수 있었다.

다음으로는 연구 방법별로 학술지 논문들을 살펴보도록 한다. 학술지 논문의 한·서 대조 연구 방법은 크게 다섯 가지로 분류할 수 있다. 이론적 논의만 진행한 이론적 대조 연구, 말뭉치를 대조한 연구, 학습자를 대상으로 테스트를 진행하거나 학습자가 제출한 과제물을 분석한 연구, 번역을 통해 대응되는 항목을 찾는 연구, 사전을 사용하여 대조를 진행한 연구가 있었다.

하나의 연구에서 두 가지 이상의 연구 방법을 사용한 경우가 있었는데, 그러한 경우에는 각각의 연구 방법에 중복하여 포함시켰다. 예를 들어, 신자영(2003)은 번역을 통해 서로 대응되는 항목을 찾고, 학습자의 작문 시험 결과를 사용해서 오류를 분석하는 두 가지 연구 방법을 함께 사용하고 있었는데 이 경우에는 각각의 연구 방법에 중복 포함시켰다. 이를 바탕으로 학술지 논문을 분류하면 〈표 7〉과 같다.

〈표 7〉 연구 방법별 한·서 대조 학술지 논문의 연구 동향

연구 방법	연구 수	
이론적 대조	문법(10), 어휘/표현(7), 음운(4), 문화(1), 어휘/문법/문화(1)	23편
말뭉치	문법(5), 어휘/표현(1), 텍스트(1), 기타(1)	8편
학습자 대상 테스트 /학습자 산출 과제물 분석	문법(2), 어휘/표현(1), 담화(1), 문법/음운(1)	5편
번역	어휘/표현(3)	3편
사전 대조	어휘/표현(2)	2편

연구 방법별로 학술지 논문을 살펴보면 이론적 논의만 진행한 연구가 23편으로 가장 많았다(김우성, 1996; 성충훈, 1998; 성충훈, 1999; 최종호, 1999;

성충훈, 2001; 김원필, 2002; 심상완, 2003; 조민정·신자영, 2003; 강현화·조민정, 2004; 이만기, 2005; 양승관, 2006; 서경석, 2007; 신자영·이기철, 2007; 심상완, 2008; 신자영·이기철·나윤희, 2008; 김원필, 2009; 양승관, 2009; 임효상, 2009; 양승관, 2010; 최종호, 2014; 조혜진, 2014; 김경희, 2015; 김명광, 2016). 다음으로는 말뭉치 대조 방법이 많이 사용되었으나 이론적 대조를 진행한 연구에 비하면 그 수가 적다고 할 수 있다. 다음으로는 학습자 대상 테스트와 학습자 산출 과제물을 분석한 연구, 번역, 사전 대조 방법을 사용한 연구가 차례로 뒤를 이었지만, 그 수가 각각 5편 이하였다. 따라서 한·서 대조 학술지 논문에서는 주로 이론적 대조 방법이 사용되었다고 할 수 있다. 이는 한·서 대조 학위 논문과 상이한 경향으로, 학위 논문에서는 학습자 대상 테스트와 학습자 산출 과제물을 분석한 연구가 가장 많았다.

　한·서 대조 학술지 논문에서 1996년부터 초기의 연구들은 이론적 대조만 진행한 연구가 많았으며 이러한 연구는 2016년까지 꾸준히 나타난다. 이론적 대조 방법은 문법, 어휘/표현, 음운, 문화 등 다양한 연구들에서 사용되었는데 그중에서도 문법 영역에서 가장 많이 사용되었다. 학술지 논문의 초기 연구들은 주로 한국어와 스페인어의 문법 체계를 이론적으로 대조한 논의들이었으며 어순, 격 체계, 주어, 동사 분류 등을 대조하였다. 특히 주어 생략과 관련하여 이론적 대조를 진행한 연구가 가장 많았다. 이론적 대조 방법은 어휘와 표현을 다룬 연구들에서도 많이 사용되었는데 속담, 연어, 관용표현 등을 다룬 연구가 있었다. 또한 음운만을 대조한 연구들은 모두 이론적 대조 방법을 사용한 것들이었다.

　앞서 언급했듯이 2016년 이전까지는 이론적 대조만 수행한 연구가 꾸준히 나타나지만 이후의 연구들에서는 단순히 이론적 논의만을 수행한 연구들은 보이지 않는다. 2016년 이후의 연구들은 말뭉치를 사용한 연구가 많았다. 학술지 논문에서 말뭉치 연구는 2010년 이후로 등장하기 시작한다(신자영, 2010; 김경희, 2010; 김경희, 2011; 김경희, 2013; 김경희, 2020; 정혜윤, 2020; 김경희, 2021; 박소현, 2021). 학술지 논문에서 말뭉치를 사용한 가장 이른 시기의 연구 중 하나는 신자영(2010)으로 스페인어와 한국어의 화용 담화 연구를 위하여 영화 구어 병렬말뭉치를 구축하는 방법을 자세히 설명하였다. 한·서 학술지 논문에서 사용된 말뭉치는 비교 말뭉치 1편을 제외하고는 모두 병렬말뭉치였다. 병렬말뭉치 구축에 사용된 텍스트로는 소설과 그 번역본이 가장 많았으며(김경희, 2010; 2011; 2013; 박소현, 2021), 신문 사설과 그 번역본(김경희, 2011), 스페인어와 한국어 성경 텍스트(김경희, 2020; 2021)도 사용되었다. 정혜윤(2020)은 비교 말뭉치를 사용한 연구로, 한국어와 스페인어 온라인 신문의 표제들을 수집하여 특징을 살펴보았다. 말뭉치 연구는 대부분 문법 연구에서 많이 이뤄졌는데 주로 유사해 보이는 문법 항목을 말뭉치 분석을 통해 공통점과 차이점을 분석하는 연구가 많았다.

한·서 학술지 논문에서 학습자 대상 테스트와 학습자 산출 과제물을 분석한 연구는 2000년 이후로 보이기 시작하며 그 수가 많지 않다(강현화·조민정, 2003; 신자영, 2003; 신자영, 2005; 양성혜, 2008; 박숙희, 2014ㄱ). 이는 학위 논문에서 학습자를 대상으로 하는 테스트가 많이 이루어진 것과 상반되는 모습이다.

번역과 사전 대조는 어휘/표현 대조 연구에서만 사용된 연구 방법이다. 번역 방법을 사용한 연구는 강현화(2002), 강현화 외(2002), 신자영(2003)으로, 각 연구는 이전 연구의 후속 연구의 성격을 가진다. 세 연구 모두 한 언어에서 기본 동사를 추출하여 다른 언어로 번역했을 때 어떤 구문으로 번역되는 것인지 살펴봄으로써 문형을 살펴보았다. 사전을 사용한 연구는 한국어, 스페인어 신체어 관용표현의 거짓 짝 연구(조혜진, 2017), 한국어와 스페인어의 신체어 연어의 유형을 대조한 연구(신자영

·이만기, 2007)가 있었다.

지금까지 한·서 대조 학술지 논문의 전체 경향을 살펴보았다. 정리하자면 학술지 논문에서 한·서 대조 연구는 한·중, 한·일 연구들에 비해 그 수가 많지 않다고 할 수 있다. 그리고 제2언어 교육 목적의 연구가 많이 이루어졌으며, 스페인어교육의 연구가 한국어교육 연구에 비해 더 많이 이루어졌음을 알 수 있었다. 대조 영역 중에서는 문법 대조 연구가 가장 많았으며 어휘/표현 대조 연구가 다음으로 많았다. 이 외에 음운, 담화 등의 연구가 이루어지기는 했으나 그 수가 적음을 확인하였다. 연구 방법으로는 이론적 논의만 진행한 이론적 대조가 가장 많이 사용되었는데, 이는 학위 논문과 비교했을 때 큰 차이점이라 할 수 있다. 학위 논문에서는 학습자 대상 테스트와 학습자의 과제물을 분석한 연구가 가장 많았기 때문이다.

다음으로는 대조 영역에 따라 한·서 대조 학술지 논문들을 구체적으로 살펴보도록 한다. 가장 수가 많은 문법 대조 연구부터 시작하여 어휘/표현 대조 연구, 음운 대조 연구, 기타 대조 연구의 순서로 제시하도록 한다.

2) 문법 대조 연구

한·서 대조 연구에서 가장 활발하게 이루어진 영역이 바로 문법 대조이다. 한국어와 스페인어는 계통적으로 완전히 다른 언어이지만 몇몇 문법 현상을 서로 공유하고 있어 많은 연구자들의 관심을 끌고 있다. 연구 목적에 따라 한·서 문법 대조 연구를 분류하면 다음 〈표 8〉과 같다.

<표 8> 학술지 논문에서의 연구 목적별 문법 대조 연구 동향

연구 목적		연구 수
제2언어 교육 목적의 연구	스페인어교육 연구[14]	8편
	한국어교육 연구[15]	1편
	두 경우를 모두 염두에 둔 연구[16]	1편
제2언어 교육 목적이 아닌 연구[17]		7편
합계		17편

　학술지 논문에서 문법 대조 연구는 스페인어교육 연구가 8편으로 가장 많았으며, 다음으로는 교육 목적이 아닌 스페인어학의 연구가 7편으로 그 뒤를 이었다. 한국어교육 연구와 두 언어를 모두 고려한 연구는 각각 1편씩 있었다. 이를 통해 학술지 논문에서 한·서 문법 대조는 주로 스페인어교육, 스페인어학 분야에서 연구가 이루어졌음을 알 수 있다.

　한·서 문법 대조 연구는 90년대 후반부터 본격적으로 시작된 것으로 보인다. 성충훈(1998; 1999; 2001)의 일련의 연구들은 한국어와 스페인어의 기본적인 문법 현상들에 대해서 대조를 시도한 연구이다. 성충훈(1998)은 양 언어의 동사 분류 체계 양상을, 성충훈(1999)은 양 언어의 단문들의 어순을, 성충훈(2001)은 양 언어의 격 체계 대응 양상을 살폈다. 이들은 모두 한국인 스페인어 학습자를 위한 연구들인데, 양 언어의 차이점을 한국어를 기준으로 설명하면서 스페인어 학습 시의 주의점을 기술하고 있다.

　이후에는 보다 심층적인 문법 현상에 대한 분석들이 등장하였으나,

14　성충훈(1998; 1999; 2001), 최종호(1999), 이만기(2005), 심상완(2003; 2008), 양성혜(2008).
15　강현화·조민정(2003).
16　최종호(2014).
17　김우성(1996), 양승관(2009), 김경희(2011; 2013; 2020; 2021), 박소현(2021).

일부 현상들에만 대조가 치중해 있는 것을 알 수 있었다. 가장 많은 관심을 받는 현상은 양 언어의 주어 생략 현상이다. 스페인어와 한국어는 전혀 다른 계통의 언어지만 특이하게도 이 둘은 모두 pro-drop 언어로서, 문장에서 주어 생략이 매우 활발하게 일어난다는 공통점을 가지고 있다. 본고에서 검색한 자료 중 주어 생략에 관하여 시기적으로 가장 앞선 연구는 김우성(1996)이다. 김우성(1996)은 스페인어의 주어 생략은 문법 차원에서 이루어지는 것이고 한국어의 주어 생략은 담화 차원에서 이루어지는 것이라고 분석하여, 두 언어에서 나타나는 주어 생략의 원인을 서로 다른 것에서 찾았다. 이후에도 주어 생략 현상에 관한 논문들이 많이 발표되었다. 최종호(1999)는 스페인어의 주어 생략은 문법적인 차원에서 이루어지고 한국어의 주어 생략은 담화적인 차원에서 이루어진다는 이분법적인 구분에서 벗어나, 양 언어의 공주어 현상은 모두 (1)문장 내의 선행사에 논항결속되는 경우와 (2)문장 밖 담화상의 선행사에 비논항결속되는 경우가 결합되어 일어나는 현상임을 논증하였다. 최종호(1999)는 한국어와 스페인어에서의 공주어 현상은 동일한 과정을 통해 이루어지지만, 구체적인 용례에서는 차이를 보일 수 있다고 언급하고 있다. 심상완(2003)은 한국어의 주어 생략 메커니즘이 한국인 스페인어 학습자들의 스페인어의 구사에 영향을 미치고 있음을 확인하였다[18]. 한국인 학습자들이 주어 생략이라는 현상 자체를 쉽게 받아들이는 것은 한국어의 긍정적 전이로 파악하고, 스페인어의 주어 생략 환경을 완벽하게 이해하지 못하고 한국어의 주어 생략 환경에 맞추어 주어를 생략시키기 때문에

18 이외에도 심상완(2003)은 한국어와 스페인어의 목적어 생략 현상에 대해서도 대조를 수행하고, 이를 바탕으로 한국인 학습자들의 오류의 원인을 파악하고자 하였다. 역시 한국어의 목적어 생략 환경과 스페인어의 목적어 생략 환경에는 차이가 있기 때문에 학습자들이 이를 완전히 인지하지 못하고 목적어 생략과 관련한 오류를 발생시켰다.

발생하는 오류들은 부정적 전이로 파악하였다. 이만기(2005)에서도 스페인어와 한국어의 주어 생략 환경에는 차이가 있다는 점을 한국인 스페인어 학습자들에게 주지시킬 필요가 있다고 하였다. 즉, 스페인어에서는 주어 생략이 가능한 환경에서라면 반드시 주어 생략이 이루어져야 한다는 사실이다[19]. 김경희(2013)는 1인칭 단수 주어의 경우에 한정하여 한국어와 스페인어의 주어 생략 현상이 어떤 모습으로 나타나는지를 병렬 말뭉치를 통하여 분석하였다. 최종호(2014)는 한국어와 스페인어의 주어 생략 현상을 언어의 경제성과 엄밀성의 관점에서 분석하였다. 박소현(2021)은 정보구조적 관점을 도입하여 병렬 말뭉치를 통해 한국어와 스페인어의 주어 생략 현상을 설명하였다. 이렇듯 주어 생략 현상은 시대가 지나면서 다양한 이론들을 통해 재차 분석이 되는 것을 확인할 수 있다.

주어 생략 현상 이외에 관심을 받은 또 다른 문법 현상은 양 언어의 관계절 형성 방식이다. 그러나 주어 생략 현상만큼 많은 관심을 받지는 못했다. 양성혜(2008)는 한국어의 '-(으/느)ㄴ + 명사' 구문과 이에 대응되는 스페인어의 관계절 구문을 대조하였다. 양성혜(2008)는 스페인어의 관계절 성립이 통사적인 원리에 의해서 이루어지는 반면 한국어의 관계절 성립은 의미론적인 원리에 의해서 성립된다고 주장하며 양 언어 관계사절 성립 방식의 차이점을 강조하였다[20]. 심상완(2008)은 한국어에서는 관계절을 만드는 과정에서 부사격 조사가 탈락하지만 스페인어에서는

---

19 이만기(2005)는 한국인 스페인어 학습자들이 산출한 오류에 초점을 맞춘 연구이다. 이만기(2005)에서는 주어 생략 현상 외에도 정보 구조에 따라 바뀌는 어순, 목적격 표지로 사용되는 전치사 'a'와 한국어의 목적격 조사 '을/를'를 중심으로 학습자들의 오류를 분석하였다.

20 양성혜(2008)은 이론적 대조뿐만 아니라 간단한 번역 테스트를 실시하여 한국인 스페인어 학습자들이 산출한 오류 문장을 분석하기도 하였다.

전치사가 탈락하지 않는다는 사실에 주목하여 이를 생성문법의 관점에서 통합적으로 설명하고자 시도하였다. 심상완(2008)은 두 언어의 차이점을 드러내는 것을 넘어서 하나의 이론으로 두 언어의 문법 현상을 통합하려고 시도했다는 의의가 있다.

이외에도 김경희(2011; 2020; 2021), 양승관(2009)에 의해 이루어진 문법 대조 연구들이 있다. 김경희(2011)는 한국어와 스페인어의 복수접미사 '-들', '-(e)s'를 대조하였다. 김경희(2011)는 생성문법의 관점에서 분류사 언어인 한국어와 비분류사 언어인 스페인어의 수 일치 현상에서 나타나는 차이점을 복수접미사를 통해 설명하였다. 김경희(2020)는 한국어와 스페인어의 양보구문 출현 양상을 분석하였다. 김경희(2020)에서는 양 언어의 양보구문을 분석함에 있어 형태적 접근뿐만 아니라 인지적 접근법까지 적용한 것이 특징이다. 김경희(2021)는 스페인어의 계사 'ser' 동사와 한국어의 '이다'의 문법 범주를 대조 분석하였는데, 형태 중심의 문형 분석의 부족한 점을 보완하기 위해 김경희(2020)와 마찬가지로 인지적 대조 분석의 틀을 적용하였다. 이에 따라 문화적 차이와 인지적 차이가 언어 형식에 어떻게 반영되어 구현되는지 살펴보았다. 또한 김경희(2020; 2021)는 이론적 분석 내용을 성경 병렬 말뭉치 분석을 통해 재차 확인한 것이 특징이다. 양승관(2009)은 한국어 조사 '이/가', '은/는'과 스페인어의 관사 'un/una', 'el/la'를 각각 대응시키고자 하였다. 양승관(2009)은 이를 위해 한국어 조사와 스페인어 관사에 대한 전통적 분석의 한계를 제시하고 Guillaume(1975)의 이론에 따라 특정성과 총칭성이라는 개념을 도입하여 두 나라 언어의 상이한 문법 범주를 동일한 틀에서 설명하고자 하였다.

스페인어권 한국어 학습자에게 초점을 맞추어 진행한 한·서 대조 연구로는 강현화·조민정(2003)이 있다. 강현화·조민정(2003)은 스페인어권 한국어 학습자가 생산한 어미, 조사 및 시상, 사동 범주의 오류를 분석하여 양 언어 간의 차이가 학습자의 오류에 많은 영향을 미치는 것을 확인하였다.

앞서 살핀 것처럼 한·서 문법 대조 연구는 주어 생략 현상이나 관계절 형성 등 특정 문법 현상에만 연구가 집중되어 있는 경향을 보인다. 또한 양 언어의 문법 현상을 하나의 틀로 포괄적으로 설명하려는 최종호(1999), 심상완(2008), 양승관(2009)과 같은 연구들이 있다는 것이 특징적이다.

3) 어휘/표현 대조 연구

어휘 및 표현 대조 연구는 한·서 대조 연구에서 두 번째로 활발하게 이루어진 영역으로[21], 학술지 논문이 그 흐름을 주도하고 있다. 이는 학위 논문에서 어휘 및 표현 대조 연구가 5편인 것과는 대조적이다. 연구 목적에 따라 한·서 어휘 및 표현 대조 연구를 분류하면 다음 〈표 9〉와 같다.

〈표 9〉 학술지 논문에서의 연구 목적별 어휘 및 표현 대조 연구 동향

연구 목적		연구 수
제2언어 교육 목적의 연구	스페인어교육 연구[22]	4편
	한국어교육 연구	0편
	두 경우를 모두 염두에 둔 연구[23]	3편
제2언어 교육 목적이 아닌 연구[24]		6편
합계		13편

---

21 분석 대상이 된 논문 중에서는 스페인어와 한국어의 기본 동사를 조사하고 각 동사들의 격틀(문형)을 대조한 연구들이 있었다. 여기에서는 이를 문법 현상 자체에 대한 대조가 아닌 개별 동사 대 동사의 대조로 보아서 문법 대조 연구가 아닌 어휘/표현 대조 연구로 분류하였다.

22 신자영(2003), 임효상(2009), 양승관(2010), 조혜진(2017).

23 강현화·신자영·이재성(2002), 강현화(2002), 조민정·신자영(2003).

학술지 논문에서 어휘 및 표현 대조 연구는 제2언어 교육 목적이 아닌 연구가 6편으로 가장 많았으며, 그중에서 스페인어학 연구가 4편, 로망스어학 연구가 2편 있었다. 다음으로 스페인어교육 연구는 4편이 있었으며, 스페인어교육과 한국어교육을 모두 고려한 연구가 3편이 있었다. 한국어교육만을 대상으로 한 연구는 찾아볼 수 없었다. 이를 통해 문법 대조 연구와 마찬가지로 어휘 및 표현 대조 연구에서도 스페인어교육과 스페인어학의 연구가 주를 이루고 있음을 알 수 있다.

먼저, 기본 동사에 대한 연구부터 살펴보도록 한다(강현화, 2002; 강현화·신자영·이재성, 2002; 신자영, 2003; 강현화·조민정, 2004). 지금까지 이루어진 기본 동사 연구는 스페인어 교재와 한국어 교재, 그리고 각 언어의 말뭉치를 이용하여 고빈도로 사용되는 기본 동사를 추출한 뒤, 각 기본 동사의 격틀을 대조하는 식으로 이루어졌다. 이 중 강현화·신자영·이재성(2002)과 신자영(2003)은 한국어의 상위 빈도 기본 동사 50여 개에서 출발하여 대조를 수행하였고, 강현화(2002)는 스페인어의 상위 빈도 기본 동사 50여 개에서 출발하여 대조를 수행하였다. 각각의 연구들은 기본 동사들은 대체로 다의어가 많다는 점에 착안하여 양 언어의 기본 동사들의 의미 중복도를 제시하였으며, 특히 신자영(2003)은 이러한 의미 중복도를 바탕으로 기본 동사들의 상대적인 의미 영역을 제시하였다는 점에서 의의가 있다[25].

연어 및 표현에 대한 연구에서는 각 언어의 연어 구성, 관용표현, 속

24 신자영·이만기(2007), 신자영·이기철(2007), 신자영·이기철·나윤희(2008), 김경희(2010; 2015), 조혜진(2014).
25 신자영(2003)은 이외에도 한국어, 스페인어의 상위 빈도 동사 구문에 대한 대조를 통해 한국인 스페인어 학습자에게 나타날 수 있는 오류를 예측하고 실제 스페인어 학습자들의 작문 시험지에서 나타난 오류를 기술 및 설명하였다.

담이 다루어졌다[26]. 연어 구성에 관한 연구부터 살펴보도록 한다. 신자영·이만기(2007)는 한국어와 스페인어에 존재하는 '신체어를 핵으로 하는 연어'들을 대조하였다. 신자영·이만기(2007)는 일정한 통사적 대응 패턴을 보이는 연어들을 대상으로 분석을 진행하였고, 이러한 대응 양상이 발생하는 원인을 스페인어와 한국어의 연어에 모두 존재하는 '신체어-소유주 분리 현상'으로 설명하였다. 이 외의 연어 대조 연구로는 신자영·이기철(2007)과 신자영·이기철·나윤희(2008)[27]가 있다. 위의 두 연구는 스페인어뿐만 아니라 이탈리아어, 프랑스어 등을 포괄하는 로망스어와 한국어의 연어 대응 양상을 살피고 이를 바탕으로 다국어 연어 대조 데이터베이스의 구축 및 계량 방안을 모색하였다.

한국어와 스페인어의 관용표현과 속담을 대조한 연구로는 조민정·신자영(2003), 임효상(2009), 조혜진(2014), 조혜진(2017)이 있다. 관용표현과 속담에 대한 연구는 연어 구성에 대한 연구들과는 다르게 각 항목들의 대응 양상을 문법적으로 설명하기보다는 관용표현과 속담에서 발견할 수 있는 한국어 사용자와 스페인어 사용자의 문화적 차이를 설명하는 것에 초점을 맞춘 것이 특징이다. 이러한 연구들은 원활한 의사소통을 위해 서로의 문화적 차이를 이해할 것을 강조하고 있다. 조민정·신자영(2003)은 한국어와 스페인어의 기본 어휘가 구성 요소로 들어간 관용표현을 연구 대상으로 삼고 있으며, 조혜진(2014)는 날씨와 관련된 속담을 연구 대상으로 삼고 있다. 특히 조혜진(2017)은 신체어를 핵으로 하는 관용표현 중에 축자적인 해석이 동일한 관용표현을 대상으로 대조를 진행

---

26 연어 구성, 관용표현이라는 용어의 정의에 대해서는 여러 의견들이 있으나 여기에서는 용어의 엄밀한 정의에 대해서는 논하지 않도록 한다.

27 특별히 해당 논의에서는 연어 의미 기술 도구로 어휘 함수(lexical function)를 사용할 것을 제안하고 있다.

하였다[28]. 조혜진(2017)은 동일한 구성요소로 이루어진 각 언어의 관용표현이 서로 다르게 해석되는 사례들을 분석하여 한국어 사용자와 스페인어 사용자의 문화적 차이를 인지 체계의 차이라는 관점에서 기술하였다. 임효상(2009)에서는 한국어 속담과 스페인어 속담의 일반적인 특징들을 대조하고 있다. 한국어와 스페인어에서는 모두 속담의 주요 기능인 교훈성, 관용성, 비유성을 나타내기 위해 각 나라의 문화적인 배경이 담긴 표현을 사용하고 있었다. 따라서 속담의 학습에는 역사·문화적 이해가 반드시 수반되어야 한다고 할 수 있다.

이외의 어휘 대조 연구로는 김경희(2010; 2015)에 의해서 이루어진 일련의 연구들이 있다. 김경희(2010)는 시각 인지동사 'ver/mirar'와 '보다'를, 김경희(2015)는 이동동사 'ir'와 '가다'를 각 동사의 의미 확장 방식에 따라서 대조하였다. 위의 연구들은 단순한 형태·통사적 대조 방식을 사용하지 않고 동사의 의미 확장 양상을 추적하는 방식으로 어휘 대조를 실시하였다는 점이 특징적이다.

한·서 어휘 및 표현 대조 연구는 이른바 고빈도의 '기본 동사'들에 대한 대조에 치중되어 있는 것을 확인할 수 있다. 앞으로는 보다 다양한 품사의 어휘들에 대한 실질적 대조가 필요할 것으로 생각된다.

4) 음운 대조 연구

본 항목에는 단순 음운 대조뿐만 아니라 양 언어의 음운 규칙을 대조한 연구까지 포함되었지만 편의상 모든 사항을 '음운 대조 연구'로 표현하도록 한다. 연구 목적에 따라 한·서 음운 대조 연구를 분류하면 다음

---

28 조혜진(2017)에서는 이를 '거짓 짝'이라는 용어로 표현하고 있다. 한국어와 스페인어는 서로 다른 어족에 속하므로 '친족어'라는 표현을 쓸 수 없기 때문이다.

〈표 10〉과 같다.

〈표 10〉 학술지 논문에서의 연구 목적별 음운 대조 연구 동향

연구 목적		연구 수
제2언어 교육 목적의 연구	스페인어교육 연구[29]	1편
	한국어교육 연구[30]	3편
	두 경우를 모두 염두에 둔 연구	0편
제2언어 교육 목적이 아닌 연구		0편
합계		4편

음운 대조 연구는 어휘 대조 연구나 문법 대조 연구에 비해서는 그 수가 적으나, 모두 제2언어 교육에 초점이 맞춰져 있다는 것이 특징적이다. 또한 학술지 논문의 한·서 대조 연구가 전체적으로 스페인어교육 분야에서 이루어진 것과 달리, 음운 대조 연구에서는 4편의 연구 중 3편이 한국어 교육 분야에서 연구되었다는 점에 주목할 만하다. 이는 한국어의 음운 체계가 스페인어에 비해 상대적으로 복잡하기 때문인 것으로 생각된다.

먼저, 한국인 스페인어 학습자를 위한 연구로는 김원필(2002)이 있다. 김원필(2002)은 한국어와 스페인어의 자음 체계 및 자음 동화 현상을 대조함으로써 한국인 학습자가 스페인어를 배울 때 느낄 어려움을 예측하였다. 김원필(2002)은 학습 난이도를 예측함에 있어서 음운 규칙을 모순성, 양립성, 결핍성을 기준으로 예측을 시도하였다.

다음으로 스페인어권 한국어 학습자를 위한 연구들을 살펴보도록 한다. 서경석(2007)은 스페인어권 학습자를 위한 한국어 음운 교수법을 제시한 초기 연구이다. 서경석(2007)은 한국어와 스페인어의 음운 체계를

---

29 김원필(2002).
30 서경석(2007), 김원필(2009), 김명광(2016).

대조한 결과와 멕시코 한국어 학습자들이 실제로 한국어 수업에서 생산한 오류들을 바탕으로 하여 한국어 음운 교수법을 제시하고 있다. 서경석(2007)은 모음을 지도할 때는 한국어 모음의 개구도와 입술 모양을 강조하며 지도하고, 자음은 한국어의 평음-경음-격음의 삼지적 상관속을 강조하되 스페인어에 있는 비슷한 음운을 최대한 활용하여 지도할 것을 제시하고 있다. 김원필(2009)은 서경석(2007)의 논의 결과를 바탕으로 보다 조음음성학적인 관점에서 한국어 음운 교수법을 제시하고 있다. 김원필(2009)은 스페인어의 변이음이나 지역적 방언 차이까지 고려하여 한국어 음운 교수법을 제시하고 있다는 것이 특징이다. 김명광(2016)은 한국어와 스페인어의 자음 체계 대조를 통해 스페인어권 한국어 학습자들의 자음 학습 순서를 제시하였다. 또한 Prator(1972)의 난이도 위계 6단계[31]를 한국어 자음 체계에 적용하여 분석을 시도하였다.

한·서 음운 대조 연구는 모두 이론적 논의만을 바탕으로 한국어와 스페인어 음운의 학습법 및 교수법을 제시하는 데 집중하고 있다. 이는 음운 대조 영역에서 보이는 한·서 대조 학위 논문 연구 동향과의 차이점이다. 한·서 음운 대조가 주제인 학위 논문들은 대부분 실험음성학적 접근법으로 양 언어 간의 음운을 대조하고, 나아가 학습자가 생산한 음성들의 특징까지 물리적으로 분석하였다. 이에 대해서는 3.3에서 후술하도록 한다.

5) 담화 대조 연구

한·서 담화 대조 연구는 한 편이 있었다. 연구 목적에 따라 한·서 담화 대조 연구를 분류하면 다음 〈표 11〉과 같다.

---

31 0단계에서부터 5단계로 이루어져 있다. 순서는 다음과 같다: 전이(transfer) - 융합(coalescence) - 과소구별(under-differentiation) - 재해석(reinterpretation) - 과잉구별(over-differentitation) - 분리(split).

〈표 11〉 학술지 논문에서의 연구 목적별 담화 대조 연구 동향

연구 목적		연구 수
제2언어 교육 목적의 연구	스페인어교육 연구	0편
	한국어교육 연구	0편
	두 경우를 모두 염두에 둔 연구[32]	1편
제2언어 교육 목적이 아닌 연구		0편
합계		1편

담화 대조 연구는 한국어와 스페인어교육과 한국어교육을 모두 고려
한 연구만 1편이 있었다. 신자영(2005)은 설문을 통해 동일한 요청화행
이 실현되는 상황에서 스페인어와 한국어의 언어적 표현 양상에 차이가
있음을 밝히고, 그 원인을 문법 체계의 차이로 설명하고자 하였다. 이
연구는 한국어에서는 '공손함'을 표시하는 형태소들이 다수 존재하므로
화용론적 간접화행 전략의 사용 빈도가 낮으며, 스페인어와 영어를 비롯
한 서구 언어에서는 공손함을 표시하는 통사·형태적 표지가 상대적으로
덜 발달되어 간접화행 전략에 더 의존하게 된다는 사실을 밝혔다.

6) 그 외 대조 연구

여기에서는 그 외 영역의 대조 연구들과 여러 영역의 대조가 복합적으
로 이루어진 연구에 대해서 간략히 소개하도록 한다.

(1) 문화 대조

양승관(2006)은 인사, 시간 개념, 위계질서, 남성 중심 문화, 문화 에티켓,
집단주의 대 개인주의, 사고 및 의식구조를 키워드로 하여 양 국가의 문화적
차이가 각 언어의 생활 표현에 반영되는 것을 확인하였다. 이후 언어 교육에

---

32 신자영(2005).

있어서는 언어 구조에 대한 사항뿐만 아니라 문화적 차이에 대한 사항까지 교육이 이루어져야 원활한 의사소통이 가능함을 역설하였다.

(2) 텍스트 대조

정혜윤(2020)은 스페인어, 한국어 온라인 신문의 표제들을 모아 비교 말뭉치를 구축하여[33] 양 언어권의 온라인 신문 표제들을 형식적 측면과 내용적 측면으로 나누어 분석하였다. 정혜윤(2020)은 표제 텍스트가 그 짧은 길이에도 불구하고 언어와 문화권, 그리고 각 언어권의 저널리즘 특징의 차이를 강하게 드러낸다는 사실을 보였다.

(3) 기타: 병렬 말뭉치 구축 방법론

신자영(2010)은 스페인어 화용론 및 담화 연구를 위한 서·한 구어 병렬 말뭉치 구축 방법을 모색하였다. 신자영(2010)은 구어 연구의 대상에는 단순 음성뿐만 아니라 여러 비언어적 표현들이 포함되어야 함을 강조하며 스페인 영화와 그에 대한 한국어 자막으로 구어 병렬 말뭉치를 구축할 것을 제안하였다. 신자영(2010)은 이렇게 구축한 구어 병렬 말뭉치가 담화·화용론 연구에 있어 연구자의 직관을 배제하고 객관성을 더하는 데에 도움을 줄 것이라고 보았다.

(4) 복합

박숙희(2014ㄱ)는 스페인어권 한국어 학습자만을 위한 한국어 교재의

---

33 구글 뉴스 검색 기능을 사용하여 2016년 세계적 이목을 끌었던 화제 인물들에 대한 기사들 중 한국, 스페인, 라틴아메리카 각국 주요 언론사들의 온라인 신문을 인물별, 언어별로 약 100편씩 선정하여 총 950개 기사문의 표제를 사용하여 비교 말뭉치를 구축하였다.

필요성을 강조하였다. 박숙희(2014ㄱ)는 기출판된 스페인어권 외국인을 위한 한국어 교재에 대한 평가와 간단한 한·서 음운 체계 대조 및 문법 대조[34]를 수행한 후, 스페인어권 한국어 학습자만을 대상으로 하는 한국어 교재 제작 지침을 제안하였다.

강현화·조민정(2004)은 한국어와 스페인어에 나타난 어휘적 차이와 통사적 차이, 그리고 관용 표현[35]의 특징을 대조함으로써 언어에 나타나는 문화적 차이를 설명하였다. 이를 통해 언어 교육 연구에서 문화적 차이에 대한 논의도 이루어져야 할 필요가 있음을 강조하였다. 또한 강현화·조민정(2004)은 2.3.에서 언급한 기본동사에 대한 일련의 연구들(강현화, 2002; 강현화·신자영·이재성, 2002; 신자영, 2003)에서 도출된 격틀 대응 양상을 종합적으로 정리하여 제시하고 있다.

3. 한·서 대조 학위 논문

1) 개괄 및 총평

이 장에서는 한·서 대조 학위 논문의 경향을 연도별, 연구 목적별, 대조 영역별, 연구 방법별로 살펴보도록 한다. 그리고 구체적인 연구 내용을 대조 영역별로 자세히 살펴보도록 한다. 한·서 대조 학위 논문은 총 31편으로[36], 특기할 만한 점은 모두 석사 학위 논문이라는 점이다.

---

34 해당 논의에서는 한국어 조사 '은/는', '이/가'와 그에 대응하는 스페인어의 관사, '에', '에서', '(으)로'와 그에 대응하는 스페인어의 전치사에 대한 대조를 간단하게 수행하였다.

35 한국어와 스페인어의 기본 어휘가 구성 요소로 들어간 관용표현으로 연구 대상을 한정하고 있다.

36 RISS에서 '한국어 스페인어 대조'라는 키워드로 검색한 결과 총 32편의 학위 논문이

학위 논문을 연도별로 분류한 결과는 다음 〈표 12〉와 같다.

〈표 12〉 연도별 한·서 대조 학위 논문의 연구 동향

연도	-2009	2010-2014	2015-2019	2020-
연구 수	2편	5편	11편	13편

2010년 이전에는 한·서 대조를 주제로 한 학위 논문이 거의 발표되지 않았으나 2010년을 기점으로 그 수가 점점 증가하기 시작하였다. 2020년부터 2022년까지 최근 3년 동안 발표된 한·서 대조 학위 논문은 13편으로, 발표된 전체 학위 논문의 절반에 가까운 수가 이 기간에 수행되었다. 즉, 스페인어는 다른 언어들과 다르게 비교적 최근에 들어서야 본격적으로 주목을 받기 시작했다고 볼 수 있다. 다음은 연구 목적별로 한·서 대조 학위 논문을 살펴보도록 하겠다.

〈표 13〉 연구 목적별 한·서 대조 학위 논문의 연구 동향

연구 목적			연구 수
제2언어 교육 목적의 연구	스페인어교육 연구[37]		8편
	한국어교육 연구	스페인어권 학습자 일반[38]	16편
		중남미 학습자[39]	4편
		스페인 학습자[40]	2편
제2언어 교육 목적이 아닌 연구(스페인어학)[41]			1편
합계			31편

검색되었다. 여기에 한·서 대조 학위 논문들을 개별적으로 검토하는 과정에서 추가적으로 2편의 논문이 더 검색되었다. 이 중 3편은 열람 불가 처리가 되어 있어, 이것을 제외하고 총 31편의 학위 논문을 대상으로 전체적 경향을 확인하도록 한다.

37   조준민(2008), 윤현지(2011), 송아람(2013), 이윤선(2013), 문정(2014), 황경진(2020), 김주경(2020ㄴ), 김민희(2022).

38   박하나(2011), 한지윤(2015), 강지선(2015), 줄리아니(2015), 이가희(2016), 오태진(2018), 황규상(2018), 이자미(2019), 서지연(2020), 안드레아(2021), 이혜진(2021),

학술지 논문에서 발견되는 경향과 다르게 학위 논문은 외국어 교육적 차원에서 이루어진 것이 대부분이었다. 31편의 학위 논문들 중 30편의 논문들이 외국어 교육적 차원에서 수행된 것들이었다. 학술지 논문에서는 40편의 연구 중 25편만이 외국어 교육을 목적으로 수행된 연구들이라는 점을 고려한다면, 이는 상당히 특징적이다. 학위 논문 중에서는 손지은(2006)만이 스페인어학에서 이루어진 연구였다. 또한 학위 논문에서는 한국어교육 연구가 스페인어교육 연구의 수보다 많았는데, 이 역시 스페인어교육 연구가 더 많았던 학술지 논문과의 차이점이라 할 수 있다. 또 특징적인 사항은 학위 논문에서는 스페인어권 학습자 중에서도 특정 지역의 학습자를 대상으로 한 논문이 6편 있다는 것이다. 이는 스페인어권 국가라 하더라도 국가별로 사용하는 스페인어에 차이가 있으며 이에 따른 연구가 이루어져야 할 필요가 있음을 시사한다. 다음으로는 대조 영역별로 학위 논문을 살펴보도록 하겠다.

〈표 14〉 대조 영역별 한·서 대조 학위 논문의 연구 동향

대조 영역	연구 수
문법 대조	13편
음운 대조	12편
어휘/표현 대조	4편
담화 대조	1편
복합[42]	1편
합계	31편

조아현(2021), 엘리사 파올라(2021), 이윤미(2022), 신성은(2022), 김효진(2022).

39 권해주(2015), 김민경(2019), 이승훈(2015), 이신영(2015).

40 이찬희(2020), Maria Begona(2021).

41 손지은(2006).

42 조준민(2008)이 여기에 해당한다. 위 논문은 한국인 학습자가 스페인어를 학습할 때

학위 논문과 마찬가지로 대조 연구가 가장 많이 이루어진 영역은 문법 대조이다. 두 번째로 많이 이루어진 영역은 음운 대조이다. 한·서 음운 대조를 다룬 학술지 논문이 4편이라는 것을 생각한다면, 상대적으로 많은 수의 음운 대조 연구가 학위 논문에 집중되어 있는 것을 확인할 수 있다. 세 번째로 많이 이루어진 연구는 어휘 및 표현 대조이다. 학술지 논문에서 어휘 및 표현 대조 연구가 12편이라는 것을 고려하면 그에 비해 연구의 수가 적은 것이 특징적이다. 담화 대조 연구는 단 1편이 검색되어, 학술지 논문과 마찬가지로 가장 적은 수의 연구가 이루어진 영역이다.

다음으로는 사용된 연구 방법에 따라 학위 논문들을 살펴보도록 한다. 학위 논문의 한·서 대조 연구 방법은 크게 여섯 가지가 등장한다. 그 방법으로는 학습자를 대상으로 테스트를 진행하거나 학습자가 제출한 과제물을 분석하는 연구, 실험음성학적 분석을 진행한 연구, 사전을 사용하여 대조를 진행한 연구, 말뭉치를 사용하여 대조를 진행한 연구, 이론적 논의만 진행한 이론적 대조 연구, 마지막으로 현지인에게 설문조사를 시행한 연구가 있었다. 연구 방법이 다섯 가지가 등장한 학술지 논문의 한·서 대조 연구와는 약간의 차이를 보인다. 가장 눈에 띄는 차이점이라면 학술지 논문에서 등장하던 번역을 이용한 대조가 학위 논문에서는 사용되지 않는다는 점, 대신 실험음성학적 분석이나 현지인 설문조사와 같은 방법은 학위 논문에서만 사용되었다는 점이다.

하나의 연구에서 두 가지 이상의 연구 방법을 사용한 경우가 있었는

생산하는 오류의 현상을 살펴본 연구이다. 조준민(2008)은 한국인 학습자의 오류를 '한국어의 의미 영역이 잘못 반영된 오류'와 '한국어의 문법적 구조가 반영된 오류'로 나누어 살펴보았다. 이때 스페인어와 한국어 사이의 문법 대조, 어휘 대조가 모두 이루어졌다. 조준민(2008)의 연구 내용들은 각 연구 영역에 맞게 2)와 4)에 모두 실려 있다.

데, 그러한 경우에는 각각의 연구 방법에 중복하여 포함시켰다. 이를 바
탕으로 학위 논문을 분류하면 아래의 〈표 15〉와 같다.

〈표 15〉 연구 방법별 한·서 대조 학위 논문의 연구 동향

연구 방법	연구 수	
학습자 대상 테스트 /학습자 산출 과제물 분석	문법(8), 음운(3), 문법/어휘(1)	12편
실험음성학적 분석	음운(9)	9편
사전 대조	어휘/표현(3), 문법(1), 문법/어휘(1)	5편
말뭉치	문법(2), 어휘/표현(1), 담화(1)	4편
이론적 대조	문법(3), 어휘/표현(1)	4편
현지인 대상 설문조사	어휘/표현(1)	1편

학위 논문에서 가장 많이 사용된 연구 방법은 한국어 학습자를 대상으
로 한 테스트와 학습자들이 산출한 과제물을 분석하는 것이었다. 총 12
편의 학위 논문이 이러한 자료를 분석하였다(조준민, 2008; 박하나, 2011;
이윤선, 2013; 권해주, 2015; 줄리아니, 2015; 이가희, 2016; 김민경, 2019; 이자
미, 2019; 서지연, 2020; 안드레아, 2021, Maria Begona, 2021; 이윤미, 2022).
이러한 연구들은 한국어와 스페인어 사이의 순수 대조에 집중했다기보
다는 학습자들의 오류 분석이나 습득 순서 분석에 초점이 맞춰진 연구들
이었다. 앞부분에 이론적 대조를 통해 각 언어의 특징을 대조하고 발생
할 수 있는 오류나 습득 순서를 예측한 뒤, 그러한 예측이 실제의 결과와
일치하는지 테스트와 과제를 통해 확인하였다. 혹은 그러한 예측 없이
테스트와 과제에 나타나는 학습자들의 한국어 사용 양상을 통해서 양
언어의 차이를 확인하는 방식으로 논문이 구성되었다. 학위 논문의 특성
상 학술지 논문보다 실험 결과와 그에 대한 분석에 더 많은 지면을 할애
할 수 있기 때문에 연구자들이 보다 자유롭게 학습자들이 산출한 테스트
결과나 과제물을 사용할 수 있었던 것으로 추측된다. 학습자 대상 테스

트와 학습자 산출 과제물 분석은 대체로 문법 대조 연구에서 많이 사용되었는데, 몇몇 음운 대조 연구에서 사용된 것도 특기할 만하다. 음운 대조 연구에서 사용된 분석 대상은 표기 오류로 이어지는 발음 오류를 확인하기 위한 학습자의 작문 자료(권해주, 2015)와 학습자의 구어를 한글 음소로 전사한 자료(박하나, 2011; 김민경, 2019)가 있었다.

두 번째로 많이 사용된 연구 방법은 실험음성학적 분석이었다. 총 9편의 학위 논문이 실험음성학적 분석 방법을 선택하였다(문정, 2014; 강지선, 2015; 이신영, 2015; 한지윤, 2015; 김주경, 2020ㄴ; 이찬희, 2020; 황경진, 2020; 조아현, 2021; 김민희, 2022). 이 경우는 학습자의 음성과 모어 화자의 음성의 물리적 수치들을 비교하는 방식으로 연구가 진행되었다. 모든 연구가 음운 대조 영역의 연구이므로, 이에 대한 자세한 내용은 3.3.에서 다시 다루도록 한다.

세 번째로 많이 사용된 연구 방법은 사전을 활용한 대조이다. 총 5편의 학위 논문이 사전적 대조를 통해 연구를 진행하였다(조준민, 2008; 이승훈, 2015; 오태진, 2018; 엘리사 파올라, 2021; 이윤미, 2022). 이윤미(2022)를 제외하면 나머지 논문들은 모두 어휘/표현 대조 연구였다. 어휘/표현 대조 연구에서 특히 사전적 대조라는 방법론이 가장 많이 사용된 것은 사전이라는 연구 자료의 특징이 반영된 결과이다. 어휘/표현에 대한 정보를 가장 쉽게 찾을 수 있는 출처가 사전이기 때문이다. 문법 대조 연구인 이윤미(2022)는 한국어 조사와 스페인어 격 체계에 대한 대조를 시도한 연구이다. 조사 역시 한국어의 품사 체계 안에서 단어로 취급된다는 사실을 고려해 본다면, 이 또한 연구 대상에 대한 정보를 가장 체계적으로 쉽게 얻을 수 있는 자료가 사전이기 때문에 사전적 대조가 사용된 것으로 생각할 수 있다.

말뭉치 분석을 통해 한·서 대조를 수행한 학위 논문은 총 4편이었다

(윤현지, 2011; 이승훈, 2015; 김효진, 2022; 신성은, 2022). 40편의 학술지 논문 중 8편의 논문에서 말뭉치가 대조를 위해 직접적으로 사용된 것과는 차이가 있다. 윤현지(2011)는 비교 말뭉치, 병렬 말뭉치, 중간언어 말뭉치 등 총 여섯 종류의 말뭉치를 사용하여 학습자 모국어의 전이 양상을 구체적으로 파악하였다. 김효진(2022)은 한국과 스페인의 드라마 대본을 사용하여 비교 말뭉치를 구축하고 이를 담화 대조에 활용하였다. 신성은(2022)은 스페인어 드라마와 그에 대한 한국어 자막을 활용하여 병렬 말뭉치를 구축하여 문법 대조에 활용하였다. 이승훈(2015)은 스페인어 단일어 말뭉치를 사용하여 용례들을 파악하였다.

특별한 자료 없이 이론적인 대조만 수행한 연구도 총 4편 검색되었다 (손지은, 2006; 송아람, 2013; 황규상, 2018; 이혜진, 2021). 손지은(2006)을 제외하면 나머지 논문들은 모두 문법 대조 연구였다. 송아람(2013)은 부정과 양화사구, 황규상(2018)은 시제, 이혜진(2021)은 피동에 관해 한국과 스페인어 간의 대조를 수행하였다. 위의 연구들은 특정한 언어 단위의 용법에 대한 대조보다는 전반적인 문법 체계에 대한 대조를 수행한 연구들이기 때문에 이론적 대조라는 방식이 선택되었다. 손지은(2006)은 한국어와 스페인어의 부정 극어에 대한 연구이다. 부정이라는 기능에 초점을 맞춘다면 손지은(2006) 역시 문법 연구의 성격을 지니고 있기 때문에 전반적인 체계에 대한 이론적 대조가 가장 효율적인 대조 방법이었으리라고 생각된다.

현지인을 대상으로 한 설문조사를 수행한 연구도 한 편 있었다(이승훈, 2015). 이승훈(2015)은 중남미 지역에서 미각 형용사가 맛 표현 이외의 의미로 사용되는 경우를 조사하기 위해 중남미 현지인들에게 설문조사를 실시했다. 이승훈(2015)는 설문조사를 통해 'agrio(시다)', 'dulce(달다)', 'amargo(쓰다)', 'picante(맵다)', 'salado(짜다)'가 맛 표현 이외의 의미로 쓰이는 예시들을 중남미 현지인들로부터 직접 수집하였다.

다음부터는 대조가 이루어진 영역에 따라 연구들을 분류하도록 한다. 가장 수가 많은 문법 대조 연구부터 시작하여 음운 대조 연구, 어휘/표현 대조 연구, 담화 대조 연구의 순서로 제시하도록 한다.

2) 문법 대조 연구

학술지 논문과 마찬가지로 학위 논문에서 한·서 대조가 연구가 가장 많이 이루어진 영역은 문법 대조이다. 총 14편의 연구가 이루어졌으며, 2015년까지는 스페인어교육 분야에서 연구가 이루어지다가 2015년 이후로 한국어교육 분야에서의 연구가 증가한 것으로 보인다. 연구 목적에 따라 한·서 문법 대조 연구를 분류하면 다음 〈표 16〉과 같다.

〈표 16〉 학위 논문에서의 연구 목적별 문법 대조 연구 동향

연구 목적		연구 수
제2언어 교육 목적의 연구	스페인어교육 연구[43]	4편
	한국어교육 연구[44]	10편
제2언어 교육 목적이 아닌 연구		0편
합계		14편

학위 논문에서 문법 대조 연구는 모두 제2언어 교육을 목적으로 이루어졌으며, 그중에서도 한국어교육의 연구가 10편으로 스페인어교육의 연구보다 더 많은 것을 확인할 수 있다. 이는 학술지 논문에서 문법 대조 연구가 주로 스페인어교육 및 스페인어학 분야에서 이루어진 것과 상반

---

43 조준민(2008), 윤현지(2011), 송아람(2013), 이윤선(2013).

44 줄리아니(2015), 이가희(2016), 이자미(2019), 황규상(2019), 서지연(2020), 안드레아(2021), 이혜진(2021), Maria Begona(2021), 신성은(2022), 이윤미(2022).

되는 경향이라고 할 수 있다.

학위 논문에서 한·서 문법 대조 연구는 두 언어의 문법 체계를 대조한 뒤 모국어인 스페인어의 간섭으로 학습자들에게 일어나는 오류 양상을 살펴보는 연구가 많았다. 혹은 학습자들이 모국어의 문법 항목을 목표 언어의 어떤 항목에 대응시키는지 살펴보는 연구도 있었다. 이처럼 실제 학습자들의 언어 사용 양상을 살펴보기 위하여 대부분의 연구는 학습자를 대상으로 한 테스트의 결과와 학습자들이 산출한 과제물을 분석하는 방법을 사용하였다.

문법 세부 영역을 보면 한국어 조사에 대한 연구가 네 편으로 가장 많으며 이 중에서 두 편의 연구가 단독으로 '은/는', '이/가'를 다루고 있었다. 안드레아(2021)는 스페인어권 한국어 학습자가 '은/는'과 '이/가'를 사용할 때 나타나는 오류를 살펴보았는데, 연구 결과 주격조사 '이/가'의 지정 기능에서 오류가 가장 많이 나타났으며, 오류의 유형으로는 '은/는', '이/가'를 대치하는 오류가 가장 많이 나타남을 알 수 있었다. 이러한 결과를 바탕으로 스페인어권 학습자를 위한 조사 교육 방안을 조사의 기능별로 제시하였으며 실제 수업 지도안까지 작성하였다. 이 연구는 단순히 오류 양상을 살펴본 것에 그치지 않고, 한국어교육에 적용할 수 있는 구체적인 방안을 제시하였다는 것에 의의가 있다. Maria Begona(2021)는 스페인 한국어 학습자들의 '은/는, 이/가' 습득 양상을 숙달도별로 관찰하였는데, '은/는, 이/가'를 정보구조적 관점에서 살펴보았다는 것이 특징적이다. 연구 결과, '은/는, 이/가'의 습득은 숙달도와 큰 관계가 없었으며, 한국어와 스페인어 대조에서 정보구조 기능이 대응되는 일부를 제외한 조사 대부분의 의미에서 학습자들이 습득의 어려움을 겪는 것을 알 수 있었다. 이를 바탕으로 기존의 '은/는, 이/가' 교육 방법에서 벗어나 한국어와 스페인어 사이의 유사성을 고려하여 정보구조적 관점에서 교육을 진행해야 할 필요가 있음을 주장하였다[45].

이가희(2016)는 스페인의 말라가 대학교(Universidad de Málaga)에서 수집한 초급 한국어 학습자들의 자유 작문 과제를 분석하여, 학습자들의 조사 오류를 분석하였다. 이때 한국어의 격조사, 보조사, 접속조사를 모두 살펴, 가장 포괄적인 분석을 시도하였다. 연구 결과 부사격조사 '와/과'의 오류, 보조사 '은/는', 주격조사 '이/가'의 순으로 오류를 많이 보였으며, 오류 유형으로는 격조사나 보조사에서 조사를 대치하는 오류가 가장 높게 나타남을 확인하였다.

이윤미(2022)는 스페인어권 학습자를 대상으로 주격조사, 목적격조사, 부사격조사 '에'의 습득 양상을 살펴보기 위하여 학습자들의 문법성 테스트 결과를 한국어 모어 화자와 비교하였다. 연구 결과, 부사격조사에서 정답률의 차이가 가장 크게 나타났고, 그 다음으로 주격조사, 목적격 조사 순이었다. 이러한 연구 결과는 선행연구들과 일치하는데, 부사격 조사의 오류율이 높은 원인은 부사격 조사의 용법이 다양하기 때문이며, 특히 한국어의 '에'는 스페인어 전치사와의 대응관계가 일대일이 아니기 때문이라고 보았다. 이윤미(2022)는 오류의 양상만 살펴보고, 구체적인 교육 방안을 따로 제시하지는 않았다.

이처럼 네 편의 연구는 다른 언어권의 한국어 학습자들이 조사의 습득에 어려움을 겪는 것과 동일하게 스페인어권의 한국어 학습자들 역시 한국어 조사를 학습하는 데 어려움을 겪는다는 것을 실제로 살펴보았다는 데 의의가 있다. 또한 스페인어권 한국어 학습자가 특히 어려워하는 한국어 조사에 대해서 그 기능별로 구체적인 교육 방안에 대한 논의가

---

45 추가적으로, Maria Begona(2021)은 스페인 출신의 한국어 학습자만을 연구 대상으로 삼았다. 대부분의 문법 대조 연구들이 스페인어권 한국어 학습자의 출신 국가를 크게 고려하지 않고 연구를 수행한 것과는 대조적이다.

이루어져야 할 필요가 있음을 시사한다.

다음으로 시제 및 상과 관련된 연구가 두 편이 있었다. 황규상(2019)은 한국어와 스페인어에서 과거와 완료를 구현하는 문법 체계의 차이점을 밝히고 스페인어권 한국어 학습자들을 위한 교육 방안을 제시하였다. 서지연(2020)은 스페인어권 한국어 학습자들이 한국어를 사용할 때 시간 표현을 모국어의 어떤 시제에 대응시키고 사용하는지 살펴보았는데, 학습자들이 '-었었-'의 사용을 회피하는 것, '-고 있다'와 '-어 있다'를 혼동하는 것 등을 확인하였다. 두 연구를 통해서 한국어와 스페인어는 과거와 관련된 문법 체계에 큰 차이가 있으며 학습자들이 이로 인해 습득에 어려움을 겪는다는 것을 확인할 수 있다.

피동 및 사동에 대한 연구는 세 편이 있었다. 이혜진(2021)은 한국어 피동문과 스페인어 수동문을 형태, 통사, 담화-의미적 특성에 따라서 대조한 후, 스페인어권 한국어 학습자들을 위한 한국어 피동문 교육 방안을 제안하였다. 이윤선(2013)은 한국어 피동문과 스페인어 수동문의 특성을 밝히고 한국인 학습자를 위한 효과적인 스페인어 수동문 교수법을 제안하였다. 이자미(2019)는 사동에 대한 연구이다. 영어권 한국어 학습자와 스페인어권 한국어 학습자를 대상으로 한국어 사동 표현 습득 과정에서 나타나는 학습자들의 오류를 분석하고 오류 교정을 위한 교육적인 방안을 제시하였다.

이 외에도 연결어미, 양태, 부정과 양화사구, 지시대명사와 목적어 생략현상 등을 연구한 학위 논문이 있었다. 먼저 줄리아니(2015)는 한국어의 이유/원인 연결어미 '-아/어서, -(으)니까, -느라고'를 중심으로 스페인어권 학습자들이 오류 양상을 파악하고자 하였는데, 연구를 통해 학습자들이 이유/원인 연결어미의 제약들을 잘 지키지 못하고 있음을 확인하였다. 신성은(2022)은 한국어 양태와 스페인어 서법을 대조한 후, 스페인어권 한국어 학습자를 위한 한국어 양태 교육 방안을 제시하였다.

조준민(2008)은 한국인 스페인어 학습자의 오류 양상을 유형별로 살펴봄으로써 한국어의 간섭을 줄일 수 있는 교육적 방안을 제시하였다[46]. 송아람(2013)은 스페인어와 한국어의 부정과 양화사구를 대조함으로써 차이점을 밝히고 이것이 학습자들로 하여금 오류를 발생시킬 수 있다고 하였다. 윤현지(2011)는 한국인 스페인어 학습자의 대격 접어 사용 양상을 말뭉치 분석을 통해서 살펴보았다. 이를 통해 제2언어 학습자의 중간언어에 나타나는 모국어 전이 현상을 객관적으로 증명하였다는 점에서 의의가 있다.

학위 논문의 문법 대조 연구의 방법을 살펴보면, 이론적 대조와 함께 테스트 결과와 과제 결과물 분석을 진행한 연구가 9편으로 가장 많았다 (조준민, 2008; 이윤선, 2013; 줄리아니, 2015; 이가희, 2016; 이자미, 2019; 서지연, 2020; 안드레아, 2021; Maria Begona, 2021; 이윤미, 2022). 이러한 연구 경향은 학습자를 대상으로 하는 테스트라는 연구 도구가 상대적으로 제작과 이용에 용이하다는 특성이 반영된 것으로 보인다. 말뭉치를 사용한 연구는 윤현지(2011), 신성은(2022) 두 편으로, 그 수가 상대적으로 적은 것을 확인할 수 있다. 윤현지(2011)는 총 여섯 종류의 말뭉치[47]를 사용한 상세한 분석을 진행하여 중간언어에 나타나는 모국어 전이 현상을 객관적으로 증명했다는 것이 특징이다. 신성은(2022)은 넷플릭스에서 제공 중인 스페인어 드라마 〈종이의 집(La Casa de Papel)〉 공식 대본과 한국어 자막을 사용하여 병렬 말뭉치를 구성하여 연구를 진행하였다. 이 외

---

46 조준민(2008)은 어휘와 문법을 모두 다룬 논의이다. 따라서 해당 내용이 2)와 4)에 모두 실려 있음을 밝힌다.

47 한국인 학습자 중간언어 말뭉치, 스페인어 단일어 말뭉치, 한국어 단일어 말뭉치, 서한 병렬 말뭉치, 영어권 스페인어 학습자 중간언어 말뭉치, 서영 병렬 말뭉치.

에 송아람(2013), 황규상(2019), 이혜진(2021)은 각각의 문법 주제에 대한 이론적 대조만을 진행하였다.

3) 음운 대조 연구

한·서 대조 학위 논문 중 음운 대조를 다룬 연구는 총 12편이다. 학술지 논문에서 한·서 음운 대조 연구가 4편밖에 없는 것을 고려한다면, 음운 대조 연구의 흐름은 학위 논문들이 형성해 나간다고 할 수 있다. 이 중에서 2020년 이후에 발표된 논문이 5편으로, 2020년부터 음운 대조에 대한 관심이 크게 증가한 것을 확인할 수 있다. 연구 목적에 따라 한·서 음운 대조 연구를 분류하면 다음 〈표 17〉과 같다.

〈표 17〉 학위 논문에서의 연구 목적별 음운 대조 연구 동향

연구 목적		연구 수
제2언어 교육 목적의 연구	스페인어교육 연구[48]	4편
	한국어교육 연구[49]	8편
제2언어 교육 목적이 아닌 연구		0편
합계		12편

학위 논문의 한·서 음운 대조 연구는 모두 제2언어 교육 목적의 연구들이었으며, 그중에서도 한국어교육의 연구가 8편으로 스페인어교육의 연구보다 수가 더 많았다. 이는 앞서 살펴본 학술지 논문과도 동일한 경향이다. 이를 통해 한·서 음운 대조 연구는 학위 논문, 학술지 논문에서 제2언어 교육 목적으로만 연구되었으며, 특히 스페인어교육에 비해 한

---

48 문정(2014), 황경진(2020), 김주경(2020ㄴ), 김민희(2022).

49 박하나(2011), 한지윤(2015), 강지선(2015), 권해주(2015), 이신영(2015), 김민경
    (2019), 이찬희(2020), 조아현(2021).

국어교육에서 많은 연구가 이루어졌다는 사실을 알 수 있다.

　다음으로 음운 대조 연구의 내용을 자세히 살펴보도록 하겠다. 특징적인 것은 12편 중 9편이 실험음성학적 방법론을 바탕으로 수행된 연구라는 것이다(문정, 2014; 강지선, 2015; 이신영, 2015; 한지윤, 2015; 김주경, 2020ㄴ; 이찬희, 2020; 황경진, 2020; 조아현, 2021; 김민희, 2022). 9편의 논문들은 모두 실험음성학 프로그램인 Praat를 사용하였는데, 모국어 화자가 산출한 음성과 학습자가 산출한 음성 사이의 음성학적 수치들을 비교하는 방법을 사용하였다. 학술지 논문의 한·서 음운 대조 연구들이 이론적으로 음운 및 음운 규칙의 체계, 조음법 등을 대조한 것과는 대조적이다. 특히 2020년 이후에 발표된 5편의 학위 논문들은 모두 Praat를 사용하여 연구를 수행하였다.

　실험음성학적 한·서 대조 연구들의 결과는 모국어 화자의 발음과 학습자의 발음에는 수치적으로 차이가 있다는 것이다. 학습자의 수준에 따라 모국어 화자의 발음에 근접할 수는 있으나 결과적으로는 완전히 같아지는 경우는 드물었다. 실험음성학적 한·서 대조 연구들은 이러한 공통적인 연구 결과를 공유하기 때문에 여기에서는 각각의 연구들이 어떤 음운에 초점을 맞추었는지를 중점으로 연구들을 분류해 보고자 한다.

　실험음성학적 한·서 대조 연구 9편 중 6편은 자음에 관한 연구들이었다. 이 중 가장 많은 관심을 받은 주제는 한국어 자음의 삼지적 상관속 대립 관계였다(강지선, 2015; 한지윤, 2015; 조아현, 2021). 스페인어는 유성음과 무성음의 대립으로 자음 체계가 구성되어 있어 한국어의 평음-격음-경음 대립 체계는 스페인어권 한국어 학습자에게 매우 낯설게 느껴진다. 이와 같은 이유로 많은 스페인어권 한국어 학습자들이 한국어의 자음 체계를 습득하는 데 어려움을 겪는다. 이러한 연구들은 그동안 이론적으로만 논의되었던 스페인어와 한국어 자음 체계의 차이가 실제 발음에서는 어떻게 구현되는지를 실증적으로 파악했다는 데 의의가 있다.

이와 비슷한 연구 주제로는 스페인어의 유·무성 파열음과 접근음(/p, t, k/, /b, d, g/)에 대한 연구가 있다(문정, 2014). 한국어 자음의 삼지적 상관속 대립 관계에 대한 연구들이 모두 한국어교육을 위해 이루어진 연구들이었다면, 문정(2014)은 반대로 스페인어교육을 위해 이루어진 연구이다. 문정(2014)은 한국인 스페인어 학습자들이 생산하는 스페인어 유·무성 파열음과 접근음의 특징이 스페인어 모국어 화자들의 음성과 어떻게 다른지를 파악하였다. 연구 결과, 스페인어권 한국어 학습자들이 한국어의 평음-격음-경음을 제대로 구분하여 발음하지 못하는 것처럼, 한국인 스페인어 학습자 역시 스페인어의 자음을 발음할 때 유성성과 무성성을 제대로 실현시키지 못하는 것을 실증적으로 확인하였다.

이 외에도 한국어와 스페인어의 마찰음을 대조한 연구(김민희, 2022)와 탄설음을 대조한 연구(황경진, 2020)가 있다. 이들은 모두 스페인어교육을 위해 이루어진 연구들이다. 이들은 한국인 학습자가 생산한 음성 분석을 통해 한국의 제1외국어인 영어의 간섭 현상까지 포착하려고 했다는 점에서 공통점이 있다. 김민희(2022)와 황경진(2020)은 각각 한국인 학습자가 생산한 스페인어의 마찰음과 탄설음에서 영어 음성의 흔적을 발견하였다. 이는 단순한 음성학적 대조를 넘어 한국의 언어 환경에 대한 고려까지 이루어진 연구라는 점에서 의의가 있다.

실험음성학적 한·서 대조 연구 9편 중 3편은 모음에 관한 연구들로, 모든 연구가 단모음 체계를 다루고 있다(이신영, 2015; 김주경, 2020ㄴ; 이찬희, 2020). 이 중 이신영(2015)과 김주경(2020ㄴ)은 한국어와 스페인어의 단모음에 대해서 대조하고 있으며, 이찬희(2020)는 한국어, 스페인어, 카탈루냐어의 단모음에 대해서 대조를 수행하였다. 이신영(2015)은 스페인어권 한국어 학습자들이, 김주경(2020ㄴ)은 한국인 스페인어 학습자들이 각각 목표어의 단모음을 제대로 발음하고 있지 못함을 확인하였다. 이찬희(2020)는 상대적으로 스페인어보다 복잡한 단모음 체계를 가지고 있는 카탈루냐어 사용자들이 한국어 단모음을 더 잘 지각하는 것을 확인하였다. 한편 한국어 단모음의 산출 난이도는 카탈루냐어의 사용 여부와 관계없이 비슷하다는 것을 확인하였다[50].

실험음성학 방법론을 사용하지 않은 연구들은 세 편이 있었다(박하나, 2011; 권해주, 2015; 김민경, 2019). 이 중에서 김민경(2019)을 제외한다면 나머지 두 편은 상대적으로 초창기의 연구들이었다. 박하나(2011)는 스페인어권 한국어 학습자들의 중간언어 발화를 전사한 뒤 음운 규칙 오류를 분석하는 연구를 수행하였다. 박하나(2011)는 학습자들의 오류 유형을 모국어 간섭현상(interference), 목표어 음운 규칙의 과일반화(overgeneralization), 모국어나 목표어 규칙이 아닌 제3의 규칙(adaptive rules)의 적용으로 분류하여 등장하는 오류의 빈도를 제시하고, 각 유형별로 학습자의 등급에 따른 오류율을 분석하여 습득 패턴까지 살펴보았다. 박하나(2011)는 이를 바탕으로 스페인어권 한국어 학습자들을 교육할 때 유의해야 할 사항들을 제시하였다. 권해주(2015)는 멕시코의 초급 한국어 학습자를 대상으로 한 발음 수업 과정 중에 자주 발견되는 음운 오류를 토대로 초급 및 중급 학습자의 쓰기 자료에서 발음 오류와 표기 오류의 연관성을 찾았다. 권해주(2015)는 학습자의 평음-격음-경음의 대치, 종성 비음의 대치, 모음의 대체와 비구분과 같은 발음 오류가 표기의 오류로 이

---

50 카탈루냐어를 할 줄 모르는 스페인의 한국어 학습자들이 /ㅗ/ 모음 산출에 더 어려움을 보였다. 나머지 모음은 카탈루냐어 구사 여부와 관계없이 동일하였다. 한편, 김주경(2020ㄴ)에서는 한국인 스페인어 학습자가 가장 발음하지 못하는 스페인어 모음이 /o/인 것을 확인한 바 있다. 이러한 연구 결과들은 스페인어 학습자와 한국어 학습자들이 공통적으로 /o~ㅗ/ 발음에 있어서 문제를 겪을 확률이 높다는 것을 지적하고 있다.

어질 수 있다는 사실을 지적했다. 권해주(2015)는 교수자가 예상되는 학습자의 오류 목록을 미리 가지고 있을 필요성을 강조하며 발음과 표기를 연계하여 교수하는 수업 방안을 제시하였다. 김민경(2019)은 멕시코인 초급 한국어 학습자들이 지문을 읽은 것을 녹음하고 이를 전사한 뒤 학습자들이 생산하는 발음 오류를 폭넓게 분석한 연구이다. 김민경(2019)에서는 자음, 모음에서의 오류뿐만 아니라 목표어를 잘못 습득한 경우, 코드 전환이 제대로 이루어지지 않은 경우 등도 오류의 한 종류로 다루고 있다. 또한 이를 바탕으로 김민경(2019)은 멕시코인 초급 한국어 학습자들의 발음이 화석화되는 것을 막는 교육 방안까지 제시하였다.

한·서 음운 대조 학위 논문들의 또 다른 특징 중 하나는, 다른 영역의 연구들에 비해 특정 지역의 스페인어권 한국어 학습자들을 구체적으로 상정한 연구들이 많다는 것이다[51]. 권해주(2015), 김민경(2019)은 멕시코의 한국어 학습자, 이신영(2015)은 중남미 지역의 한국어 학습자를 상정하였다. 이찬희(2020)는 스페인 출신의 한국어 학습자만을 대상으로 삼았다. 추가적으로, 이찬희(2020)는 스페인 출신의 한국어 학습자를 둘로 구분하여 카탈루냐어를 할 수 있는 학습자와 그렇지 못한 학습자로 나누어 연구를 진행한 것이 특징적이다.

효율적인 발음 교육을 위해서는 조음법이나 음운 체계에 대한 이론적 지식뿐만 아니라 음향음성학적인 교육이 필요하다는 것이 많은 연구들에서 주장된 바 있다. 따라서 실험음성학적 방법론을 통한 음운 대조 연구가 활발히 진행되는 이러한 경향은 긍정적인 것으로 볼 수 있다.

---

51 특정 지역의 학습자를 상정하고 연구를 진행한 학위 논문은 31편 중 6편이었다. 이 중 4편이 음운 대조 연구이다.

4) 어휘/표현 대조 연구

학위 논문에서 한·서 어휘 및 표현 대조 연구는 총 5편이었다. 한·서 음운 대조 연구가 학위 논문에서 주도적으로 이루어진 것과는 반대로 한·서 어휘 및 표현 대조 연구는 주로 학술지 논문을 통해 발표되고 있었다. 연구 목적에 따라 한·서 어휘/표현 대조 연구를 분류하면 다음 〈표 18〉과 같다.

〈표 18〉 학위 논문에서의 연구 목적별 어휘 및 표현 대조 연구 동향

연구 목적		연구 수
제2언어 교육 목적의 연구	스페인어교육 연구[52]	1편
	한국어교육 연구[53]	3편
제2언어 교육 목적이 아닌 연구[54]		1편
합계		5편

학위 논문에서 어휘 및 표현 대조 연구는 한국어교육 연구에서 이루어진 연구가 3편으로 가장 많았고, 스페인어교육 연구와 스페인어학 연구가 각각 1편이 있었다.

세부 영역을 보면 관용어와 관용 표현에 대한 연구가 2편, 미각 형용사에 대한 연구가 1편, 부정극어 관련 연구가 1편이 있었다. 그리고 학습자 오류에 나타난 전반적인 어휘와 문법을 모두 다루는 연구가 1편 있었다[55].

한·서 어휘/표현 대조 연구는 사전을 사용하여 대조를 진행한 연구가 대부분이었다(조준민, 2008; 이승훈, 2015; 오태진, 2018; 엘리사 파올라, 2021).

---

52 조준민(2008).

53 이승훈(2015), 오태진(2018), 엘리사 파올라(2021).

54 손지은(2006).

55 해당 연구는 조준민(2008)이다. 조준민(2008)은 어휘와 문법을 모두 다룬 논의이다. 따라서 해당 내용이 2)와 4)에 중복으로 실려 있음을 밝힌다.

이를 통해 어휘나 표현을 대조하는 과정에서 사전을 어떻게 활용하였는지 살펴볼 수 있다.

먼저, 엘리사 파올라(2021)와 오태진(2018)의 연구부터 살펴보도록 한다. 이들은 한국어와 스페인어의 관용어/관용 표현 사전에서 음식 관련 항목과(엘리사 파올라, 2021) 신체부위 관련 항목을(오태진, 2018) 추출한 후, 관용어/관용 표현에 사용된 음식의 종류와 신체 부위에 따라 목록을 만들었다. 그리고 양 언어에서 서로 동일한 어휘가 사용된 관용어와 관용 표현을 대조하여 그 의미가 유사한지 혹은 차이가 있는지 살펴보고, 이를 바탕으로 인지적, 문화적 차이를 분석하고자 하였다. 엘리사 파올라(2021)는 한국어와 스페인어 관용어의 차이점을 알아보는 데서 그쳤지만, 오태진(2018)은 의미 전이 양상에 주목하여 추가적인 분석을 진행하였다. 오태진(2018)은 스페인어권 한국어 학습자가 한국어 관용 표현을 학습할 때 일어날 수 있는 전이 현상을 긍정적 전이, 부정적 전이, 무전이로 분류하고, 각 유형에 따라 관용 표현을 분류한 후 이에 따른 예시 교안을 작성하여 실제 교육에 적용할 수 있도록 방안을 제시했다는 것에 의의가 있다. 이승훈(2015)은 사전에서 한국어와 스페인어 미각 형용사의 의미적·형태적 특성을 분석한 후, 의미 전이 양상을 살펴보기 위하여 스페인어의 온라인 말뭉치, 중남미 현지인을 대상으로 한 미각 형용사의 특수한 사용에 대한 설문조사 응답을 활용하여 추가적인 대조를 진행하였다. 이러한 자료를 바탕으로 의미 전이 양상을 공감적 의미 전이의 양상, 비유적 의미 전이의 양상으로 나누어 분석하였다. 그리고 연구 결과를 토대로 중남미 스페인어권 학습자들을 위한 의미 전이 양상 교육용 한국어 미각 형용사를 선정하여, 교실 수업이나 교재에서 활용이 가능한 수업의 실제 예를 제안하였다. 조준민(2008)은 한국인 스페인어 학습자가 생산하는 오류를 '한국어 의미 영역을 잘못 반영한 오류', '한국어의 문법적 논리적 구조가 반영된 오류'로 분류하고, 이 중 '한국어 의미 영역을 잘못 반영한 오류'에 대해 분석하면서 한국어의 어휘를 스페인어로 직역했을 때 어색한 표현을 생산하는 어휘들에 대해서 분석하였다.

손지은(2006) 스페인어학의 관점에서 연구된 것으로 이론적 대조만으로 진행된 연구이다. 손지은(2006)은 스페인어 부정극어 전반에 대한 현상을 이론적으로 설명하고, 한국어와의 대조를 통해 두 언어 간의 차이점을 살펴보았다.

어휘 및 표현 대조 연구에서 사전적 대조라는 방법론이 가장 많이 사용된 것은 사전이라는 연구 자료의 특징이 반영된 결과이다. 어휘 및 표현에 대한 정보를 가장 쉽게 찾을 수 있는 출처가 사전이기 때문이다. 말뭉치를 사용한 한·서 어휘 및 표현 대조 학위 논문은 이승훈(2015) 한 편이었다. 이승훈(2015)은 미각 형용사의 의미 전이가 실제 용례에서 어떻게 드러나는지 제시하기 위해 말뭉치를 사용하였다.

5) 담화 대조 연구

학위 논문에서 담화 대조 연구는 1편이 있었다. 학술지 논문에서도 담화 대조 연구가 1편이었다는 점에서 한·서 담화 대조 연구는 다른 영역에 비해 그 수가 아직 적다고 할 수 있다. 연구 목적에 따라 한·서 담화 대조 연구를 분류하면 다음 〈표 19〉와 같다.

〈표 19〉 학위 논문에서의 연구 목적별 담화 대조 연구 동향

연구 목적		연구 수
제2언어 교육 목적의 연구	스페인어교육 연구	0편
	한국어교육 연구[56]	1편
제2언어 교육 목적이 아닌 연구		0편
합계		1편

학위 논문에서 담화 대조 연구는 한국어교육의 관점에서 연구된 것만 1편이 있었다. 김효진(2022)에서는 한국어–스페인어의 요청 화행의 특징을 살펴보고, 변인별, 상황별 공손성 정도의 차이를 밝히고자 하였다. 먼저 이론적 대조를 통해 두 언어의 요청 화행에서 공손성의 정도를 살펴보고, 변인별, 상황별 공손성의 정도를 구체적으로 살펴보기 위하여 한국어와 스페인어 학원물 드라마 총 4편의 대본을 분석하였다. 이를 바탕으로 문화적 차이로 인해 스페인어, 한국어의 공손성 정도에 차이가 있음을 확인할 수 있었다. 이 연구는 한국어–스페인어 대조 연구에서 보기 드문 담화 관련 연구이자 각 국가의 드라마 대본을 비교 말뭉치로 사용하여 진행한 연구라는 점에서 의의가 있다.

4. 나가는 말

본고는 지금까지 이루어진 한·서 대조 연구의 동향을 대략적으로 살펴보았다. 본 장에서는 지금까지의 논의들을 요약하고, 앞으로의 한·서 대조 연구에서 보충이 필요한 지점들을 정리해 보는 것으로 결론을 대신하고자 한다.

초기의 한·서 대조 연구는 스페인어학과 스페인어교육의 관점에서 이루어졌으나, 현재는 한국어교육의 관점에서 이루어진 한·서 대조 연구가 주를 이루고 있다. 이는 스페인어권 국가에서 한류에 대한 관심이 증가한 결과로서 스페인어권 국가 출신의 한국어 학습자가 증가하고 있기 때문인 것으로 생각된다. 본고에서 분석 대상으로 삼은 71편의 연구 중 54편의 연구가 제2언어 교육을 위해 수행된 연구들이었고, 이 중 26편

---

56 김효진(2022).

의 연구가 한국어교육을 위해 수행된 것이었다. 앞으로도 한국어교육 관점의 한·서 대조 연구는 지속적으로 그리고 보다 다양하게 이루어질 것으로 기대된다.

본고는 한·서 대조 연구를 크게 학술지 논문과 학위 논문으로 구분하여 살펴보았다. 학술지 논문은 스페인어학계와 스페인어교육계에서 주도적으로 발표되고 있었고, 학위 논문은 한국어교육계에서 주도적으로 발표되고 있었다. 대조 영역별로 살펴볼 경우, 학술지 논문은 문법 대조와 어휘 및 표현 대조에 집중하고 있는 것을 확인하였으며, 학위 논문은 문법 대조와 음운 대조에 집중하고 있는 것을 확인하였다.

지금까지의 한·서 대조는 대체로 문법 대조, 어휘 및 표현 대조, 음운 대조에 집중되어 있는 것을 확인하였다. 담화 대조나 문화 대조 연구는 그 수가 매우 부족하다. 의사소통 중심의 언어 교육을 위해서는 담화 대조와 문화 대조의 연구가 보다 활발하게 이루어질 필요가 있다. 효과적인 의사소통 교육을 위해서는 학습자 모어에서 담화가 이루어지는 방식을 알고 그것이 한국어에서 이루어지는 방식과 어떻게 다른지 이해하는 것이 필요하다. 또한 적절한 의사소통을 위해서는 모국어 사회의 문화와 목표어 사회의 문화가 어떻게 다른지를 인지하고 상호적 관점에서 서로의 문화를 이해해야 한다. 문법, 어휘 및 표현, 음운 대조도 연구 주제를 심화하고 확장해야 하겠으나, 절대적인 연구의 수가 부족한 담화와 문화 대조 연구는 지금보다 더 관심을 받아 수행될 필요가 있다.

문법, 어휘 및 표현, 음운 대조 영역의 연구는 상대적으로 다양하게 이루어진 것을 확인하였으나 대체로 특정한 주제들에 대해서 연구가 집중되어 있고, 그 외의 주제들에서는 산발적으로 연구가 이루어져 있었다. 문법 대조의 경우, 주어와 관련한 현상들, 관계절, 한국어의 조사와 같은 주제들에 연구가 집중되어 있었다. 어휘 및 표현 대조의 경우 주로 한국어와 스페인어의 고빈도 기본동사와 관용 표현에 대해서, 음운 대조의 경우 주로 개별 음소들에 대해서 연구가 이루어진 것을 확인할 수 있었다. 앞으로는 이외의 주제들에 대해서도 보다 심도 있게 탐구될 필요가 있다. 예컨대 문법 대조의 경우는 한국어와 스페인어의 다양한 시상 체계, 태, 양태, 서법 등에 대한 대조가 이루어질 필요가 있다. 어휘 및 표현 대조에서는 동사 이외의 다양한 품사들에 대해서도 대조가 수행되어야 한다. 음운 대조의 경우는 초분절음소나 양 언어의 음운 규칙들에 대한 대조가 추가적으로 이루어질 필요가 있다.

또한 지역적 특성을 고려한 한·서 대조 연구가 요구된다. 스페인어는 스페인뿐만 아니라 중남미의 여러 국가들에서도 사용되는 언어이다. 넓은 지역권에서 스페인어가 사용되는 만큼 스페인어에는 다양한 방언들이 존재한다. 특히 스페인에서 사용되는 스페인어와 남미에서 사용되는 스페인어는 음운, 문법, 어휘 면에서 다양한 차이점이 있는 것으로 알려져 있다. 이러한 지역적 특성을 고려한 한·서 대조 연구가 축적되었을 때, 보다 다양한 스페인어권 한국어 학습자에게 맞춤형 한국어교육을 실시할 수 있게 될 것이다.

한·서 대조는 비교적 최근에 그 관심이 증가하기 시작한 연구 분야이다. 그러나 그 넓은 사용 지역과 많은 사용자 수를 고려한다면 한·서 대조 연구는 앞으로 더 주목받아 수행될 필요가 있다. 또한 위와 같은 이유로 모든 한·서 대조 연구는 높은 잠재적 활용 가치를 지니고 있다. 앞으로 보다 다양한 영역에서 다양한 주제로 한·서 대조 연구가 수행되는 데에 본고의 논의가 보탬이 되기를 희망한다.

• **참고문헌**

민원정(2012), 「중남미 한류 확산과 한국 문화 교육의 방향성 모색」, 『언어사실과 관점』 29, 연세대학교 언어정보연구원, 51-68쪽.

박소영(2019), 「이베로아메리카 한류와 번역: 방탄소년단 콘텐츠의 스페인어 팬 번역을 중심으로」, 『한국언어문화』 69, 한국언어문화학회, 91-116쪽.

박숙희(2014ㄴ), 「스페인어권 외국인의 입국 및 체류 현황과 한국어 학습 대책」, 『스페인라틴아메리카연구』 7(2), 고려대학교 스페인·라틴아메리카연구소, 87-105쪽.

이용선·황형태·김승기(2010), 「중남미 지역의 한류 진출 현황과 전망」, 『중남미연구』 28(2), 한국외국어대학교 외국종합연구센터 중남미연구소, 353-393쪽.

Prator, C.(1972), *Hierarchy of Difficulty*, Unpublished classroom lecture, Los Angelos: University of California.

Guillaume, G.(1975), *Le problème de l'article et sa solution dans la langue française*, Paris: Nizet.

• **분석 대상 논문**

강지선(2015), 「스페인어권 학습자의 한국어 평음, 경음, 격음에 관한 음향음성학적 특성 연구」, 영남대학교 석사학위논문.

강현화(2002), 「서-한 기본동사의 의미, 통사 유형 대조연구」, 『배달말』 30, 배달말학회, 91-108쪽.

강현화·신자영·이재성(2002), 「한국어와 스페인어의 대조 연구 -한국어의 기본동사를 중심으로-」, 『이중언어학』 21, 이중언어학회, 72-96쪽.

강현화·조민정(2003), 「스페인어권 한국어 학습자의 어미,조사 및 시상, 사동 범주의 오류 분석」, 『한국어교육』 14(2), 국제한국어교육학회, 1-23쪽.

강현화·조민정(2004), 「언어에 드러난 문화적 차이에 대한 소고-한서 기본동사와 관용구의 대조분석을 중심으로」, 『응용언어학』 20(1), 한국응용언어학회, 249-266쪽.

권해주(2015), 「한국어 오류 분석을 통한 표기-발음 연계 교육 방안 : 멕시코인 초급 학습자를 중심으로」, 경희대학교 석사학위논문.

김경희(2010), 「스페인어의 VER/MIRAR 동사와 한국어의 "보다" 동사의 의미 확장 비교 연구」, 『스페인어문학』 56, 한국스페인어문학회, 63-85쪽.

김경희(2011), 「스페인어와 한국어의 복수접미사 대조분석」, 『스페인어문학』 60, 한국스페인어문학회, 33-58쪽.

김경희(2013), 「주격 일인칭 단수 대명사에 대한 스페인어-한국어 대조분석」, 『스페인어문학』 67, 한국스페인어문학회, 37-59쪽.

김경희(2015), 「스페인어 동사 ir와 한국어 동사 "가다"의 의미 확장 양상 대조 연구」, 『스페인어문학』 76, 한국스페인어문학회, 33-57쪽.

김경희(2020), 「스페인어와 한국어의 양보 구문 대조 분석」, 『스페인어문학』 96, 한국스페인어문학회, 9-39쪽.

김경희(2021), 「스페인어 'ser'와 한국어 '이다'에 대한 인지적 대조분석」, 『스페인어문학』 98, 한국스페인어문학회, 35-64쪽.

김명광(2016), 「스페인어권 한국어 학습자를 위한 한국어 초성 자음 학습 순서에 대한 연구」, 『우리말교육현장연구』 10(1), 우리말교육현장학회, 427-459쪽.

김민경(2019), 「초급 멕시코 화자의 한국어 발음 오류 분석」, 경희대학교 석사학위논문.

김민희(2022), 「한국인 학습자의 스페인어 마찰음 [s] 발음 연구」, 고려대학교 석사학위논문.

김우성(1996), 「스페인어의 주어 생략: 한국어 주어 생략과의 대조 분석적 관점에서」, 『이중언어학』 13(1), 이중언어학회, 267-287쪽.

김원필(2002), 「스페인어와 한국어의 자음동화현상 대조」, 『스페인어문학』 22, 한국스페인어문학회, 17-35쪽.

김원필(2009), 「스페인어 모어 화자의 한국어 분절음 학습 방안 -양 언어의 대조 분석을 중심으로-」, 『이베로아메리카연구』 20(1), 서울대학교 라틴아메리카연구소, 233-260쪽.

김주경(2020ㄱ), 「한국인 스페인어 학습자의 음향음성학적 모음 발음 연구」, 『이베로아메리카연구』 31(1), 서울대학교 라틴아메리카연구소, 23-52쪽.

김주경(2020ㄴ), 「한국인 학습자의 스페인어 모음 인식 및 발음 연구」, 서울대학교 대학원 석사학위논문.

김효진(2022), 「스페인어권 한국어 학습자를 위한 한국어와 스페인어의 공손성 대조 연구: 요청 화행을 중심으로」, 성균관대학교 석사학위논문.

나윤희·신자영·이기철(2008), 「연어의 의미 기술과 어휘함수: 한국어 명사-동사

　　연어 구성의 로만스어 대응형을 중심으로」, 『이탈리아어문학』 23, 한국
　　이탈리아어문학회, 87-113쪽.
문정(2014), 「한국인 스페인어 학습자의 발화에 대한 음향음성학적 연구: /p, t,
　　k/ 및 /b, d, g/를 중심으로」, 서울대학교 석사학위논문.
박소현(2021), 「정보구조에서 주어의 처리: 한서 번역 텍스트를 바탕으로」, 『스페
　　인라틴아메리카연구』 14(2), 고려대학교 스페인·라틴아메리카 연구소,
　　69-88쪽.
박숙희(2014ㄱ), 「스페인어권 외국인용 한국어교재 제작 지침」, 『중남미연구』
　　33(3), 한국외국어대학교 외국종합연구센터 중남미연구소, 19-49쪽.
박하나(2011), 「스페인어 화자의 한국어 발음 오류 분석과 습득 패턴 연구」, 한국
　　외국어대학교 석사학위논문.
서경석(2007), 「스페인어권 학습자에 대한 한국어 발음 교육 방안」, 『이베로아메
　　리카』 9(2), 부산외국어대학교 이베로아메리카연구소, 197-220쪽.
서지연(2020), 「스페인어권 한국어 학습자의 시간 표현 사용 양상 분석」, 연세대학
　　교 석사학위논문.
성충훈(1998), 「스페인어와 한국어의 동사분류 대조 연구」, 『스페인어문학』 12, 한
　　국서어서문학회, 45-59쪽.
성충훈(1999), 「스페인어와 한국어의 어순대조 연구」, 『스페인어문학』 15, 한국서
　　어서문학회, 43-58쪽.
성충훈(2001), 「스페인어와 한국어의 격 체계 대조 연구」, 『인문논총』 20, 울산대
　　학교 인문과학연구소, 69-86쪽.
손지은(2006), 「스페인어 부정극어에 대한 고찰: 한국어와의 대조 연구」, 서울대
　　학교 석사학위논문.
송아람(2013), 「스페인어의 부정과 양화사구의 작용역 해석에 관한 최소주의적 접
　　근」, 서울대학교 석사학위논문.
신성은(2022), 「스페인어권 학습자를 위한 한국어 양태 교육 연구: 대조분석을 바
　　탕으로」, 한국외국어대학교 석사학위논문.
신자영(2003), 「한국어와 스페인어의 문형 대조와 학습자 오류분석」, 『이베로아메
　　리카연구』 14, 서울대학교 스페인중남미연구소, 87-111쪽.
신자영(2005), 「한국어 교육과 스페인어교육을 위한 화행 대조 연구: 요청 화행을
　　중심으로」, 『스페인어문학』 35, 한국스페인어문학회, 31-48쪽.
신자영(2010), 「화용, 담화 연구를 위한 스페인어-한국어 병렬 코퍼스 구축 방법

론: 영화 구어 코퍼스 구축을 중심으로」, 『스페인라틴아메리카연구』 3, 고려대학교 스페인·라틴아메리카연구소, 55-77쪽.

신자영·이기철(2007), 「한국어 연어의 다국어 대응 유형 연구: 스페인어와 이탈리아어를 중심으로」, 『이탈리아어문학』 21, 한국이탈리아어문학회, 65-82쪽.

신자영·이만기(2007), 「한국어와 스페인어 연어 유형 대조 연구: 신체어를 중심으로」, 『스페인어문학』 42, 한국스페인어문학회, 31-48쪽.

심상완(2003), 「Pro-drop에 대한 비교 분석: 교육적 접근」, 『이베로아메리카연구』 14, 서울대학교 스페인중남미연구소, 113-132쪽.

심상완(2008), 「관계절에서의 전치사/후치사 탈락과 관련한 한국어와 스페인어의 대조에 대한 통합적 설명」, 『스페인어문학』 47, 한국스페인어문학회, 59-79쪽.

안드레아(2021), 「스페인어권 학습자를 위한 '은/는'과 '이/가' 교육 방안 연구: 오류문 중심으로」, 한국외국어대학교 석사학위논문.

양성혜(2008), 「한국어 관형절과 스페인어 관계사절 대조분석: 한국어 관형절 "-(으/느)ㄴ"+명사 구문의 스페인어 대응 구문을 중심으로」, 『스페인어문학』 48, 한국스페인어문학회, 191-202쪽.

양승관(2006), 「사회문화적 관점에서 본 스페인어와 한국어 비교 분석 및 교육 활용 방안」, 『스페인어문학』 38, 한국스페인어문학회, 397-417쪽.

양승관(2009), 「스페인어 관사와 한국어 조사 체계 비교 연구: 총칭성과 특정성을 중심으로」, 『스페인어문학』 51, 한국스페인어문학회, 77-94쪽.

양승관(2010), 「한국어와 스페인어 문화 어휘 대조 분석 및 활용 방안 연구」, 『스페인어문학』 56, 한국스페인어문학회, 111-135쪽.

엘리사 파올라(2021), 「한국어와 스페인어의 음식 관련 관용어의 대조 연구」, 한국외국어대학교 석사학위논문.

오태진(2018), 「스페인어권 한국어 학습자를 위한 한국어 관용표현 교육내용 연구: 신체 관련 관용표현을 중심으로」, 세종대학교 석사학위논문.

윤현지(2011), 「한국인 스페인어 학습자의 중간언어 연구: 3인칭 대격 접어의 구현 방식에 대하여」, 고려대학교 석사학위논문.

이가희(2016), 「한국어 학습자의 조사 오류 분석 : 스페인인 초급자를 중심으로」, 충북대학교 석사학위논문.

이만기(2005), 「스페인어 학습오류에 대한 대조언어학적 분석: 교육적 접근」, 『언어』 30(3), 한국언어학회, 463-478쪽.

이승훈(2015), 「중남미 스페인어권 학습자를 위한 한국어 미각형용사 교육 연구: 의미 전이 양상의 차이를 중심으로」, 고려대학교 석사학위논문.

이신영(2015), 「중남미 스페인어권 학습자의 한국어 단모음 발음 연구」, 경희대학교 석사학위논문.

이윤미(2022), 「스페인어권 한국어 학습자들의 격조사 습득 연구」, 경희대학교 석사학위논문.

이윤선(2013), 「스페인어 수동문의 특성과 효과적인 교수법에 관한 연구: ser 수동문, se 수동문, se 중간태 구문을 중심으로」, 서울대학교 석사학위논문.

이자미(2019), 「한국어 사동 표현의 오류 분석 연구: 영어·스페인어권 학습자를 중심으로」, 한국외국어대학교 석사학위논문.

이찬희(2020), 「카탈루냐어를 구사하는 스페인 학습자의 한국어 단모음 습득 연구」, 부경대학교 석사학위논문.

이혜진(2021), 「스페인어권 학습자를 위한 한국어 피동문 교육 연구」, 부산대학교 석사학위논문.

임효상(2009), 「스페인어와 한국어의 속담 비교 분석 연구」, 『스페인어문학』 52, 한국스페인어문학회, 105-123쪽.

정혜윤(2020), 「스페인어와 한국어 표제의 형식과 내용 대조 연구」, 『중남미연구』 39(2), 한국외국어대학교 중남미연구소, 33-64쪽.

조민정·신자영(2003), 「한국어·스페인어 관용 표현 대조 분석」, 『초등국어교육』 13, 서울교육대학교 국어교육과 초등국어교육연구소, 149-174쪽.

조아현(2021), 「스페인어권 학습자의 한국어 초성 자음 인식과 발화 양상: 초성 위치 자음 인식과 파열음 발화를 중심으로」, 한국외국어대학교 석사학위논문.

조준민(2008), 「한국어 화자의 스페인어 습득시 나타나는 오류 현상 연구- 스페인어전공 1~3년차 학습자를 중심으로」, 대구가톨릭대학교 석사학위논문.

조혜진(2014), 「한국어와 스페인어의 날씨 예측 속담 비교 연구」, 『스페인라틴아메리카연구』 7(2), 고려대학교 스페인·라틴아메리카 연구소, 175-202쪽.

조혜진(2017), 「한국어와 스페인어 신체어 관용표현의 거짓 짝 연구」, 『이중언어학』 67, 이중언어학회, 309-334쪽.

줄리아니(2015), 「한국어의 이유-원인 연결어미 연구: 스페인어권 학습자의 오류를 중심으로」, 전주대학교 석사학위논문.

최종호(1999), 「스페인어와 한국어의 공주어현상 비교연구」, 『스페인어문학』 14(1), 한국서어서문학회, 207-225쪽.

최종호(2014), 「문법관계 표시의 "경제성" 측면에서 본 한국어와 스페인어」, 『스페인어문학』 71, 한국스페인어문학회, 141–159쪽.

한지윤(2015), 「음향적 특성을 활용한 한국어 평음, 경음, 유기음 교육 방안: 스페인어권 학습자를 대상으로」, 숭실대학교 석사학위논문.

황경진(2020), 「한국인 학습자의 스페인어 탄설음 발화 연구」, 고려대학교 석사학위논문.

황규상(2018), 「한국어와 스페인어의 과거시제–완료상 대조분석 연구」, 숭실대학교 석사학위논문.

Maria Begona(2021), 「스페인 한국어 학습자의 조사 '은/는'과 '이/가' 습득 연구: 정보구조적 관점에서」, 이화여자대학교 석사학위논문.

II.
한·서 단모음 대조 연구의 성과와 쟁점
: 한국어교육의 관점에서

박미영·오세원

1. 들어가는 말

한국어의 단모음 체계는 스페인어의 단모음 체계보다 복잡하다. 그런 이유로 많은 스페인어권 한국어 학습자들이 한국어의 단모음을 습득할 때 어려움을 겪는다. 특히 스페인어에는 존재하지 않는 단모음인 /ㅓ/, /ㅡ/를 학습할 때 스페인어권 한국어 학습자들이 어려움을 겪는다는 사실은 널리 알려져 있다. 그동안 스페인어권 한국어 학습자들이 발음하는 한국어 단모음은 어떤 특징을 갖는지, 또 그들에게 한국어의 단모음을 어떻게 가르칠 것인지에 대한 논의들은 꾸준히 이어져 왔다. 그러나 이러한 연구 결과들을 한자리에 종합하는 시도는 부족하였다. 한·서 단모음 대조의 연구 결과들을 종합한 내용은 앞으로 스페인어권 한국어 학습자를 위한 발음 교육을 구성하는 데에 중요한 기초 자료가 될 수 있다.

본고의 목적은 지금까지 이루어진 한·서 단모음 대조 연구의 결과들을 한국어교육의 관점에서 정리하는 것이다. 이를 위해 본고에서는 첫째, 한국어와 스페인어의 단모음 대조 연구의 흐름을 살펴보고 그 대조 결과들을 정리해 볼 것이다. 둘째, 한국인 스페인어 학습자가 산출한 스페인어 단모음과 스페인어권 한국어 학습자가 산출한 한국어 단모음의 특성들을 비교해보고 그 속에서 발견되는 학습자 모국어의 흔적들을 살펴볼 것이다. 셋째, /ㅓ/와 /ㅡ/를 중심으로 스페인어권 한국어 학습자를 위한 한국어 단모음 교육 방안들을 살펴볼 것이다. 이러한 과정들을 통해 우리는 한국어와 스페인어의 단모음 대조에 있어서 연구자들 사이에서 대체로 합의된 사항들과 그렇지 못한 사항들이 무엇인지 알 수 있게 될 것이다. 또한 앞으로 어떤 점을 유의하면서 스페인어권 한국어 학습자들에게 한국어의 단모음을 가르쳐야 할지 생각해 볼 수 있게 될 것이다. 본고의 논의는 다음과 같이 진행될 것이다: 2장에서는 한국어와 스페인어의 단모음 대조의 흐름과 그 대조 결과들에 대해서 살펴본다. 3장에서는 한국인 스페인어 학습자와 스페인어권 한국어 학습자들이 산출한 목표어의 단모음들의 특징을 종합해 본다. 4장에서는 스페인어권 한국어 학습자들을 대상으로 하는 한국어 단모음 교육 방안들의 쟁점들에 대해서 살펴본다. 5장에서는 본고의 논의를 요약하고 결론을 제시하도록 한다.

2. 한국어와 스페인어의 단모음 대조

본 장에서는 한국어와 스페인어의 단모음 대조 연구의 흐름에 대해서 간략히 살펴보고 그간의 대조 결과들을 종합해 보도록 한다. 그동안 한국어와 스페인어의 단모음 대조 연구에서 사용되어 온 대조 방법은 크게 이론적인 차원의 음운 대조와 조음음성학적 대조, 그리고 실험을 통한 음향음성학적 대조로 분류할 수 있다.

한국어와 스페인어의 단모음 대조는 이전에는 크게 주목받지 못하는 분야였다. 그 이유는 스페인어의 단모음 체계가 한국어의 단모음 체계보다 단순한 구조를 보이고 있기 때문이다. 또한 스페인어의 단모음이 한국어의 단모음에 모두 포함된다고 보았기 때문에 한국어와 스페인어의 단모음을 대조하는 것은 중요하게 다루어질 이유가 없었다. 강현화 외 (2003)에서는 다음과 같이 한국어와 스페인어의 단모음 체계를 대조하고 있다. 〈표 1〉과 〈표 2〉에 나타난 것처럼 한국어에는 10개의 단모음이, 스페인어에는 5개의 단모음이 있어 한국어의 단모음 체계가 스페인어의 단모음 체계에 비해 상대적으로 복잡한 것을 확인할 수 있다.

〈표 1〉 한국어의 단모음 체계(강현화 외, 2003: 155)

	전설모음		후설모음	
	평순모음	원순모음	평순모음	원순모음
고모음	/i/	/y/	/ɨ/	/u/
중모음	/e/	/ø/	/ə/[1]	/o/
저모음	/ɛ/		/a/	

〈표 2〉 스페인어의 단모음 체계(강현화 외, 2003: 163)

	전설모음	중설모음	후설모음
고모음	/i/		/u/
중모음	/e/		/o/
저모음		/a/	

강현화 외(2003: 172-173)에서는 스페인어와 한국어의 단모음 체계를 비교하면서 "스페인어 모음은 /a, e, i, o, u/의 다섯으로 수가 적고 모두 한국어 모음에 존재하므로 한국어 화자가 스페인어의 모음의 발음

---

1 /ə/와 더불어 서울지역의 방언 변이음으로 /ʌ/를 설명하고 있다. /ə/보다 혀를 조금 더 뒤에 위치시키고 입을 조금 더 열어 내는 소리라고 설명하고 있다.

을 배우는 경우 어려움은 없다."고 기술하고 있다. 이러한 시각은 이후
에도 계속 이어져 온 것으로 보인다². 즉, 양 언어의 /a, e, i, o, u/는
서로 완벽히 대응되는 음소들이니 학습에 크게 신경 쓸 필요가 없고, 한
국어에만 존재하는 단모음들인 /ɛ, ɨ, ə, y, ø/만 한국어교육의 차원에서
신경 쓰면 된다는 것이다.

이후 한국어와 스페인어 단모음 체계의 조음음성학적 대조가 서경석
(2007), 김원필(2009) 등에서 이루어졌다. 위의 연구들에서는 한국어와
스페인어에서 IPA(International Phonetic Alphabet)로 동일하게 표현되는
단모음 /a, e, i, o, u/가 완전히 동일하게 조음되지 않는다는 사실을
지적하였다. 서경석(2007)은 한국어의 /a, e, i, o, u/가 IPA 모음사각
도의 기본모음과는 조음점이 다르다는 사실을 언급하였다. 그러므로 스
페인어와 한국어의 /a, e, i, o, u/는 IPA 기호만을 공유할 뿐 서로
완전히 일치하는 소리는 아니라는 것이다. 그 내용을 정리하면 〈표 3〉과
같다.

〈표 3〉 서경석(2007)의 조음음성학적 설명

/ㅏ/	기본모음 /a/와 /ɑ/의 가운데에서 나는 소리
/ㅔ/	기본모음 /e/와 /ɛ/의 가운데에서 나는 소리
/ㅣ/	기본모음 /i/보다 낮고 뒤에서 나는 소리
/ㅗ/	기본모음 /o/보다 조금 낮고 앞에서 나는 소리
/ㅜ/	기본모음 /u/보다 조금 낮고 앞에서 나는 소리

김원필(2009)은 여기에서 나아가 스페인어 모음과 한국어 모음을 직접
비교하는 조음음성학적 대조를 수행하였다. 역시 김원필(2009)에서도 스

---

2 예컨대, 박철(2000), 민선재(2005)와 같은 시중의 스페인어 교재들만 살펴보더라도,
   스페인어의 모음은 한국어의 음소에 대응시켜 간략하게 설명하는 것이 대부분이다.

페인어의 단모음이 모두 한국어 단모음에 포함되기는 하지만 이것이 완전히 동일하다고 할 수 없고, 매우 근사한 것이라고 설명하고 있다. 그 내용을 정리하면 〈표 4〉와 같다.

〈표 4〉 김원필(2009)의 조음음성학적 설명

/ㅏ/	/a/보다 입이 더 벌어지고 더 뒤에서 나는 소리
/ㅣ/	/i/보다 입이 덜 벌어지고 혀의 위치가 높은 소리
/ㅜ/	/u/보다 입술을 더 내미는, 더 앞에서 나는 소리
기타	한국어의 폐모음은 스페인어의 폐모음보다 입이 덜 벌어지고 혀의 위치가 더 높음

이러한 서경석(2007)과 김원필(2009)의 설명은 IPA 기호만으로 한국어와 스페인어의 단모음 대조를 수행했던 강현화 외(2003)의 대조 방식보다는 한 발짝 더 나아간 방식이라고 할 수 있다. 그러나 두 언어에 공통으로 존재하는 단모음들의 차이를 객관적으로 비교했다고 하기에는 어려운 면이 있다. 하지만 조음음성학적 대조가 추상적인 설명을 바탕으로 대조를 진행하고 그 차이를 구체적인 수치로 제시하지 않았다고 해서 가치가 없는 것은 아니다. 언어 교육의 측면에서는, 학습자에게 음향음성학의 포먼트(formant) 수치를 제시하는 것보다 입모양과 혀 위치를 바탕으로 목표어와 모국어 모음의 차이를 설명하는 것이 훨씬 받아들이기 쉬운 설명이기 때문이다.

조음음성학적 대조 이후의 한·서 음운 대조 연구들은 보다 구체적인 수치를 통한 모음 대조의 필요성에 공감하여 여러 물리적인 수치들을 이용하는 음향음성학적 대조를 수행하고 있다. 이찬희(2020), 김주경(2020)에서는 국내외 선행연구들의 결과를 참조하여 한국어와 스페인어[3]

---

3   스페인어는 스페인뿐만 아니라 중남미의 여러 나라에서도 공용어로 사용되고 있으나, 이때의 스페인어는 스페인에서 사용되고 있는 스페인어를 뜻한다. 본 장의 논의는

의 단모음 포먼트 수치를 제시하였다. 이찬희(2020: 16-17)는 문승재 (2007)[4]와 Chládková et al.(2011)[5]의 연구 결과를 인용하여 〈표 5〉, 〈표 6〉과 같이 한국어와 스페인어의 단모음 포먼트의 차이를 보이고 있다. /ㅓ(ʌ)/와 /ㅡ(ɨ)/는 스페인어에 존재하지 않는 단모음이기 때문에 표에 서는 비워 두었다.

〈표 5〉 한국어와 스페인어의 단모음 포먼트 대조: 남성

	한국어(남성)		스페인어(남성)	
	F1	F2	F1	F2
/a/	767	1303	658	1389
/e/	558	1937	464	1832
/i/	292	2290	327	2195
/o/	373	681	488	1003
/u/	313	720	361	799
/ʌ/	561	923	–	–
/ɨ/	375	1321	–	–

수도권의 한국어와 마드리드의 스페인어를 대조하는 것에만 한정하도록 한다. 중남미 지역의 스페인어와 스페인의 스페인어는 여러 음성에서 차이가 있는 것으로 알려져 있다. 그러나 단모음에 대한 음향음성학적 차이에는 여러 의견이 혼재하는 듯하다. 이 에 대한 논의는 3장을 참고.

4 문승재(2007)는 한국인 대학생을 대상으로 한 연구이다. 경기도와 서울 지역에서 자 란 남학생 33명과 여학생 27명이 실험에 참여하였다. 추가적으로, 문승재(2007)는 한 국어의 단모음을 7개로 보고 있다. 이에 대한 설명은 6번 각주를 참조.

5 Chládková et al.(2011)의 산출 실험에는 마드리드에 거주하는 남학생 10명과 여학 생 10명이 참여하였다.

〈표 6〉 한국어와 스페인어의 단모음 포먼트 대조: 여성

	한국어(여성)		스페인어(여성)	
	F1	F2	F1	F2
/a/	975	1647	801	1691
/e/	647	2472	531	2159
/i/	414	2953	400	2560
/o/	453	822	568	1155
/u/	441	923	431	921
/ʌ/	677	1123	–	–
/ɨ/	494	1707	–	–

음향음성학에서 F1은 모음의 고도와 상관이 있는 수치이다. F1이 높을수록 저모음이고, F1이 낮을수록 고모음이다. F2는 모음의 전후설성과 상관이 있는 수치이다. F2가 높을수록 전설모음이고, F2가 낮을수록 후설모음이다(김진우, 2020: 114).

〈표 5〉와 〈표 6〉을 바탕으로 두 언어에서 공통적으로 나타나는 단모음을 하나씩 수치적으로 비교해 보도록 하자. /ㅏ/는 남성과 여성 모두 /a/보다 F1이 높고, 거의 비슷한 수치이긴 하지만 F2는 낮다. 즉 /ㅏ/는 /a/보다 더 낮은 위치에서 나는 소리이자 뒤쪽에서 나는 소리인 것이다. /ㅔ/, /ㅐ/는[6] 남성과 여성 모두 /e/보다 F1과 F2가 높다. 즉, /ㅔ/, /ㅐ/는 /e/보다 더 낮은 위치에서 나는 소리이자 앞쪽에서 나는 소리인 것이다. /ㅣ/와 /i/는 남성과 여성에서 다른 결과가 나타난다. 남성과 여성 모두에서 /ㅣ/는 /i/보다 높은 F2 수치를 보인다. 즉, /ㅣ/는 /i/보다 앞

---

6 실험 결과를 바탕으로 문승재(2007)에서는 /ㅔ/와 /ㅐ/를 구분할 수 없는 소리쌍으로 보았다. 문승재(2007)은 /ㅔ/와 /ㅐ/의 포먼트 값을 모두 측정하였으나, 이찬희(2020)에서는 /ㅔ/의 측정값만 제시하였다. 참고로, 문승재(2007)에서 제시한 /ㅐ/의 포먼트 값은, 남성의 경우 'F1: 580, F2: 1926', 여성의 경우 'F1:655, F2: 2473'으로 나타났다.

쪽에서 소리가 난다. 남성의 결과에서는 /l/가 /i/보다 낮은 F1 수치를 보인다. 그러나 여성의 결과에서는 /ㅣ/가 /i/보다 F1 수치가 높긴 하지만, 14밖에 차이가 나지 않아 거의 비슷한 것을 알 수 있다. 즉 남성의 경우 /ㅣ/는 /i/보다 더 높은 위치에서 소리가 나며, 여성의 경우에 /ㅣ/는 /i/보다 낮은 위치에서 소리가 나기는 하지만 두 모음의 고도는 비슷하다. /ㅗ/는 남성과 여성 모두 /o/보다 F1과 F2가 낮다. 즉, /ㅗ/는 /o/보다 높은 위치에서 나는 소리이자 뒤쪽에서 나는 소리인 것이다. /ㅜ/와 /u/는 남성과 여성에서 다른 결과가 나타난다. 남성의 경우, /ㅜ/는 /u/보다 F1과 F2가 낮다. 즉, 남성의 /ㅜ/는 /u/보다 높은 위치에서 나는 소리이자 뒤쪽에서 나는 소리이다. 여성의 경우, /ㅜ/는 /u/보다 F1과 F2가 높다. 그러나 큰 차이가 나지 않는 것을 알 수 있다. F1은 10, F2는 3밖에 차이가 나지 않기 때문이다. 거의 비슷한 조음 위치를 보이지만, 수치상으로 여성의 /ㅜ/는 /u/보다 낮은 위치에서 나는 소리이자 앞쪽에서 나는 소리라고 할 수 있다.

김주경(2020) 역시 스페인어 단모음의 포먼트 수치는 Chládková et al.(2011)의 연구 결과를 참조하고, 한국어 단모음의 포먼트 수치는 Shin et al.(2012)의 연구 결과를 참조하여 음향음성학적으로 두 언어의 단모음을 비교하였다. 그러나 이찬희(2020)의 비교 결과와는 다소 차이가 있다. 우선, /ㅗ/와 /ㅇ/의 대조 결과는 일치한다. 그러나 나머지 모음에서는 차이가 발견되는데, 그 차이를 한국어의 단모음을 기준으로 정리하면 〈표 7〉과 같다[7].

---

[7] 김주경(2020: 30-33)에서는 대조 결과를 구체적인 수치로 제시하지 않고 그래프로만 제시하고 있었다. 여기에서는 참고적으로 Shin et al.(2012: 102-103)에서 밝히고 있는 한국 단모음 포먼트 수치까지 제시하도록 한다. 남성 10명과 여성 10명이 산출 실험에 참여하였다고 한다. Shin et al.(2012) 역시 /ㅔ/와 /ㅐ/를 구분하지 않고 하나

〈표 7〉 이찬희(2020)와 김주경(2020)의 단모음 대조 결과 비교

		이찬희(2020)	김주경(2020)	일치 여부
/ㅏ/	남성	/a/보다 높은 F1, 낮은 F2	/a/보다 높은 F1, 높은 F2	F2 X
	여성	/a/보다 높은 F1, 낮은 F2	/a/보다 높은 F1, 높은 F2	F2 X
/ㅔ/	남성	/e/보다 높은 F1, 높은 F2	/e/보다 높은 F1, 낮은 F2	F2 X
	여성	/e/보다 높은 F1, 높은 F2	/e/보다 높은 F1, 높은 F2	O
/ㅣ/	남성	/i/보다 낮은 F1, 높은 F2	/i/보다 낮은 F1, 낮은 F2	F2 X
	여성	/i/보다 높은 F1, 높은 F2	/i/보다 낮은 F1, 높은 F2	F1 X
/ㅗ/	남성	/o/보다 낮은 F1, 낮은 F2	/o/보다 낮은 F1, 낮은 F2	O
	여성	/o/보다 낮은 F1, 낮은 F2	/o/보다 낮은 F1, 낮은 F2	O
/ㅜ/	남성	/u/보다 낮은 F1, 낮은 F2	/u/보다 낮은 F1, 높은 F2	F2 X
	여성	/u/보다 높은 F1, 높은 F2	/u/보다 낮은 F1, 높은 F2	F1 X

/ㅔ/와 /e/의 경우는 남성에서, 그리고 /ㅏ/와 /a/, /ㅣ/와 /i/, /ㅜ/와 /u/의 경우는 남성과 여성 모두에서 대조 결과의 차이가 나는 것을 알 수 있다. 그러나 각자의 발음에는 개인차가 존재한다. 그러므로 각 연구의 포먼트 수치는 모집한 샘플에 따라 달라질 수 있다. 또한 비교 대상이 되는 연구들의 음성 산출 방식에 따라서 대조 결과는 달라질 수 있다. 추가적으로, 본고에서는 문승재(2007), Shin et al.(2012), Chládková et al.(2011)의 음성 산출 방식을 비교해 보고자 한다. 세 연구는 모두 단모음의 포먼트를 측정하기 위해 읽기용 문장(Carrier Sentence)을 사용하였다.

의 소리로 보았다.

	남성		여성	
	F1	F2	F1	F2
/ɑ/(ㅏ)	788.1	1406.9	990.9	1716.2
/ɛ/(ㅔ)	489.5	1828.1	589.6	2309.2
/i/(ㅣ)	258.9	2065.9	291.2	2730.7
/o/(ㅗ)	356.2	795.0	398.1	739.7
/u/(ㅜ)	280.1	858.4	321.1	800.7
/ʌ/(ㅓ)	560.4	1045.4	688.5	1293.4
/ɯ/(ㅡ)	333.5	1517.6	322.2	1666.7

세 연구에서 사용된 읽기용 문장은 (a)와 같다.

> (a)
>
> ㄱ. 문승재(2007): '이 글자는 ___ 다.'
>
> ㄴ. Shin et al.(2012): 'h___ta'
>
> ㄷ. Chládková et al.(2011): 'en $CV_1C/e/$ y $CV_1C/o/$ tenemos V_1'에서 밑줄 친 V_1을 측정
>
> 예) en tate y tato tenemos a.

문승재(2007)는 측정 대상이 되는 단모음 앞에 어떠한 자음도 배치하지 않았다. 반면 Shin et al.(2012)과 Chládková et al.(2011)는 측정 대상이 되는 단모음 앞에 자음을 배치하였다. Shin et al.(2012)은 한국어의 /ㅎ/을, Chládková et al.(2011)는 스페인어의 /p, t, k, f, s/를 사용하였다. 문승재(2007)에서는 실험 참여자의 자연스러운 발화를 유도하기 위해서 의도적으로 모음 앞에 자음을 두어 한국어에 존재하지 않는 어휘를 발음시키는 산출 방식을 사용하지 않았다고 밝히고 있다. 반면 Shin et al.(2012)과 Chládková et al.(2011)는 각각 해당 언어에 존재하지 않는 어휘를 발음시키는 산출 방식을 사용하였다.

본고는 여기에서 ㄱ과 ㄷ을 비교한 이찬희(2020)나 ㄴ과 ㄷ을 비교한 김주경(2020)의 결과 중 어떤 것이 스페인어와 한국어 단모음의 차이를 완벽히 대표하여 보여 주는가에 대해 답을 하려는 것이 아니다. 다만, 보다 정확한 한국어와 스페인어의 단모음 대조를 위해서는 앞으로 이러한 대조 결과가 더 많이 보고될 필요가 있으며, 대조 과정에서 다양한 요소들이 세밀하게 고려될 필요가 있음을 강조하고자 한다.

3. 학습자 단모음의 특징

학습자들이 생산하는 목표어의 단모음은 목표어를 모어로 하는 화자들이 생산하는 단모음과 완벽히 일치할 수 없다. 학습자들이 생산하는 목표어의 단모음은 중간언어적 성격을 지니는 것으로서, 특정 지점에서는 학습자 모국어의 흔적이 남아 있을 확률이 높다. 본 장에서는 한국인 스페인어 학습자와 스페인어권 한국어 학습자들의 단모음 오류들에 대한 연구 결과, 그리고 양 언어의 학습자들이 산출한 목표어 단모음의 음향음성학적 분석 결과들을 종합하여 학습자 단모음이 보이는 특징들을 정리해 볼 것이다.

본고는 본 장 전체에 걸쳐서 김주경(2020), 이신영(2015), 이찬희(2020)의 연구 결과들을 인용할 것이다. 김주경(2020)은 한국인 스페인어 학습자를 대상으로 진행한 연구이며, 이때의 목표어는 스페인어이다. 이신영(2015)과 이찬희(2020)는 스페인어권 한국어 학습자를 대상으로 진행한 연구이며, 이때의 목표어는 한국어이다.

본격적인 논의에 앞서서 스페인어 단모음의 지역 간 음성적 차이에 대해서 간단히 언급하고자 한다. 스페인어는 스페인뿐만 아니라 여러 중남미 지역의 국가들에서도 사용되고 있다. 이때, 스페인의 스페인어와 중남미 지역의 스페인어에는 여러 음성적 차이가 있는 것으로 알려져 있다. 예컨대, 본래 /ʎ/로 소리가 나던 'll'이 스페인에서는 Yeísmo(예이스모) 현상으로 인해 /j/로 소리가 나지만, 중남미 지역에서는 Zheísmo(제이스모) 현상으로 인해 /ʒ/로, 혹은 Sheísmo(셰이스모) 현상으로 인해 /ʃ/로 소리가 난다는 것을 대표적인 차이로 들 수 있다. 이외에도 스페인에서는 /θ/와 /s/를 구분하는 반면, 중남미 지역에서는 대체로 Seseo(세세오) 현상으로 인해 이 둘을 모두 /s/로 발음한다는 특징이 있다[8].

자음에 대해서는 이렇듯 뚜렷한 차이가 있다는 것이 어느 정도 합의된 사항이지만, 단모음의 차이에 대해서는 자음만큼은 합의가 이뤄지지 않은 듯하다. Solon et al.(2017: 354), Hualde(2005: 128-129) 등의 논의에서는 스페인어 모음은 지역적 변이가 거의 나타나지 않는 것으로 파악하였다(김주경, 2020: 38). 특히, Hualde(2014: 124)는 스페인어 단모음 체계의 단순함과 대칭성 때문에 스페인어 단모음 음성에는 지역적인 차이가 거의 없으며, 몇몇 연구들이 지역적인 차이가 발견된다고 주장하고 있다지만 이들의 차이는 '충분히 작다(bastante pequeñas)'고 설명하고 있다. 반면, 앞서 2장에서도 인용한 Chládková et al.(2011)에서는 리마[9]의 스페인어와 마드리드의 스페인어를 비교한 결과, /a/의 F1값은 리마의 스페인어가 마드리드의 스페인어보다 유의미한 수준에서 낮은 것으로 나타났다. 또한 /e/와 /o/의 F2값에서도 유의미한 차이가 발견되었는데, 리마의 스페인어가 스페인의 스페인어보다 /e/의 F2는 높았으며 /o/의 F2는 낮았다. Chládková et al.(2011)는 이러한 결과를 근거로 스페인어 화자의 지역적 배경을 고려하지 않고 진행된 음향음성학적 실험들을 비판하였다.

다만, 본고에서는 직접적인 음성 산출 실험을 하는 것이 아니라 이전의 결과들을 종합하는 것이 목적이기 때문에 논의의 단순화를 위하여 중남미 스페인어와 스페인 스페인어의 단모음에는 유의미한 음성적 차이가 없는 것으로 간주하도록 한다. 그러나 앞으로의 연구들은 이러한 스페인어의 지역적 차이를 염두에 두고 신중하게 설계될 필요가 있다. 김주경(2020), 이신영(2015), 이찬희(2020)의 실험에 참여한 스페인어 화

---

8 이외에도 중남미 스페인어의 자음에는 중남미 국가 내에서도 다양한 지역적 차이가 존재한다. 보다 자세한 논의에 대해서는 Hualde et al.(2010: 405-408)을 참조.
9 리마는 중남미 국가인 페루의 수도이다.

자의 정보는 다음과 같다. 김주경(2020)에서는 멕시코와 스페인 출신의 스페인어 화자가 각각 2명씩 실험에 참여하였다. 이신영(2015)에서는 중남미 국가인 과테말라, 멕시코, 에콰도르, 엘살바도르, 콜롬비아, 파라과이의 한국어 학습자가 총 30명 참여하였다. 이찬희(2020)에서는 스페인의 한국어 학습자가 총 10명 참여하였다.

다음으로는 개별적인 단모음들에 대한 학습자들의 오류 양상과 음향 음성학적 특징에 대해 살펴보도록 한다. 논의의 순서는 대응 관계가 상대적으로 단순한 단모음들에서 시작하여, 마지막에는 가장 복잡한 대응 관계를 보이는 한국어와 스페인어의 단모음들에 대해서 살펴볼 것이다.

1) /ㅏ/와 /a/

한국어의 /ㅏ/와 스페인어의 /a/는 서로 동일한 음운이라고 봐도 될 만큼 유사한 소리이다. 학습자들이 모국어의 항목을 그대로 전이시켜 사용해도 되는 무리가 없는 부분인 만큼, 한국인 스페인어 학습자와 스페인어권 한국어 학습자들은 각각 /a/와 /ㅏ/를 발음하는 데 있어서 어려움을 겪지 않는다. 이는 여러 연구들의 실험에서도 드러난다. 김주경(2020), 이신영(2015), 이찬희(2020)는 모두 학습자의 단모음 발음을 모어 화자에게 들려주고, 모어 화자가 해당 단모음을 어떻게 인지하는지를 실험하였다. 김주경(2020), 이찬희(2020)의 실험에서 /a/와 /ㅏ/의 정답률은 100%였다. 다만 이신영(2015)에서, 여성 학습자의 /ㅏ/를 한국어 모어 화자가 /ㅓ/로 들은 경우가 한 건 보고되었다(정답률 97.5%: 79/80). 남성 학습자의 경우에는 100%의 정답률을 보였다.

선행연구들의 실험 결과에서 확인할 수 있는 것처럼 학습자들은 /ㅏ/와 /a/의 발음을 어려워하지 않는다. 한국어의 /ㅏ/와 스페인어의 /a/는 거의 유사한 소리이기 때문에, 학습자들이 자신의 모국어의 발음을 그대로 전이시켜도 목표어를 학습하는 데 무리가 없다. 이러한 점 때문에, 오히려 학습자들이 발음한 /ㅏ/와 /a/에서는 그들 모국어의 흔적이 쉽게 발견된다. 김주경(2020), 이신영(2015), 이찬희(2020)에서는 각각 학습자들이 산출한 /a/와 /ㅏ/의 포먼트 값을 모어 화자들이 산출한 /a/와 /ㅏ/의 포먼트 값과 비교하였다. 각각의 실험 결과를 표로 나타내면 다음과 같다. 〈표 8〉에는 F1, F2에 한해서 통계적으로 그 차이가 유의미하다고 보고된 결과만을 간단히 실었다[10].

〈표 8〉 학습자와 모어 화자의 /a/와 /ㅏ/에 대한 음향음성학적 비교

	학습자 성별	실험 결과
김주경(2020)	여	한국인 학습자의 /a/는 모어 화자보다 F2값이 낮음
이신영(2015)	남	통계적으로 유의미한 차이가 발견되지 않음
	여	스페인어권 학습자의 /ㅏ/는 모어 화자보다 F2값이 높음
이찬희(2020)	여	통계적으로 유의미한 차이가 발견되지 않음

학습자와 모어 화자 사이에서는 F2값의 차이가 두드러진다. 김원필(2009)에 따르면 한국어의 /ㅏ/는 스페인어의 /a/보다 입이 더 벌어지고, 더 뒤에서 조음되는 경향이 있다. 2장에서 살펴본 강현화 외(2003)의 대조 결과에서도 한국어의 /ㅏ/는 후설모음인 반면, 스페인어의 /a/는 중설모음으로 분류된 것을 볼 수 있다. 이제 실험 결과를 보도록 하자. 김주경(2020)에서, 한국인 스페인어 학습자들은 /a/를 스페인어 모어 화자들보다 F2를 더 낮게 하여, 다시 말해 스페인어의 /a/보다 후설모음으로 발음하였다. 즉, 한국인 스페인어 학습자들의 /a/에는 한국어 /ㅏ/의 흔

---

10 김주경(2020), 이찬희(2020)는 학습자의 단모음과 모어 화자의 단모음을 비교할 때 F1, F2값만을 사용했다. 이신영(2015)은 F1, F2값뿐만 아니라 F3값까지 비교하여 제시했다. 공통적으로 언급된 결과만을 비교하기 위해 본고에서는 F1, F2값에 대한 결과만 싣도록 한다. F3값은 논의에 필요한 경우 따로 제시하도록 한다.

적이 남아 있는 것이다. 이신영(2015)에서, 반대로 스페인어권 한국어 학습자들은 /ㅏ/를 한국어 모어 화자들보다 F2를 더 높게 하여, 다시 말해 한국어의 /ㅏ/보다 전설모음으로 발음하였다. 즉, 스페인어권 한국어 학습자들의 /ㅏ/에는 스페인어 /a/의 흔적이 남아 있는 것이다. 이러한 결과는 학습자들이 목표어의 /a/와 /ㅏ/를 발음할 때 목표어만의 특징을 인지하고 발음한다기보다는 그들 모국어의 /ㅏ/와 /a/를 그대로 가져와 발음하는 전략을 취하고 있음을 보여준다.

2) /ㅣ/와 /i/

한국어의 /ㅣ/와 스페인어의 /i/는 서로 동일한 음운이라고 봐도 될 만큼 유사한 소리이다. 그러나 학습자의 단모음 발음을 모어 화자에게 들려주는 실험에서는 앞서 살펴본 /ㅏ/나 /a/보다 높은 오답률을 보이고 있다. 김주경(2020), 이찬희(2020)에서는 각각 /i/와 /ㅣ/의 정답률이 100%로 보고되었다. 반면, 이신영(2015)의 실험 결과에서는 스페인어권 학습자들의 /ㅣ/를 한국어 모어 화자들이 제대로 인지하지 못한 사례들을 소개하고 있다. 남성 학습자의 경우 /ㅣ/의 정답률은 95%였다 (38/40). 2건의 오류가 보고되었는데, 한국어 모어 화자들이 학습자들의 /ㅣ/를 /ㅑ/로 들은 사례였다. 여성 학습자의 경우 /ㅣ/의 정답률은 역시 95%였다(76/80). 총 4건의 오류가 보고되었는데, 학습자들의 /ㅣ/를 /ㅏ/로 들은 사례가 2건, /ㅓ/로 들은 사례가 1건, /ㅔ/로 들은 사례가 1건이었다[11].

---

11 이신영(2015)에서는 학습자들의 단모음 발음을 녹음하기 위해, '이것은 (   )아입니다.'라는 읽기용 문장을 사용하였다. /ㅣ/의 읽기용 문장은 '이것은 이아입니다.'인데, 학습자들의 /ㅣ/에 대한 지식이나 발음 능력 이외에도 '이아'를 연속해서 발음해야 하는 상황이 이러한 오류들을 유발했을 가능성이 있다.

모어 화자를 대상으로 하는 인지실험에서 /ㅣ/와 /i/가 /ㅏ/와 /a/보다 낮은 정답률을 보인 것과는 별개로, 김주경(2020), 이신영(2015), 이찬희(2020)의 음향음성학적 비교 결과들은 학습자들의 /ㅣ/와 /i/에서 모어 화자와 통계적으로 유의미한 차이가 발견되지 않았다고 보고하고 있다. 한국어의 /ㅣ/가 스페인어의 /i/보다 고모음이라는 선행연구의 언급이 있으나(김원필, 2009) 음향음성학적으로 학습자의 /ㅣ/와 /i/에서 학습자 모국어의 흔적은 발견되지 않았다.

3) /ㅔ/, /ㅐ/와 /e/

한국어의 /ㅔ/와 스페인어의 /e/는 서로 동일한 음운이라고 봐도 될 만큼 유사한 소리이다. 김주경(2020: 34)에서는 스페인어와 한국어의 단모음을 F1, F2 좌표 내에서 유클리드 거리[12]를 사용하여 비교한 결과를 제시하고 있는데, 한국어의 /ㅔ/와 스페인어의 /e/는 한국어와 스페인어에 공통으로 존재하는 5개 단모음 중에 가장 가까운 거리를 나타냈다. 즉, 한국어의 /ㅔ/와 스페인어의 /e/는 그 유사도가 가장 높은 대응쌍이라고 할 수 있다. 따라서 학습자들이 /ㅔ/와 /e/를 발음하는 데는 큰 어려움이 없을 것으로 예측된다. 실제로 김주경(2020), 이찬희(2020)의 모어 화자를 대상으로 한 인지실험에서 각각 /e/와 /ㅔ/의 정답률은 100%로 보고되었다. 반면, 이신영(2015)의 실험 결과에서는 학습자들의 /ㅔ/를 한국어 모어 화자들이 제대로 인지하지 못한 사례들이 등장한다. 해당 사례는 여성 학습자의 경우에만 등장하는데, 학습자의 /ㅔ/를 /ㅏ/로

---

12 유클리드 거리(Euclidean Distance)는 좌표 평면 위 두 점 사이의 거리를 뜻한다. 만약 점1(x_1, y_1)과 점2(x_2, y_2)가 있다면, 두 점 사이의 유클리드 거리는 $\sqrt{(x_2 - x_1)^2 + (y_2 - y_1)^2}$ 이다.

인지한 사례가 2건, /ㅕ/로 인지한 사례가 1건으로, 총 97.5%의 정답률을 보였다(77/80). 남성 학습자의 경우는 100%의 정답률을 보였다.

음향음성학적 비교 결과들은 보다 복잡한 양상을 보인다. 우선 학습자의 /e/와 /ㅔ/와 모어 화자의 /e/와 /ㅔ/를 음향음성학적으로 비교한 연구들의 결과는 아래의 〈표 9〉와 같다. 〈표 9〉에는 F1, F2에 한해서 통계적으로 그 차이가 유의미하다고 보고된 결과만을 간단히 실었다.

〈표 9〉 학습자와 모어 화자의 /e/와 /ㅔ/에 대한 음향음성학적 비교

	학습자 성별	실험 결과
김주경(2020)	여	통계적으로 유의미한 차이가 발견되지 않음
이신영(2015)	남	통계적으로 유의미한 차이가 발견되지 않음
	여	스페인어권 학습자의 /ㅔ/는 모어 화자보다 F1값이 낮음
이찬희(2020)	여	통계적으로 유의미한 차이가 발견되지 않음

대체로 /e/와 /ㅔ/에는 유의미한 차이가 없는 것으로 나타나지만, 이신영(2015)의 연구 결과에서는 여성 학습자와 모어 화자 사이에서 F1 수치의 차이가 발견된다. 앞서 2장의 〈표7〉에서 살펴본 것처럼, 화자의 성별에 상관없이 스페인어의 /e/는 한국어의 /ㅔ/보다 F1 수치가 낮은 것으로 나타난다. 따라서 이신영(2015)의 연구 결과는 스페인어권 한국어 학습자들의 /ㅔ/에 어느 정도 스페인어 /e/의 흔적이 남아 있는 것으로 해석될 수 있다[13].

---

13 통계적으로 유의미한 차이는 발견되지 않았으나, 이신영(2015)의 남성 학습자, 이찬희(2020)의 여성 학습자들이 산출한 /ㅔ/의 F1값 평균은 한국어 모어 화자들이 산출한 /ㅔ/의 F1값 평균보다 낮게 나타났다. 반대로 김주경(2020)에서 한국인 스페인어 학습자들이 산출한 /e/의 F1값 평균은 스페인어 모어 화자들이 산출한 /e/의 F1값 평균보다 높았다. 그러므로 3.1.의 /ㅏ/와 /a/ 사례에서와 마찬가지로, 학습자들은 /ㅔ/와 /e/의 특징을 이해하고 발음한다기보다는 그들 모국어의 /e/와 /ㅔ/를 그대로 사용하는 전략을 취하고 있다고 이해할 수 있다.

추가적으로 살펴볼 점은 /ㅔ/와 /ㅐ/의 구분이다. 2장에서 살펴본 것
처럼 현대 한국어에서는 /ㅔ/와 /ㅐ/는 더 이상 구분되는 소리쌍이 아니
다. 그러나 이신영(2015)의 연구 결과에 따르면, 스페인어권 한국어 학습
자들은 /ㅔ/와 /ㅐ/가 서로 다른 글자로 나타나기 때문에 /ㅔ/와 /ㅐ/를
구분하여 발음하고 있었다. 이신영(2015: 41-42)에서는 스페인어권 한국
어 학습자들이 /ㅔ/와 /ㅐ/에 서로 다른 강세를 주어 각각의 음소에 다
른 특성을 부여하기 위해 노력하고 있다고 보고하고 있다. 이러한 점은
음향음성학적 비교에서도 다시 확인된다.

〈표 10〉 스페인어권 한국어 학습자들의 /ㅔ/, /ㅐ/(이신영, 2015: 56-57, 59)

	학습자 성별	실험 결과
/ㅐ/	남	스페인어권 학습자의 /ㅐ/는 모어 화자보다 F2값이 높음
	여	스페인어권 학습자의 /ㅐ/는 모어 화자보다 F1값이 낮음
/ㅔ/	남	스페인어권 학습자의 /ㅔ/는 모어 화자보다 F3값이 높음
	여	스페인어권 학습자의 /ㅔ/는 모어 화자보다 F1값이 낮고, F3값이 높음

〈표 10〉에서 발견할 수 있는 특징적인 점은, /ㅔ/에서만 학습자와 모
어 화자 사이의 F3값 차이가 유의미한 수준으로 나타난다는 것이다. 또
한 스페인어권 한국어 학습자들이 산출한 /ㅔ/의 F3값은 /ㅐ/보다 높
다[14]. F3은 입술의 모양과 관련되는 값으로 알려져 있다. F3이 높을수록
입술을 평평하게 해서 조음하는 것으로 해석되며, F3이 낮을수록 입술
을 둥글게 해서 조음하는 것으로 해석된다. 다시 말해서, 스페인어권 한
국어 학습자들은 /ㅐ/와 /ㅔ/를 구분하는 요소로 입술 모양을 사용하고
있다는 것이다. 서경석(2007)에서는 /ㅐ/와 /ㅔ/가 서로 같은 소리이지

---

14 /ㅔ/의 F3값: 남성-2922.88, 여성-3223.83; /ㅐ/의 F3값: 남성-2810.10, 여성
    -3021.38

만 다른 글자를 사용하는 것이 한국어 학습자에게 혼란을 야기할 수 있다는 점을 언급하고 있는데, 이신영(2015)의 연구 결과는 학습자들의 이러한 혼란을 반영하는 것으로 해석된다.

4) /ㅡ/

한국어의 /ㅡ/는 스페인어의 단모음 체계에 존재하지 않는 음소이다. 따라서 스페인어권 한국어 학습자들이 /ㅡ/를 발음하는 데에 어려움을 겪을 것이라고 예측할 수 있다. 서경석(2007)에서는 스페인어권 한국어 학습자들이 /ㅡ/를 스페인어의 모음에 대응시킬 수 없으므로, /ㅡ/를 /ㅜ/, /ㅣ/, /ㅓ/로 대체하는 오류를 보인다고 하였다. 스페인어권 한국어 학습자의 발음 오류를 분석한 김민경(2019: 62-63)에서는 스페인어권 한국어 학습자들이 /ㅡ/를 /ㅜ/로 발음하는 오류가 가장 많았으며, 일부 학습자들이 /ㅡ/를 /ㅠ/나 /ㅣ/로 발음하는 오류를 생산하기도 했다고 보고하고 있다. 박하나(2011: 19)에서는 사전 실험 결과를 통해 스페인어권 한국어 학습자들이 /ㅡ/를 /ㅓ/로 발음하는 사례를 제시하고 있다.

모어 화자를 대상으로 한 인지실험에서도 이와 유사한 결과를 확인할 수 있다. 이신영(2015)에서 남성 학습자의 /ㅡ/ 정답률은 87.5%였다(35/40). 남성 학습자의 /ㅡ/를 /ㅓ/로 인지한 경우가 2건, /ㅜ/로 인지한 경우가 2건, /ㅗ/로 인지한 경우가 1건이었다. 여성 학습자의 /ㅡ/ 정답률은 91.25%였다(73/80). 여성 학습자의 /ㅡ/를 /ㅓ/로 인지한 경우가 3건, /ㅜ/로 인지한 경우가 2건, /ㅣ/와 /ㅔ/로 인지한 경우가 각각 1건씩이었다. 이찬희(2020)에서 여성 학습자의 정답률은 80%였다(8/10). 여성 학습자의 /ㅡ/를 /ㅜ/와 /ㅣ/로 인지한 경우가 각각 1건씩이었다. /ㅡ/와 관련된 스페인어권 한국어 학습자들의 오류를 정리하면 아래의 〈표 11〉과 같이 나타낼 수 있다.

〈표 11〉 스페인어권 한국어 학습자들의 /ㅡ/ 오류 양상

	오류 양상
서경석(2007)	/ㅡ/ -〉 /ㅜ/, /ㅣ/, /ㅓ/
김민경(2019)	/ㅡ/ -〉 /ㅜ/, /ㅠ/, /ㅣ/
박하나(2011)	/ㅡ/ -〉 /ㅓ/
이신영(2015)	/ㅡ/ -〉 /ㅓ/, /ㅜ/, /ㅗ/, /ㅣ/, /ㅔ/
이찬희(2020)	/ㅡ/ -〉 /ㅜ/, /ㅣ/

〈표 11〉을 통해서 스페인어권 한국어 학습자들은 /ㅡ/를 다양한 모음으로 발음하고 있는 것을 확인할 수 있다. 즉, /ㅡ/를 정확히 발음하는 것에 어려움을 느끼고 있는 것이다.

한편, 음향음성학적 비교에서는 이러한 양상과는 반대로 스페인어권 한국어 학습자의 /ㅡ/와 한국어 모어 화자의 /ㅡ/ 사이에는 통계적으로 유의미한 차이가 없는 것으로 나타났다(이신영, 2015: 54-55; 이찬희, 2020: 49-51)[15]. 이찬희(2020: 50)에서는 그 이유를 스페인어의 단모음 체계에 /ㅡ/가 단독으로 존재하지는 않으나, 자음을 발음하는 과정에서 자연스럽게 발음되는 음가이므로 학습자들이 그 조음법을 전혀 모르지 않기 때문이라고 설명하였다[16].

다시 말해, /ㅡ/는 모어 화자를 대상으로 한 인지실험과 음향음성학적 비교 결과가 일치하지 않는다. 스페인어권 한국어 학습자들이 발음한 /ㅡ

---

15 이신영(2015: 29-30)의 예비실험에서는 여성 스페인어권 한국어 학습자의 /ㅡ/와 한국어 모어 화자의 /ㅡ/ 사이에 통계적으로 유의미한 차이가 있는 것으로 나타났다. 학습자는 모어 화자보다 낮은 $F2$, $F3$값을 보였다. 즉, 학습자의 /ㅡ/는 모어 화자의 /ㅡ/보다 혀의 위치를 더 뒤쪽에 둔 상태에서, 그리고 입술 모양은 더 둥글게 한 상태에서 조음되었다. 그러나 이신영(2015)의 본실험에서는 그러한 차이가 발견되지 않았다.

16 예를 들어, 스페인어의 'mar'라는 단어는 [마르] 정도로 조음되고, 'Carmen'이라는 단어는 [까르멘] 정도로 조음된다. 이와 같이 스페인어에서는 자음을 발음하는 와중에 /ㅡ/에 대응되는 소리를 자연스럽게 발음하고 있다는 것이다.

/는 F1, F2 수치상으로 모어 화자와 유의미한 차이가 발견되지 않았으나, 모어 화자들은 학습자들의 이러한 발음을 제대로 인식하는 데 어려움을 겪고 있다. 그렇다면 F1, F2 수치 이외에도 다른 요인들이 학습자의 발음을 부정확하게 만들고 있다고 해야 할 것이다. 이신영(2015: 41, 54-55)에서는 그 요인 중 하나로 학습자들이 /ㅡ/를 발음할 때 성대에 상당한 긴장을 준 채로 발음을 하는 것을 언급하고 있다. 익숙하지 않은 모음의 발음 과정 중에 성대에 가해지는 긴장이 청취 효과에 영향을 줄 수 있겠으나, 이것만으로는 〈표 11〉에 보이는 것 같은 /ㅡ/ 발음의 다양한 오류 양상들을 설명하기에는 적당하지 않다. 따라서 스페인어권 한국어 학습자들이 산출하는 /ㅡ/의 발음에 대해서는 앞으로 추가적인 연구가 필요하다.

5) /ㅗ/, /ㅜ/, /ㅓ/와 /o/, /u/

한국어와 스페인어의 단모음 체계에서 가장 복잡한 대응 양상을 보이는 모음들은 한국어의 /ㅗ/, /ㅜ/, /ㅓ/와 스페인어의 /o/, /u/이다. 얼핏 생각하면 스페인어의 /o/는 한국어의 /ㅗ/에 대응되고, /u/는 /ㅜ/에 대응되는 것이므로 양 언어 학습자들은 습득에 어려움을 느끼지 않을 것이고, 스페인어에 존재하지 않는 /ㅓ/ 정도만 스페인어권 한국어 학습자들이 습득하기 어려울 것처럼 보인다. 그러나 실제 대응 양상은 이와 다르다.

직관적인 이해와 다르게 한국어 /ㅗ/, /ㅜ/, /ㅓ/와 스페인어 /o/, /u/ 사이의 대응 양상이 복잡하게 나타나는 이유 중 하나는 현대 한국어 단모음 /ㅗ/와 /ㅜ/가 음소 변화(Sound Change)의 과정을 겪고 있기 때문이다. 현재 한국어 단모음 /ㅗ/는 상당히 고모음화되어 그 높이가 /ㅜ/와 거의 비슷해진 상황이다. 세대가 지날수록 단모음 /ㅗ/와 /ㅜ/의 차이가 점차 작아지고 있으며, 이러한 변화는 남성 화자보다는 여성 화자에게서, 그리고 첫 번째 음절보다는 강세가 없는 두 번째 음절에서 더욱 두드러지게 진행 중이다(Han&Kang, 2013). 이러한 현상은 지역적으로는 충청도 방언에서 가장 두드러지게 발생하는 것으로 보고되고 있다(Yoon et al., 2015). 상대적으로 그 특징들이 뚜렷이 구분되는 스페인어의 /u/, /o/와 달리 한국어의 /ㅜ/, /ㅗ/는 이러한 음소 변화 때문에 그 특징들이 변별력을 상당히 잃어 가고 있는 상태이다. 이런 상태를 고려해 본다면 한국어의 /ㅜ/, /ㅗ/는 각각 /u/, /o/에 대응되지 않고, 두 음소 모두 상대적으로 고모음인 /u/에 대응될 것을 예측해 볼 수 있다.

앞서 3.3.에서 언급한 바와 같이 김주경(2020: 34)에서는 유클리드 거리를 이용하여 한국어와 스페인어 단모음의 유사도를 측정한 바 있다. 이에 따르면 스페인어의 /o/와 가장 가까운 한국어의 단모음은 성별에 관계없이 /ㅓ/로 나타난다[17]. 또한 스페인어의 /u/와 가장 가까운 한국어의 단모음은 남성의 경우에는 /ㅗ/, 여성의 경우에는 /ㅜ/로 나타난다. 여성의 경우, /ㅜ/ 다음으로 /u/와 가까운 모음은 /ㅗ/로 나타나는데, /u/-/ㅜ/ 사이의 거리와 /u/-/ㅗ/ 사이의 거리는 크게 차이가 나지 않는다[18]. 반대로 한국어의 /ㅗ/와 가장 가까운 스페인어의 단모음은 성별에 상관없이 /u/로 나타난다. 한국어의 /ㅜ/와 가장 가까운 스페인어의 단모음도 성별에 상관없이 역시 /u/로 나타난다. 즉 한국어의 /ㅗ/와 /ㅜ/가 모두 /u/에 대응되는 것이다. 따라서 /o/, /u/는 /ㅗ/, /ㅜ/와 일대일로 대응되지 않는다는 사실과 함께 /ㅓ/와의 관계까지도 고려하면서 대조되어야 할 필요가 있다.

---

17 이러한 지적이 이전에 전혀 없었던 것은 아니다. 김원필(2009)은 " ㅓ(ə) 소리는 /o/ 와 높이는 거의 같되 위치가 다른 소리, 즉 보다 중설에 가까운 것임을 명심할 필요가 있다. 이는 다시 말해서 입은 더 크게 벌리지 않고 그대로 유지한 채로 /a/가 발음되는 위치만큼 혀를 앞으로 펴서 옮겨야 한다는 뜻이다."라고 설명하며, 조음음성학적인 차원에서 /o/와 /ㅓ/의 유사함을 지적한 바 있다.

18 여성의 경우, /u/-/ㅜ/의 유클리드 거리는 162.94, /u/-/ㅗ/의 유클리드 거리는 184.26이다.

```
/ㅗ/        ↔
                        /u/
/ㅜ/        ↔
---------------------------------------
/ㅓ/        ↔        /o/
```

〈그림 1〉

〈그림 1〉의 복잡한 관계는 모어 화자를 대상으로 한 인지실험에서도 재차 확인된다. 먼저 한국인 스페인어 학습자를 대상으로 한 실험의 결과부터 살펴보도록 한다. 김주경(2020)에서는 학습자의 /o/를 모어 화자들의 절반 이상이 /u/로 판단함을 보고하고 있다. 학습자의 /o/를 /o/라고 판단한 사례는 42.5%에 불과했으며(17/40), 학습자의 /o/를 /u/라고 판단한 사례는 57.5%로 그보다 더 많았다(23/40). 김주경(2020)에서 앞서 실험한 /a/, /e/, /i/에 대한 정답률이 100%였다는 점을 생각해 본다면, 이는 상당히 낮은 수치이다. 이러한 결과가 나타나는 이유는 학습자들이 스페인어 /o/의 음성적 특징을 이해하지 않고 한국어의 /ㅗ/처럼 발음했기 때문이다. 한국어의 /ㅗ/와 가장 유사한 스페인어의 단모음은 /u/이기 때문에, 스페인어 모어 화자들은 이를 /u/로 들을 수밖에 없다. 한편 학습자 /u/의 정답률은 97.5%로 상당히 높았다(39/40). 모어 화자가 학습자의 /u/를 /o/로 들은 사례가 한 건 있을 뿐이었다. 이는 한국어의 /ㅜ/와 가장 유사한 스페인어의 단모음도 역시 /u/이기 때문에, /u/ 대신 /ㅜ/를 발음하더라도 높은 확률로 모어 화자는 이를 /u/로 인지하기 때문이다.

다음으로, 스페인어권 한국어 학습자를 대상으로 한 실험의 결과들을 살펴보도록 한다. 이에 대한 양상은 앞서 서술한 단모음들에서 나타나는 오류들보다 복잡한 모습을 보이기 때문에, 〈표 12〉를 통해 정리해 보도록 한다.

〈표 12〉 스페인어권 한국어 학습자들의 /ㅗ/, /ㅜ/, /ㅓ/ 오류 양상

	학습자 성별	/ㅗ/	/ㅜ/	/ㅓ/
이신영 (2015)	남	/ㅗ/: 28/40 /ㅓ/: 12/40	/ㅜ/: 30/40 /ㅡ/: 7/40 /ㅗ/: 3/40	/ㅓ/: 21/40 /ㅗ/: 15/40 /ㅜ/: 2/40 /ㅡ/: 2/40
		정답률 70%	정답률 75%	정답률 52.5%
	여	/ㅗ/: 45/80 /ㅓ/: 18/80 /ㅜ/: 11/80 /ㅡ/: 5/80 /ㅏ/: 1/80	/ㅜ/: 52/80 /ㅗ/: 13/80 /ㅡ/: 11/80 /ㅓ/: 3/80 /ㅣ/: 1/80	/ㅓ/: 41/80 /ㅗ/: 27/80 /ㅏ/: 6/80 /ㅜ/: 3/80 /ㅔ/: 2/80 /ㅘ/: 1/80
		정답률 56.25%	정답률 65%	정답률 51.25%
이찬희 (2020)	여	/ㅗ/: 2/10 /ㅓ/: 7/10 /ㅜ/: 1/10	/ㅜ/: 9/10 /ㅗ/: 1/10	/ㅓ/: 8/10 /ㅗ/: 2/10
		정답률 20%	정답률 90%	정답률 80%

〈표 12〉의 오류 양상을 살펴보면 몇몇 특징적인 점들을 발견할 수 있다. 첫째, /ㅗ/, /ㅜ/, /ㅓ/의 정답률은 다른 단모음들에 비해 상당히 낮다. 앞서 살펴본 다른 단모음들의 정답률이 대체로 90%를 상회한다는 점을 떠올려본다면, /ㅗ/, /ㅜ/, /ㅓ/의 정답률은 상당히 낮은 수치이다. 이것은 스페인어권 한국어 학습자들이 /ㅗ/, /ㅜ/, /ㅓ/를 구분하여 발음하는 것에 어려움을 겪고 있다는 것을 뜻한다. 둘째, 학습자들의 /ㅗ/는 한국어 모어 화자들에게 /ㅓ/로 인식될 확률이 높다. 이는 스페인어의 /o/와 가장 유사한 한국어의 단모음이 /ㅓ/이기 때문이다. 스페인어권 한국어 학습자들이 한국어 /ㅗ/에 스페인어 /o/를 대응시켜 이해하고 발음했다면 이러한 결과는 자연스러운 것이다. 셋째, 학습자들의 /ㅜ/는

한국어 모어 화자들에게 /ㅗ/나 /ㅡ/로 인식될 확률이 높다. 이는 유사
성으로 보았을 때 스페인어의 /u/는 한국어의 /ㅗ/와 /ㅜ/ 모두에 대응
되기 때문이다. 더군다나 앞서 언급한 음소 변화 현상으로 인해 한국어
의 /ㅗ/와 /ㅜ/는 F1, F2 좌표평면상에서 그 거리가 매우 가깝다(Shin
et al., 2012: 103-104)[19]. 스페인어권 한국어 학습자들이 한국어 /ㅗ/와
/ㅜ/의 차이를 명확히 구분하지 않고 스페인어의 /u/를 발음하듯이 /ㅜ/
를 발음하게 되면 한국어 모어 화자들은 이를 /ㅗ/와 /ㅜ/의 중간쯤에
위치하는 소리로 인지하게 된다. 또한 학습자들의 /ㅜ/는 /ㅡ/로도 인식
되는 경우가 많은데, 이는 한국어의 /ㅜ/가 스페인어의 /u/보다 입술을
더 내밀어 보다 앞쪽에서 조음하는 소리이기 때문이다(김원필, 2009). 만
약 스페인어권 한국어 학습자가 /u/를 발음하는 것처럼 /ㅜ/를 발음했
다면, 입술의 위치가 /ㅜ/를 발음할 때보다 뒤에 위치하기 때문에 한국
어 모어 화자는 이를 /ㅡ/로 인식하게 된다. 넷째, 학습자들의 /ㅓ/는
한국어 모어 화자들에게 /ㅗ/로 인식될 확률이 높다. 이는 한국어의 /ㅓ
/와 가장 유사한 스페인어의 단모음이 /o/이기 때문이다. 학습자들이
/o/를 이미 /ㅗ/에 대응시켜 이해했다면, /o/와 유사한 소리인 /ㅓ/를
/ㅗ/와 구분할 수 없게 된다. 서경석(2007)에서도 스페인어권 한국어 학
습자의 가장 빈번한 오류를 /ㅗ/와 /ㅓ/의 구분으로 들고 있다. 서경석
(2007)에서는 /ㅓ/의 불안정으로 인해 학습자들이 이것을 /ㅗ/로 발음하
게 되고 들을 때도 역시 /ㅓ/를 /ㅗ/로 듣게 되는 경향이 있다고 언급하

---

19 Shin et al.(2012: 103-104)와 문승재(2007)의 연구 결과를 바탕으로 본고에서는
   한국어의 /ㅗ/와 /ㅜ/ 사이의 유클리드 거리를 산출해 보았다. 그 결과는 다음과 같다.
   이들은 모두 /u/-/ㅜ/, /u/-/ㅗ/ 사이의 유클리드 거리보다도 작은 수치를 보였다.

	남성	여성
Shin et al.(2012)	71.56	99.05
문승재(2007)	101.71	98.23

고 있다. 또한 이러한 /ㅓ/의 불안정 때문에 오히려 상대적으로 잘 발음
하던 /ㅗ/를 /ㅓ/로 발음하는 경우까지 발생한다고 보았다[20]. 또한 〈표
12〉에서 볼 수 있듯이 스페인어권 한국어 학습자들의 /ㅓ/는 다른 단모
음들에 비해 다양한 유형의 오류들을 산출하는데, 이는 스페인어권 한국
어 학습자들의 /ㅓ/ 발음이 특히 불안정하다는 것을 의미한다.

이제 음향음성학적 비교 결과들을 살펴보도록 한다. 우선 /o/와 /ㅗ/,
/u/와 /ㅜ/에 대한 결과부터 살펴보도록 한다. 〈표 13〉에는 F1, F2에
한해서 통계적으로 유의미하다고 보고된 결과만을 실었다.

〈표 13〉 학습자와 모어 화자의 /o/, /u/와 /ㅗ/, /ㅜ/에 대한 음향음성학적 비교

	학습자 성별	/o/와 /ㅗ/	/u/와 /ㅜ/
김주경 (2020)	여	한국인 학습자의 /o/는 모어 화자보다 F1, F2값이 낮음	통계적으로 유의미한 차이가 발견되지 않음
이신영 (2015)	남	통계적으로 유의미한 차이가 발견되지 않음	통계적으로 유의미한 차이가 발견되지 않음
	여	스페인어권 학습자의 /ㅗ/는 모어 화자보다 F1, F2값이 높음	스페인어권 학습자의 /ㅜ/는 모어 화자보다 F2값이 높음
이찬희 (2020)	여	통계적으로 유의미한 차이가 발견되지 않음	통계적으로 유의미한 차이가 발견되지 않음

한국어의 /ㅗ/가 스페인어의 /o/보다 낮은 F1, F2값을 보인다는 것은
2장에서도 밝힌바, 이찬희(2020)과 김주경(2020)에서 모두 공통적으로

---

20 이처럼 스페인어권 한국어 학습자가 보이는 /ㅓ/의 불안정과 /ㅓ/, /ㅗ/, /ㅜ/ 사이의
혼란은 다른 이론적 논의들에서도 꾸준히 지적되어 온 사항이다. 박숙희(2014)에서도
초급 단계의 스페인어권 한국어 학습자들이 어렵게 여기는 발음으로 /ㅓ/를 들고 있
다. 박하나(2011: 39)에서도 스페인어권 한국어 학습자들이 생산하는 /ㅓ/와 /ㅗ/의
혼동을 제시하고 있다. 김민경(2019: 25, 64-65)에서는 /ㅓ/, /ㅗ/, /ㅜ/의 혼동을
제시하고 있다. 특히 스페인어권 한국어 학습자들이 /ㅓ/와 /ㅗ/를 발음할 때 /ㅓ/와
/ㅗ/의 중간 발음으로 발음하는 사례가 있다는 것을 제시하고 있다.

확인된 사항이다. 이러한 양 언어의 특징은 학습자들이 발음한 목표어의 단모음에서도 확인된다. 즉 한국인 스페인어 학습자는 /o/를 모어 화자들보다 고모음으로, 그리고 후설모음으로 발음한다. 반대로 스페인어권 한국어 학습자는 /ㅗ/를 모어 화자들보다 저모음으로, 그리고 전설모음으로 발음한다. 학습자들의 /o/와 /ㅗ/에는 다른 단모음들보다 학습자 모국어의 흔적이 더 강하게 남아 있다. /u/와 /ㅜ/에서는 많은 차이가 발견되지는 않았으나, 이신영(2015)의 실험 결과에서 스페인어권 한국어 학습자의 /ㅜ/가 모어 화자보다 F2값이 높게 나타난다는 것이 확인되었다. 다시 말해, 스페인어권 한국어 학습자는 /ㅜ/를 모어 화자보다 전설모음으로 발음하였다.

마지막으로 /ㅓ/에 대한 음향음성학적 산출 실험의 결과를 살펴보도록 한다. F1, F2에 한해서 통계적으로 유의미하다고 보고된 결과만을 실었다.

〈표 14〉 학습자와 모어 화자의 /ㅓ/에 대한 음향음성학적 비교

	학습자 성별	/ㅓ/
이신영(2015)	남	스페인어권 학습자의 /ㅓ/는 모어 화자보다 F1값이 낮음
	여	스페인어권 학습자의 /ㅓ/는 모어 화자보다 F1값이 낮음
이찬희(2020)	여	스페인어권 학습자의 /ㅓ/는 모어 화자보다 F1값이 낮음

스페인어권 한국어 학습자의 /ㅓ/는 이신영(2015), 이찬희(2020)에서 모두 같은 특성을 보이고 있다. 모어 화자보다 /ㅓ/의 F1값이 낮게 산출되었는데, 이는 스페인어권 한국어 학습자가 /ㅓ/를 모어 화자보다 고모음으로 발음했다는 뜻이다. /ㅓ/의 조음 위치에서 혀의 높이만 상승시키면 /ㅗ/와 유사한 발음이 된다. 따라서 〈표 14〉의 결과는 스페인어권 한국어 학습자들이 /ㅓ/와 /ㅗ/를 혼동하는 경향이 반영된 것으로 해석할 수 있다.

지금까지 학습자들이 생산하는 단모음의 특징을 (1)학습자들이 산출한 단모음 오류에 대한 논의들과 (2)학습자들의 단모음과 모어 화자들의 단모음을 음향음성학적으로 비교한 논의들을 종합하여 살펴보았다. 이전까지 스페인어의 단모음들은 모두 한국어의 단모음 체계 안에 포함되어 상대적으로 단순한 대응 관계를 보인다는 것으로 인식되어 왔다. 그러나 여러 연구 결과들을 종합한 결과, 그 대응 관계가 단순한 일대일 관계가 아닌 것을 확인하였다. 그리고 이러한 복잡한 대응 관계는 학습자들이 발음하는 목표어의 단모음에 남아 있는 학습자 모국어의 흔적을 통해 다시 한 번 확인할 수 있었다.

4. 스페인어권 학습자를 위한 한국어 단모음 교육 방안의 쟁점들

본 장에서는 한·서 대조 연구에서 제시한 스페인어권 학습자를 위한 단모음 교육 방법을 알아보도록 한다. 먼저 두 언어의 단모음 체계를 다시 살펴보겠다. 스페인어의 단모음은 /a, e, i, o, u/ 5개이며, 한국어의 단모음은 / ㅏ, ㅐ, ㅓ, ㅔ, ㅗ, ㅚ, ㅜ, ㅟ, ㅡ, ㅣ / 10개이다. 그러나 현대 한국인들의 발음을 고려하여 한국어 단모음을 7~10개로 다르게 보는 연구들도 있다. 현대에는 /ㅟ, ㅚ/를 이중모음으로 발음하는 경우가 더 많으며, /ㅐ/와 /ㅔ/ 발음의 차이가 거의 사라지고 있기 때문이다. 현대 한국어 단모음을 어떻게 보는지는 연구자들에 따라 의견이 나뉘지만, 분명한 것은 스페인어의 단모음 수가 한국어의 단모음 수보다 적다는 것이다. 또한 스페인어의 단모음은 모두 한국어의 단모음에도 존재한다. 그러므로 스페인어권 학습자들이 모국어 체계에 없는 단모음을 발음할 때 어려움을 겪을 것이라 예측할 수 있다. 실제로 한·서 대조 연구에서는 스페인어권 학습자들이 스페인어에 없는 모음을 발음할 때 오류를 많이 보이는 것을 확인한 바 있다. 그런데 특징적인 것은 /ㅗ/와 /ㅜ/는 스페인 어에도 존재하는 모음임에도 학습자들이 잦은 오류를 보였다는 것이다. 그 이유는 스페인어와 한국어의 단모음에서 IPA가 동일한 모음이 존재하기는 하지만, 실제로 그 소리가 완벽히 동일하지 않기 때문이다. 소리가 동일하지 않다는 것은 조음 방식에 차이가 있다는 것을 의미한다. 앞서 음향음성실험을 진행한 한·서 대조 연구를 통해 IPA가 동일하더라도 조음 위치에 있어서 차이가 있는 것을 확인하였다. 따라서 스페인어권 한국어 학습자를 위한 발음 교육에서는 스페인어 단모음 체계에 없는 모음에 대한 교육뿐만 아니라 스페인어 단모음 체계에 있더라도 한국어의 발음과 많은 차이가 나는 모음에도 신경을 써야 할 필요가 있다.

이러한 이유로 한·서 대조 연구들은 공통적으로 스페인어권 학습자들에게 한국어 단모음의 조음 위치와 방법을 명확히 지도하고 이해시켜야할 필요가 있음을 강조하였다. 한국어의 모음은 혀의 높낮이, 혀의 전후 위치, 입술 모양에 따라 분류되지만, 스페인어는 입술 모양에 따른 분류는 없다[21]. 그러므로 스페인어권 학습자들을 교육할 때는 특히 입술의 모양에도 신경을 써야 한다. 서경석(2007)은 한국어 단모음을 교육할 때 특히 입술 모양과 입의 벌림 정도에 초점을 맞추어 지도가 되어야 한다고 하였다. 예를 들어 /ㅟ/, /ㅚ/, /ㅜ/, /ㅗ/는 입술 모양을 의식하고 발음하게 하고, 입의 열림 정도에서도 / ㅣ / 〉 / ㅓ / 〉 / ㅐ /, /ㅟ/ 〉 /ㅚ/, /ㅡ/ 〉 / ㅓ / 〉 / ㅏ /, /ㅜ/ 〉 /ㅗ/의 각각의 순서대로 입의 벌림 정도가

---

21 스페인어 모음은 /a, e, i, o, u/ 5개인데, 혀의 높이와 혀의 전후 위치만으로 모음 5개를 모두 구분할 수 있다.

달라진다는 것을 교육시켜야 한다고 하였다.

한·서 대조 연구들은 공통적으로 스페인어권 학습자에게 한국어 모음을 교육할 때 스페인어 학습자들이 발음하기 쉬운 소리를 먼저 발음하게 한 후, 조음 방식에 대한 설명을 통해 학습자들이 스스로 한국어 단모음의 조음 위치와 소리를 이해하도록 해야 한다고 하였다. 박숙희(2014)와 이찬희(2020)는 학습자들에게 조음 위치를 설명할 때 모음사각도를 활용하는 것이 유용하다고 하였다. 그런데 특정 모음을 교육하기 위해 어떤 소리를 발음의 출발점으로 삼을 것이냐에 대해서는 연구자들마다 의견이 나뉜다. 이에 대해서는 모음별 교육 방법 항목에서 후술하도록 한다.

한·서 대조 연구에서 단모음 발음 교육 방안을 제시하며 중점적으로 다루고 있는 모음은 /ㅓ/와 /ㅡ/였다. /ㅓ/는 스페인어권 학습자가 가장 발음하기 어려워하는 단모음이며, /ㅡ/ 역시 많은 학습자들이 어려움을 느끼는 모음이다. 그 이유는 이 두 모음이 스페인어의 모음 체계에 존재하지 않기 때문인데, 이로 인해 학습자들은 /ㅓ/와 /ㅡ/의 소리를 제대로 인식하지 못하고 다른 모음으로 잘못 발음하는 경우가 많았다. 그러므로 본 장에서는 한·서 대조 연구에서 중점적으로 다루고 있는 /ㅓ/와 /ㅡ/를 중심으로 모음별 발음 교육 방법에 대해 자세히 살펴보도록 한다.

1) /ㅓ/ 발음 교육

/ㅓ/는 스페인어권 학습자들이 가장 많은 오류를 보이는 모음이다. 이는 스페인어 단모음 체계에 없는 모음이기 때문인데 스페인어권 학습자들은 /ㅓ/를 발음할 때 후설모음인 /ㅗ/, /ㅜ/로 발음하는 오류를 자주 보인다. 또한 /ㅗ/를 발음할 때도 /ㅓ/나 /ㅜ/로 발음하는 경우가 있었는데 이를 통해 스페인어권 학습자들이 /ㅓ/, /ㅗ/, /ㅜ/ 세 모음의 발음을 정확히 구별하지 못하고 혼동하고 있음을 알 수 있었다. 다음은 스페

인어권 학습자들이 보인 오류의 예이다[22].

〈표 15〉 스페인어권 학습자가 /ㅓ/, /ㅗ/, /ㅜ/를 혼동하는 예

서경석(2007)	세모: *[세머]　　　공부: *[경부]　　　오빠: *[어빠]
	도시: *[터시]　　어머니: *[어모니]　　무엇입니까: *[무오심니까]
김민경(2019)	넓고: *[놀꼬, 눌코]　　　다섯: *[다솟]
	모두: *[모더]　　　　　이것은: *[이고슨, 이구슨]
	그래서: *[그래소]　　　이인분부터: *[이인분버터]

　이처럼 스페인어권 학습자들은 /ㅓ/, /ㅗ/, /ㅜ/ 세 모음을 제대로 구분하지 못하고 혼동하는 경우가 많기 때문에 /ㅓ/ 발음을 교육할 때는 /ㅗ/, /ㅜ/와 함께 교육하여 차이를 확실히 구별할 수 있도록 지도해야 한다. 이를 위해서는 학습자들에게 모음별로 정확한 조음 위치와 방법을 알려주어 그 차이를 알 수 있도록 해야 한다. 한·서 대조 연구에서는 대체로 /ㅓ/ 발음을 교육할 때 /ㅗ/ 발음을 먼저 하게 한 후, 그 상태에서 조음 방법을 달리하여 /ㅓ/ 발음에 이르게 하는 방식을 제안하고 있었다(서경석, 2007; 김원필, 2009; 이찬희, 2020). 이는 /ㅗ/에 대응하는 소리가 스페인어의 모음 체계에 있어 학습자들이 쉽게 발음할 수 있는 모음으로 보았기 때문이다. 서경석(2007)은 /ㅓ/ 발음을 교육할 때 스페인어권 학습자들에게 익숙한 /ㅗ/를 먼저 발음하게 한 후, 입을 조금만 더 벌리게 할 것을 제안하였다. 그리고 이때 /ㅓ/와 /ㅗ/의 혀의 전후 위치보다는 특히 입술 모양과 개구도의 차이에 초점을 두고 교육하여야 한다고 하였다. 더불어 모음 차이의 활용성이 강한 두 단어를 선정하여 소리를 반복적으로 익히고 구별하게 할 것을 제안하였다. (b)는 서경석(2007: 215)의 예를 일부 가져온 것이다.

22　서경석(2007: 206), 김민경(2009: 64)의 내용의 일부를 가져와 정리하였다.

(b) 오빠, 오후 / 거르다, 고르다 / 솔, 설

이찬희(2020)는 산출 실험을 통해 스페인어권 학습자들이 /ㅓ/를 발음할 때 한국어 모어 화자보다 더 고모음으로 발음하며, 개구도를 더 작게 사용하고 있는 것을 확인하였다. 그러므로 학습자들에게 개구도를 더 크게 사용할 수 있도록 해야 하며, 그림을 통해 조음 위치를 제시해야 한다고 하였다. 또한 서경석(2007)과 동일하게 /ㅗ/ 발음을 먼저 하게 한 후, 입을 더 벌려 혀가 더 아래에 가도록 지시하고, 학습자들에게 /ㅓ/와 /ㅗ/의 차이점을 개구도의 크기, 입술 모양을 통해 지각할 수 있도록 해야 한다고 하였다. 김원필(2009)에서는 /ㅓ/를 발음할 때 혀의 높이는 /o/와 거의 같지만 혀의 위치는 중설에 가깝다는 것을 명심해야 한다고 하였다. 그리고 /o/를 발음한 상태로 혀의 위치만 앞으로 옮기는 것이 쉽지는 않기 때문에 혀의 위치보다는 입술의 모양을 조정하는 방법이 더 쉬울 것이라 보았다. 따라서 /ㅓ/ 발음을 교육할 때는 먼저 /o/ 발음을 하게 한 후 그 상태에서 동그란 입술을 더 펴되, 넓적한 모양의 굵은 마개를 물고 있다고 생각하면서 그 마개를 통해 숨을 토해내듯 연습하는 방법을 제안하였다. 그리고 발음을 연습할 때는 각 음소를 독립적으로 연습하기보다, 단어나 구, 문장 속에서 연습하는 것이 더 좋다고 하였다.

이처럼 서경석(2007), 김원필(2009), 이찬희(2020)는 스페인어권 학습자에게 한국어에만 있는 단모음 /ㅓ/의 발음을 가르칠 때는 /ㅗ/를 먼저 발음하게 할 것을 제안하였다. 이는 한국어 /ㅗ/는 스페인어에 대응되는 모음이 있어 학습자들이 발음하기 수월하고, /ㅗ/와 /ㅓ/를 조음할 때 혀의 높이가 비슷하다는 사실에 근거한 것으로 보인다. 그런데 박숙희(2014)는 /ㅓ/ 발음을 교육할 때 /ㅗ/ 발음을 먼저 하게 하는 방법에는 문제가 있다고 지적하였다. /ㅓ/와 /ㅗ/의 조음 방법을 보면 혀의 높이는 비슷하기는 하지만 혀의 전후 위치, 입술 모양에 차이가 있다. /ㅗ/는 입술 모양이 둥근 원순모음이면서 혀의 위치가 뒤쪽에 위치하는 후설모음이다. 반면에 /ㅓ/는 입술 모양이 둥글지 않은 비원순모음이며 혀의 위치는 중간쪽에 위치해 중설모음이라 할 수 있다. 그러므로 만약 /ㅗ/를 발음한 후 /ㅓ/를 발음하려면 혀의 위치를 앞으로 이동하는 동시에 입술 모양은 둥글지 않게 바꿔야 한다. 박숙희(2014)는 이처럼 혀의 전후 위치와 입술 모양을 동시에 바꾸는 것이 쉽지 않다고 보았기 때문에 /ㅓ/ 발음을 교육할 때 /ㅗ/가 아닌 /ㅔ/의 발음을 먼저 하게 할 것을 제안하였다. /ㅔ/는 /ㅓ/와 혀의 높이가 같으며 동일한 비원순모음이다. 그러므로 /ㅔ/에서 /ㅓ/로 이동하기 위해서는 혀만 뒤로 움직이면 되는 것이다. 박숙희(2014)는 이 방법 외에도 한재영 외(2003: 90, 161)에서 제시한 /ㅓ/ 발음 교육 방법을 소개하였다. 여기에서는 /ㅓ/ 발음을 교육할 때 /ㅏ/ 발음에서 시작할 것을 제안하고 있다. 먼저 /ㅏ/ 발음을 하게 한 후, /ㅗ/ 발음으로 향하면서 /ㅏ/와 /ㅗ/의 중간 지점을 인지하도록 하여 /ㅓ/ 발음을 교육하는 것이다. 이는 /ㅏ/ 발음이 모든 언어권 학습자들이 발음하기 쉬운 모음이기 때문에 발음의 출발점으로 삼은 것으로 보인다. 그런데 /ㅏ/에서 /ㅗ/의 중간 지점을 인지하도록 할 경우, 학습자들이 잘못 인지하면 /ㅗ/처럼 입술의 모양을 동그랗게 할 가능성도 있어 주의해야 할 것으로 보인다. 이와 같이 박숙희(2014)는 두 가지의 /ㅓ/ 발음 교육 방법을 제안하는 것과 더불어 학습자들에게 발음 교육을 할 때는 발음의 출발점과 발음의 방향을 나타낸 모음사각도를 보여주는 것이 유용하다고 하였다. 아래의 〈표 16〉은 박숙희(2014: 33-35)에서 제시한 연구별 모음사각도를 본고에서 표로 정리한 것이다[23].

---

23 박숙희(2014)에서 이찬희(2020)는 다루지 않았으나 서경석(2007), 김원필(2009)과

〈표 16〉 한·서 대조 연구들에서 제시한 /ㅓ/ 교육 방안

서경석(2007) 김원필(2009) 이찬희(2020)	전설모음 / 중설모음 / 후설모음 고모음: ㅣ(ㅟ) ─ (ㅜ) 중모음: ㅔ(ㅚ) ㅓ ← (ㅗ) 저모음: ㅐ ㅏ
박숙희(2014)	전설모음 / 중설모음 / 후설모음 고모음: ㅣ(ㅟ) ─ (ㅜ) 중모음: ㅔ (ㅚ) → ㅓ (ㅗ) 저모음: ㅐ ㅏ
한재영 외(2003)	전설모음 / 중설모음 / 후설모음 고모음: ㅣ(ㅟ) ─ (ㅜ) 중모음: ㅔ(ㅚ) ㅓ ⋯(ㅗ) 저모음: ㅐ ㅏ

한·서 대조 연구에서 제시한 /ㅓ/ 발음 교육 방법을 정리해 보자면,
먼저 스페인어권 학습자들은 /ㅓ/와 /ㅗ/, /ㅜ/를 혼동하는 경우가 많기
때문에 그 차이를 확실히 구별할 수 있도록 지도해야 한다. 그리고 이를

동일하므로 본고에서 표에 추가하였다.

위해서는 학습자들에게 /ㅓ/의 조음 위치와 방법을 제대로 이해시키는 것이 중요하다. 스페인어권 학습자에게 /ㅓ/ 발음을 교육할 때는 스페인어 단모음 체계에 있는 발음하기 쉬운 모음을 먼저 발음하게 한 후, 그 상태에서 조음 방법에 변화를 주어 /ㅓ/를 발음하게 할 것을 제안하고 있었다. 이는 정확한 조음 위치와 방법을 학습자가 제대로 인지하도록 함으로써 발음의 정확성을 높여줄 수 있는 방법이다. 그런데 연구에 따라 /ㅓ/ 발음을 교육할 때 어떤 모음을 발음의 출발점으로 삼을 것인가에 대해서는 /ㅗ/, /ㅔ/, /ㅏ/로 의견이 나뉘고 있었다. 이 중 어떤 방법이 스페인어권 학습자를 위한 /ㅓ/ 발음 교육에 가장 효과적인지는 실험적으로 증명되지 않았다. 앞으로 후속 연구에서 학습자를 대상으로 그 효과를 알아보는 연구도 함께 진행된다면 스페인어권 학습자를 위한 단모음 교육 방안을 마련하는 데에 도움이 되리라 생각한다.

2) /ㅡ/ 발음 교육

한국어 단모음 /ㅡ/는 스페인어 단모음 체계에 존재하지 않는다. 따라서 스페인어권 학습자들은 /ㅡ/ 소리를 인식하고 발음하는 것에 어려움을 느낀다. 이찬희(2020)는 스페인어권 한국어 학습자들의 단모음 지각 능력을 측정한 결과, 학습자들의 /ㅡ/ 지각 정확도가 /ㅓ/, /ㅗ/에 이어 세 번째로 낮은 것을 확인하였다. 그러므로 /ㅡ/ 발음을 교육할 때는 우선 학습자들에게 한국어 단모음 /ㅡ/의 소리를 인식하도록 하는 것이 중요하다고 할 수 있다. 이에 따라 서경석(2007), 이찬희(2020)는 스페인어 단어를 통해 그 속에 잠재된 /ㅡ/소리를 학습자에게 인식시키는 방법을 제안하였다. 이는 스페인어 단모음 체계에 /ㅡ/가 존재하지는 않지만 실제로는 단어 속에서 자음을 독자적으로 발음할 때 /ㅡ/ 소리가 잠재적으로 존재한다고 보는 것이다. 예컨대 스페인어 단어 cuatro를 발음하면

cu-a-t-ro[꾸-아-뜨-로]로 음절을 나눌 수 있다. 이때 /t/를 발음할 때 모음은 없으나 [뜨]로 소리가 나는데 이 소리가 /ㅡ/임을 학습자들에게 인식시키는 것이다. 이처럼 위 연구들에서는 학습자들에게 스페인어 단어의 음절들을 나눠 발음하게 하여 /ㅡ/의 소리를 지각할 수 있도록 반복적으로 발음 연습을 해야 한다고 하였다. 그리고 발음 교육에 활용할 수 있는 단어들로 다음과 같은 예들을 제시하였다[24].

> (c) 서경석(2007) : escuela(에스꾸엘라), mesquita(메스끼따), cabra (까브라), Carmen(까르멘)
> 이찬희(2020) : cuatro(꾸아뜨로), postre(뽀스뜨레), supremo(쑤 쁘레모), paz(빠스), lápiz(라삐스), tardes(따르데스)

 그런데 박숙희(2014)는 서경석(2007)에서 예로 제시한 단어 Carmen처럼 /r/이 포함된 단어는 /ㅡ/ 발음 교육에 적절하지 않다고 하였다. 모음 뒤에 오는 /r/ 발음은 치경에 혀가 닿으며 발음되므로 학습자들이 /ㅡ/ 발음을 잘못 인지하여 오류를 발생시킬 수 있기 때문이다. 따라서 박숙희(2014)는 발음할 때 치경에 혀가 닿지 않는 /s/가 포함된 escuela, mesquita와 같은 단어를 이용하는 것이 좋을 것이라 하였다.
 하지만 위와 같은 방법은 학습자들이 한국어 단모음 /ㅡ/소리를 지각하게 할 수는 있으나 구체적인 조음 방법을 설명하지 않으므로 학습자들이 정확한 발음을 하는 데 어려움이 있을 수 있다. 스페인어권 학습자들은 실제로 /ㅡ/를 발음할 때 다른 모음으로 발음하는 경우가 많았다. 아

---

24 강조 표시와 서경석(2007)의 한국어 발음은 본고에서 추가한 것이다. 이찬희(2020) 의 예문에서 paz, lápiz의 한국어 발음은 [빠즈, 라삐즈]로 제시되었으나 IPA [paθ /pas], [lapis]에 따라 한국어 발음 표기를 [빠스, 라삐스]로 수정하였다.

래 〈표 17〉은 스페인어권 학습자들이 /ㅡ/ 발음의 오류를 보인 예로, 서
경석(2007: 207), 김민경(2019: 62)의 일부를 정리한 것이다.

〈표 17〉 스페인어권 학습자의 /ㅡ/ 오류

서경석(2007)	있습니다: *[있십니다, 있섭니다] 이름이: *[이림이, 일미] 없습니다: *[업섭니다] 기름: *[기룸] 스키: *[수기]
김민경(2019)	그래서: *[구래서] 그리고: *[구리구, 기리거, 기리코] 이것은: *[이거순] 식당은: *[식당이] 점심을: *[저시밀] 음식이: *[임식이] 많습니다: *[만습니다] 다릅니다: *[달류럽니다]

스페인어권 학습자들의 /ㅡ/ 발음 오류를 보면 특히 /ㅡ/모음을 /ㅜ/
나 /ㅣ/로 발음하는 경우가 많았으며 이찬희(2020)에서도 동일한 현상을
확인하였다. 이에 이찬희(2020)는 스페인어권 학습자들에게 앞서 제시한
/ㅡ/ 인지 교육을 진행한 후에는 학습자들이 자주 혼동하는 /ㅜ/와의 차
이점을 입술의 모양에 초점을 맞추어 설명해야 한다고 하였다. 또한 이
신영(2015)에서는 학습자들이 /ㅡ/를 발음할 때 입술 모양을 더 동그랗게
하며, 한국인 모어 화자보다 혀를 더 뒤에 위치시켜 성대에 긴장을 준
상태로 발음한다고 하였다. 그러므로 /ㅡ/를 교육할 때 입술 모양과 혀
의 위치에 유의해야 할 필요가 있다.

김원필(2009)은 조음음성학적 측면에서 스페인어권 학습자를 위한 /ㅡ/
교육 방법을 구체적으로 제시하였다. 이 연구에서는 /ㅡ/ 발음을 교육할
때 먼저 /ㅣ/를 발음하게 하고, 입을 벌리지 않은 상태를 유지한 다음
혀의 위치를 앞뒤로 움직이는 연습을 통해 /ㅡ/를 발음하게 할 것을 제안
하였다. /ㅣ/를 발음의 출발점으로 삼은 이유는 스페인어에도 이에 대응
하는 모음이 있어 학습자들이 발음하기에 큰 어려움이 없기 때문이다.
또한 /ㅣ/와 /ㅡ/는 고모음이자 평순모음으로 혀의 높이, 입술 모양이

동일하다. 다만 / ㅣ /는 전설모음, /ㅡ/는 후설모음으로 혀의 위치만 다르기 때문에 김원필(2009)에서는 / ㅣ /에서 혀의 위치만 바꿔 /ㅡ/로 발음하는 방법을 제안하였다. 한편 박숙희(2014)는 김원필(2009)과는 다른 방법을 제안하였다. 박숙희(2014)에서는 양순임(2003: 194)의 발음 교육 방법을 제안하였는데, 이는 / ㅏ / 발음을 먼저 하게 한 후에 점점 개구도를 작게 하여 /ㅡ/ 발음을 하게 하는 방법이다. 박숙희(2014)는 이러한 방법을 모음 사각도에 표시하여 학습자들에게 보여주는 것이 좋다고 하였다. 다음 〈표 18〉은 /ㅡ/ 발음 교육을 위한 모음사각도이다. 이는 박숙희(2014)에서 양순임(2003)의 /ㅡ/ 교육 방법을 모음사각도로 나타낸 것으로, 본고에서는 김원필(2009)의 /ㅡ/ 발음 교육 방법도 추가하였다.

〈표 18〉 한·서 대조 연구들에서 제시한 /ㅡ/ 교육 방안

김원필 (2009)	
양순임 (2003: 194, 박숙희, 2014 에서 재인용)	

　한·서 대조 연구에서 제안한 /ㅡ/ 발음 교육을 정리해보자면, 먼저 스페인어권 학습자들에게 스페인어 단어에 나타나는 잠재적인 /ㅡ/ 소리를 인지하게 하는 방법을 제안하고 있었다. 이와 더불어 스페인어권 학습자에게 /ㅡ/ 발음을 교육할 때는 학습자들이 발음하기 쉬운 모음을 먼저 발음하게 한 후, 그 상태에서 조음 방법을 다르게 하여 /ㅡ/를 발음하게 할 것을 제안하였다. 그런데 연구에 따라 /ㅡ/ 발음을 교육할 때 어떤 모음을 먼저 발음하게 할 것인가에 대해서는 /ㅣ/, /ㅏ/로 의견이 나뉘고 있었다. 아직 교육의 효과를 살펴본 연구는 없었기에 어떤 방법이 발음 교육에 더 효과적인지는 알 수 없다. 앞으로 스페인어권 학습자를 위한 발음 교육을 마련을 위해서는 단모음 교육 방안과 함께 교육의 효과를 살펴볼 수 있는 연구도 이루어져야 할 필요가 있어 보인다.

　지금까지 한·서 대조 연구에서 제안한 단모음 교육 방법을 살펴보았다. 한·서 대조 연구에서는 단모음 중에서 특히 /ㅓ/와 /ㅡ/ 발음 교육을 중점적으로 다루고 있었다. /ㅓ/, /ㅡ/는 스페인어의 단모음 체계에 존재하지 않으며, 스페인어권 학습자들이 많은 오류를 보이는 모음이기 때문이다. 한·서 대조 연구에서는 발음 교육을 할 때 조음 방법 지도를 특히 강조하고 있었다. /ㅓ/와 /ㅡ/ 발음을 교육할 때는 스페인어 단모음 체계에 존재하며 학습자들이 발음하기 쉬운 모음을 먼저 발음하게 한 후에, /ㅓ/와 /ㅡ/ 발음에 이르게 할 것을 제안하고 있었다. 앞으로는 지금까지 제시된 단모음 교육 방법이 실제로 스페인어권 학습자의 발음 지도에 효과가 있는지 검증해 보는 연구도 이루어져야 할 필요가 있어 보인다. 또한 단모음을 교육할 때는 학습자들이 자주 오류를 보이는 모음을 함께 제시하여 그 차이를 확실히 구별할 수 있도록 지도하여야 한다.

　한편, 앞선 한·서 대조 연구들은 음향음성학적 실험을 통해 스페인어와 한국어의 단모음에서 동일한 IPA를 공유하는 모음이라 하더라도 실제로는 조음 방식과 소리가 완전히 동일하지는 않음을 확인하였다. 이러한 이유로 스페인어권 학습자들이 발음하는 /ㅗ/, /ㅜ/는 한국어 모어 화자의 발음과 차이가 있었다. 예컨대 스페인어권 한국어 학습자는 /ㅗ/를 한국어 모어 화자들보다 저모음으로, 그리고 전설모음으로 발음하는 경향이 있었다(김주경, 2020; 이찬희, 2020). 이러한 음향음성학적 실험 결과는 앞으로 발음 교육 방안을 마련할 때 유용하게 활용될 수 있을 것이다. 스페인어권 학습자들이 대체로 어떤 위치에서, 어떤 방법으로 발음하기에 오류를 보이는지 알 수 있다면, 스페인어권 학습자들을 위한 발음 교육 방안을 더 구체적으로 마련할 수 있을 것이다.

5. 나가는 말

본고에서는 지금까지 수행된 한국어와 스페인어의 단모음 대조 연구의 결과를 종합하여 정리해보았다. 먼저 2장에서는 한국어와 스페인어의 단모음 대조 연구의 흐름이 이론적 대조에서 조음음성학적 대조, 음향음성학적 대조의 방향으로 이어지고 있음을 확인하였다. 그리고 스페인어의 단모음이 모두 한국어의 단모음에 포함되어 있기는 하지만 실제로는 조음 위치에 차이가 있어 완전히 동일한 소리가 아님을 확인할 수 있었다. 그러나 보다 정확한 차이를 살펴보기 위해서는 앞으로 두 단모음 체계의 음향음성적 특징을 대조하는 연구가 더 이루어져야 할 필요가 있다.

3장에서는 한국인 스페인어 학습자가 산출한 스페인어 단모음과 스페인어권 한국어 학습자가 산출한 한국어 단모음의 특성을 살펴보았다. 학습자들이 목표어의 단모음을 발음할 때 어떤 양상을 보이는지, 그 소리는 어떤 음향음성학적 특징을 가지는지를 각 단모음별로 살펴보았다. 이를 통해 스페인어권 한국어 학습자들이 한국어 단모음을 발음할 때 나타나는 특징과 어려움을 겪는 원인을 알아볼 수 있었다. 스페인어권 한국어 학습자들은 /ㅏ/와 /ㅣ/를 발음하는 데 있어서는 큰 어려움을 겪지 않는 것으로 나타났다. /ㅔ/와 /ㅐ/의 경우, 현대 한국어에서는 소리의 구분이 점차 사라지고 있으나 학습자들은 글자가 다르기 때문에 의식적으로 다르게 발음하려고 하는 경향을 보였다. /ㅡ/는 스페인어의 단모음 체계에 존재하지 않는 음소이기에 스페인어권 학습자들이 다른 모음으로 대체하는 오류를 보였다. 음향음성학적으로는 스페인어권 학습자들의 /ㅡ/발음이 한국어 모어 화자의 발음과 큰 차이는 없는 것으로 나타났으나, 성대를 긴장한 상태로 발음하는 경향이 있어 한국어 모어 화자가 학습자들의 발음을 제대로 인지하지 못하는 모습을 보였다. 스페인어권 학습자들이 가장 많은 오류를 보이는 부분은 /ㅓ/, /ㅗ/, /ㅜ/이며, 학습자들은 세 모음을 자주 혼동하는 모습을 보였다. 이는 /ㅓ/가 스페인어 단모음 체계에 없는 모음이면서, 한국어의 /ㅗ/, /ㅜ/와 스페인어의 /o/, /u/가 서로 완전히 1:1 대응을 이루는 소리가 아니기 때문이다.

4장에서는 스페인어의 단모음 체계에 없어 스페인어권 학습자가 특히 어려움을 겪는 /ㅓ/와 /ㅡ/를 중심으로 한국어 단모음 교육 방안과 쟁점을 살펴보았다. 한·서 대조 연구에서는 스페인어권 학습자들에게 단모음을 교육할 때 학습자가 자주 혼동하는 모음을 함께 제시해 그 차이를 확실히 구별할 수 있도록 해야 한다고 하였다. 그리고 이를 위하여 학습자에게 한국어 단모음의 정확한 조음 위치와 방법을 지도해야 함을 강조하였다. 스페인어 단모음 체계에 없는 /ㅓ/와 /ㅡ/를 지도할 때는 학습자들이 발음하기 쉬운 모음을 먼저 발음하게 한 후에, 그 상태에서 조음 위치와 방법을 바꿔 /ㅓ/와 /ㅡ/를 발음하게 해야 한다고 하였다. 그런데 각 모음을 지도할 때 어떤 모음을 발음의 출발점으로 삼을 것인가에 대해서는 연구마다 의견이 나뉘었다. 스페인어권 학습자를 위한 단모음 교육 방안을 마련하기 위해서는 제시된 방법들이 실제로 효과적인지 살펴보는 연구도 이루어져야 할 것이다. 또한 스페인어를 사용하는 스페인과 중남미 국가들의 발음에 차이가 있는지 살펴보는 연구도 필요해 보인다. 만약 차이점이 밝혀진다면 두 그룹을 구분하여 교육 내용이 마련되어야 할 것이다. 앞으로 한국어와 스페인어의 단모음 대조 연구들이 더 이루어져 스페인어권 학습자들을 위한 단모음 교육 내용이 더 체계적으로 구성될 수 있기를 바란다.

•참고문헌

강현화·신자영·이재성·임효상(2003), 『대조분석론: 한국어·스페인어 문형 대조를 바탕으로』, 서울: 역락.

김원필(2009), 「스페인어 모어 화자의 한국어 분절음 학습 방안 -양 언어의 대조분석을 중심으로-」, 『이베로아메리카연구』 20(1), 서울대학교 라틴아메리카연구소, 233-260쪽.

김민경(2019), 「초급 멕시코 화자의 한국어 발음 오류 분석」, 경희대학교 석사학위논문.

김진우(2020), 『음성학개론』, 서울: 한국문화사.

김주경(2020), 「한국인 학습자의 스페인어 모음 인식 및 발음 연구」, 서울대학교 석사학위논문.

문승재(2007), 「한국어 단모음의 음성학적 기반연구」, 『말소리』 62, 대한음성학회, 1-17쪽.

민선재(2005), 『스페인어 문형 98로 끝내기』, 서울: 한국외국어대학교출판부.

박숙희(2014), 「스페인어권 외국인용 한국어교재 제작 지침」, 『중남미연구』 33(3), 한국외국어대학교 외국종합연구센터 중남미연구소, 19-49쪽.

박철(2000), 『개정판 독학 스페인어 첫걸음 1』, 서울: ㈜진명출판사.

박하나(2011), 「스페인어 화자의 한국어 발음 오류 분석과 습득 패턴 연구」, 한국외국어대학교 석사학위논문.

서경석(2007), 「스페인어권 학습자에 대한 한국어 발음 교육 방안」, 『이베로아메리카』 9(2), 부산외국어대학교 이베로아메리카연구소, 197-220쪽.

양순임(2003), 「한국어 모음의 인지 및 발음 교육 방안」, 『이중언어학』 23, 이중언어학회, 187-209쪽.

이신영(2015), 「중남미 스페인어권 학습자의 한국어 단모음 발음 연구」, 경희대학교 석사학위논문.

이찬희(2020), 「카탈루냐어를 구사하는 스페인 학습자의 한국어 단모음 습득 연구」, 부경대학교 석사학위논문.

한재영·최정순·이호영·박지영·이강민·조현용·최금단·이선웅(2003), 『한국어 발음 교육』, 서울: 한림출판사.

Chládková. K., Escudero. P., & Boersma. P.(2011), Context-specific acoustic differences between Peruvian and Iberian Spanish vowels, *The Journal of the Acoustic Society of America, 130(1)*: 416-428.

Han, J. & Kang, H.(2013), Cross-generational Change of /o/ and /u/ in Seoul Korean I: Proximity in Vowel Space, *말소리와 음성과학, 5(2)*: 25-31.

Hualde, J. I.(2005), *The Sounds of Spanish*, Cambridge: Cambridge University Press.

Hualde, J. I.(2014), *Los Sonidos del Español*, Cambridge: Cambridge University Press.

Hualde, J. I., Olarrea, A., Escobar, A. M., & Travis, C. E.(2010), *Introducción a La Lingüística Hispánica(2º Edición)*, Cambridge: Cambridge University Press.

Solon, M., Long, A., & Gurzynsky-Weiss, L.(2017), Task Complexity, Language-related Episodes, and Production of L2 Spanish Vowels, *Studies in Second Language Acquisition, 39*: 347-380.

Shin, J., Kiaer, J., & Cha, J.(2012), *The Sounds of Korean*, Cambridge: Cambridge University Press.

Yoon, T., Kang, Y., Han, S., Maeng, H., Lee, J.C., & Kim, K.(2015), A Corpus-based Approach to Dialectal Variation in Korean Vowels, *ICPhS*.

Ⅲ.
한·서 주어 대조 연구의 성과와 쟁점
: 한국어교육의 관점에서

박미영·오세원

1. 들어가는 말

지금까지 한·서 문법 대조 연구에서 가장 지속적으로 관심을 받아 온 주제 중 하나는 한국어와 스페인어의 주어이다. 한국어와 스페인어는 서로 다른 언어 유형과 어군에 속하지만 공통적으로 주어의 위치가 상대적으로 자유로우며, 주어의 생략이 가능하다는 점에서 여러 연구자들의 관심을 받아 왔다. 따라서 한·서 대조 연구의 여러 주제 중에서도 주어를 대조하는 연구들은 여타의 대조 영역들에 비해 그 성과가 어느 정도 축적되어 있다.

본고의 목적은 지금까지 이루어진 한·서 주어 대조 연구들의 결과들을 한국어교육의 관점에서 정리하는 것이다. 이를 위해 본고에서는 한국어와 스페인어 주어의 문법적 형식과 기능을 이론적으로 대조한 연구들을 살펴보고 스페인어권 한국어 학습자들의 주어 관련 오류를 다룬 연구들을 살펴볼 것이다. 위의 과정을 통해 한국어와 스페인어의 대조 체계에 있어서 연구자들 사이에서 대체적으로 합의가 된 내용은 무엇인지,

또 합의가 되지 못한 내용은 어떤 것인지 알 수 있게 될 것이다. 또한 앞으로 스페인어권 한국어 학습자들에게 한국어 주어를 어떻게 가르쳐야 할지, 그리고 스페인어권 한국어 학습자들이 생산한 주어 오류를 분석할 때 어떤 점을 유의해야 할지 생각해 볼 수 있을 것이다. 본고의 논의는 다음과 같이 진행될 것이다: 2장에서는 한국어와 스페인어의 주어의 문법적 형식과 기능을 대조한 내용들을 살펴본다. 3장에서는 스페인어권 한국어 학습자들이 산출한 오류에 대한 연구 중, 주어와 관련된 내용들을 살펴볼 것이다. 4장에서는 본고의 논의를 요약하고 결론을 제시하도록 한다.

2. 한국어와 스페인어의 주어 대조 연구: 이론적 논의

본 장에서는 한국어와 스페인어의 주어의 문법적 형식과 기능을 대조한 연구의 내용들을 살펴보도록 한다. 앞서 말했듯이 한국어와 스페인어 대조 연구의 주제로 주어가 많은 관심을 받아 온 이유는 두 언어가 서로 다른 어군에 속함에도 불구하고 주어 생략이 빈번하게 일어난다는 공통점을 가지기 때문이다. 그러나 이러한 공통점을 가지면서도 주어의 실현 방식, 주어 생략 환경 등에는 차이점이 있다. 한국어와 스페인어의 주어 대조 연구 내용을 크게 나누어 보자면 주어 표지, 주어의 위치, 주어 생략으로 나눌 수 있다. 또한 한국어 주어 표지 '이/가', '은/는'의 기능과 관련하여 이에 대응되는 항목을 스페인어에서 찾으려는 연구도 있었다. 이에 대한 내용들을 항목별로 자세히 살펴보도록 하겠다.

1) 주어 표지의 유무

한국어에서는 주어 뒤에 조사를 첨가하여 문장의 주어를 표시한다. 반면에 스페인어에서 주어는 별다른 표지 없이 출현한다. 이는 아래 (a) 를 보면 알 수 있다[1].

> (a) <u>Andrés</u> tiene un coche. (안드레스는 차를 가지고 있다.)
>   <u>Ese</u> es Juan. (그는 후안이다.)
>
>   <u>나무가</u> 자란다.
>   <u>물이</u> 흐른다.

성충훈(2001: 72, 76)

(a)를 보면 스페인어 문장에서 주어에 해당하는 명사 'Andrés', 'Ese' 의 뒤에는 주어를 나타내는 표지가 아무것도 없다. 그러나 한국어 문장에서 주어에 해당하는 명사 '나무', '물' 뒤에는 주격을 나타내는 표지 '이/가'가 첨가된 것을 볼 수 있다.

성충훈(2001)에서 스페인어의 격은 어순과 전치사에 의해 이루어진다고 하였다. 전치사가 조사와 비슷한 기능을 한다고 할 수 있지만, 주어로 쓰인 명사에 전치사가 붙는 경우는 없다. 주어를 표시하는 격표지의 유무는 비단 한국어와 스페인어만의 차이는 아니다. 이는 한국어와 로망스어군에 속하는 언어들 사이에서 나타나는 일반적인 차이로서, 이에 대해서는 매우 잘 알려져 있다.

---

1 예문은 성충훈(2001)에서 가져온 것으로 한국어 해석은 필자들이 추가하였다.

2) 주어의 위치

한국어의 기본 어순은 SOV이며, 스페인어의 일반적인 어순은 SVO이다(성충훈, 1999). 두 언어는 일반적으로 주어가 문장의 첫머리에 위치한다. 또한 한국어와 스페인어는 모두 주어가 문두를 벗어나 다른 자리에 위치할 수 있다. 즉, 일반적으로 두 언어에서 주어의 위치는 문두이지만, 항상 고정적이지는 않고 위치가 자유롭다는 공통점을 가진다. 그런데 두 언어에서 주어가 문두의 위치를 벗어날 수 있는 이유에는 차이가 있다. 한국어는 조사, 스페인어는 동사의 굴절어미 때문이다. 한국어에서는 주어를 표시하는 조사가 있기 때문에 문장 내 어디에 있더라도 주어를 쉽게 식별할 수 있다. 반면에 스페인어에서는 주어의 인칭과 수에 따라서 동사가 변화하므로 동사를 통해서 주어에 대한 정보를 알 수 있다. 이러한 이유로 두 언어에서 주어의 위치는 비교적 자유롭다.

명령문에서 한국어와 스페인어의 주어 위치는 차이가 있다. 일반적으로 한국어의 명령문은 주어가 문두에 위치하지만, 스페인어의 명령문은 주어가 동사 뒤에 위치한다. 대체로 두 언어 모두 명령문에서는 주어가 생략되는 경향이 있다. 다음 (b)를 통해 두 언어의 명령문에서 주어의 위치를 살펴보도록 한다[2].

>   (b) ㄱ. Coma (usted) todo. (다 드세요.)
>   ㄴ. (너) 빨리 공부해.

먼저 스페인어 문장 ㄱ의 주어는 3인칭 단수형 'usted'이다. 위치를 보면 동사 Coma의 뒤에 있는 것을 볼 수 있다. 한국어 문장 ㄴ의 주어는

---

2 예문 ㄱ은 유연창(2015: 264)에서 가져온 것이며, ㄴ은 본고에서 만든 예문이다.

'너'이며 동사보다 앞에 위치한다. 이처럼 명령문에서 주어의 위치는 두 언어 간에 차이가 있다.

앞서 한국어와 스페인어의 주어 위치가 고정적이지 않다고 하였는데, 이는 두 언어의 어순이 정보구조에 민감하다는 것과도 관련이 있다. '정보구조'라는 용어를 사용하여 한국어와 스페인어의 주어를 설명한 연구로는 이만기(2005), Maria Begona(2021)가 있다. 한국어와 스페인어는 구정보가 앞에 위치하고 신정보가 뒤에 위치하는 어순이 가장 자연스럽다. 이는 (c)를 통해 알 수 있다.

(c) ㄱ. – ¿Quién compró el ordenador?
　　　 – Lo compró María. (OVS)
　 ㄴ. – 그 컴퓨터 누가 샀니?
　　　 – (그 컴퓨터는) 마리아가 샀어. (OSV)

이만기(2005: 469)

(c)는 동일한 내용의 스페인어, 한국어 대화문이다. ㄱ, ㄴ에서 질문을 통해 얻고자 하는 신정보는 '누가'에 대한 대답이다. 이에 대한 스페인어, 한국어 대답을 보면 구정보에 해당하는 'Lo(el ordenador)', '그 컴퓨터'가 앞에 위치하고 신정보인 'María', '마리아'가 뒤에 위치하는 것을 볼 수 있다. 다만 한국어는 서술어가 문말에 와야 하기 때문에 '마리아'가 '샀어'보다 앞에 위치하고, 스페인어에는 그러한 제약이 없기 때문에 'María'가 문말에 위치한다는 점에서 차이가 있다. 사실 'María lo compró.', '마리아가 그 컴퓨터를 샀어.'라고 대답해도 비문은 아니지만 원어민 화자들에게 자연스럽게 느껴지지는 않는다. 그리고 구정보는 이미 알고 있는 정보이기 때문에 언어의 경제성 측면에서 생략되는 경우가 많다.

3) 주어의 생략

한국어와 스페인어는 모두 주어가 생략될 수 있는, 이른바 공주어를 허용하는 언어이다. 두 언어는 모두 담화의 결속 관계를 강화하는 장치로 대명사와 같은 대용형을 사용하기보다는 영조응(zero anaphora), 즉 반복되어 나타나는 성분을 생략하는 것으로 담화의 결속 관계를 강화하는 언어이다. 이처럼 한국어와 스페인어가 서로 다른 어군에 속함에도 불구하고 주어를 생략할 수 있다는 공통점은 많은 연구자들의 관심을 받아 왔다.

그런데 두 언어에서 주어가 생략되는 원리에는 차이가 있다. 김우성(1996)에서는 스페인어의 주어 생략은 문장 차원에서 이루어지는 것으로, 동사의 굴절어미가 주어의 정보를 내포하고 있기 때문에 생략되는 것이라 하였다. 반면 한국어의 주어 생략은 담화 차원에서 이루어지는 것으로, 화자와 청자가 담화 맥락을 통해 해당 주어에 대한 내용을 공유하고 있기 때문에 생략되는 것이라 하였다. 그러나 최종호(1999; 2014), 심상완(2003), 김경희(2013) 등의 연구로 스페인어의 주어 생략은 문장 차원과 담화 차원에서 복합적으로 이루어지는 것이고, 한국어의 주어 생략은 담화 차원에서만 이루어지는 것으로 밝혀졌다. 이러한 주어 생략 원리는 다음 예문들을 통해 자세히 살펴보도록 한다.

(d) Ø Estudio en la biblioteca.
　　 <u>나는</u> 도서관에서 공부한다.

심상완(2003: 122)

(d)를 보면 스페인어에서는 주어가 생략되었으나 한국어에서는 주어가 생략되지 않았다. 스페인어 문장에서는 동사 'Estudiar'의 1인칭 단수형인 'Estudio'를 보고 주어가 'Yo(나)'임을 알 수 있기에 주어가 생략

된 것이다. 일반적으로 스페인어에서는 동사굴절어미를 통해 주어를 알 수 있으므로 주어를 생략한다. 주어를 명시할 경우에는 '강조'처럼 화자 의 특정한 의도가 반영된 문장이 된다. 하지만 한국어에서는 선행하는 문장이 제공되지 않을 경우 담화 상황에 대한 정보가 없기 때문에 주어 를 생략할 수 없다. 따라서 스페인어는 문장 차원에서 주어 생략이 가능 하지만, 한국어는 개별 문장에서는 주어 생략이 불가능하다고 할 수 있 다. 그러나 담화 차원에서는 한국어와 스페인어 모두 주어가 생략될 수 있는데 이는 (e)를 통해 살펴보도록 한다.

> (e) Al llegar a casa, Lalo le dice a su mamá que tiene muchos amigos. Ø Le cuenta de su maestra y de su amiga Mónica.
>
> 집에 도착해서 랄로는 엄마에게 친구를 많이 사귀었다고 말한다. (그리 고 랄로는) 자기 선생님과 여자 친구 모니카에 대해서 이야기한다.
>
> 김우성(1996: 275)

(e)를 보면 한국어, 스페인어의 두 번째 문장에서 모두 주어가 생략된 것을 볼 수 있다. 선행 문장으로 담화 맥락을 통해 주어를 알 수 있는 경우는 두 언어 모두 주어를 생략할 수 있다.

앞의 예문들을 통해 스페인어에서는 문장 차원, 담화 차원에서도 주 어가 생략될 수 있지만 한국어에서는 개별 문장 차원에서는 주어가 생 략될 수 없다는 것을 확인하였다. 이러한 차이로 인해 주어 생략의 빈 도는 한국어보다 스페인어에서 더 높게 나타난다. 김경희(2013), 박소 현(2021)은 병렬말뭉치를 통해 두 언어의 주어 생략 현상을 살펴봄으로 써, 실제로 스페인어에서 주어 생략이 더 빈번하게 나타난다는 것을 확인하였다.

그런데 한국어와 스페인어에서 주어 생략이 활발히 이루어지기는 하지만, 주어 생략을 허용하지 않는 환경도 존재한다. (f)는 한국어와 스페인어에서 공통적으로 주어가 생략될 수 없는 환경이다.

(f) ㄱ. 주어를 강조하는 경우
   (다른 사람이 아니라) 내가 그랬소!
   ¡Lo he hecho yo!

김경희(2013: 54)

ㄴ. 다른 주어와 대조하는 경우
   나는 생선을 먹고 기예르모는 고기를 먹었다.
   Yo comí pescado y Guillermo, carne.

김경희(2013: 53)

ㄷ. 상대의 질문에 대한 대답인 경우, 즉 초점 정보인 경우
   - 누가 이 잡지를 가져왔어요? - 제가 가져왔어요.
   - ¿Quién trajo esta revista? - Yo la traje.

김경희(2013: 43)

ㄹ. 담화에서 화제나 주체가 급격히 변하는 경우, 즉 혼란을 방지하기 위한 경우
   그래서 가끔 내게 그곳 얘기를 해주곤 했는데 마치 그곳을 내가 가고 싶은 것처럼 당신에게 말한 적도 있었네.
   Por eso me habló de ese lugar, pero te lo conté como si fuera yo la que quería ir.

김경희(2013: 55)

ㅁ. 주어도 마찬가지로 그렇다고 첨가하는 경우
   나도 역시 정부 부처에서 근무했고 저녁 10시까지 일했었다.

<u>Yo</u> también estuve en el Gobierno y trabajaba hasta las ocho de la noche.

김우성(1996: 284)

이처럼 (f)와 같은 조건에서는 한국어, 스페인어는 공통적으로 주어가 명시되어야 한다. 하지만 두 언어에서 주어 생략을 허용하지 않는 환경이 모두 동일한 것은 아니다. 스페인어에서만, 혹은 한국어에서만 주어 생략을 허용하지 않는 환경도 존재한다.

먼저, 스페인어에서는 동사의 1, 3인칭 단수형이 동일한 경우가 있다[3]. 이 경우에는 주어를 명시적으로 제시하지 않으면 주어를 알 수 없기 때문에 반드시 명시해야 한다. 다음 (g)는 이러한 예를 보여준다. (g)에서 ㄱ의 스페인어 문장은 김경희(2013: 41)에서 가져온 예문이며 한국어 해석과 ㄴ, ㄷ, ㄹ 문장은 본고에서 추가한 것이다.

(g) ㄱ. <u>Yo</u> estaba en casa. (나는 집에 있었다.)
　　ㄴ. <u>El</u> estaba en casa. (그는 집에 있었다.)
　　ㄷ. <u>Ella</u> estaba en casa. (그녀는 집에 있었다.)
　　ㄹ. <u>Usted</u> estaba en casa. (당신은 집에 있었다.)

(g)는 스페인어에서 직설법 불완료 과거시제가 사용된 문장이다. 직설법 불완료 과거시제에서는 1인칭과 3인칭 단수형의 동사 형태가 동일하다. (g)의 네 문장을 보면 주어는 다르지만 동사의 형태는 모두 'estaba'로

3　김우성(1996)에서는 다음과 같은 시제에서 1인칭과 3인칭 단수 변화형이 일치하는 경우가 발생한다고 하였다: 직설법 불완료 과거, 직설법 과거 완료, 가능법, 가능법 완료, 접속법 현재, 접속법 불완료 과거, 접속법 현재 완료, 접속법 과거 완료, 접속법 미래, 접속법 미래 완료.

동일한 것을 확인할 수 있다. 따라서 이러한 문장에서 주어가 생략된다면 주어가 누구인지 모호해지기 때문에 주어를 반드시 명시해야 한다.

박소현(2021)에서는 서·한 병렬말뭉치를 통해 스페인어와 달리 한국어에만 주어가 명시되는 경우가 있음을 발견하였는데 이를 '에피소딕 모델(episodic model)'로 설명하였다. 텍스트 내에서 서술의 관점, 공간, 등장인물들의 변화로 무대가 전환될 때 한국어에서는 주어를 명시하는 경향이 있다는 것이다. 다음 (h)를 보면 이를 확인할 수 있다.

> (h) TO: [a]Pero la revelación más deslumbrante para nosotros había sido Fulvia Flamínea. [b](Ø=Ella) Parecía un Obispo feliz, [c]y (Ø=ella) siempre andaba con una ronda de gatos soñolientos que le estrobaban para caminar, [d]pero ella decía que no los soportaba por amor, sino para impedir que se la comieran las ratas (182-183).
>
> TT: [a]하지만 우리에게 가장 멋진 생각을 하게 한 것은 풀비아 플라미네아였다. [b]그녀는 마치 행복한 주교 같았다. [c]그녀는 항상 걷는 데 방해되는 졸린 눈을 한 고양이 한 무리를 데리고 돌아다녔다. [d]하지만 그녀는 그 고양이들을 사랑하기 때문에 데리고 있는 것이 아니라 쥐들을 잡아먹으려고 데리고 있는 것이라고 말하곤 했다.
>
> 박소현(2021: 81)

(h)의 스페인어와 한국어 문장을 비교해 보면 두 번째, 세 번째 문장 [b], [c]의 주어가 스페인어에서는 생략되었으나 한국어에서는 주어가 생략되지 않은 것을 볼 수 있다. 박소현(2021)에 의하면 [b]에서는 내 느낌을 말하는 것으로 서술의 관점이 변화하였고, [c]에서는 그녀의 행동을 묘사하는 것으로 서술의 관점이 변화하여 무대가 전환되었다. 그리고

이러한 경우 한국어에서는 주어를 명시하는 경향이 있다는 것이다. 하지만 이에 대한 내용은 하나의 병렬말뭉치를 통해 확인한 것이기에 아직 일반화하기는 이르다고 할 수 있다.

4) 한국어의 조사 '이/가', '은/는'과 스페인어의 관사 'un/una', 'el/la'

한국어와 스페인어의 주어 대조 연구에서 한국어의 주어 표지인 '이/가', '은/는'을 스페인어의 부정관사 'un/una'와 정관사 'el/la'에 대응시켜 이해하려는 시도도 존재한다. 양승관(2009)은 스페인어 관사와 한국어 조사의 기능에 유사점이 있다는 사실에 주목하여 두 범주를 포괄하여 설명할 수 있는 방법을 찾고자 하였다. 먼저 이 연구에서는 그동안 스페인어 관사와 한국어 주어를 설명하는 전통적인 분석에 한계가 있다고 말한다. 전통적인 분석에서 스페인어의 부정관사 'un/una'는 비한정, 정관사 'el/la'는 한정의 기능을 한다고 본다. 또한 한국어의 '이/가'는 주격, '은/는'은 주제를 나타내는 기능을 한다고 본다. 하지만 실제 사용에서는 그 기능이 분명하게 구분되지 않는 것을 볼 수 있다. '이/가', '은/는' 모두 주제와 주어를 나타내는 데 사용할 수 있고, 'un/una', 'el/la'도 모두 비한정, 한정의 의미를 나타내는 데 사용할 수 있다. 따라서 기존의 전통적인 관점으로는 이들의 기능을 제대로 설명하기에 무리가 있다는 것이다. 그리하여 양승관(2009)은 Guillaume(1975)의 정신역학 이론을 바탕으로 스페인어의 관사 'un/una', 'el/la'와 한국어의 '이/가', '은/는'의 기능을 '총칭성'과 '특정성'이라는 개념으로 설명하고자 하였다. 양승관(2009)에 의하면 관사와 조사는 담화의 응집력을 확인시키는 도구이자 정신적 지시체를 구체적 지시체로 바꿔주는 도구이다. 다르게 말하자면, 관사와 조사는 명사의 의미에 확장성(extensión)의 정도를 부여하면서 명

사를 일반화시키기도 하며 특정화시키는 데에도 이용될 수 있다는 것이
다. 이처럼 '총칭성'과 '특정성'의 차원에서 스페인어 관사와 한국어의 '이
/가 ', '은/는'의 기능을 대응시켜 설명한 내용은 다음 (i)를 통해 살펴볼
수 있다. 이는 양승관(2009)의 내용을 간략히 정리한 것이다.

> (i) [스페인어 관사 un/una, el/la]
> 총칭적 가치 un/una: 한 개체로서 전체 종족을 대표할 때
> 예) <u>Un</u> hombre es mortal.
>
> 특정적 가치 un/una: 도입하거나 알지 못한 것을 처음으로 소개할 때
> 예) Hay <u>un</u> coche en la calle.
>
> 특정적 가치 el/la: 화자가 이미 알고 있는 특정한 것을 지시할 때
> 예) Hay un libro en la mesa. <u>El</u> libro es de Juan.
>
> 총칭적 가치 el/la: 절대적인 보편성. 정의하는 문장, 금언, 격언 등
> 예) <u>El</u> sol sale de este.
>
> [한국어 조사 이/가, 은/는]
> 총칭적 가치 이/가: 총괄적 의미, 기저의 추상적인 상태의 명사를
> 표현
> 예) 인간<u>이</u> 만물의 영장이다.
>
> 특정적 가치 이/가: 일반적 주어, 중립적이고 객관적인 서술, 존재
> 에 관한 문장, 특정한 의미의 초점화
> 예) 교실에 학생<u>이</u> 2명 있다.
>   철수는 유머가 많다. 그것<u>이</u> 그의 가장 큰 장점이다.

특정적 가치 은/는: 이전에 나왔던 것을 지시, 주제화, 알고 있는
대상, 명시적 대조, 암시적 대조
예) 이 게임기는 얼마입니까?
　　전화는 왔다.

총칭적 가치 은/는: 일반적인 진리, 정의, 명백한 주제
예) 태양은 동쪽에서 떠서 서쪽으로 진다.

양승관(2009: 85-91)

　지금까지 한국어와 스페인어 대조 연구에서 주어에 대한 연구 내용에
는 어떤 것이 있었는지 살펴보았다. 연구의 내용은 크게 주어의 표지,
주어의 위치, 주어 생략 환경, 한국어 주어 표지의 스페인어 대응물로
나눌 수 있었다. 연구들을 통해 한국어와 스페인어에서 주어 생략, 위
치, 기능 등에서 유사한 부분도 있지만 주어 표지, 주어 생략 원리 등에
서 차이점이 있음을 확인할 수 있었다. 이러한 한국어와 스페인어 주어
의 공통점과 차이점은 스페인어권 학습자들이 한국어를 학습하는 데 영
향을 끼치기에, 한국어교육 분야에서는 스페인어권 학습자들의 오류를
살펴보는 연구도 이루어졌다. 다음 3장에서는 스페인어권 한국어 학습
자의 주어 오류에 관한 연구들을 살펴보도록 한다.

3. 스페인어권 한국어 학습자들의 주어 오류 연구

　본 장에서는 스페인어권 한국어 학습자들이 생산한 주어 오류를 다룬
연구 내용들을 살펴보도록 한다. 첫째, 스페인어의 문법이 스페인어권
한국어 학습자들의 한국어 주어 사용에 부정적인 영향을 미친 사례들을

살펴볼 것이다. 이는 양 언어의 차이가 오류를 발생시킨 것으로서 언어 간 간섭에 의한 오류라고 할 수 있을 것이다. 둘째, 한국어에서 주어의 표지로 사용되는 조사 '이/가'와 '은/는'의 기능을 혼동하여 사용하는 사례들을 다룬 내용을 살펴볼 것이다. 이는 학습자가 한국어의 문법 체계를 완벽하게 익히지 못하여 발생한 것으로서 언어 내 간섭에 의한 오류라고 할 수 있을 것이다. 셋째, 스페인어권 한국어 학습자들에게 한국어 주어의 기능들을 어떻게 분류하여 제시할 것인가에 대해서 살펴볼 것이다. 이 분류 방법에는 의미·통사적인 구분에 기초한 방법과 정보구조적 관점에 기초한 방법이 있을 수 있다. 마지막으로 학습자들의 주어 오류, 그중에서도 특히 '이/가', '은/는'의 사용 중에 발생하는 오류를 포착하기 위해 연구자들이 사용하는 테스트 문항들이 가지고 있는 잠재적인 문제점에 대해서 살펴볼 것이다.

본 장에서는 학습자가 생산한 오류와 관련하여 각각의 연구에서 제시한 예문들을 사용할 것이다. 선행연구들에서 제시된 예문만이 충분하지 않은 경우에는 국립국어원의 한국어 학습자 문어 말뭉치에서 검색된 내용들을 추가로 제시하였다. 한국어 학습자 문어 말뭉치의 예시들은 모두 모국어가 스페인어인 학습자들이 생산한 것들만을 사용하였다.

1) 언어 간 간섭에 의한 오류

언어 간 간섭은 학습자의 모국어 체계가 목표어에 영향을 주어 오류가 발생하는 것을 뜻한다. 즉 한국어와 스페인어의 문법적 차이가 곧 스페인어권 한국어 학습자들의 오류로 나타난다는 것이다. 선행연구들은 스페인어의 주어와 관련된 문법이 스페인어권 학습자의 한국어에 부정적으로 전이된 결과로 나타나는 오류로 (1) 주어 생략 오류와 (2) 주격 표지 생략 오류를 들고 있다. 주어 생략 오류란 주어가 나타나야 할 자리에 주어를 출현시키지 않음으로써 발생하는 오류를 뜻한다. 마찬가지로 주격 표지 생략 오류란 주격 표지가 나타나야 할 자리임에도 불구하고 학습자가 주격 표지를 사용하지 않고 그 자리를 비워둠으로써 발생하는 오류를 뜻한다. 본 절에서는 이 두 가지 오류에 대한 선행연구들의 결과를 살펴보도록 한다.

(1) 주어 생략 오류

앞서 2장에서 살펴본 것처럼 한국어와 스페인어는 모두 주어를 생략할 수 있는 언어이다. 주어 생략이 가능하다는 표면적인 현상은 공통적으로 나타나지만, 주어 생략이 가능한 원인에는 차이가 있음을 선행연구들을 통해서 확인할 수 있었다. 주어 생략의 원인에 서로 차이가 있으므로 한국어와 스페인어에서 주어 생략이 가능한 환경 역시 차이가 있다. 선행연구들은 스페인어에서 주어 생략을 허용하는 환경이 한국어에서 주어 생략을 허용하는 환경보다 넓다는 점을 확인하였다. 따라서 스페인어권 한국어 학습자가 스페인어에서 주어 생략이 가능한 환경마다 주어를 생략하여 한국어를 사용하게 되면, 한국어에서 주어가 실현되어야 할 자리에서 주어를 실현하지 않아 어색한 문장을 만들게 되는 경우가 발생하게 된다. 강현화·조민정(2003)에서는 다음과 같이 학습자가 주어 전체를 생략하여 발생시킨 오류를 보이고 있다.

(j) 그러나 (V한국어는) 어려웁니다.(V어렵습니다)[4]

---

4 3급 수준의 학습자가 생산한 오류이다. 학습자의 국적은 명시되어 있지 않으나, 강현화·조민정(2003)의 연구 대상은 모두 스페인어권 한국어 학습자이다.

강현화·조민정(2003)에서 전체 맥락을 제시하지 않았기 때문에 자세하게 살펴볼 수는 없으나 아마도 (j)의 문장 이전에 한국어에 대한 내용이 계속 등장했을 것이다[5]. '그러나'라는 역접의 문장부사가 등장하는 경우, 한국어라는 주제에 대한 서술의 관점이 달라지기 때문에 텍스트의 무대가 달라진 것으로 이해할 수 있다[6]. 스페인어는 텍스트에서 서술의 관점으로 인해 무대가 달라지더라도 동사굴절어미와 담화 맥락으로 주어를 파악할 수 있는 경우는 주어를 생략하는 것이 일반적이다. 하지만 한국어에서는 주어의 수와 인칭에 관계없이 동사의 형태가 일정하기 때문에 텍스트의 무대가 달라지면 주어를 명시해 주어야 한다(박소현, 2021). (j)의 오류를 생산한 학습자는 한국어와 스페인어의 주어 생략 환경에 대한 이러한 차이점을 제대로 이해하지 못한 것으로 생각된다. 이와 비슷한 예시가 한국어 학습자 문어 말뭉치에서도 발견된다. 본 항에서는 원시 말뭉치를 그대로 옮겨서 설명을 진행하도록 한다.

(k) 제 고향이 달라졌다.
　　70년 전에 백화점이 없었는데 10년 전에는 새로운 백화점이 생겼다.
　　<u>백화점에 있는 식당에 친구들하고 자주 저녁을 먹으러 갔다.</u>
　　저녁을 먹던 식당이 작년에 망해서 문을 닫고 말았다.
　　어릴 때보다 길도 달라졌다.
　　집 근저에 있는 극장이 사라졌다.
　　　　　　　　　　　　　　　　　　　　　- 3급. 스페인 출신 학습자, 밑줄은 필자의 강조

5　생략된 주어에 대한 교정 어절로 '한국어는'을 제안하고 있기 때문에, '한국어'라는 명사가 이전의 문장에서 언급된 구정보일 가능성이 높다.

6　박소현(2021)은 텍스트 내에서 서술의 관점, 공간, 등장인물들의 변화로 무대가 전환될 때, 한국어에서는 주어를 명시하는 경향이 있다고 하였다. 앞서 다룬 2.3.의 (h)에서 그 예시를 확인할 수 있다.

(k)의 밑줄 친 문장에는 주어로 '나는'이 등장하는 것이 더 적합하다. 밑줄 친 문장의 앞부분은 자신의 고향과 백화점에 관한 것이고, 밑줄 친 부분부터는 서술의 대상이 달라지므로 주어가 등장하는 것이 한국어에서는 더 적합하기 때문이다. 그러나 스페인어에서 1인칭 단수 주어는 생략되더라도 동사굴절어미로 확실히 판단이 가능하며, 오히려 주어가 생략되어야 할 자리에 주어가 출현한 문장이 더 어색하게 느껴진다. 반면 3인칭 단수 주어의 경우는 동사굴절어미만으로는 주어를 특정할 수 없어 서술의 대상이 바뀌면 주어를 명시해야 한다. 실제로 (k)에서는 밑줄 친 문장 이외의 문장에서는 모두 주어를 명시하였는데, 모두 3인칭 단수 주어인 것을 확인할 수 있다.

> (1) 내 생일 있을 때, 스페인에 우리 집에 있을 거예요.
> 저는 친구들을 만나고 바다에 같이 걸 거여요.
> 8월에 태어났서 여름이에요.
> 그래서 날씨가 너무 더워서 아이스크림을 많이 딕으려고 해요.
> 우리 가족을 보고 싶어요.
> 밤에 청소하거나 생일 케이크를 만들 거예요.
> 우리 집에 큰 거실이 있어서 춤을 출 거예요.
> 부엌에 과자하고 술도 많이 있을 게에요
> 친한 친구를 초대할 거예요.
>
> － 1급, 스페인 출신 학습자, 밑줄은 필자의 강조

(1)의 첫 문장을 살펴보도록 하자. 글의 시작 부분이기 때문에 어떠한 선행사도 존재하지 않는다. 선행사가 존재하지 않을 경우, 한국어에서는 주어를 명시해야 하지만 해당 문장에는 주어가 명시되어 있지 않다. 물론, 첫 문장의 "내 생일 있을 때"라는 시간 표현과 그 다음 문장에서

출현하는 "저는"이라는 주어를 통해서 첫 문장의 주어가 필자 자신이라는 것을 유추할 수 있지만, 밑줄 친 문장에서는 주어가 명시되는 것이 더 적합하다. 또한 (1)에 등장하는 모든 문장들의 주어는 1인칭 주어일 것으로 생각되는데, 두 번째 문장의 "저는"을 제외하면 모두 생략되었다. 이는 학습자가 스페인어의 1인칭 주어 생략 환경을 그대로 한국어 작문에 적용시킨 결과로 해석할 수 있다.

(2) 주격 표지 생략 오류

이가희(2016)는 스페인어의 문법적 특성이 부정적으로 전이되어 스페인어권 한국어 학습자들이 주격 조사를 생략하는 오류를 생산하는 것으로 보았다. 이가희(2016)는 학습자들이 주격 조사를 생략하는 원인으로 크게 두 가지를 들고 있다. 첫 번째는 스페인어에는 주어를 나타내는 표지가 존재하지 않는다는 것이다. 스페인어에서 목적어는 전치사 'a'를 사용하여 뒤에 나타나는 단위가 목적어임을 명시하는 경우가 있으나, 주어만을 나타내기 위해 사용되는 표지는 존재하지 않는다. 이러한 스페인어의 특성은 자연스럽게 주격 조사 생략이라는 오류로 이어진다. 이가희 (2016)에서는 다음과 같은 예시를 들고 있다.

> (m) ㄱ. 한국어(V한국어가) 너무 힘들어요. (p.30)
> ㄴ. 우리(V우리는) SKYPE를 전화해요. (p.33)
> ㄷ. 지난 달에 우리(V우리는) 그라나다에 갔어요. (p.33)

이러한 오류는 한국어 학습자 문어 말뭉치에서도 흔히 발견되는 오류이다. (n)에서 몇 가지 간단하게 예시를 들도록 한다. 주격 조사의 생략과 관련되지 않은 오류에 대해서는 따로 교정 어절을 제시하지 않고 원문을 그대로 보이도록 한다.

> (n) ㄱ. 한국 생활(V생활이) 힘들 때 제 부모님들와 전화해요.
>
> > — 2급, 미국 출신 학습자
>
> ㄴ. 내(V내가) 좋아하는 스페인 식당이 KAIXO TABERNA이다.
>
> > — 3급, 스페인 출신 학습자

두 번째는 스페인어에는 'N1이 N2가 V'와 같은 이중주어문이 없다는 것이다. 스페인어에는 문장에서 주어를 한 개까지만 허용한다. 그러나 한국어에는 이른바 서술절이라는 것이 있어 한 문장 안에 주어가 연달아 두 번 출현하는 것이 가능하다. 따라서 스페인어권 한국어 학습자들은 주격 조사를 두 번 연달아 사용하는 것에 거부감을 느끼기 때문에 특히 N2 자리에서 주격 조사를 생략하거나, 혹은 해당 자리에 목적격 조사를 사용한다는 것이다. 이가희(2016)에서는 다음과 같은 예시를 들고 있다.

> (o) ㄱ. 저는 고양이(V고양이가) 있어요. (p.30)
>
> ㄴ. 핸디 씨 배를(V배가) 아파서 병원에 가요. (p.34)

(o)의 ㄴ은 엄밀히 말하자면 생략 오류가 아닌 대치 오류이지만, 논의의 편의상 이곳에서 다루었다. 이와 같은 N2 자리에서의 주격 표지 생략 오류는 한국어 학습자 말뭉치에서도 발견된다. 몇 가지 간단하게 예를 들도록 한다.

> (p) ㄱ. 스페인 학생들이 방학(V방학이) 많아요.
>
> > — 2급, 스페인 출신 학습자
>
> ㄴ. 제 어머니는 머리리(V머리가) 짧고입니다.
>
> > — 2급, 우루과이 출신 학습자

　본 항에서는 지금까지 이가희(2016)의 논의를 중심으로 스페인어 주어의 형태가 부정적으로 전이되어 스페인어권 한국어 학습자의 주어 생략 오류로 이어지는 사례들을 살펴보았다. 그러나 스페인어권 한국어 학습자들의 주어 생략이 반드시 스페인어 문법의 부정적 전이만을 원인으로 삼는지에 대해서는 재고의 여지가 있다. 또 다른 선행연구들이 제시하는 주격 조사 생략의 원인은 학습자의 전략적 조사 생략이다(강현화·조민정, 2003; 안드레아, 2021). 한국어의 조사는 그 용법이 복잡하기 때문에 정확히 사용하는 것이 어렵다. 그러나 조사를 생략한다고 해서 의사소통이 전혀 되지 않는 것은 아니다. 따라서 학습자는 의도적으로 조사의 사용을 회피한다. 안드레아(2021: 46)에서는 주어를 나타낼 때 조사의 생략 오류가 발생하는 이유로 전략적인 생략, 즉 의도적인 조사 사용의 회피를 들고 있다. 이러한 점은 강현화·조민정(2003)에서도 지적된다. 강현화·조민정(2003)은 연구 결과에서 5급 학습자들에 비해 3급과 4급의 학습자들이 조사의 사용에서 오류율이 낮게 나타난 것을 두고 학습자들이 조사의 사용을 회피했을 가능성을 언급하였다[7].

　지금까지 스페인어의 주어와 관련된 문법이 학습자의 한국어에 부정적으로 전이되어 주어 생략 오류와 주격 표지 생략 오류로 이어진다는 논의들을 살펴보았다. 문법의 차이가 곧 학습자 오류의 원인이 된다는 논리는 스페인어권 한국어 학습자들의 오류를 살펴보는 논의들에서도 대체로 받아들여지는 것으로 생각된다. 그러나 모든 오류가 문법의 차이에서 기인하는 것은 아니다. 본고는 주격 조사의 생략이 학습자들의 전략적 회피일 가능성을 지적한 선행연구들을 통해서 주격 조사의 생략이

7　학습자들의 숙달도와 조사 사용에 있어서의 오류율은 반비례 관계가 나타나는 게 일반적이지만, 숙달도가 낮은 학습자 집단에서 오히려 조사 사용의 오류율이 낮게 나왔기 때문에 강현화·조민정(2003)에서는 이와 같은 설명을 제시하였다.

반드시 문법의 차이에서 기인하지 않았을 가능성 역시 살펴보았다. 학습자가 생산하는 오류는 다양한 원인들로 인해 발생한다. 다만, 문법적 차이가 정말로 가장 큰 영향력을 미치는 요인인가라는 주제는 앞으로 더 많은 연구를 통해 다뤄져야 할 것이다.

2) 언어 내 간섭에 의한 오류

언어 내 간섭은 목표어 문법의 복잡성과 불규칙성을 학습자가 완전히 내재화시키지 못함으로써 발생하는 오류이다. 한국어는 주어를 나타내는 표지로 조사 '이/가'와 '은/는'을 사용할 수 있다. 이 두 조사의 사용 규칙은 상당히 복잡한 것이어서 이를 제대로 파악하는 것은 학습자에게 쉽지 않은 과제이다. 본 절에서는 스페인어권 한국어 학습자의 '이/가'와 '은/는'의 혼동에 대한 연구 결과들을 살펴보기로 한다.

한국어의 주어는 반드시 '이/가'만으로 표시되는 것이 아니다. 보조사 '은/는'으로도 해당 성분이 주어임을 표시할 수가 있다. '이/가'가 중립적으로 주어를 표시하는 기능을 갖고 있는 반면, '은/는'은 보다 복잡한 의미가 첨가되어 해당 성분이 주어일 뿐만 아니라 이것이 화제임을 표시하거나, 구정보라는 것을 의미하거나, 혹은 강조나 대조의 의미를 담고 있다는 것까지 표시할 수 있다[8]. 따라서 '이/가'보다는 '은/는'의 사용이 학습자에게 부담으로 작용할 것이고, '은/는'의 사용에 있어 더 많은 오류가 발견될 것이라고 예측해 볼 수 있다.

이가희(2016)에서는 '은/는'을 사용할 때 오류가 발생할 확률(27.3%)이 '이/가'를 사용할 때 오류가 발생할 확률(26.0%)보다 높다는 사실을 지적하였다. 또한 이가희(2016), 안드레아(2021), Maria Begona(2021)에서는

---

8 경우에 따라서는 '이/가'를 사용해서 강조의 의미를 표현하는 경우도 있다.

공통적으로 '이/가' 자리에 '은/는'을 잘못 사용하는 오류보다 '은/는' 자리에 '이/가'를 잘못 사용하는 오류의 수가 더 많음을 지적하였다.

실제로 본고에서 스페인어권 한국어 학습자들의 조사 사용 오류를 국립국어원 한국어 학습지 말뭉치 나눔터의 오류 주석 말뭉치 검색 기능을 사용하여 검색한 결과, '이/가' 자리에 '은/는'을 잘못 사용한 오류가 19건, '은/는' 자리에 '이/가'를 잘못 사용한 오류가 34건이 검색되었다. 아래의 (q)와 (r)에서 예시를 보이도록 한다. (q)는 '이/가' 자리에 '은/는'을 잘못 사용한 오류의 예시이고, (r)은 '은/는' 자리에 '이/가'를 잘못 사용한 오류의 예시이다.

> (q) ㄱ. 우리 나라에 제일 위험한 도시는(V도시가) 마드리드인 만큼 치안에 대해 생각하는 사람들은 거기에 이사할 계획이 별로 없다.
> — 6급, 스페인 출신 학습자
> ㄴ. 인천공항에 우리 비행이는(V비행기가) 착륙했을 때 우리는 행복한 꿈을 꾸고 있는 것이 느낌이 있었어요.
> — 4급, 스페인 출신 학습자
>
> (r) ㄱ. 어머니는 음악을 듣는 것을 좋아해서 어머니 쥐미가(V취미는) 음악이에요.
> — 2급, 우루과이 출신 학습자
> ㄴ. 바다가 너무 예쁘지는 제가(V저는) 주금 무서워요.
> — 3급, 우루과이 출신 학습자

위의 선행연구들은 이에 대한 이유를 크게 두 가지로 들고 있다. 첫번째는 학습자의 과잉 일반화이다. '은/는'과 '이/가'를 구별하여 사용해야 하는 경우가 있으나 학습자는 주격 표지가 나타날 자리라고 판단되는 모든 경우에 '이/가'를 사용하는 것이다. 즉 '이/가'가 주어를 나타내는

조사라는 사실을 과잉 일반화하여 모든 경우에 적용하는 것이다. 이는
전형적인 언어 내 간섭이라고 할 수 있다. 또한 이러한 과잉 일반화의
논리는 '은/는' 자리에 '이/가'를 잘못 사용한 오류가 더 많이 발견되는
것에 대한 합리적인 설명 방식이 된다. 그러나 추가적으로 생각해 볼 수
있는 지점도 존재한다. '은/는'의 사용에 더 많은 오류가 발견되기는 하지만
그렇다고 해서 학습자들이 '이/가'의 기능을 빠르게 익힌다고는 할 수
없다. Maria Begona(2021)는 이와 관련하여 스페인어권 한국어 학습자의
숙달도 증가가 '이/가', '은/는'의 습득을 보장하지 않는다는 사실을 제시한
바 있다. 다시 말해, 학습자들은 '은/는'뿐만 아니라 '이/가' 역시 습득에
어려움 느낀다. 이러한 혼동은 고급 단계에서도 지속적으로 발견된다.

두 번째는 학습자가 '이/가'가 주격을 나타내는 기능 외에도 정보구조적
기능을 갖고 있다는 사실을 제대로 인지하지 못하기 때문이다. (q)와 (r)의
예시들도 모두 학습자가 '이/가', '은/는'의 정보구조적 기능을 제대로 이해
하고 있지 못하기 때문에 발생한 오류라고 해석할 수도 있다. (q)는 신정보의
표지가 사용되어야 할 곳에 구정보의 표지를 사용한 오류이고, (r)은 구정보
의 표지가 사용되어야 할 곳에 신정보의 표지가 사용된 오류라고 보는
것이다. 위의 연구들에서도 이러한 정보구조적 기능에 대한 사항들이 더
중요하게 기술되고 있다. '이/가'는 '은/는'과 대를 이루어 정보구조적 기능
을 갖는다. 선행연구들에서 공통적으로 인정하는 '이/가', '은/는'의 기능적
차이는 아래의 〈표 1〉과 같이 정리해 볼 수 있다.

〈표 1〉 '이/가', '은/는'의 기능

이/가	은/는
주어 표시	주제 표시
신정보	구정보
(여러 선택지 중 하나를) 지정, 초점화	(다른 항목과) 대조

안드레아(2021)는 학습자들이 한국어의 조사 '이/가'와 '은/는'이 각각 스페인어의 부정관사(un/una)와 정관사(el/la)에 대응된다는 사실을 모르기 때문에 이와 같은 오류가 발생하는 것으로 보았다. 이가희(2016)에서는 신정보와 구정보의 구분이라는 기능에서는 한국어의 조사가 스페인어의 관사와 대응되고, 지정이나 대조라는 기능에서는 스페인어의 어순 변경과 대응된다는 사실을 지적하며 한국어 주격 조사에 단순히 주어 표시 이상의 기능이 있다는 것을 주지시켜야 한다고 보았다. Maria Begona(2021)는 '이/가'와 '은/는'의 다양한 기능 중에서 스페인어권 한국어 학습자들은 스페인어의 정보구조적 기능과 일대일로 대응하는 '은/는'의 주제 표시 기능과 '이/가'의 초점 기능[9]만을 제대로 습득하고 나머지 기능들은 제대로 습득하지 못함을 보였다. 이어서 Maria Begona(2021)는 교육과정의 문제까지 지적하고 있다. 일반적인 한국어교육과정에서 '은/는'은 단순히 화제와 대조의 표지로, '이/가'는 주격 표지와 '누가'에 대한 대답에 사용되는 조사로 제시하고 있기 때문에 학습자들이 '이/가'와 '은/는'의 복잡한 정보구조적 기능을 제대로 습득하고 있지 못하고 있다는 것이다.

지금까지 한국어 주어 표지 '이/가', '은/는'의 혼동이 학습자로 하여금 오류를 유발하도록 하는, 이른바 언어 내 간섭에 의한 주어의 오류를 살펴보았다. '이/가', '은/는'의 혼동은 낮은 숙달도부터 높은 숙달도까지 지속적으로 관찰되는 현상이다. 이를 해결하기 위해서는 한국어교육과정에서 '이/가'와 '은/는'의 용법들을 초급 과정에서만 제시할 것이 아니라 중급, 고급 단계에서도 지속적으로 노출시킬 필요가 있다. 또한 '이/가', '은/는'이 담당하는 정보구조적 기능들은 스페인어에서도 동일하

---

9 질문에 대한 대답에 쓰이는, 이른바 '이/가'의 [정보적 초점] 기능만을 뜻한다.

게 발견된다. 그러나 정보구조적 기능을 담당하는 문법적 장치가 서로 다를 뿐이다. '이/가', '은/는'의 혼동으로 인한 언어 내 간섭을 줄일 수 있는 방안 중 하나는 '이/가', '은/는'의 정보구조적 기능을 스페인어의 정보구조적 기능에 대응시켜 교육하는 것이다. 이를 위해서는 앞선 연구 들이 제시한 바처럼 한국어와 스페인어에서 정보구조적 기능들을 어떻 게 표현하는지 정확히 연구될 필요가 있다. 주어를 나타내는 조사로 표 시되는 한국어의 정보구조적 기능들은 스페인어에서는 관사로도 나타날 수 있고 어순으로도 나타날 수 있다. 이러한 양상은 다소 복잡한 것으로, 양 언어에서 어떤 기능이 어떤 형식으로 나타나는지 정확히 파악하는 것이 선행되어야 적절한 교육을 할 수 있을 것이다.

3) 주어의 기능 분류 방안

본 절에서는 스페인어권 한국어 학습자들에게 한국어 주어의 기능들 을 어떻게 분류하여 제시하는 것이 효율적인가에 대해서 살펴볼 것이다. 선행연구들에서는 주어의 기능을 분류하는 방법으로 크게 (1) 의미·통 사적인 구분에 기초한 방법과 (2) 정보구조적 관점에 기초한 방법을 제 안하고 있다.

많은 이론적 한·서 대조 연구나 학습자 오류 분석 연구에서 한국어의 조사 '이/가'와 '은/는'의 정보구조적 기능에 초점을 둔 것을 알 수 있다. 직접적으로 정보구조 이론에 대한 언급이 없더라도 많은 연구들에서 '주 제', '화제', '초점', '구정보', '신정보' 등의 용어를 사용하는 것을 통해 이를 확인할 수 있다. 이러한 논의들 역시 부분적으로는 한국어 조사의 정보구조적 기능에 집중하고 있는 것이다.

이와 달리 이윤미(2022)에서는 한국어의 주격 조사 '이/가'의 기능을 분류할 때 정보구조적 기능보다는 의미·통사론적 기능에 집중하는 모습을 보여 준다. 이윤미(2022: 32-33)는 주격 조사 '이/가'의 기능을 아래의 〈표 2〉와 같이 분류한다.

〈표 2〉 이윤미(2022)의 주격 조사 '이/가' 기능

의미	예문
[(상태/상황)의 대상]	산(이) 높다.
	제(가) 반장입니다.
	학생들(이) 도서관에서 공부를 합니다.
	사과(가) 너무 비싸요.
[(감정/인지)의 대상]	나는 귤(이) 좋아.
	저는 공부 잘하는 친구(가) 부럽습니다.
	손님들이 정말 화(가) 많이 난 것 같다.
[수량]	한국에 온 지 두 해(가) 지났어요.
	이제 기한은 일주일(이) 남았어요.
	결혼 날짜가 1달(이) 남았어요.
[강조]	도대체(가) 틀려먹었어.
	고기는 먹고 싶지(가) 않아요.

　이윤미(2022: 22-23)에서는 다른 논의들에서 언급된 신정보 표시나 강조 등의 용법을 모두 [(상태/상황)의 대상]에 포함시켜 처리하고 있다. [(상태/상황)의 대상]은 주어라는 문장 성분을 강조하는 기능 분류다. [(감정/인지)의 대상], [수량]은 각각 서술어의 의미와 주어 자리에 위치하는 체언의 의미에 따라 '이/가'의 기능을 분류한 것이다. 이때 제시된 예문을 통해서 [(감정/인지)의 대상], [수량]은 모두 이중주어문의 두 번째 주어에 붙는 조사라는 것도 확인할 수 있다. [강조]는 '이/가'의 보조사적 용법이라 일컬어지는 기능을 따로 분류한 것이다[10].

　이러한 의미·통사론적 기능 분류에는 장점과 단점이 모두 있다. 우선

10　그러나 이윤미(2022)가 사용한 문법성 판단 테스트에서, [강조]의 용법은 테스트 문항으로 사용되지 않았다.

장점부터 살펴보도록 한다. 위와 같은 의미·통사론적 분류, 특히 [(감정/인지)의 대상]의 기능을 따로 분류하는 것은 타동성이 강조되는 언어인 스페인어의 부정적 전이를 막아줄 수 있는 설명 방식이다. 이가희(2016)에서는 스페인어에서는 목적어로 처리되는 문장 성분이 한국어로 쓰일 때는 주어로 처리되는 경우가 있기 때문에, 스페인어권 한국어 학습자들이 주격 조사가 쓰일 자리에 목적격 조사를 사용하는 경우가 있다는 점을 지적하였다. 이가희(2016)에서는 다음과 같은 오류를 예시로 들고 있다.

> (s) 그래서 예쁜 옷을(V예쁜 옷이) 필요해요.
> Por eso necesito ropa bonita. (p.34)

'예쁜 옷'은 형용사 '필요하다'의 주어이지만, 'ropa bonita'는 동사 'necesitar'의 목적어이다. 학습자는 '예쁜 옷'을 스페인어의 목적어처럼 생각하여 (s)와 같은 오류를 생산하였다. 이때 '예쁜 옷'이 '필요하다'라는 [(감정/인지)의 대상]이 되기 때문에 주격 조사가 사용된다는 설명을 명시적으로 제공한다면 스페인어 통사 구조의 부정적 전이를 막을 수 있게 된다. 이러한 오류는 한국어 학습자 말뭉치에서도 확인된다. '어렵다', '싫어요'는 모두 형용사이지만, 스페인어권 학습자들이 이 형용사들의 주어를 모두 목적어처럼 다룬 것을 (t)에서 확인할 수 있다.

> (t) ㄱ. 처음에는 한국어를(V한국어가) 어렵기는 했지만 선생님과 반 친구들 도와준 덕분에 잘했다.
>
> — 2급, 니카라과 출신 학습자
>
> ㄴ. 저는 게임을(V게임이) 싫어요.
>
> — 1급, 우루과이 출신 학습자

이렇게 의미·통사론적 기능에 집중하여 기능을 분류하는 방식의 단점은, 위와 같은 기능 분류 방식으로는 '은/는'과 '이/가'를 같은 틀에서 함께 교육하기 어렵다는 것이다. '은/는' 역시 주어를 나타내는 조사로 사용될 수 있기 때문에 [(상태/상황)의 대상], [(감정/인지)의 대상], [수량]의 의미로 얼마든지 쓰일 수 있다. (u)는 본고에서 임의로 만든 예문들이다.

> (u) [(상태/상황)의 대상]: 그(는) 책을 읽는다.
> [(감정/인지)의 대상]: 나는 고양이(는) 싫다.
> [수량]: 우리에게 하루(는) 남아 있다.

이러한 방식으로는 '은/는'만의 기능을 나타내기 어렵다. 이런 관점에서 바라본다면 '은/는'을 '이/가'와 정보구조적 차원에서 비교하면서 가르치는 방식이 효과적이라는 주장이 제기되는 이유를 알 수 있다[11].

'이/가'와 '은/는'을 하나의 틀에서 교육하기 어렵다는 의미·통사론적 기능에 집중한 분류 방식의 단점은 반대로 정보구조적 차원의 기능 분류로 해결할 수 있다. 정보구조적 관점 아래에서 '이/가'와 '은/는'은 대를 이루는 기능을 보이고 있기 때문에 '이/가'와 '은/는'을 하나의 틀 안에서 비교하면서 보다 효율적으로 교수할 수 있게 된다. 또한 정보구조적 기능은 담화 상황에서의 조사 사용을 가정한다. 하나의 문장만으로는 조사의 정보구조적 기능을 설명할 수 없다. 조사의 정보구조적 기능을 설명하기 위해서는 정보를 주고받는 상황이 있어야 하고, 그러한 상황은 연속된 담화를 통해서만 제시할 수 있다. 즉, 정보구조적 기능을 통해 '은/

---

11 이윤미(2022)는 격조사인 '이/가'만을 연구 대상으로 삼았기 때문에 〈표 2〉와 같은 분류 체계를 사용하였을 확률이 더 높다. 그럼에도 불구하고 이 같은 분류 방식으로는 '이/가'와 '은/는'만의 기능을 효과적으로 제시하기는 어렵다.

는'과 '이/가'를 설명하게 되면 학습자를 자연스럽게 담화 상황에 노출시
킬 수 있다. 이러한 방식의 교육이 학습자들의 실제 한국어 사용에 보다
도움이 되는 방법일 것이다.

　반면 정보구조적 차원의 기능 분류에도 단점이 존재한다. '이/가', '은
/는'의 모든 기능을 정보구조적인 차원에서 설명을 하게 된다면, '이/가'
의 단순한 주격 표시 기능에 대한 설명이 복잡해진다. '이/가'가 주어를
표시하면서 중립적인 서술을 하는, 예컨대 '전화가 왔다.' 같은 평서문을
설명한다고 가정해 보자. 정보구조적 관점에서 '이/가'는 신정보 표지이
다. 따라서 화제에 후행하는 '이/가'의 어순이 설명되어야 한다. 하지만
'전화가 왔다.'라는 문장에는 화제가 드러나지 않는다. 그러므로 '전화가
왔다.'라는 문장은 '(나한테) 전화가 왔다.'처럼 '전화가' 앞에 화제 성분이
생략된 문장이라고 설명되어야 한다. 이러한 설명 방식은 매번 앞뒤 문
맥의 선행사들을 고려하여 설명이 이루어져야 하기 때문에 오히려 학습
자에게 부담이 될 수 있으며, 복잡한 설명 방식으로 인해 혼란을 일으킬
수 있다. 따라서 〈표 1〉처럼 정보구조적 차원의 기능 분류를 중심으로
'주어 표시'와 같은 통사론적 기능을 포함시키는 기능 분류 방식이 보다
효과적인 분류 방식일 수 있다.

4) 테스트 도구 제작에서의 유의점

　본 절에서는 학습자들의 주어 오류, 그 중에서도 특히 '이/가', '은/는'
의 사용 중에 발생하는 오류를 포착하기 위해 연구자들이 사용하는 테스
트 문항들이 가지고 있는 잠재적인 문제점에 대해서 살펴보도록 한다.

　앞서 우리는 스페인어권 한국어 학습자들의 '이/가', '은/는' 사용을
살펴본 연구들은 대체로 정보구조적 관점에서 이들을 분석하고 있다는
것을 살펴보았다. 테스트를 사용하여 스페인어권 한국어 학습자들이 얼

마나 한국어 주어의 정보구조적 기능을 제대로 사용하고 있는지에 대해서 조사한 선행연구들은 다양한 유형의 문항을 사용하고 있다. 문법성 판단 테스트의 O/X 문항, 4지선다의 객관식 문항, 빈칸 채우기, 번역 테스트, 자유 구어 산출, 자유 작문 산출 등의 테스트가 사용되었다.

다만, 객관식 문항들이 얼마나 타당한지에 대해서는 재고의 여지가 있다. Maria Begona(2021)에서 사용된, '은/는'의 이른바 '명시적 대조' 기능을 묻는 문항 두 개를 살펴보도록 한다.

> (v) 7. 엄마: 애들은 다 책을 샀어요?
>   아빠: 민지__ 책을 샀지만 철수__ 안 샀어요.
>   8. 윤기: 오늘 초대한 친구들은 늦어요?
>   남준: 민지__ 늦지 않지만 철수__ 늦어요.
>
> 1) 은/는 & 은/는   2) 이/가 & 은/는
> 3) 이/가 & 이/가   4) 은/는 & 이/가

Maria Begona(2021)는 (v)의 7번, 8번 문항의 정답이 모두 1번이라고 제시하고 있다. 앞의 주어와 뒤의 주어에 모두 대조의 표지 '은/는'이 붙어야 한다는 것이다. 그러나 다른 선택지가 정답이 되지 않는 것은 아니다. 예컨대, '민지(가) 책을 샀지만 철수(는) 안 샀어요.'라거나, '민지(는) 늦지 않지만 철수(가) 늦어요.'라고 문장을 구성하여도 '은/는'이 갖는 대조의 의미는 사라지지 않는 것으로 보인다. 또한 '민지(가) 책을 샀지만 철수(는) 안 샀어요.', '민지(는) 늦지 않지만 철수(가) 늦어요.' 등의 문장이 비문으로 인식되는 것도 아니다. 이와 비슷한 문제가 안드레아(2021)의 빈칸 채우기 문항에서도 발견된다.

(w) 2. A: 니 친구들이 도착했니?

   B: 민수는 도착했지만 다른 친구들(은) 아직 안 왔어.

   3. 철수(가) 가장 좋아하는 과일(은) 사과예요.

(w)의 2번 문항은 '은/는'의 대조 기능을, 3번 문항은 '이/가'의 주어 표시 기능과 '은/는'의 주제 표시 기능을 묻기 위해 출제된 문항이다. 그러나 안드레아(2021)에서 정답으로 인정한 답 이외에도 2번과 3번의 문장을 정문으로 만드는 선택지가 존재한다. '민수는 도착했지만 다른 친구들(이) 아직 안 왔어.', '철수(가) 가장 좋아하는 과일(이) 사과예요.' 같은 문장도 얼마든지 가능하다.

본고는 정보구조적 맥락을 완벽히 통제할 수 없다는 객관식 문항이나 빈칸 채우기 문항의 문제점이 테스트 결과의 타당성에 영향을 줄 수 있다는 사실을 재고할 필요성이 있음을 말하고자 한다. 특히 (w)의 3번 문항 같은 경우는 '철수'나 '사과'에 대한 앞뒤 맥락이 제공되지 않았으므로 다양한 선택지가 정문으로 인식될 수 있다. 그러므로 학습자들이 얼마나 한국어 주어의 정보구조적 기능을 잘 분별하여 사용하고 있는지를 살피기 위해서는 객관식 문항을 유의해서 사용할 필요가 있다. 오히려 자유 작문 산출, 자유 구어 산출 등의 과제를 사용하는 것이 더 바람직할 수 있다. 객관식 문항에 사용된 짧은 대화문으로는 담화의 맥락을 완벽히 통제할 수 없다. 그러나 자유 작문 산출, 자유 구어 산출을 활용한다면 학습자가 만들어내는 담화의 맥락을 연구자가 완전히 이해할 수 있다. 정보구조라는 것은 담화 맥락이 주어져야만 온전히 파악할 수 있는 것이기 때문에, 이에 대한 학습자의 오류를 정확히 파악하기 위해서는 객관식 문항보다는 자유 산출 과제를 사용하는 것이 더 정확한 연구 결과를 내는 데에 도움이 될 것이다.

4. 나가는 말

지금까지 본고는 한국어교육의 관점에서 한·서 주어 대조 연구들의 성과들을 정리해 보았다. 먼저 한국어와 스페인어 주어의 문법적 형식과 기능을 이론적으로 대조한 연구 성과들을 살펴보았다. 그 결과, 한국어와 스페인어 사이에는 주어 표지의 유무라는 가장 큰 차이점이 있으며, 주어의 위치가 상대적으로 자유롭게 이동하는 현상과 주어 생략 현상은 공통적으로 관찰되는 것이지만 그 원인과 세부 실현 양상에는 차이가 있음을 확인하였다. 또한 한국어의 주어 표지 '이/가', '은/는'을 스페인어의 부정관사(un/una)와 정관사(el/la)에 대응시켜 설명하려는 시도가 있었음을 확인하였다.

이러한 이론적 논의들의 성과들은 스페인어권 한국어 학습자의 주어 오류를 다룬 연구들에서 재차 활용되고 있었다. 본고는 이론적 논의들에서 발견한 한국어와 스페인어의 차이가 스페인어권 한국어 학습자들에게 언어 간 간섭에 의한 오류로 나타나며, 조사 '이/가', '은/는'의 체계에 대한 학습자들의 이해 부족이 언어 내 간섭에 의한 오류로 나타나고 있음을 확인하였다. 이는 각 연구들의 연구 결과와 예문, 그리고 국립국어원의 한국어 학습자 문어 말뭉치에서 검색된 스페인어권 한국어 학습자들의 오류들을 통해 자세히 확인하였다. 이어서 학습자들에게 한국어 주어의 의미와 기능을 의미·통사론적 관점에서 분류하여 제시하는 방법과 정보구조적 관점에서 분류하는 제시하는 방법의 장점과 단점을 각각 살펴보았다. 본고는 둘 중 하나의 방식만을 취하기보다는 둘을 조화시켜 한국어 주어의 의미와 기능을 분류하는 방식이 더 효과적일 수 있음을 제안하였다. 마지막으로 '이/가', '은/는'의 사용 중에 발생하는 오류를 포착하기 위해 연구자들이 사용하는 테스트 문항들이 가지고 있는 잠재적인 문제점들을 살펴보았다. 본고는 객관식 문항이나 빈칸 채우기 문항으로는 정보구조적 맥락을 완벽하게 통제할 수 없으므로, 이들 문항을 유의하여 사용해야 함을 보였다. 본고는 이와 같은 연구에서는 학습자가 만들어 내는 담화의 맥락을 온전히 파악하는 것이 필수적이므로 자유 작문 산출이나 자유 구어 산출 과제를 더 적극적으로 사용할 것을 제안하였다.

스페인어와 한국어의 주어 대조 및 이와 관련된 학습자 오류 연구는 한·서 문법 대조 연구 중 가장 많은 성과가 축적된 주제이다. 다른 한·서 대조의 주제들에 비해서는 많은 관심을 받아 왔으나 아직 부족한 지점들 또한 존재한다. 앞으로 보다 심도 있고 다양한 관점의 한·서 주어 대조 연구가 수행되는 데에 본고의 논의가 보탬이 되기를 희망한다.

● **참고문헌**

강현화·조민정(2003), 「스페인어권 한국어 학습자의 어미, 조사 및 시상, 사동 범주의 오류 분석」, 『한국어교육』 14(2), 국제한국어교육학회, 1-23쪽.

김경희(2013), 「주격 일인칭 단수 대명사에 대한 스페인어-한국어 대조분석」, 『스페인어문학』 67, 한국스페인어문학회, 37-59쪽.

김우성(1996), 「스페인어의 주어 생략: 한국어 주어 생략과의 대조 분석적 관점에서」, 『이중언어학』 13(1), 이중언어학회, 267-287쪽.

박소현(2021), 「정보구조에서 주어의 처리: 한서 번역 텍스트를 바탕으로」, 『스페인라틴아메리카연구』 14(2), 고려대학교 스페인·라틴아메리카 연구소, 69-88쪽.

성충훈(1999), 「스페인어와 한국어의 어순대조 연구」, 『스페인어문학』 15, 한국서어서문학회, 43-58쪽.

성충훈(2001), 「스페인어와 한국어의 격 체계 대조 연구」, 『인문논총』 20, 울산대학교 인문과학연구소, 69-86쪽.

심상완(2003), 「Pro-drop에 대한 비교 분석: 교육적 접근」, 『이베로아메리카연구』 14, 서울대학교 스페인중남미연구소, 113-132쪽.

안드레아(2021), 「스페인어권 학습자를 위한 '은/는'과 '이/가' 교육 방안 연구: 오류문 중심으로」, 한국외국어대학교 석사학위논문.

양승관(2009), 「스페인어 관사와 한국어 조사 체계 비교 연구: 총칭성과 특정성을 중심으로」, 『스페인어문학』 51, 한국스페인어문학회, 77-94쪽.

유연창(2015), 『Total 스페인어 문법』, 서울: 삼영서관.

이가희(2016), 「한국어 학습자의 조사 오류 분석 : 스페인인 초급자를 중심으로」, 충북대학교 석사학위논문.

이만기(2005), 「스페인어 학습오류에 대한 대조언어학적 분석: 교육적 접근」, 『언어』 30(3), 한국언어학회, 463-478쪽.

이윤미(2022), 「스페인어권 한국어 학습자들의 격조사 습득 연구」, 경희대학교 석사학위논문.

최종호(1999), 「스페인어와 한국어의 공주어현상 비교연구」, 『스페인어문학』 14(1), 한국서어서문학회, 207-225쪽.

최종호(2014), 「문법관계 표시의 "경제성" 측면에서 본 한국어와 스페인어」, 『스페인어문학』 71, 한국스페인어문학회, 141-159쪽.

Maria Begona(2021), 「스페인 한국어 학습자의 조사 '은/는'과 '이/가' 습득 연구: 정보구조적 관점에서」, 이화여자대학교 석사학위논문.

국립국어원, "학습자 말뭉치 나눔터", https://kcorpus.korean.go.kr/에서 인출.

제4장

한·러 대조 연구

Ⅰ.
한·러 대조 연구 동향 분석

손지혜·즈보가르 마샤

1. 들어가는 말

본 연구는 한국어·러시아어 대조 언어학 연구의 경향을 살펴보는 것을 목적으로 한다. 한국어와 러시아어의 각 언어의 특성을 확인하면 한국어는 첨가어인 반면, 러시아어는 굴절어이므로 유형론적 차이가 적지 않다.

연구목록은 RISS에서 '러시아어', '한국어', '대조' 등의 키워드와 주제어를 검색해 러시아어로 작성된 연구 및 대조 연구가 아닌 논문 등을 제외하고 77편을 분석 대상으로 선정하였다. 총 77편의 논문을 연구 주제에 따라서 음운, 어휘, 문법, 담화, 기타로 나눌 수 있다. 각 분야의 논문 수를 확인하면 문법이 32편, 음운이 21편, 어휘가 17편, 담화가 2편, 기타가 5편으로 나타난다. 한국어·러시아어 대조 연구의 연도별 분포는 다음 〈표 1〉과 같다.

〈표 1〉 연도별 한·러 대조 연구 동향

분야 / 연도	2004-2006	2007-2009	2010-2012	2013-2015	2016-2018	2019-	합계
음운	4	5	0	1	5	6	21
어휘	2	1	2	1	4	7	17
문법	2	5	5	4	8	8	32
담화	0	0	0	1	1	0	2
기타	1	1	0	1	0	2	5
합계	9	12	7	8	18	23	

2010년에서 2015년까지는 이전에 비해 연구 수의 감소를 보이지만 2016년 이후에 논문 개수가 증가하고 있음을 확인할 수 있다. 그중 2020년에 총 9편이 발표되어 가장 활발하게 연구가 이루어졌다.

본 연구에서 다루는 논문들은 논문 유형, 연구 분야, 연구 대상, 연구 방법 등에 따라 다양하게 분류할 수 있다. 먼저 논문 유형에 따라 분류하면 77편 연구 중 박사학위논문이 2편이고 석사학위논문이 54편이며 학술논문이 21편이다. 또한 연구 분야에 따라 교육학, 언어학 등으로 크게 나눌 수 있으며 교육학은 한국어교육, 러시아어 교육으로 나눌 수 있다.

〈표 2〉 대분류별 한·러 대조 연구 동향

대분류		연구 수	합계
교육학	한국어교육	38	45
	러시아어 교육	7	
언어학	언어학	32	32
합계		77	

교육학 연구는 총 45편으로 한국어교육이 38편으로 가장 많았고 러시아어 교육이 7편, 언어학 연구는 총 32편임을 확인하였다.

연구 대상에 따라서 연구 영역을 음운, 어휘, 문법, 담화, 기타로 구분한 결과는 아래 〈표 3〉과 같다.

〈표 3〉 연구 영역별 한·러 대조 연구 동향

연구 영역	논문 유형		연구 수
문법	학위 논문	24	32
	학술 논문	8	
음운	학위 논문	16	21
	학술 논문	5	
어휘	학위 논문	11	17
	학술 논문	6	
담화	학위 논문	2	2
	학술 논문	0	
기타	학위 논문	3	5
	학술 논문	2	
합계			77

　논문의 수가 가장 많은 영역은 문법이며 이어서 음운, 어휘, 기타, 담화 순으로 나타났다. 한국어와 러시아어 문법 대조에서 진행된 연구의 수는 두 언어의 문법적 차이의 정도를 반영하는 것으로 보인다. 또 음운론 대조 연구의 개수 역시 두 언어의 음운 체계에도 큰 차이가 있음을 보여준다.

　본 연구는 한국어·러시아어 대조 연구의 경향성을 확인하는 것에 목적이 있다. 이에 음운, 어휘, 문법, 담화, 기타 순으로 연구 영역에 따라 연도별, 세부 연구 영역, 연구 방법 등을 기준으로 한국어·러시아어 대조 논문 경향을 살펴본다.

2. 영역별 연구 동향

1) 음운

　한·러 음운 대조 연구는 총 23편으로 문법 영역 다음으로 가장 많은 연구가 이루어졌다. 총 23편의 논문 중 러시아어로 작성된 학위논문 1편

과 (부산대학교 노어노문학과 석사학위) 학술지 논문 1편은 제외 후 한국어로
작성한 21편의 논문을 대상으로 분석하였다.

(1) 발간 유형별 연구 동향

논문 유형을 우선 학술 논문과 학위 논문으로 구분하고 논문의 연구
목적에 따라 한국어교육, 러시아어 교육, 언어학으로 분류하였다.

〈표 4〉 발간 유형별 한·러 음운 대조 연구 동향

논문 유형	대분류		연구 수
학위 논문	한국어교육	10	16
	러시아어 교육	1	
	언어학	5	
학술 논문	한국어교육	3	5
	러시아어 교육	2	
합계			21

음운 논문 21편 중 5편이 학술 논문이며 나머지 16편은 학위 논문으로
석사 논문 15편, 박사 논문 1편이다. 학위 논문의 수가 학술 논문보다
많으며 특히 학위 논문 중 6편이 러시아어권 외국인 유학생의 석사 논문
임을 확인하였다. 또한 한국어교육 관련 논문 13편, 러시아어 교육 관련
논문 3편으로 구성되어 언어 교육 논문은 총 16편이고 언어학 논문은
총 5편이다. 이를 통해 음운 대조 연구는 언어 교육을 목적으로 한 연구
들이 주를 이루고 있음을 알 수 있다.

(2) 연도별 연구 동향

분석 대상 연구들을 2004~2005년, 2006~2010년, 2011~2015년,
2016~2020년, 2021년 이후로 구분하여 몇 편의 연구가 진행되었는지

확인하였다. 김현숙(2004) 연구를 시작으로 2004~2005년 3편, 2006~
2010년 6편, 2011~2015년 1편, 2016~2020년 9편, 2021년 이후 2편 진행
되었다.

〈표 5〉 연도별 한·러 음운 대조 연구 동향

연도	~2005	2006~2010	2011~2015	2016~2020	2021-
연구 수	3	6	1	9	2

2000년대 초반 연구가 시작할 시점보다 연구의 수가 늘어났음을 확인
할 수 있으며 특히 2022년 상반기 기준 2021년 이후 논문이 2편이 나왔
다는 것은 앞으로 연구의 수가 더욱 많아질 것임을 시사한다.

(3) 연구 목적별 연구 동향

이 절에서는 연구의 목적을 제시한다. 대조 내용만 제시한 논문, 대조
내용과 함께 교수 방안을 제시한 논문, 대조와 오류 내용을 기술한 논문,
대조와 오류를 제시하고 더불어 교수 방안을 제시한 논문으로 크게 나눌
수 있다. 이에 따라 논문의 연구 목적을 ① 대조, ② 대조+교수, ③ 대조
+오류, ④ 대조+오류+교수로 구분하였다.

〈표 6〉 연구 목적별 한·러 음운 대조 연구 동향

	연구 목적			
	대조	대조+교수	대조+오류	대조+오류+교수
연구 수	6	7	5	3

대조가 6편, 대조+교수 7편, 대조+오류 5편, 대조+오류+교수는 3편
으로 앞서 한국어 교육 및 러시아어 교육 전공에서 15편의 논문이 출판
된 것에 비해 교수 방안까지 제시한 논문의 수는 10개에 그치는 것을

확인할 수 있다.

(4) 세부 영역별 연구 동향

음운 논문의 세부 영역으로는 자음, 모음, 음운 현상, 음절, 음성 체계, 운소가 있다. 대부분의 논문들이 하나의 세부 영역을 단독으로 연구하지 않고 여러 가지를 동시에 연구하는 경우가 많았다.[1] 논문별 연구 세부 영역은 다음 〈표 7〉에서 제시한다.

〈표 7〉 세부 영역별 한·러 음운 대조 연구 동향

논문명 \ 세부영역	자음	모음	음운현상	음절	음성체계	운소[2]
김현숙(2004)	○	○	○	○		○
정수현(2005)	○					
윤영해(2005)	○	○	○	○		
이용권(2006)	○	○				
필라델퍼브 꼰스딴친(2007)	○		○			
이영숙(2008)	○		○			
김알라(2008)	○	○	○			
유재선(2009)	○					
백소영(2009)	○	○	○	○		
이용권(2015)			○			
김이고르(2016)	○		○	○		
이지현(2017)		○				
김은석(2018)	○		○	○		
임율리야(2018)	○		○	○		
임홍수(2018)					○	
가니예바 아세네(2019)	○	○	○			○
유주연(2019)						○
정버들(2019)	○					

---

1 두 가지 이상의 세부 영역을 연구한 논문이 많아 〈표 7〉의 합계는 중복을 포함한 것임을 밝힌다.

심현주(2020)	○					
박현정(2021)	○	○		○		
야마모토 미사키(2021)	○					
합계	17	8	11	7	1	3

자음을 연구한 논문은 총 17편으로 이 중 자음 단독 대조 연구가 5편이며 모음을 연구한 논문은 총 8편에 모음 단독 대조 연구는 1편에 그친다. 음운 현상을 연구한 논문 역시 11편으로 수는 적지 않으나 음운 현상 단독 대조 연구는 모음과 마찬가지로 1편에 불과하다. 음절에 대한 연구도 7편이나 단독 연구는 존재하지 않고 음성 체계에 관한 연구는 전체 1편, 억양, 장단, 강세 등 운소를 연구한 논문은 3편이다.

전체적으로 자음과 음운 현상에 대한 대조 연구가 다른 영역에 비해 다수 진행되었음을 알 수 있다. 자음 연구가 활발하게 일어난 데에는 한국어와 러시아어의 자음 체계가 모음 체계에 비해 대조점이 많기 때문이라 추론할 수 있다. 음운 현상과 음절은 주로 한국어와 러시아어의 자음 체계 차이에서 비롯된 현상들을 연구하였음을 확인하였다.

(5) 연구 방법별 연구 동향

이 절에서는 각 논문에서 어떠한 연구 방법을 활용하였는지를 분석한다. 한·러 음운 대조 연구에서는 크게 선행 연구, 오류 분석, 음성 인지, 산출 실험, 말뭉치 분석 등 총 5가지의 방법을 활용하였다.

---

2   김현숙(2004)에서는 한·러 강세를 대조하였고, 가니예바아세나(2019)는 한·러 장단, 강세, 억양을 대조하였다. 유주연(2019) 논문은 한·러 억양을 단독으로 연구하였다.

〈표 8〉 연구 방법별 한·러 음운 대조 연구 동향

논문명 \ 연구방법	선행연구	오류분석	음성인지	산출실험	말뭉치
김현숙(2004)	○				
정수현(2005)	○				
윤영해(2005)	○	○		○	
이용권(2006)	○				
필라델퍼브 꼰스딴친(2007)	○				
이영숙(2008)	○				
김알라(2008)	○				
유재선(2009)	○		○		
백소영(2009)		○	○	○	
이용권(2015)				○	
김이고르(2016)		○		○	
이지현(2017)				○	○
김은석(2018)		○	○	○	
임율리야(2018)	○	○		○	
임홍수(2018)	○				
가니예바 아세네(2019)	○				
유주연(2019)	○				
정버들(2019)			○	○	
심현주(2020)			○		
박현정(2021)	○	○		○	
야마모토 미사키(2021)				○	
합계	13	6	5	10	1

연구 방법을 기준으로 한·러 음운 대조 논문을 분류한 결과, 선행 연구를 바탕으로 한 논문이 13편으로 가장 많았으며 산출 실험 10편, 오류 분석 6편, 음성 인지 5편, 말뭉치 1편의 순서로 나타났다.[3] 즉 대부분의 음운 대조 논문이 기존 선행 연구를 바탕으로 이론적 대조를 하였음을

---

3 분석한 논문은 총 21편이나 두 가지 이상의 연구 방법을 사용한 논문들이 있어 각 논문에서 사용한 연구 방법은 총 35회이다.

알 수 있다.

오류 분석을 한 연구는 총 6편으로 윤영해(2005), 백소영(2009), 김이고르 (2016), 김은석(2018), 임율리야(2018), 박현정(2021)이 있다. 윤영해(2005), 김이고르(2016), 김은석(2018), 율리야(2018)에서는 러시아어권 한국어 학 습자를 대상으로 문장 읽기 산출 실험을 통해 자모음 발음과 음운 현상 등에서 나타난 오류를 분석하였으며, 백소영(2009) 연구는 학습자들에게 무의미한 단어를 읽게 하여 오류를 분석하였다. 마지막으로 박현정(2021)에 서는 학습자들이 의식하지 못하도록 단어와 문장을 연결하는 활동을 통해 자연스러운 발화를 유도하여 자음을 중심으로 발음 오류를 분석하였다.

음성 인지 실험을 진행한 연구는 총 5편으로 백소영(2009)에서의 음성 인지 실험은 한국인 화자가 읽어주는 어휘 듣고 맞는 것 고르기의 형태 로 진행되었으며 김은석(2018)에서는 한국어 자음에 모음 'ㅏ'를 붙여 가 장 가까운 러시아어 음을 고르게 하였다. 반대로 심현주(2020) 연구에서 는 러시아어 자음에 한국인, 러시아인을 대상으로 러시아어 자음에 모음 'a'를 붙여 대응하는 한국어 음을 작성하게 하였다. 유재선(2009)에서는 한국인, 러시아인을 대상으로 한국어 자음과 'ㅏ'의 결합 및 러시아어 자 음과 모음 'a', 'я'와의 결합에 대한 인지를 양방향으로 조사하였다. 정버 들(2019)는 파찰음에 한정하여 실험을 진행하였는데 파찰음과 /ㅏ, ㅓ, ㅗ, ㅜ, ㅡ, ㅣ/의 결합 형태를 들려주고 들은 음소를 선택하게 하였다.

산출 실험을 진행한 연구는 총 10편으로 10편 중 6편은 산출 실험을 바탕으로 오류 분석을 한 연구들이다. 하지만 이용권(2015)[4], 이지현(2017), 정버들(2019), 야마모토 미사키(2021) 등의 연구에서는 학습자를 대상으로

---

4 이용권(2015) 연구는 러시아어 관련 논문으로 이때 원어민은 러시아인, 학습자는 러 시아어 학습 한국인으로 구성되었다.

산출 실험을 하되 학습자의 발화를 음성학적으로 분석하고 원어민과의
발음과 비교하는 연구로 오류 분석은 진행되지 않았다. 정버들(2019) 연구는
한국인과 러시아인을 대상으로 Praat을 활용하여 한국어 파찰음의 발음
양상을 분석하였다. 야마모토 미사키(2021) 연구는 어두 파열음을 특정하여
한국인, 러시아인의 산출 자료를 Praat으로 분석하였으며 이용권(2015)에
서는 한국인과 러시아인을 대상으로 각 언어에서 구개음화가 일어나는
단어들의 산출 실험을 통해 양 언어의 구개음화 현상을 대조하였다. 이지현
(2017)은 한국어 모어 화자와 러시아어권 한국어 학습자들의 단순 모음
발화 산출 결과를 대조하였다. 이지현(2017) 연구에서는 한국어 모어 화자
발화자료로 L2KSC(외국어로서의 한국어 음성말뭉치)를 활용하였다.

(6) 음운 대조 연구 결과 분석

한국어와 러시아어 자음의 가장 큰 차이점은 변별적 자질이다. 한국
어에서는 기식성이 변별적 자로로 평음-경음-격음의 삼지적 상관속을
이루는 반면 러시아어에서는 성대의 떨림, 즉 유성음 무성음이 쌍을 이
룬다. 또한 동일한 문자이지만 출현 환경에 따라 상보적 분포를 보이는
경음과 연음도 별도의 음운으로 존재한다. 이로 인해 러시아어권 한국어
학습자들은 평음-경음-격음을 인지하거나 발음하는데 오류를 보이고
반대로 한국인 러시아어 학습자들은 러시아어의 유성음-무성음 그리고
경음과 연음의 차이를 인지하고 발음하는데 어려움을 겪는다. 한국어와
러시아어에는 공통적인 조음 방법으로 파열음, 파찰음, 마찰음, 비음,
유음이 존재한다.[5] 다만 유음의 일종인 전동음은 한국어에는 존재하지

---

5   정수현(2005) 등 일부 연구에서는 러시아어 Л/l/, /l'/을 유음으로 분류하였으나 이
    용권(2006), 이영숙(2008) 등 대부분의 연구에서는 러시아어 Л/l/, /l'/을 유음의 하위
    항목인 설측음에 포함시켰다. 이는 러시아어에는 한국어에 없는 전동음 P/r/, /r'/이

않고 러시아어 P/r/, /r'/에서만 나타난다. 또한 러시아어에는 전이음이 Я/j/가 자음 음소로 분류된다. 한국어와 러시아어는 공통적으로 양순음 과 연구개음을 갖는다. 러시아어에는 한국어에 없는 순치음 Ф/f/, /f'/ 와 B/v/, /v'/이 있으며 한국어에는 러시아어에 없는 성문음 ㅎ/h/가 있 다. 한국어 ㅎ/h/와 가장 비슷한 발음인 X/h/, /h'/는 연구개음으로 조 음 위치가 다르다. 조음 위치를 기준으로 볼 때 러시아어는 양순음, 순치 음, 치음 등에 입술이나 치아를 이용한 발음이 많고 한국어는 러시아어 에 비해 구강 앞보다는 입천장 등을 활용한 발음이 많음을 알 수 있다.

표준발음법에 따르면 한국어에는 10개의 단모음과 11개의 이중모음 이 있다. 반면 러시아어는 6개 단모음 체계[6]로 한국어의 모음의 수가 더 많다. 러시아어 모음 6개는 a, э, и, o, y, ы로 각각 한국어의 ㅏ, ㅐ, ㅣ, ㅗ, ㅜ. ㅡ에 대응한다. 러시아어에는 이중모음으로 정의된 것은 없 으나 я, ю, e, ë 가 각각 한국어의 ㅑ, ㅠ, ㅐ/ㅖ, ㅛ에 대응한다.[7] 이때 я, ю, e, ë는 앞에 있는 자음을 연음화 시키는 역할을 한다(김알라, 2008). 즉 한국인 학습자가 러시아어 모음을 학습할 때보다 러시아어권 한국어 학습자가 한국어 모음을 배울 때 나타나는 어려움이 더 크다. 특히 한국 어 단모음 ㅓ, ㅡ, ㅟ, ㅚ와 이중모음 ㅕ, ㅢ, ㅙ, ㅖ 등의 발음에 어려움 을 겪는다.

존재하며 이와 구분하기 위한 것으로 보인다.

6 모스크바 학파는 러시아어를 6모음 체계로 보고 상트페테르부르크 학파는 5모음 체 계로 본다. 이는 러시아어의 ы를 모음으로 보는지에 따라 구분된다. 분석 대상 연구 중 김현숙(2004), 이지현(2016), 이용권(2016) 등은 상트페테르부르크 학파의 견해를 따라 5모음 체계로 보았으며 김알라(2008), 가니예바 아세나(2018), 박현정(2021) 등 은 모스크바 학파의 견해를 따라 6모음 체계로 보았다.

7 я, ю, e, ë는 한국어의 이중모음과 발음은 비슷하지만 철자로만 있을 뿐 모음으로 인정되지 않는다.

2) 어휘

한·러 어휘 대조 연구는 총 17편을 대상으로 분석하였다.

(1) 발간 유형별 연구 동향

학위 논문과 학술 논문 두 가지의 논문 유형과 한국어교육, 러시아어 교육, 언어학 세 가지의 영역으로 논문을 구분해본 결과를 다음 〈표 9〉에서 제시하였다.

〈표 9〉 발간 유형별 한·러 어휘 대조 연구 동향

논문 유형	대분류		연구 수
학위 논문	한국어교육	7	11
	언어학	4	
학술 논문	한국어교육	1	6
	러시아어 교육	1	
	언어학	4	
합계			17

한·러 어휘 대조 연구는 총 17편으로 석사학위논문 11편, 학술 논문 6편으로 구성되어있다. 또한 교육 논문이 9편으로 한국어교육 8편, 러시아어 교육 1편이며 언어 연구가 8편이다. 특히 석사학위논문 11편 중 8편이 외국인 유학생의 논문으로 분석 대상 연구 중 절반 이상을 차지한다.

(2) 연도별 연구 동향

어휘 대조 연구 역시 분석 대상 연구들을 2004~2005년, 2006~2010년, 2011~2015년, 2016~2020년, 2021년 이후로 구분하여 연구 진행 현황을 확인하였다.

〈표 10〉 연도별 한·러 어휘 대조 연구 동향

연도	~2005	2006~2010	2011~2015	2016~2018	2020~
연구 수	1	2	3	7	4

2005년 1편, 2006~2010년 2편, 2011~2015년 3편, 2016~2018년 7편, 2020년 이후 4편 진행되었다. 한국어·러시아어 어휘 대조 연구는 2005년부터 최근까지 꾸준하게 진행되어 왔으며 특히 2016~2018년 7편, 2020년 이후 4편이 나와 이전에 비해 활발하게 진행되고 있음을 알 수 있다.

다음 〈표 11〉에서는 연도별로 연구 세부 영역을 정리하였다. 세부 영역에는 관용 표현, 연어, 동사, 명사, 의성어, 지시어, 속담, 수량 표현 등이 있다.

〈표 11〉 연도별 한·러 어휘 대조 연구의 세부 영역

연도	세부영역	논문명	연구 수
2005~2010	관용표현	한만춘(2006) 누르갈리예바(2008)	3
	연어	양수향(2005)	
2011~2015	관용표현	임엘레나(2011)	3
	동사	조소연(2014)	
	명사	문성원(2011)	
2016~	관용표현	김희연(2016) 나세르자노바(2016) 아나스타시야(2017) 김율리야(2019) 네스터렌코 마리아(2022)	11
	동사	이지희·남혜현(2020)	
	의성어	드주숩베코바(2016)	
	지시어	함계임(2019)	
	속담	신아나스타시아(2019)	
	수량표현	함계임(2020)	

세부 영역별로 살펴보면 2015년 이전까지는 관용 표현, 동사, 명사, 연어 연구만 이뤄졌으며 논문의 수 역시 6개에 그친다. 반면 2016년 이후부터 관용 표현, 동사 이외에 의성어, 지시어, 호칭어, 속담, 수량 표현 등 다양한 영역에서 연구가 이뤄졌음을 확인할 수 있다. 특히 논문의 수가 11개로 2022년 기준으로 연평균 1편 이상의 논문이 발표되어 한·러 어휘 대조 연구도 활발해지고 있음을 알 수 있다.

(3) 연구 목적별 연구 동향

연구 목적을 대조, 대조+교수, 대조+오류, 대조+오류+교수로 구분한 결과 단순 대조는 10편, 대조와 교수 방안을 함께 제시한 논문이 3편, 대조와 오류는 1편, 대조와 오류, 교수 방안을 모두 제시한 논문은 3편이었다.

〈표 12〉 연구 목적별 한·러 어휘 대조 연구 동향

	연구 목적			
	대조	대조+교수	대조+오류	대조+오류+교수
연구 수	10	3	1	3

한·러 어휘 대조 연구는 대조에서 그친 논문이 10편으로 58%에 달함을 알 수 있다. 교수를 목적으로 하는 논문은 총 6편으로 모두 한국어교육 논문인 것으로 보아 어휘 연구에서는 교수 방안을 제시한 논문들이 음운에 비해 높은 비율임을 알 수 있다.

(4) 세부 영역별 연구 동향

다음 〈표 13〉에서는 각 세부 영역별로 진행된 연구와 각 연구에서 대조 대상으로 삼은 어휘를 제시한다. 세부 영역은 관용 표현, 속담, 동사,

명사, 수량 표현, 지시어, 의성어, 연어, 호칭어 등으로 구분하였다.

<표 13> 세부 영역별 한·러 어휘 대조 연구 동향

세부영역		논문(연도)	연구 수	
관용 표현	신체어	누르갈리예바(2008) 임엘레나(2011) 김희연(2016) 나세르자노바(2016) 릴리엔탈(2017)	5	8
	감정	한만춘(2006) 네스터렌코 마리아(2022)	2	
	일의 방식/태도	김율리야(2019)	1	
속담	동물(개)	함계임(2020)	1	1
동사	앉다-сидеть	남혜현, 이지희(2020)	1	2
	가다-идти	조소연(2014)	1	
명사	마음-душа	문성원(2011)	1	1
수량 표현		김우현(2020)	1	1
지시어	이, 그-Этот	함계임(2019)	1	1
의성어		드주숩베코바(2016)	1	1
연어		양수향(2005)	1	1
호칭어		신아나스타시아(2019)	1	1
합계			17	17

어휘 논문들을 세부 영역별로 구분한 결과 관용 표현 8편(신체어 5편, 감정표현 2편, 일의 방식과 태도 1편), 속담(동물-개 1편), 동사 2편(앉다, 가다 각 1편), 명사 1편 (마음), 수량 표현, 지시어, 의성어, 연어, 호칭어 각 1편씩으로 나타나 관용 표현과 속담이 가장 많이 연구되었음을 알 수 있다. 동사도 2편, 명사 1편도 이뤄졌으나 그 수는 적으며 수량 표현, 지시어, 의성어, 연어, 호칭어 등이 각 1편씩 산발적으로 연구가 진행되었음을 알 수 있다.

(5) 연구 방법별 연구 동향

이 절에서는 한·러 어휘 대조 연구에서 사용한 연구 방법을 분석한다. 연구 방법은 사전, 말뭉치 분석, 테스트, 교재 분석, 번역, 선행 연구, 설문 조사 등으로 구분하였다. 이때 말뭉치 분석은 학습자 국립국어원, 러시아 국립 코퍼스 등 기존에 구축되어 있는 자료를 분석했으며 교재 분석은 한국어, 러시아어 학습 교재를 분석하였다.

〈표 14〉 연구 방법별 한·러 어휘 대조 연구 동향

세부 영역	논문명 \ 연구방법	사전	말뭉치	테스트	교재	번역	선행 연구	설문 조사
관용 표현	누르갈리예바(2008)	○						
	임엘레나(2011)	○						
	김희연(2016)	○				○		
	나세르자노바(2016)	○						
	릴리엔탈(2017)	○		○	○			
	한만춘(2006)	○						
	네스터렌코 마리아(2022)	○		○	○			
	김율리야(2019)	○	○	○	○			
속담	함계임(2020)	○				○	○	
동사	남혜현, 이지희(2020)	○	○					
	조소연(2014)	○						
명사	문성원(2011)	○	○					
수량 표현	김우현(2020)		○					
지시어	함계임(2019)		○					
의성어	드주숍베코바(2016)	○						
연어	양수향(2005)		○					
호칭어	신아나스타시아(2019)					○	○	○
합계		13	6	3	5	1	2	1

한·러 어휘 대조 연구에는 사전적 대조가 가장 활발히 활용되었으며 말뭉치, 교재분석, 테스트, 번역, 이론적 대조, 설문조사 순으로 나타났

다.[8] 특히 관용 표현과 속담 대조의 경우 전체 논문이 사전적 대조를 하였다. 한국어 사전으로는『표준국어대사전』,『우리말 큰사전』,『관용어 사전』등을 확인하였고 러시아어 사전은『러시아대백과사전』,『Фразеол огический словарь русского литературного языка』,『Фразеологический с ловарь русского языка』등을 확인하였다.

말뭉치를 확인한 연구는 총 6편으로 남혜현·이지희(2020)에서는 러시아 국립 코퍼스를 통해 한국어의 '앉다'에 대응하는 러시아어 동사 'сидеть'의 사용 양상을 확인하고 이를 한국어와 비교하였다. 김율리야(2019) 역시 국립국어원 언어정보 나눔터의 자료와 러시아 국립 코퍼스를 활용하여 사용 양상을 분석하였다. 문성원(2011)에서는 세종계획말뭉치, 러시아 국립 코퍼스를 통해 명사 '마음'과 이에 대응하는 러시아어 'душа'를 대조하였다. 추가로 한국 소설에 나타난 '마음'의 러시아어 번역 양상을 확인하였다. 양수향(2005)에서는 학습자 말뭉치를 통해 연어 사용에 있어 학습자의 오류를 분석하였다. 함계임(2019)과 김우현(2020)은 모두 번역 말뭉치를 활용하였다. 함계임(2019)에서는 한국 관광 공사 제작 한국 소개 자료 및 국제 교류재단 제작 한국 소개 자료(초급)에서 러시아어 'Этот'의 번역 양상을 분석하여 대조하였으며 김우현(2020)은 소설『엄마를 부탁해』의 러시아어 번역본에서 수량표현의 번역 양상을 대조하였다.

릴리엔탈(2017), 김율리야(2019), 네스테렌코(2022)에서는 국내외에서 출판된 각종 한국어 관용 표현 교재 혹은 한국어 교재에 실린 관용 표현을 확인하였다. 세 논문들은 러시아어권 한국어 학습자를 대상으로 테스트를 진행하였는데 릴리엔탈(2017)과 네스테렌코(2022)에서는 의미 유추

---

8 음운에서와 마찬가지로 두 가지 이상의 연구 방법을 사용한 연구들이 8편이 있어 분석 논문은 17편이나 총 활용 연구 방법의 수는 31회로 나타났다.

테스트를 하였고 김율리야(2019)는 관용 표현에 대한 이해 정도를 확인하였다.

김희연(2016) 연구에서는 '눈'에 대한 사전적 대조를 하고 '눈'과 관련된 한·러 관용표현을 목록화하여 각각 번역 대조하였다.

호칭어를 연구한 신아나스타시아(2019)에서는 이론적 대조와 함께 러시아어권 한국어 학습자 설문조사를 통해 한국어 학습자들이 사회 호칭어를 어떻게 사용하는지 그 사용 양상을 분석하였다.

(6) 어휘 대조 연구 결과 분석

네스터렌코 마리아(2022)에서는 한국어의 '마음'과 이에 대응하는 러시아어 'душа'가 들어간 관용 표현을 대조하며 한국과 러시아의 서로 상이한 역사, 문화, 사회적 배경이 관용표현에 차이를 야기한다고 밝혔다. 이에 문성원(2011)에서는 한국인에게 '마음'이란 인간의 감정이 일어나는 장소이자 주체이며 또한 관계적이고 도구적인 특성을 갖는다고 정의하였다. 반면 러시아인에게 'душа'란 신에게서 받은 것으로 인간 안의 또 다른 자아를 의미한다고 말한다. 따라서 한국어의 '마음이 가다', '마음을 주다'등의 표현은 러시아어의 'душа'로 번역될 수 없다. 또 러시아어에서는 사람을 셀 때 'душа'를 사용하기도 하지만 한국어에서는 '마음'이라는 어휘로 사람을 세지 않는다. 이처럼 한 언어에서 어휘는 문화를 반영하고 있다. 함계임(2020)에서는 백과사전식 지식이라는 개념을 통해 한국어 속담 교육 방안을 제시한다. 백과사전식 지식이란 사전적 지식과 대비되는 것으로 사람이 살면서 갖게 되는 모든 지식을 의미하며(김동환, 2005) 백과사전식 지식은 그 사람이 속한 문화, 사회 환경 등에 따라 달라지게 되며 보편적이지 않다(임정민, 2013). 신아나스타시아(2019)는 초중고급 한국어 학습자를 대상으로 호칭어 설문조사를 진행하였다. 초·

중급 학습자들에게서 적절하지 않은 호칭어 사용 빈도가 높고 고급으로 갈수록 적절한 호칭어를 사용함을 확인하였다. 이 역시 한국과 러시아의 사회 문화적 차이에서 비롯된 현상이며 교육을 통해 학습이 가능함을 보여준다.

3) 문법

문법 영역은 총 32편을 대상으로 분석하였다. 문법 영역에 속한 논문은 연구 대상이 다양하다. 하지만 동시에 연구 대상이 다양하기 때문에 동일한 주제를 대상으로 한 논문의 수가 적다.

먼저 (1)부터 (3)까지 논문의 특성에 따라 연구를 구분을 하고 (4)에서 연구 대상 혹은 연구 영역별로 각 논문의 연구 방법과 결론을 검토한다.

(1) 발간 유형별 연구 동향

'문법' 영역의 논문 유형과 대분류에 따른 구분이 어떻게 되어 있는지를 확인하고자 한다.

〈표 15〉 발간 유형별 한·러 문법 대조 연구 동향

발간 유형	대분류	연구 수	
학위 논문	한국어교육	11	24
	러시아어 교육	1	
	언어학	12	
학술 논문	한국어교육	2	8
	러시아어 교육	1	
	언어학	5	
합계		32	

문법에 관한 연구는 32편으로 다른 연구 영역들에 비해 가장 많다.

〈표 15〉에서 볼 수 있듯이 학위논문은 24편, 학술 논문은 8편이다. 대분류를 보면 크게 언어학과 외국어 교육학에 관한 연구로 나눌 수 있는데 전체적으로 언어학 연구가 17편이고 교육 연구가 15편으로 언어학 연구가 다른 영역에 비해 비교적 많은 편이다. 교육 연구를 학습 목표어에 따라서 한국어교육과 러시아어 교육으로 나누었을 때 한국어교육이 13편이며, 러시아어 교육 연구가 2편인 것으로 확인되었다.

문법 연구는 주로 각 언어에서의 양상을 대조하거나 러시아어권 학습자를 위한 한국어 문법 형태나 구조의 교육 방법을 모색하는 연구인 것으로 보인다.

(2) 연도별 연구 동향

본고에서 살펴본 문법 연구들은 2004년에서 2021년 사이에 진행된 연구들이다.

〈표 16〉 연도별 한·러 문법 대조 연구 동향

연도	2004–2006	2007–2009	2010–2012	2013–2015	2016–2018	2019–2021
연구 수	2	5	5	4	8	8

문법 영역의 연도별 연구 현황을 보면 2013년~2015년을 제외하고는 그 수가 증가하는 것을 볼 수 있다. 2016년~2018년과 2019년~2021년에 각각 8편의 연구가 이루어져 가장 많은 연구가 진행되었음을 알 수 있다.

(3) 연구 목적 및 세부 영역별 연구 동향

한국어·러시아어 문법 대조 연구를 연구의 목적에 따라서 '대조', '대조 + 교수', '대조 + 오류', '대조 + 오류 + 교수'의 네 개로 분류하였다.

〈표 17〉 연구 목적 및 세부 영역별 한·러 문법 대조 연구 동향

세부 영역	연구 목적			
	대조	대조 + 교수	대조 + 오류[9]	대조 + 오류 + 교수
조사	6	1	4	1
연결 어미	1		1	2
상	3			
상과 시제	1			1
구문	1			1
부정법	1	1		
문장 성분	2			
분류사	1			
접두사	1			
복합명사	1			
품사	1			
형용사		1		
합계	19	3	5	5

위의 〈표 17〉을 통해 다음과 같은 경향을 확인할 수 있다. 연구 중에 '대조'를 연구 목적으로 진행된 연구가 19편으로 가장 많았다. '대조 + 오류'와 '대조 + 오류 + 교수'를 목적으로 한 연구는 각각 5편이 있었으며, '대조 + 교수'는 3편 뿐이었다.

(4) 연구 방법별 연구 동향

본 절에서는 연구 영역에 따라 어떠한 연구 방법 혹은 대조 방법을 사용했는지 확인하고자 한다. 〈표 18〉에서 제시한 것처럼 모든 연구 영역에서 선행 연구 대조를 가장 많이 사용하였다. 이외에도 말뭉치나 오류 분석을 통한 대조 연구 역시 적지 않다. 또한 대부분의 문법 대조 논문들이 선행 연구를 기본으로 하여 또다른 연구 방법을 함께 사용해 대

---

9 '대조 + 오류' 연구 중에는 중간언어에 관한 오류도 포함되어 있다.

조를 하는 경향을 보인다.

<표 18> 연구 방법별 한·러 문법 대조 연구 동향

연구 영역	연구	연구 방법								
		선행 연구	구문 대조	말뭉치	교재	사전	번역	오류 분석	설문 조사	인터뷰
조사[10]	Emelyanova(2007)	○								
	Mukabenova(2009)							○	○	
	이지훈(2011)	○						○	○	
	조나야(2011)	○								
	최지영(2012)	○								
	곽부모(2013)							○	○	○
	Moleva(2017)	○					○			
	성나랑(2018)			○				○		
	이선경(2018)			○		○				
	김유리(2020)			○				○		
	엠드미트리(2020)	○								
	오트넬천코(2021)						○			
연결 어미	이드미뜨리(2017)							○	○	
	파블로바 나데즈다(2019)	○						○		
	최지영(2020)	○								
	메이마닐리예바 아이잔(2021)							○	○	
상	전명선(2011)	○								
	김태희(2015)	○	○							
	최지영(2017)	○								
상과 시제	이재옥(2004)	○								
	Fedorova(2021)			○				○		○
구문[11]	양엘레나(2015)	○	○				○			
	앤스타티아나(2016)	○						○	○	
부정법	양철훈(2005)	○	○							
	최예브게니야(2007)	○	○							
문장 성분[12]	강스베틀라나(2010)	○								
	송지연(2016)			○	○					

복합 명사	최문정(2007)			○					
품사	임흥수(2008)	○			○				
형용사	김효정(2014)	○			○	○			
접두사	Assubayeva(2017)	○				○			
분류사	Sakhabutdinova(2020)	○				○			
합계		21	4	5	4	4	3	10	6	2

문법 대조 논문 중에 조사를 연구한 논문이 12편으로 가장 많으며, 연결 어미 4편, 상 3편, 구문, 부정법, 시제와 상, 문장 성분 각각 2편이 있었다. 복합명사, 품사, 형용사, 접두사, 분류사의 경우 각 1편 뿐이었다.

사용한 연구 방법을 확인하면 선행 연구가 21건으로 가장 많이 사용한 연구 방법이며 대부분 논문에서 선행 연구만 사용했거나 선행 연구를 다른 연구 방법과 함께 사용한 것을 볼 수 있다.

연구 영역이 다양하기 때문에 각각에 대해 연구 방법을 분석하고자 한다. 먼저 '조사' 관련 연구를 보고 '연결 어미', '구문', '상', '시제와 상', '문장 성분' 순으로 살펴보겠다. 연구 영역 중 논문이 한 편씩만 있는 경우 '기타'로 분류하였다.

① '조사' 영역 연구 방법

먼저 한국어 조사 관련 대조 연구를 보고자 한다. 조사를 연구 대상으로 삼은 연구는 총 12편으로 문법 연구 중에서 가장 많았으며 세부 연구 영역 역시 가장 다양했다. 대부분의 연구는 한국어 격조사를 대상으로 하였는데 전체 격 체계를 본 연구도 있고 여러 개의 격에 집중한 연구도

---

10 조사, 격조사, 보조사와 러시아어 양상소사인 세부 영역을 포함한다.

11 복문, 부정문, 피동문을 포함한다.

12 목적어와 부사어인 세부 영역을 포함한다.

있으며, 보조사나 러시아어의 소사를 대상으로 한 연구도 있었다. 조사 연구의 세부 영역과 연구 방법은 다음 〈표 19〉와 같다.

〈표 19〉 '조사' 대조 연구의 세부 영역 및 연구 방법

연구	세부 영역	연구 방법						
		선행 연구	말뭉치	사전	번역	오류 분석	설문 조사	인터뷰
Emelyanova(2007)	주격, 대격, 생격, 여격, 조격, 전치격	○						
Mukabenova(2009)	한국어 격 표기 체계						○	○
이지훈(2011)	주격조사, 목적격조사, 관형격조사, 부사격조사	○					○	○
조나야(2011)	주격 표지, 목적격 표지	○						
최지영(2012)	한국어 격조사	○						
곽부모(2013)	한국어 부사격조사						○	○	○
Moleva(2017)	보조사 '도'	○			○			
성나랑(2018)	주격조사, 목적격조사, 부사격조사		○				○	
이선경(2018)	보조사		○	○				
김유리(2020)	한국어 격조사 체계		○				○	
엠드미트리(2020)	한국어 격조사 체계	○						
오트넬첸코(2021)	러시아어 소사 'ведь, же'				○			

위의 〈표 19〉를 보면, 한국어 전체 격 체계를 본 연구, 특정 격(들)만 언급한 연구, 보조사를 대상으로 한 연구, 한국어에서 보조사에 대응하는 러시아어 소사를 대상으로 한 연구로 구분되어 있다.

연구 방법을 보면, 대부분의 연구는 선행 연구를 통하여 연구를 진행했다. 이는 Emenlyanova(2007), 조나야(2011), 최지영(2012), 엠드미트

리(2020)이다. Emelyanova(2007)에서는 한국어와 러시아어의 격 표지를 대상으로 삼았다. 두 언어의 주격, 대격, 전치격의 용법은 매우 비슷하지만, 여격 용법의 경우 차이점이 더 많다. 그리고 러시아어 생격과 한국어의 속격, 조격, 주격은 기본 용법은 같다. 즉 러시아어 생격은 용법이 다양하다. 또한 한국어의 속격은 기능이 하나뿐인 사실도 **밝혔다**.

조나야(2011)에서는 주격과 목적격 표지에 초점을 두며 한국어와 러시아어가 동일한 유형론적 범주에 속할 수 있는지 검토했다. 한국어의 격 표지는 항상 유사한 형태로 나타나며 명사구가 격 없이 실현될 수 있고 동일한 격 표지가 한 문장 안에 중복될 수 있다. 러시아어의 경우 명사의 성(性)과 수에 따라서 다른 격 표지가 실현될 수 있는데 한국어처럼 격 표지가 생략되거나 중복될 수 없다. 따라서 한국어의 격 표지와 러시아어의 격 표지를 같은 범주로 분류하기에는 어렵다고 보았다.

최지영(2012)에서는 러시아어권 초급 학습자를 위한 격조사 **교육** 방안을 모색하기 위해서 선행 연구를 바탕으로 한국어 격조사에 **대응하는** 러시아어 격어미와 비교·대조했다. 한국어의 주격조사와 목적**격조사**는 주로 러시아어의 주격과 대격과 대응하고, 부사격조사는 러시**아어**에서는 다양한 격과 전치사구와 대응하는 것을 보여줬다. 격조사 **교육**에서 격조사의 기본 의미와 두 언어에서 대응하는 격어미의 차이점을 언급하는 것이 효과적인 교육 방법이 될 수 있다.

엠드미트리(2020)에서는 두 언어의 격 체계 대조를 통하여 한국어 격조사에 대응하는 러시아어 격어미를 고찰하였다. 한국어 격조사는 각 격에서만 쓰므로 명사의 격이 격조사로 정해진다고 한다. 러시아어 격어미의 경우 같은 어미가 여러 격을 표현할 수 있으므로 명사의 격을 정할 수 없다고 한다. 따라서 러시아어 격 체계를 이해하기 위해서 각 격에 대해 배워야 한다는 결론을 내렸다.

번역을 바탕으로 대조 연구를 진행한 연구도 있다. Moleva(2017)에서는 보조사 '도'가 한국어 소설의 러시아어 번역본에서 어떻게 나타나는지를 알아보고 어떤 환경에서 보조사 '도'가 러시아어 강조소사 'даже'[dazhe]로 번역되며 두 형태의 차이점과 공통점이 무엇인지를 살펴보았다. 이 연구는 통사적 분석과 의미 분석을 포함한다. 통사적 분석은 보조사 '도'와 소사 'даже'[dazhe]의 의미를 비교·대조하기 위해 한국 소설이나 러시아 레프 톨스토이와 안톤 체호프 소설에 나온 예문들과, 러시아어 국립 말뭉치 〈Национальный корпус русского языка〉에 나온 예문을 토대로 했다. 의미 분석은 보조사 '도'의 기본적인 의미를 삼고 선행 연구를 바탕으로 보조사 '도'의 의미적 용법이 어떤 경우에 러시아어 소사 'даже'[dazhe]와 대응되는지를 확인했다. 분석 결과 한국어 보조사 '도'와 러시아어 소사 'даже'[dazhe]는 공통적으로 뉘앙스나 악센트를 더해준다. 보조사 '도'는 의미적인 용법이 다양하므로 강조 의미를 표현할 때 소사 'даже'[dazhe]로 번역될 때가 있다. 소설 번역본에서 'даже'[dazhe]를 보조사 '도'로 번역하는 대신 부사 '심지어, 도무지'나 보조사 '조차, 까지, 마저'로 번역한 경우가 있다. 또 'даже'[dazhe]가 한국어의 보조사나 부사로 나타나지 않고 다른 단어나 표현으로 번역되기도 하였다.

반면, 오트넬첸코(2021)에서는 러시아어 소사 'ведь, же'가 체호프 작품의 번역본에서 어떻게 사용되었는지를 보고 러시아어 소사의 효과적인 번역 방법이 무엇인지 살펴봤다. 더 자세히 말하자면 연구의 목적은 'ведь, же'의 기능에 따라서 번역 방법을 살피고, 소사의 번역 방법을 기능적 등가를 바탕으로 분석하며, 소사의 기능에 해당하지 않는 예시의 번역 방법을 제안하는 것이다. 양상 소사 번역 양상 정량적 분석은 안톤 체호프의 『바냐 아저씨』(1896), 『갈매기』(1896), 『세 자매』(1900), 『벚꽃 동산』(1903) 희곡과 번역본을 대상으로 하였다. 소사 'ведь, же'는 번역본에서 총 458건이 발견되었는데 'ведь'은 154건이 나타나며 'же'는 304건이 나타났다. 두 소사는 한국어 대응어가 없거나 기능 선별이 어렵거나 소사에 대한 연구가 부족하기 때문에 소사 번역이 어렵고 번역할 형태도 많고 생략할 때도 있었다. 결과적으로 소사를 번역한 경우가 60%인 반면 생략한 경우는 40%이다. 소사 'ведь'은 69% 번역이 되었으며, 그중 어미로 번역된 경우가 91%로 가장 많았지만 감탄사, 부사, 동사, 보어로 번역한 경우도 있었다. 소사 'же'의 번역은 58%에 그쳤다. 대응어의 관점에서 부사가 60%, 어미가 37.7%로 가장 많았으나 나머지의 경우 명사, 감탄사, 부호로 번역된 경우도 있었다. 오트넬첸코(2021)에서는 각 소사의 기능별로 번역 양상이 달라지는 점을 보여주었다. 즉 러시아어 소사의 효과적인 번역을 위해서는 소사의 기능을 이해하고 소사가 나타나는 맥락을 파악해야 한다.

다음은 오류 분석을 한 연구이다. 여기서 오류 분석을 위한 자료를 모으는 방법에 따라서 설문조사 연구와 말뭉치 연구로 나눌 수 있다. 설문조사를 연구 방법으로 사용한 연구를 먼저 살펴보겠다. Mukabenova(2009)에서는 러시아어권 한국어 중·고급 학습자 27명을 대상으로 격조사 사용 양상에 대해 설문조사를 실시하여 격조사 오류 유형을 파악했다. 개별 격조사 오류를 기준으로 볼 때 사용 오류가 가장 많은 격조사는 여격조사 '에게'이고 격조사 그룹 중 오류가 가장 높게 나타나는 격조사 그룹은 목적격조사인 것을 밝혔다.

이지훈(2011)에서 선행 연구와 오류 분석을 통해 러시아어권, 카자흐어권, 우즈벡어권 한국어 학습자의 격 용법에서 나타난 오류를 알아보고 주격조사, 목적격조사, 관형격조사, 부사격조사의 교육 방안을 제안했다. 분석의 자료는 한국외국어대학교 한국어문화교육원과 경희대학교 국제교육원에 재학 중인 러시아, 카자흐스탄, 우즈베키스탄 국적의 3~6급 학습자 작문이다. 총 75개 작문 중 러시아 국적 학습자의 작문은 30

개인데 여기서는 러시아 국적 학습자의 자료만 언급한다. 오류 분석의 결과에 따르면 러시아인 학습자가 가장 많이 하는 오류는 장소 명사에 부사격조사 '에서'를 붙인 것이다. 오류의 원인은 모국어와 관련된 것인데 러시아어에서는 명사가 격 없이 실현되지 못하기 때문이다. 그리고 자동사와 타동사를 구별을 못 해서 목적격조사를 잘못 사용한 오류도 있다. 마지막으로 '~ 을/를 도와주다' 대신 러시아어를 그대로 번역하여 '~ 에게 도와주다'를 쓰는 것과 같이 러시아어의 동사를 한국어에서 똑같이 사용하는 오류도 나타났다.

곽부모(2013)에서는 러시아어권 한국어 학습자가 한국어 장소·시간 부사격 조사 '에'와 '에서'를 인지하는 양상을 살폈다. 오류 분석 자료는 2008년 9월부터 2010년 7월까지 4학기 동안 러시아 카잔연방대학교 동양학대학에서 한국어 문학을 전공하는 러시아어권 한국어 2~4급 학습자 28명의 쓰기 자료이다. 연구에서는 시간이나 장소에 관한 의미를 '행위의 화자시점', '행위의 목표점', '행위 주체의 움직임', '시간과 시점'으로 분류하여 한국어 조사 '에'와 '에서'를 러시아어 전치사와 대조했다. '행위의 화자시점'의 의미는 행위가 나타나는 위치를 의미하는 조사 '에'와 '에서'의 용법에 관한 것이다. 러시아어권 한국어 학습자는 이와 같은 조사 '에'와 '에서'의 쓰임의 경우 특정 장소에서 나타나는 행동이나 상태에 초점을 두어서 오류를 보인다. 그리고 조사 '에'가 '행위의 목표점'을 뜻하는 맥락에서 학습자는 목표점에서 멀어지는 행위에 집중하여 '에서'를 사용하는 오류를 보였다. 조사 '에'가 '행위 주체의 움직임'의 측면에서 '정적'인 상태를 나타내는 것으로 사용되는 경우 러시아어권 학습자는 행위의 대상이 움직이는 것으로 인식하여 조사 '에' 대신 조사 '에서'를 사용하였다. 마지막은 조사 '에'가 지니는 '시간과 시점'의 쓰임인데 이는 시간적으로 좁은 범위와 넓은 범위의 뜻을 모두 지닐 수 있다. 러시아어에서 이러한 '시간과 시점'의 뜻이 좁은지 넓은지에 따라서 다른 전치사가 사용된다. 이 때문에 러시아어권 학습자들은 이를 한국어로 표현할 때 '에' 대신 다른 조사를 사용할 때가 있다.

성나랑(2018)과 김유리(2020) 두 연구에서는 오류 분석의 자료로 말뭉치를 사용하였다. 성나랑(2018)에서 러시아어권 한국어 학습자가 격조사 '이/가', '을/를', '에/에서'의 사용 양상을 살펴보고 오류를 분석했다. 오류 분석 자료는 러시아어권 학습자의 오류 말뭉치 〈한국어 학습자 말뭉치 누리집〉에서 1급부터 6급까지 172명의 학습자의 자료를 활용하였다. 격 중에 위치 오류가 가장 높은 격은 주격조사 '이/가'이고 오류 유형의 경우 대치가 많이 나타났다. 이유는 '을/를', '이/가', '에', '에서'를 구분하기 어렵기 때문이다. 또 층위 오류의 관점에서 어울리는 이형태를 사용하는 오류가 나타나며, 통사 층위에서 조사 높임형, 피동문과 사동문 논항에 맞는 격 쓰임, 자동사와 타동사에 따른 격조사의 사용, '되다/아니다'와 보격조사 사용 오류가 나타났다.

김유리(2020)에서 오류 분석을 국립국어원에서 2015년부터 2020년까지 구축한 학습자 말뭉치의 문어와 구어 오류를 자료로 사용하여 조사의 위치와 유형을 살펴보고 오류 유형별로 그 분포와 원인을 분석하였다. 부사격조사, 주격조사, 보조사, 관형격조사, 접속조사, 의존명사의 쓰임에 오류가 자주 발생함을 밝혔다. 여기서 1~6급 학습자를 언급하며 오류의 위치와 분포, 양상, 층위, 원인을 확인했다. 오류 양상 중 대치가 초급에서 고급까지 증가하는 경향을 보이고 오형태 오류는 초급에서 가장 높은 것을 보여줬다. 분석 결과에 따르면 기능 오류가 제일 많이 나타났다. 기능 오류의 원인은 모국어의 영향이다.

이선경(2018)은 말뭉치를 사용하여 대조하였지만 오류 분석을 하지는 않았다. 대신 말뭉치와 사전을 통하여 한국어 보조사가 러시아어 양상 소사와 어떠한 관련이 있는지를 살폈는데 이는 한국어 보조사는 러시아 품사 중에서 특히 양상 소사와 유사점이 많아 배우는 과정에서 제일 어려운 품사이기 때문이다. 보조사와 양상 소사 목록 대조와 그의 사용역[13]을 통해 보조사와 양상 소사 상관성이 있는지를 살펴보는 것을 목적으로 했다. 보조사의 자료는 한국어 〈조사-어미 사전〉에서 '보조사'로 분류된 목록을 추출하여 〈SJ_RIKS 코퍼스 확장판〉 말뭉치에서 5개의 사용역을 토대로 보조사를 분석하고 사용역으로 구분했다. 보조사 자료는 5개 사용역에서 사용할 수 있는 보조사 36개이다. 양상 소사 자료는 러시아어권 지역에서의 수학 능력 시험을 위한 양상 소사 목록 중 러시아어 국립 말뭉치에서 검색이 가능한 양상 소사의 목록이다. 양상 소사 자료는 5개 사용역에서 사용할 수 있는 37개 양상 소사이다. 한국어 보조사와 러시아어 양상 소사는 부분적으로 일치하는 영역이 있는데 사용역에 따른 실현 양상은 서로 매우 다르다는 결론을 내렸다.

② '연결 어미' 영역 연구 방법

'연결 어미' 연구는 다른 세부 영역 연구보다 비교적 균일하다. 연구 네 편 모두는 한국어 연결 어미 혹은 인과관계나 접속 어미 '-(으)니까', '-아/어서'를 언급했다.

〈표 20〉 '연결 어미' 논문별 연결 어미 및 연구 방법

연구	세부 영역	연구 방법		
		선행 연구	오류 분석	설문조사
이드미뜨리(2017)	'-(으)니까', '-아/어서'		○	○
파블로바 나데즈다(2019)	'-어서', '-(으)니까', '-(으)므로', '-느라고'	○	○	

---

13 사용역은 순구어, 준구어, 신문, 상상적 책, 정보적 책이다.

최지영(2020)	'-(으)니까', '-아/어서'	○		
메이마닐리예바 아이잔(2021)	'-고', '-어서', '-(으)니까'		○	○

이드미뜨리(2017)과 최지영(2020)에서는 모두 유사한 연결 어미에 초점을 두었지만 적용한 연구 방법이 다르다. 이드미뜨리(2017)에서 '-(으)니까', '-아/어서'와 'так как', 'потому что'의 대조를 연구 대상으로 했는데 러시아어권 한국어 학습자 30여 명을 대상으로 하여 '-(으)니까', '-아/어서'가 포함된 한국어 문장을 러시아어로 번역하게 하고 번역한 문장에서 나온 오류를 설명하며 효과적 교육 방안을 제안했다.[14][15] 러시아에서는 문장을 접속사로 연결하는 반면, 한국어에서 문장 연결은 접속사와 인과관계 연결 어미로 할 수 있다. 또 러시아어에서 각 접속사가 하나의 의미를 표현하는 반면 한국어에서는 연결 어미가 여러 의미를 표현할 수 있다. 이러한 언어 간 차이로 인해 오류가 발생한다. 이드미뜨리(2017)에서는 러시아어권 학습자를 위한 연결 어미의 교육 방안으로 먼저 두 언어의 연결 표현의 차이점을 분석하고 그다음 한국어의 의미와 비슷한 인과관계 연결 표현을 비교하는 것을 제시하였다.

반면, 최지영(2020)에서는 선행 연구를 토대로 한국어 '-(으)니까'와, '-아/어서'의 의미적·통사적·화용적 특징과 러시아어의 'потому что'와 'так как'의 의미적·통사적·화용적 특징을 살피고 두 언어의 연결 어미를 비교·대조했다. 발견한 결과는 다음과 같다. 의미적 특성의 관점에서 '-(으)니까'와 'потому что'가 주관적인 인과성에, '-어서'와 'так как'

14　한국어 예문은 백봉자(2003), 『외국어로서의 한국어 문법사전』과 국립국어원(2005), 『외국인을 위한 한국어 문법 1, 2』에서 쓰인 예문을 사용했다.

15　연구에서 피험자는 한국어 예문을 러시아어로 번역했다.

은 객관적인 인과성에 대응하며 '-어서'와 'потому что'는 신정보 제공과 화제의 초점을 의미한다. 통사적 특성으로는 '-어서'와 'потому что'가 제약이 있는 반면, '-(으)니까'와 'так как'은 제약이 없다. 화용적 특성의 관점에서 '어서'와 'так как'이 '-(으)니까'와 'потому что'보다 문어에서 자주 쓰이며, 인사말의 경우 한국어에서 '-어서'를 쓰는 편이지만 러시아어에서 'потому что'와 'так как' 대신 전치사구를 쓴다.

메이마닐라예바 아이잔(2021)에서 연결 어미 '-어서', '-(으)니까'와 함께 연결 어미 '-고'도 언급했다. 먼저 '-고', '-어서', '-(으)니까'와 이에 대응하는 러시아어 접속사와의 공통점과 차이점을 확인하고, 한국어 학습자 50명을 대상으로 한 설문조사를 진행했다. 설문조사 결과에 나타난 오류를 분석하고 그 원인과 교육 방안을 제안했다. 설문조사에 나타난 오류를 대치 오류와 누락 오류로 구분할 수 있는데 그중에 대치 오류가 제일 많이 나타났다. 연결 어미 대치 오류를 보다 자세히 살펴보면 순서 관계를 의미하는 어미 '-고'를 '-어서'로 대치하는 오류, 방법·수단을 의미하는 어미 '-어서'를 '-고'로 대치하는 오류, '이유·원인'을 의미하는 어미 '-어서'를 '-(으)니까'로 대치하는 오류로 분류할 수 있다. 연결 어미 누락 오류는 실험자가 연결 어미를 사용하는 것 대신 문장을 단문으로 제시한 오류이다. 연구에서 보여준 두 누락 오류는 모두 '이유·원인'을 의미하는 어미 '-어서'와 어미 '-(으)니까'에 해당한다. 오류가 나타나는 원인은 모국어 간섭과 문장 혹은 절 간 의미 관계 파악 문제 때문인 것으로 보인다. 모국어 간섭으로 인한 오류는 두 언어 간 차이로 인해 발생한다고 본다. 모국어에서 접속사가 생략이 가능하기 때문에 누락 오류가 생기고 러시아어에서 특정한 한국어 연결 어미에 대응하는 접속사가 없으면 그 어미의 학습과 용법 사용에 문제가 생길 수 있다. 문장 간의 의미 관계 파악이 어려운 원인은 러시아어에서 접속사가 한국어의 어미처럼 다양하지 않으므로 같은 의미를 표현하는 어미의 세부적 차이를 파악하기 어렵기 때문에 대치 오류가 생긴다고 본다.

연결 어미의 효과적인 교육을 위하여 Thornbury(2002)의 모형을 토대로 다섯 단계로 구분되어 있는 교육 방안을 제시했다. 도입 단계(Warm-up)에서 연결 어미의 역할을 소개하고 대치 오류가 높은 순서를 의미하는 '-고'와 '-어서', 이유·원인을 의미하는 어미 '-어서'와 어미 '-(으)니까'를 보면서 수업을 진행한다. 제시 단계(Presentation)는 연결 어미의 통사적·의미적 특징을 살피고 자세한 설명을 하며, 의미 차이를 파악하기 위해서 의미가 비슷한 어미, 즉 순서를 의미하는 '-고'와 '-어서', 이유·원인을 의미하는 어미 '-어서'와 어미 '-(으)니까'를 대조하는 단계이다. 연습 단계(Practice)에서 제한된 연습, 의미적 연습, 대치 연습을 한다. 활용 단계(Use)는 쓰기나 담화로 사용을 연습하는 단계이다. 마지막은 마무리 단계(Follow-up)에서 학습자의 능숙도를 평가한다.

파블로바 나데즈다(2019)에서는 다른 연구보다 많은 연결 어미를 연구했다. 연구에서 우선 두 언어의 연결 어미의 특성을 분석한 다음에 선행 연구에서 제시된 자료와, 드라마 〈피노키오〉 대본의 번역본, 러시아인이 한국어로 하는 유튜브 채널을 대상으로 대조를 하였으며 러시아어권 한국어 학습자에게 효과적인 연결 어미 교육 방안을 제안했다. 오류 분석에서 오류를 통사적 오류와 의미적 오류로 분류했다. 통사적 오류를 시제 오류, 절의 위치 오류, 문장 종결법 오류, 하나의 복문을 두 개의 단문으로 나누는 오류로 구분했다. 시제 오류는 연결 어미 '-(으)니까'를 사용할 때 과거형 '-았/었/였-'의 사용을 요구하는 경우에 과거형을 사용하지 않는 오류이다. 절의 위치 오류는 연결 어미를 틀린 절의 서술어에 붙이는 오류이다. 문장 종결법 오류는 연결 어미가 문장 유형과 어울리지 않는 오류이다. 하나의 복문을 두 개의 단문으로 나누는 오류는 한 문장을 '왜냐하면'

접속사로 연결되어 있는 두 문장으로 번역하는 오류이다. 의미적 오류는 대치 오류만 있는데 두 절의 의미 관계와 사용한 연결 어미의 의미가 일치하지 않는 오류이다. 여기서 언급해야 하는 점은 연구에서 연결 어미 '-어서', '-(으)니까', '-(으)므로', '-느라고' 네 가지 어미를 포함하지만 오류 양상 분석 과정에서는 연결 어미 '-어서'와 '-(으)니까'의 오류만 나타났다는 점이다. 연구에서 한국어를 학습하는 러시아어권 화자를 위한 교육 방법으로 다음과 같은 방법을 제안했다. 먼저 러시아어에서 연결 어미라는 개념이 없기 때문에 연결 어미의 개념을 설명해야 한다. 다음은 해당 연결 어미의 형태적, 통사적, 의미적 특성을 설명할 필요가 있다. 세 번째는 오류의 원인이 모국어 영향인지 한국어 영향인지를 확인해야 된다. 모국어 영향 때문에 일어난 오류의 경우 두 언어의 대조를 통하여 설명해야 하며, 오류가 한국어 영향 때문에 발생한 경우 예문과 연습을 통해 쓰임이 비슷한 어미들의 차이를 제시해야 한다.

③ '구문' 영역 연구 방법

'구문'의 세부 영역은 피동법, 복문 두 하위 분류로 나눌 수 있다. 양엘레나(2015)와 엔스타티아나(2016)는 각각 피동법과 복문을 대조하였다.

〈표 21〉'구문'대조 연구의 세부 영역 및 연구 방법

연구	세부 영역	연구 방법				
		선행 연구	구문 대조	번역	오류 분석	설문 조사
양엘레나(2015)	피동법	○	○	○		
앤스타티아나(2016)	복문	○			○	○

〈표 21〉에서 보듯이 구문과 관련된 연구는 2편인데 그중에 하나는 선행 연구, 더 자세히 말하자면 이론적 구문 대조이고, 다른 하나는 오류

분석을 사용했다. 우선 선행 연구 방법을 사용한 연구를 보도록 한다. 양옐레나(2015)에서는 한국어 파생적 피동과 러시아어 피동 형동사 단형을 중심으로 두 언어의 피동 형태적, 통사적, 의미적 특성을 대조하여 연구했다.[16] 두 언어의 파생 구문의 대조 분석은 『표준국어대사전』과 홍재성 외(1996) 『현대 한국어 동사 구문 사전』에서 나타난 예문을 러시아어로 번역하면서 진행했다. 한국어와 러시아어는 각자 다른 언어 계통에 속하기 때문에 피동을 표현하는 방법에서 큰 차이가 난다고 한다. 실제 연구 결과에서도 차이점이 공통점보다 더 많다는 것이 밝혀졌으며 파생법의 어휘적 특성에서만 두 언어 간 유사점을 발견했다. 연구자는 두 언어의 차이가 러시아어 모어 화자가 피동 접미사를 사용하지 않는 오류, 접미사 용법에서 나타나는 오류의 원인으로 볼 수 있다고 주장했다.

앤스타티아나(2016)에서는 러시아어권 중도 입국 한국어 학습자의 복문 확대에 집중하였다. 이 연구에서는 번역 실험과 오류 분석을 통해서 복문을 확대할 때 나타난 오류와 오류의 원인을 찾는 것을 목적으로 하였다. 러시아어권 초·중학생 29명을 연구의 대상으로 삼았고 피실험자에게 러시아어로 쓰인 단문과 복문을 번역하게 했다. 오류 분석에서 문장의 연결 및 문장의 안김에 초점을 두고 오류 원인도 논의했다. 분석 결과에 따르면 다음과 같다. 학습자는 연결 어미의 경우 이유·원인을 나타내는 어미 '-어서'와 순서를[17] 의미하는 어미 '-고'를 의미가 같은 어미로 대치하고, 안긴문장의 경우 명사절, 관형사절, 인용절의 쓰임에

---

16 연구에서 언급한 한국어 피동은 파생적 피동법 혹은 파동 접미사 '-이-, -히-, -리-, -기-', 통사적 피동법 '-어지다', 어휘적 피동법 '-되다, -받다, -당하다'이며, 러시아어 피동은 완료 동사 + 피동 형동사 단형의 단형 접미사 ' -н-[n], -ен-[en]/-ён-[jon],-т -[t] + -∅,-а[a], -о[o], -ы [y]와 미완료상 동사 + 후치자 '-ся/-сь'(sja/s)이다.
17 연구에서 순서를 의미하는 어미를 '나열과 순서 의미'라고 한다.

서 오류가 많이 생겼다고 밝혔다. 이런 오류가 나타나는 원인은 러시아어에서는 안긴문장에 해당하는 구조가 없으므로 학습자들이 많은 어려움을 겪기 때문이다. 즉 오류가 모국어 영향이나 한국어의 영향으로 인해 나타난다고 본 것이다[18]. 이어진 문장과 안긴문장을 효과적으로 교육하기 위해서 일상에서 많이 쓰이는 예에 초점을 두고 학습자가 잘못 쓴 예를 보여주는 것이 필요하다고 본다. 연결 어미의 문장은 반복적 설명과 연습으로 학습자가 사용하기 어려운 이유·원인과 순서를 의미하는 어미 '-고, -어서'의 차이점에 집중할 필요가 있다. 그리고 러시아어에 없는 안긴 문장 구조의 경우 내포문에 집중할 필요성이 있다고 한다.

④ '부정법' 영역 연구 방법

다음 세부 영역은 '부정법'에 관한 연구이다. 한국어 문장에서 부정법은 부정의 뜻을 표현하는 접사 또는 형태에서 문장 구조까지 여러 방법으로 나타낼 수 있다. 러시아어도 다양한 방법으로 부정법을 나타낼 수 있는데, 한국어·러시아어 문법 대조 연구 중에는 두 언어의 부정문과 부정어에 초점을 둔 연구가 있다.

<표 22> '부정법' 대조 연구의 세부 영역 및 연구 방법

연구	세부 영역	연구 방법	
		선행 연구	구문 대조
양철훈(2005)	부정문	○	○
최예브게니아(2007)	부정어	○	○

부정법에 관한 연구는 양 언어에서 부정 형태나 문장을 어떻게 표현하

---

18 앤스타티아나(2016)에서 목표어의 영향으로의 오류는 학습하는 언어의 특성에 관한 오류, 즉 발달적 오류(마정, 2021).

는지와 어떻게 달라지는지를 살핀 것이다. 두 연구는 모두 선행 연구를 토대로 진행하지만 완전히 동일한 연구 방법을 사용하지는 않는다. 두 연구는 학습자가 언어, 발화, 의사소통 능력을 형성하는 것을 목적으로 하는데 양철훈(2005)는 러시아어교육 연구인 반면, 최예브게니야(2007)은 한국어교육 연구이다.

양철훈(2005)에서 한국어권 러시아어 학습자의 언어, 발화, 의사소통 능력을 향상시키기 위해 러시아어 부정의 효과적인 학습 방안을 제시하였다. 먼저 러시아어에서 부정의 특성과 문장에서 부정이 이루어진 방법을 알아보고 한국어 부정문과 비교하며, 능력 형성을[19] 발생하기 위한 러시아어 부정법 교육 방안을 제안한다. 러시아어 부정소사 'нет', 'не'는 한국어의 부정어인 '안, 아니'와 비슷하게 쓰인다고 한다. 하지만 차이점도 있다. 한국어는 부정어가 부정 대상에 선행하거나 후행할 수 있는 반면, 러시아어에서는 부정소사가 부정 대상 앞에 선행하는 것만 가능하다. 또 한국어에서 이중부정문이 긍정문이 되지만 러시아어에서는 그렇지 않다. 다음으로 교육 방법 제안하고자 하였으나 교재와 학습 방법에 관한 자료를 찾기 어려웠기 때문에 교사의 적극적 문법 교육과 교재, 학습 방법이 필요하다고 보았다.

최예브게니야(2007)에서는 러시아권 한국어 학습자를 위한 부정문 교육 방안을 모색했다. 이 연구에서는 효율적인 문법 교육, 학습자의 언어, 발화, 의사소통 능력 향상을 위해서 양 언어의 부정문의 특징을 알아보고 공통점과 차이점을 대조했다. 한국어 부정문의 경우 '안' 부정문, '못' 부정문, '말다' 부정문을 살펴보고, 러시아어 부정문의 경우 소사 'н

---

19 양철훈(2005)에서 능력 형성을 언어능력 형성, 발화 능력 형성, 의사소통 능력 형성으로 구분했다.

e', 접두사 'не-', 부정대명사, 부정 술어를 살펴봤다. 두 언어의 부정법 분석 결과에 따르면 러시아어 부정문과 한국어 부정문의 차이점은 부정소의 통사적 위치와 부정소의 작용권 간의 관계이다. 러시아어에서는 부정소가 부정의 대상이 된 성분에 위치해서 부정소의 통사적 위치와 작용권 사이에 '저압' 현상을 이룬다. 한국어의 경우 부정소의 위치는 부정 대상인 서술어에 고정되어서 부정소와 서술어 사이에 '어긋남' 현상이 나타난다. 두 언어 부정법의 공통점은 부정소의 통사적 위치와 작용권이 유사하지 않은 경우가 있다는 것이다. 단형/장형 등의 한국어 부정문을 번역할 때 러시아어에서는 그 차이를 나타내기 어렵거나 의미에 맞는 성과 격을 선택해야 하는 문제점들이 발생한다. 이 연구에서 한국어 초급 학습자를 위한 부정문을 교육할 때 우선 장형 부정법과 단형 부정법을 학습이 필요하다고 하였다. 그다음 부정 어휘를 배우고, 마지막으로 명령문과 청유문에서 특정 어미로써 표현되는 부정과 부정 표현과만 사용하는 부정극어를 학습해야 한다고 언급하였다. 연구에서는 전통적인 교육과 함께 드라마와 광고를 통한 부정 교육 방법을 모색하기도 했다.

⑤ '상' 영역 연구 방법

'상'을 대상으로 한 연구는 모두 선행 연구를 바탕으로 대조하여 다른 세부 영역 연구와 달리 연구 방법이 유사하다.

〈표 23〉 '상' 대조 연구의 연구 방법

연구	연구 방법	
	선행 연구	구문 대조
전명선(2011)	○	
김태희(2014)	○	○
최지영(2017)	○	

전명선(2011)과 최지영(2017)은 선행 연구만을 토대로 연구했다. 두 연구에서는 한국어와 러시아어의 상을 크게 완료상과 미완료상으로 구분하였는데 한국어의 상은 더 자세한 구분이 가능하고 상이 뚜렷하게 나타나지 않아도 동사의 어미, 활용형 등으로 상을 표현할 수 있다. 반면 러시아어에서 각각의 동사 자체가 완료상 혹은 미완료상으로 구분된다고 밝혔다. 전명선(2011)에 따르면 두 언어는 상을 표현하는 방법과 표현하는 범위가 다르다. 러시아어에서 상은 완료상과 미완료상으로 구분되어 있으며, 본동사에 붙는 접두사로 표현하고, 행위의 상에 관한 심리적인 의미도 포함한다. 또 상의 표현에서 화자의 행위 이룸에 대한 해석이 중요하다. 상의 형식은 동사의 어휘적 의미와 접두사의 의미에 따라서 달라지기 때문에 형식을 예측하는 것이 어렵다. 반면, 한국어의 상은 지속상과 종결상이 있고, 상을 연결 어미 '-고, -어'와 보조동사 구조로 표현하지만 심리 의미를 포함하지 않는다.

그리고 최지영(2017)에서는 선행 연구를 바탕으로 두 언어의 동사 상의 개념, 체계, 실현 방법과 문법 표지를 비교·대조했다. 러시아어의 동사는 그 자체로 상의 의미를 표현하여 상이 전체성의 유무에 따라 기술된다. 한국어의 동사는 상 없이 실현될 수 있으며 상이 지속과 종결의 뜻으로 표현된다. 두 언어의 상 표지의 특성을 살펴보면 러시아어에서 상은 동사에 접사를 붙여서 표현하므로 형태적 문법 표지이다. 한국어에서 상은 연결 어미와 보조동사 구조로써 표현하여 통사적 문법 표지며, 본동사의 의미를 알아야 '연결 어미 + 보조동사' 구조가 어느 상을 표현하는지를 파악할 수 있다. 러시아어에서 완료상은 접사를 바탕으로 실현되어 동작류가 형성된다. 한편, 한국어에서 동작류는 연결 어미와 보조동사의 어휘적 의미 기능을 중심으로 정해진다.

김태희(2014)에서는 선행 연구와 문장 분석을 통해서 두 언어에서 상

을 인식하는 차이를 분석하고, 상이 표현되는 방법을 대조하며 러시아어
를 학습하는 한국어 모어 화자를 대상으로 효율적인 학습 방법을 제시하
였다. 먼저 러시아어와 한국어 상 대조의 결과를 보고자 한다. 한국어에
서는 상을 항상 인식하지 않지만 러시아어에서는 늘 인식한다. 또 양 언
어에서 상은 동사와 함께 실현되지만 표현하는 방법에서 차이가 나타난
다. 한국어에서 상은 동사 외에 다른 언어적 방법으로도 표현하는 반면,
러시아어에서는 상은 완료상과 미완료상의 두 가지로만 나타나는데 이
는 미완료상 동사와 완료 동사이다. 미완료상 동사의 경우 부사가 필수
적으로 실현된다. 반면 한국어의 상 표현은 시제, 연결 어미, 선어말 어
미, 부사 등으로 표현될 수 있다. 다시 말해, 두 언어의 상은 표현되는
방법이 달라 러시아어를 학습하는 한국어권 학습자들이 어려움을 겪을
수 있다.

⑥ '시제와 상' 영역 연구 방법

본 절은 앞 절과 같이 상을 언급하지만, 본 절은 상과 시제 둘 다 포함한다.
이 때문에 두 절로 구분하여 분석한다. 시제와 상을 대상으로 삼은 연구는
2편이다. 이재옥(2004)에서는 선행 연구를 분석하였으며 Fedorova(2021)
에서는 오류 분석을 사용했다.

〈표 24〉 '시제와 상' 대조 연구의 연구 방법

연구	연구 방법			
	선행 연구	오류 분석	교재	인터뷰
이재옥(2004)	○			
Fedorova(2021)		○	○	○

이재옥(2004)에서는 선행 연구를 통해서 연구했는데 양 언어에서의 시
제와 상의 특성을 알아보고 두 언어의 시제와 상 대조를 통해 공통점과

차이점을 파악했다.[20] 두 언어의 상과 시제 체계의 대조 결과 두 언어 모두 상은 출발점에서 종료점까지의 행위의 모습을 기술하고, 시제는 '과거-비과거'로 구분하는 경향이 있다. 다음으로 차이점을 살펴보면, 첫 번째 차이점은 상 실현에 관한 것이다. 러시아어에서는 동사의 모든 행위를 상으로 구별하는데 한국어에서 상은 필연적으로 일어날 일이나 이미 일어난 일, 즉 행위의 상태에 대해서만 인식될 수 있으며, 이 경우 상이 동사의 상적 특성에 따라 제한된다. 또한 시간과 관련이 있어도 시제를 표현하는 것이 아니다. 다른 차이점은 상의 총체성(totality)에 관련된 것이다. 연구에서 총체성은 행위의 시작과 끝이 완전한 단위로 관찰되는 것으로 정의했다. 러시아어에서는 총체성의 유무에 따라서 상이 구분되어 있다. 한편, 한국어에서 상은 사태의 총체성에 따라서 전체상과 부분상으로 구분된다. 과거 사태는 과거 시간으로 한정되어 있으므로 전체적으로 인식되는 전체상이고 현대 사건은 시간 변동에 따라 부분적으로 인식되는 완료와 미완료인 부분상이다.

　Fedorova(2021)에서는 시제와 상의 효과적인 교육 방안을 제시하기 위해서 이재욱(2004)에서처럼 양 언어 시제와 상의 특성을 살피고 대조하였다. 그리고 말뭉치를 토대한 오류 분석과 학습자가 상을 배우는 과정에서 겪는 어려움에 대한 인터뷰를 하며, 한국어 시제와 상의 교육 방법을 분석하고, 학습 방법을 제안하였다. 연구에서 사용한 말뭉치는 국립국어원의 러시아 학습자의 오류 말뭉치인데 2015년에서 2019년까지 수집한 어절을 오류 분석의 자료로 삼았다. 오류가 제일 많이 나타나는 위치와 오류의 특성을 분석한 결과, 시제의 오류 중 가장 높은 오류

20　이 연구는 이재성(2001)에서 기술한 시제와 상에 대한 내용을 바탕으로 하여 연구를 진행하였다.

(62.8%)는 선어말 어미 '-았/었-'이었다. 다음으로 현재 시제 선어말 어미가 10.3%, 관형사형 어미의 오류가 6.4%로 나타났다. 상에 관한 오류는 '-고 있-' 구조의 용법 오류가 40%로 가장 높았고, '-아/어 있-' 구조와 '-게 되-' 구조는 각자 20%의 오류로 나타났다. 다음으로 학습자 6명의 인터뷰를 통해 러시아어권 학습자가 시제와 상을 학습하는 과정에서 어려운 점과 두 개념을 구분할 수 있는지를 알아봤다. 인터뷰에서 학습자는 상에 대한 인식이 없어서 상을 사용하는 것에 어려움이 있으며 더 구체적인 학습 방법을 원한다고 답했다. 다음으로 한국어의 시제와 상의 교육 방법을 분석하기 위해 교재 2권을 분석했다. 시제와 상은 문법 항목과, 의미적, 통사적 관점에서 설명이 잘 되어 있다. 그러나 상 문법에 대한 의미적 설명이 부족하고 시제 문법에 대한 통사적 설명도 부족하며 활용 단계에 연습문제가 다양하지 않았다. 이렇게 시제와 상 오류가 나타나는 원인을 살펴보고 교육 방법과 다양한 문제도 지적했다.

⑦ '문장 성분'의 연구 방법

본 항에서는 두 언어의 특정 문장 성분의 대조에 관한 연구를 확인하도록 한다. 한 연구는 양 언어가 갖는 성분을 대상으로 하며, 다른 한 연구는 러시아어에서 갖지 않는 성분을 연구 대상으로 삼았다.

〈표 25〉 '문장 성분' 대조 연구의 세부 영역과 연구 방법

연구	세부 영역	연구 방법		
		선행연구	말뭉치	교재
강스베틀라나(2010)	목적어	○		
송지연(2016)	부사어		○	○[21]

---

21 초급 한국어 학습자의 교재에서 나타나는 부사어 중에 강범모·김흥규(2009), 『한국

강스베틀라나(2010)에서는 선행 연구 분석을 통해서 한국어와 러시아어의 목적어의 차이점과 공통점을 밝히고자 하였다. 해당 연구에서는 우선 대격언어인 한국어와 대격·능격언어인 러시아어의 특성을 보고, 각 언어에서 목적어가 실현되는 격을 살펴보았다. 그리고 두 언어에서의 목적어의 공통점과 차이점을 기술했다. 두 언어의 목적어 대조 분석에 따르면 차이점은 다음과 같다. 첫 번째로 두 언어에서 목적어의 격의 용법과 의미에서 차이를 보였다. 예를 들면 러시아어에서는 특정한 경우에 목적어를 대격이 아니라 생격이나 조격 또는 여격으로써 표현할 수 있다.[22] 러시아어에서는 불가능하지만 한국어에서는 대격의 용법이 비교적 다양하고 이와 같은 쓰임이 허용된다. 이어서 한국어 목적어와 달리, 러시아어에서는 격어미가 생략되거나 다른 격어미가 쓰일 수 없다. 다음은 공통점을 살펴보도록 한다. 서술어 자리에 타동사가 오는 경우 한국어의 목적어와 러시아어의 대격이 서로 대응된다. 다른 공통점은 양 언어에서 목적어가 의미적 차이 없이 다른 위치로 이동할 수 있는 것이다. 또 구어에서 목적어는 어휘적·문법적 동일성을 가지면 생략이 될 수 있다. 마지막 공통점은 두 언어에서 능동문이 피동문으로 변동될 때 능동문의 목적어가 피동문에서 주어로 실현되며 능동문의 주어는 한국어 피동문에서 부사어로 나타나고 러시아어 피동문에서 조격 보어가 되는 것이다. 한국어 피동문에서 목적어가 있으면 러시아어 간접 보어나 주어를 지니는 피동문에 대응되어야 한다.

송지연(2016)은 한국어 부사어와 러시아어의 상황어를 대조하는 연구

어 사용 빈도』에 따라서 빈도가 높은 부사어만 대조 대상으로 했다.

22　연구에서 이런 경우를 부분 의미의 생격 목적어, 부정 의미의 생격 목적어, 생격 지배 동사의 목적어, 행위의 부분으로서의 조격 목적어, 행위자의 부분으로서의 조격 목적어, 통제 관계의 대상으로서 조격 목적어로 정했다.

이다. 러시아어에서는 '부사어'라는 문장 성분이 없지만 상태, 방법, 장
소, 시간, 원인, 목적, 조건 등을 표현하는 상황어라는 성분이 있다. 상
황어는 필수적으로 실현되는 보충어와 수의적으로 실현되는 부가어로
구성되어 있다. 해당 연구에서는 한국어 부사어와 부가어에 해당되는 상
황어를 대조하였는데, 〈21세기 세종계획 말뭉치〉와 러시아어 국립 말뭉
치 〈Национальный корпус русского языка〉를 토대로 부사어에 대응하는
성분을 대조했다. 한국어의 부사어의 역할을 할 수 있는 부사, 부사구,
부사절, 후치사구를 각각 러시아어에서 해당하는 형태와 대조했다. 더
구체적으로, 한국어 부사어와 러시아어에서 부사어에 대응하는 형태가
문장에서 나타나는 위치를 대조했다. 한국어의 부사어는 수식어로서 피
수식어 앞에 위치하는 반면, 러시아어의 상황어인 부가어는 늘 그렇지
않다.[23] 양 언어 부사어의 용법 또는 나타나는 위치를 대조하면 한국어
부사어의 경우 늘 수식 대상 왼쪽에 실현되지만 러시아어 부사어의 경우
서술어의 양쪽에 나타날 수 있다는 점에서 차이가 있다.[24] 그리고 러시아
어에서 부사어는 문법에서 기술하는 용법과 말뭉치에서 모어 화자들이

---

23 러시아어 부사 'завтра'(내일), 'наиболее'(제일), 'быстро'(빨리) 중 'быстро'(빨리)는
서술어의 오른쪽에 실현되는 경우가 더 많은 반면, 나머지의 부사는 서술어의 왼쪽에
나타난다. 러시아어 부사구 'очень хорошо'(매우 잘), 'очень быстро'(매우 빨리) 중에
'очень хорошо(매우 잘)'은 서술어의 오른쪽에 나타나는 편이며, 'очень быстро(매우
빨리)'는 서술어의 왼쪽에 나타나는 바가 더 많다. 한국어 후치사구에 대응하는 러시아
어 전치사구 'на выходные'(주말에), 'в школу'(학교에), 'в библиотеке'(도서관에서) 서
술어의 오른쪽에 나타나는 것이 대부분이다. 마지막으로 부사절을 대조하는 것이다.
러시아어 부사절 'потому что был праздник'(휴일이었기 때문에), 'когда идёт дождь'
(비가 올 때에)의 경우 'когда идёт дождь'(비가 올 때에)는 서술어 오른쪽과 왼쪽에
위치할 수 있는데 왼쪽에 나타나는 예가 더 많은 반면, 'потому что был праздник'(휴일
이었기 때문에)는 예시 하나만 있어서 나타나는 위치를 정할 수 없다.
24 연구에서는 두 언어의 부사절의 용법에 가장 큰 차이가 있다고 하였다. 하지만 러시
아어 후치사구는 모든 예시가 서술어 오른쪽에 나타난다.

사용하는 방법을 비교했을 때 모어 화자의 용법이 더 다양한 것을 발견했다. 한국어 부사어의 경우는 문법에서 기술하는 용법과 모어 화자의 용법과 크게 다르지 않다.

⑧ '기타' 연구 방법

Sakhabutdinova(2020), Assubayeva(2017), 최문정(2007), 임흥수(2008), 김효정(2014) 등은 각각 분류사, 접두사, 복합명사, 품사, 형용사 등을 연구했다. 5편의 연구는 별개의 세부 영역을 다루고 있어 '기타'로 분류하여 각각의 연구 결과를 살펴보고자 한다.

<**표 26**> '기타' 대조 연구의 세부 영역 및 연구 방법

연구	세부 영역	연구 방법			
		선행 연구	말뭉치	교재	사전
Sakhabutdinova(2020)	분류사	○			○
Assubayeva(2017)	접두사	○			○
최문정(2007)	복합명사		○		
임흥수(2008)	품사	○		○	
김효정(2014)	형용사	○		○	○

먼저 연구 범위가 비슷한 임흥수(2008)와 김효정(2014)을 살펴보고자 한다. 임흥수(2008)는 러시아어를 학습하는 한국인을 위한 효율적인 품사 교육 방안 제시를 목적으로 하였다. 먼저 유형적으로 한국어와 러시아어 품사 분류를 대조했다. 러시아어 학교문법과[25] 한국어 학교문법의[26] 품사 분류 유형과 기준을 살펴보고 대조한 결과 러시아어 품사는 명사,

---

[25] 논문에서 Ломоносов(1755), Российская грамматика; В В Виноградов(1947) Русский язык Грамматическое учение о слове; Русская грамматика(1980); Словообразование Морфология Современный русский язык(1987)을 언급함.

[26] 논문에서 윤실준, 주시경, 최현배, 학교문법의 품사 분류를 언급함.

형용사, 수사, 대명사, 동사, 부사, 상태어, 전치사, 접속사, 소사, 감탄사, 양상어로 구분되어 있는데 품사를 구분하는 기준은 형태, 통사적 기능, 의미의 종합적인 기준이 적용된다고 하였다. 한국어 품사 중에 동사와 형용사가 기능이 비슷해서 구분할 필요가 없다고 보는 입장이 있는데 러시아어에도 비슷한 현상이 있다. 이는 동사에 속하는 형동사에 관한 것이다. 형동사는 동사에서 파생되었는데 성, 수, 격을 표현하기 때문에 형용사로 보기도 하지만 기존 동사의 범주가 유지되어 동사로 분류한다. 다음으로 한국어에 없는 상태범주어와 양상어를 살펴보록 한다. 상태범주어는 단어미형과 '-o'로 부사, 명사, 형동사에서 만들어진 단어이지만 모태어의 특성이 없어지므로 모태어로 보지 않는다. 양상어는 발화에서 화자의 주관적인 관계를 표현하는 단어이고, 문법적 기능이 없어서 문장 성분을 이루지 않는다. 그리고 러시아어 품사의 문법적 범주로 명사, 형용사, 대명사는 성, 수, 격의 변동 혹은 곡용을 하는지와 동사가 인칭, 수의 변동 혹은 활용을 하는 지에 따라서 분류한다. 한국어에도 이러한 범주가 없지 않지만 한국인 학생들에게 익숙하지 않고 어려운 내용이기 때문에 효과적인 학습 방안을 제시할 필요가 있다.

김효정(2014)에서는 러시아어권 학습자를 위한 한국어 형용사 교육의 방향을 제시하기 위해 한·러 형용사의 형태적, 통사적, 의미적 특성을 대조 분석하고 그 결과를 중심으로 러시아어권 학습자들을 위한 한국어 교재에서 형용사를 제시하는 방법을 분석했다. 두 언어의 한국어 교재에서 형용사에 관한 내용과 설명을 대조한 결과는 다음과 같다. 형태적 관점을 보자면 두 언어에서 형용사의 파생법, 문법 범주, 활용·곡용 체계에서 차이가 나는 것에 대해 자세한 설명이 부족하였고 설명에서 번역 오류도 있었다. 통사적 관점에서는 두 언어에서 논항 구조 및 논항과 격 틀에서 불일치가 나타나는 한국어 심리형용사의 문제점을 발견했다. 다른 문제는 한국어 형용사의 시제 표시가 선어말어미와 관형사형 어미로 표시될 수 있다는 것이다. 게다가 유사한 상황에서 러시아어 형용사의 시제 표시가 한국어 형용사의 시제 표시와 다르다는 문제도 있다. 마지막으로 한국어 형용사의 수식 기능은 동사와 동일하지만 러시아어 형용사는 명사와 가까워서 이러한 문법 비교에 관한 설명이 부족하다는 문제점이 있다. 의미적 관점에서도 문제점을 발견했다. 두 언어에서 형용사 분류가 다르기 때문에 러시아어권 학습자에게 지시 형용사 개념의 이해가 어려울 수 있음에도 교재에서 여러 지시 형용사 간의 의미 차이를 언급하지 않은 것이다. 다음 문제점은 형용사의 의미 관계에 관련된 것이다. 두 언어에서 형용사의 상태와 속성은 각 언어의 문화적 배경이 다르기 때문에 복합적으로 나타난다. 그리고 어떤 형용사가 한 언어에 있는데 다른 언어에서 대응하는 단어가 없거나 여러 개가 있는 경우도 있다. 러시아어에서 일부 형용사의 핵심 의미는 한국어에서 대응하는 형용사와 유사하지만 주변적 의미가 다르거나 함축적 의미가 다르기 때문에 다른 형용사를 쓰는 오류가 자주 나타난다. 이러한 형용사가 결합할 수 있는 명사나 공기 제약, 유의어 구별에 대한 정보가 부족하다. 그리고 교재 필자의 모국어가 무엇인지에 따라서 교재의 구성과 내용에서 차이가 나는 것도 확인할 수 있었다. 한국인이 주집필진인 교재의 경우 다양한 형태의 연습 문제가 있고 실제적인 과제로 종합적 한국어 학습이 가능하지만 학습자의 모국어를 고려하지 않았다. 반면 러시아인이 주집필진인 교재의 경우 학습자의 모국어를 고려하여 한국어 형용사를 러시아어 형용사를 대조하면서 자세히 설명하였으나 교재의 구성에 있어서 문제가 있었다.

다음은 선행 연구 및 사전적 대조를 사용한 연구이다. 분류사를 대상으로 한 Sakhabutdinova(2020)과 접두사에 관한 Assubayeva(2017)이

해당된다. Assubayeva(2017)에서는 양 언어의 접두사를 대조했다. 더 자세히 말하면, 동작의 방향과 강세 정도를 의미하는 동사 파생 접두사에 초점을 두었다. 이론적 부분에서 양 언어 접두사의 특성을 알아보고 양 언어 표준어 사전을 통해서 접두사의 목록을 만들어 대조했다. 접두사의 대조 분석에서 한국어 동사에 붙는 동작 접두사를 방향 접두사와 정도 접두사로 구분했다. 방향 접두사는 앞서 포위, 하향, 상향, 외향, 내향, 행방 접두사로 구분하고 러시아어에 대응하는 접두사가 무엇인지를 분석했다. 한국어의 방향 접두사와 정도 접두사에 대응되는 러시아어 접두사는 정도 접두사 중 강도가 낮음을 표현하는 접두사를 제외하면 모두 대응하는 접두사가 존재한다. 두 언어 접두사는 통사적 기능에서 차이점이 있다. 연구에서는 통사적 기능 차이가 나는 이유를 문장 성분의 어순과 관계가 있는 것으로 보았다. 김기형(2008)에서 제시한 것과 같이 한국어는 SOV형 언어로 접미사를 선호한다. 그렇지만 러시아어에서 사동사와 피동사는 접두사로 만들어진다. 또 한국어와 달리 러시아어에서 각 이동동사에 접두사가 결합되며 정태와 부정태를 갖는다.[27] 이때 접두사가 결합되며 상이 결정되기도 한다.

Sakhabutdinova(2020)에서 두 언어에서 쓰이는 형상성 분류사를 대조하고 양 언어에서 쓰는 수사와 수, 분류사 체계의 상관관계를 살펴봄으로써 형상성 분류사의 특성을 밝히는 것을 목적으로 한다. 형상성 분류사는 사물의 모양과 속성에 따라서 분류사를 1차원적, 2차원적, 3차원적 분류사와 보편적 분류사 '개'로 나눌 수 있다.[28] 형상성 분류사의 용례

---

27 연구에서 정태가 이동의 방향이 한쪽으로 나타나고, 부정태가 이동의 방향이 다양하는 것으로 정의했다.

28 1차원적 형상성 분류사는 '길고 가늚'의 특성을 갖는 '가닥', '가락', '개비'이고, 2차원적 형상성 분류사는 '얇고 평평함'의 속성을 갖는 '장(張)', '매(枚)', '닢'이며, 3차원적

는 개별 언어의 사전과 선행 연구에서 모색했고 형상성 분류사는 두 언어에서 대응 관계가 있는지를 확인했다. 한국어의 형상성 분류사는 종합적이고 지시물과 같이 일대다 관계를 지닌다. 러시아어에서 형상성 분류사는 한국어와 달리, 더 구체적이고 지시물과의 관계는 일대일이나 일대다 관계를 나타낼 수 있다.

남아 있는 연구는 말뭉치를 사용한 것이다. 최문정(2007)은 한국어 복합명사를 러시아어로 정확하게 번역하는 것을 돕기 위해 연구했다. 이 연구에서는 한국어 자료를 러시아어 국가 말뭉치〈Национальный корпус русского языка〉에 공개된 프로그램인 Mystem이란 형태 분석기를 사용해서 러시아어로 번역했다. 결론에서는 한국어 복합명사를 번역할 때 복합 명사의 구성 유형을 이해하면 번역과정을 체계적으로 이해할 수 있다고 하였다.

(5) 문법 대조 연구 결과 분석

문법의 현상이나 형태에 집중하여 대조하는 연구가 다양하다는 사실을 알 수 있다. 우선, 연구 분야 관점에서 언어학 논문 17편으로 가장 많고, 한국어교육이 13편, 2편은 러시아어교육이다. 연구 방법을 보면 선행 연구에 의존하여 연구하는 것이 일반적인 방법이다. 그러나 오류 분석, 설문조사, 말뭉치와 같은 방법을 적용하는 연구도 적지 않았다. 두 언어를 직접 비교·대조하는 자료가 적지만 학습자의 오류, 번역 양상, 대응 양상 등의 경우 큰 표본이 필요하므로 학습자 말뭉치나 각 언어의 말뭉치를 사용하기도 한다.

형상성 분류사는 '동그랗고 작음'의 뜻을 표현하는 '알', '톨', '방울'과 '모남'의 뜻을 갖는 '모'이다.

조사를 제외하면 나머지의 경우 연구 대상이 연구마다 다르므로 한
·러 문법 대조 연구의 공통점을 찾는 것이 쉽지 않고 일반화 경향을 찾
기 어렵다. 그러나 주제가 다양해도 대부분의 연구 대상은 통사론에 관
한 것보다 형태론에 관한 연구 대상이나 주제가 더 많다. 한국어는 첨가
어이고 러시아어는 굴절어이므로 통사적 차이가 많고 공통적인 통사적
현상이 적으며 두 언어의 문법적 특징을 살피면 유사한 범위가 있지만
용법이 다른 경우가 있다. 조사, 상, 시제 등이 그 예이다.

즉, 두 언어의 문법 범주가 일치하지 않고 모국어의 간섭으로 인해 한
국어를 학습하는 과정에서 학습자가 많은 어려움을 겪을 수 있다. 아직
까지는 다른 언어권에 비해 한국어·러시아어 문법 대조 연구의 수가 많
지 않다. 지금까지 진행된 연구를 앞으로의 문법 대조 연구의 기초로 활
용하여 한·러 문법 대조 연구가 활발해지기를 기대한다.

4) 담화

담화에 관한 논문은 총 2편이며, 모두 석사학위논문이다. 이는 이크나
티예바 옥사나(2014)와 Golovanov(2016)이다.

〈표 27〉 한·러 담화 대조 연구의 세부 영역 및 연구 방법

연구	세부 영역	연구 방법	
		응답 조사	서면 DCT
이크나티예바 옥사나(2014)	간접 요청 화행	○	
Golovanov(2016)	거절 화행		○

Golovanov(2016)은 서면 담화 완성 테스트(DCT)와 설문조사를 사용하
여 러시아어권 한국어 학습자의 중간 언어에 초점을 두고 거절 화행 양
상을 살피는 것을 목적으로 한다. 해당 연구에서는 청자에게 불리한 점

과 부담도가 높은 요청 상황을 설정했고 화자와 청자의 사회적 거리와 지위의 변인도 설정했다.[29] 연구에서는 먼저 러시아어 모어 화자와 한국어 모어 화자가 모국어에서 사용하는 거절 화행을 확인하고, 러시아어권 한국어 학습자들이 목표어에서 사용하는 거절 화행을 살펴보았다. 러시아어 모어 화자의 전략은 한국어 모어 화자와 다르게 전체 빈도수가 낮고 직접 전략의 빈도수가 높았다. 즉 러시아어 모어 화자의 거절 화행은 직접적이고 명시적인 특성을 지닌다. 이러한 모국어의 영향으로 인해 러시아어 모어 화자가 한국어를 쓸 때도 모국어에서 쓰이는 거절 화행과 비슷하게 사용하는 것을 확인할 수 있었다. 또한 러시아어권 한국어 학습자는 한국어 모어 화자와 달리 공손성을 유지하는 언어적 표현을 사용하지 않은 편이어서 거절이 비교적 강한 화행이 나타났다.

이크나티예바 옥사나(2014)는 러시아어 화자인 한국어 학습자를 위한 한국어 간접 요청 표현의 교수·학습 방법을 모색하는 것을 목적으로 한다. 이를 위해 간접 요청 표현의 용법을 살펴보는 조사를 진행하고 분석하였다. 조사의 참여자는 대학이나 대학원 재학생인 한국어 모어 화자 40명과 블라디보스토크 극동연방대학교 재학생 중 러시아어 모어 화자인 한국어 중·고급 학습자 40명이다. 응답 조사를[30] 통해서 러시아어권 한국어 학습자와 한국어 모어 화자가 사용한 간접 거절 화행을 살펴보고 서로 대조했다. 요청 화행에 영향을 주는 요소의 속성을 밝히기 위해 두 언어의 공손 표현의 문화적 차이점을 확인하며 두 언어 공손 표현을 어휘적 층위, 화용적 층위, 통사적 층위의 관점에서 대조했다. 대조 분석의 결과에 따르면 러시아어권 한국어 학습자는 공손성이 실현되는 것을 이해

---

29 연구에서 강현화(2007), Brown, P., & Levinson, S.C.(1987)를 참고했다.
30 적절한 요청 상황에 대한 적절한 표현을 요구하는 응답 조사이다.

하지만 간접 요청 표현의 공손성에 관한 인식이 부족한 것으로 나타났다. 간접 요청 표현의 효과적인 교육 방안은 TTT(Task 1 - Teach - Task 2) 모형 으로 간접 요청 표현에 대한 형태 초점 접근법(Focus in Form)으로 실현 이 가능하다.

(1) 담화 대조 연구 결과 분석

담화에 관한 연구의 수가 적어서 경향을 찾기는 어렵다. 두 연구 모두 초급 학습자를 제외하고 중급과 고급 학습자를 대상으로 했다는 점에서 공통점이 있으나 발화 화행의 종류와 연구 방법이 다르다. Golovanov(2016) 에서는 러시아어권 한국어 학습자의 거절 화행과 한국어 모어 화자의 거절 화행을 비교한 반면, 이크나티예바 옥사나(2014)에서는 학습자의 간접 요청 화행과 한국어 모어 화자의 간접 요청 화행을 대조한 후 효과적 교육 방안도 함께 모색했다.

5) 기타

'기타'에 속하는 연구는 총 5편으로, 대조 대상을 여러 다른 관점에서 살펴보았다. 성갑연(2020), 함계임(2019), 채민정(2007)은 교육학과 관련 된 연구이며 김지윤(2005)만 언어학 분야의 연구이다. 5편의 연구는 연 구 영역이 두 개 이상으로 앞서의 연구 분류에 속하지 못한 것이다. 대신 이 연구는 전체론적 접근법을 쓰며 두 개 이상의 연구 분류가 연결되거 나 서로 영향을 주는 사실을 보여준다.

<표 28> 한·러 기타 대조 연구의 세부 영역 및 연구 방법

연구	세부 영역	연구 방법				
		선행 연구	교재	쓰기 자료	형식 대조	오류 분석
김지윤(2005)	표음법, 전자법	○				
채민정(2007)	중간언어 간섭	○	○			
박혜옥(2014)	어휘, 형태소, 통사			○		○
함계임(2019)	문서 작성				○	
성갑연(2020)	발음과 쓰기 오류			○		○

김지윤(2005)에서는 선행 연구 분석을 통해서 한국어의 러시아어 표기 방안의 기준을 설정하고자 했다. 이 연구에서는 먼저 두 언어의 음운 체계의 공통점과 차이점을 확인하였으며, 표기법을 선택하기 위해서 한국과 북한에서 쓰는 로마자 표기법을 살펴보았다. 연구에서는 다음과 같은 해결 방식을 제시한다. 러시아어에 없는 음소 /ㅓ/와 /ㅡ/의 경우와 이중모음의 경우는 주의해야 한다. 발음이 비슷한 /ㅢ/와 /ㅡ/를 러시아어 음소 /ы/와 /o/로 표현한다. 그리고 러시아어에 없는 이중모음, 특히 w계 이중모음을 러시아어에서 'w'와 대응하는 'в'를 사용하여 이중모음을 표현한다. 다음 음절 종성에 오는 /ㅇ/이다. 이 음소는 러시아어에서 영어의 'ng'에 대응하는 'нг'로 표현하기로 했다. 러시아어의 전통적인 표기법과 어울리지 않지만 국제화 때문에 반영한 것이다. 한국어의 파열음의 평음, 경음, 격음의 표기 문제의 경우 'ㄱ, ㄲ, ㅋ'을 'г, к, кх'로, 'ㄷ, ㄸ, ㅌ'를 'д, т, тх'로, 'ㅂ, ㅃ, ㅍ'를 'б, п, пх'로 실제 소리에 가깝게 표기로 했다. 그리고 음절 종성에 겹받침이 오는 경우 러시아어에서 실제 발음에 따라서 표기하는 것으로 결정했다. 연구에서 한국어를 모르는 사람은 표기의 일관성이나 발음에 비해 표기가 청자에 충실한 것을 선호하는 동향이 있다고 하는데 매체에서는 반대로 원칙 발음에 충실한 표기를 사용한다. 그렇지만 표기법에 사회적이나 문화적인 관습도 표기에 영향

을 미치기 때문에 표기법에 관한 결정은 설문조사를 통해 여론을 따라야한다고 본다.

채민정(2007)에서는 한국어권 러시아어 학습자의 중간 언어 간섭을 대상으로 삼고 선행 연구와 러시아어 교재 분석을 통해서 연구를 진행했다. 먼저 이중언어 교육에서 실현되는 간섭을 음성 층위, 형태 층위. 통사 층위로 구분하고 러시아어 교재 2종을 음성 층위, 형태 층위, 통사 층위의 관점에서 분석했다. 이중언어 교육에서 나타나는 간섭 분석의 결과를 살펴보면, 음성 층위에서 러시아어에만 있는 자음이 존재하는데 이를 학습하기 위해서 올바른 연습을 해야 한다. 형태 층위에서는 동사 시제와 상을 살펴보았는데 두 언어의 동사 시제에서 공통점이 있는 것을 밝혔고 두 언어의 시제와 상이 유사할 수 있는 동시에 사용하는 시제에 따라 의미가 달라질 수 있음을 확인하였다. 통사 층위에서는 어순에 초점을 두었다. 두 언어는 다른 언어 계통에 속해도 주성분이 문장에서 자유롭게 움직일 수 있는 공통점이 있다는 것을 밝혔다. 채민정(2007)은 교재에서는 한국어와 러시아어를 대조하지 않고, 이중언어 교육에 맞는 구성으로 수정해야 한다고 주장했다. 그리고 학생에게 미리 오류가 생기기 쉬운 예를 알려주면 실수를 최소화할 수 있을 것으로 보았다.

함계임(2019)은 두 언어의 협조문의 형식, 구성, 표현 항목을 각각 대조하여 차이를 밝히고, 이 결과를 바탕으로 러시아어권 한국어 학습자를 대상으로 협조문 작성 쓰기 교육 모형을 제시하는 것을 목적으로 하였다. 각 언어에서 50개의 협조문의 형식, 구성의 특성과 쓰는 언어 표현을 살펴보고 두 언어의 협조문에서 형식, 구성, 내용의 언어적 특성을 분석하여 대조했다. 대조 결과, 두 언어의 협조문의 내용 구성에서 차이가 많은 것을 발견했다. 한국어 협조문의 구성은 인사, 도입, 요청, 세부 사항, 첨언, 회신 요청, 마무리이며 러시아어 협조문 구성은 호명, 도입,

요청, 세부 사항, 첨언, 끝인사였다. 동일한 항목 중 도입과 첨언은 두 언어에서 각각 고빈도, 중빈도로 동일하게 나타났지만 수치상으로 한국어에서 빈도가 더 높다. 표현의 관점에서 두 언어는 정형 표현을 쓴다는 점에서만 동일하다. 러시아어권 학습자를 위한 효과적인 쓰기 교육 방안은 박은성(2013)의 장르 중심 쓰기 모형 제안을 토대로 대조 단계를 추가했다. 즉 쓰기 교육 과정을 다음과 같이 제안하였다.

> 장르 지식 구축하기 → 양국의 해당 장르 비교, 배경지식 쌓기 → 장르 모형 제시 및 설명하기 → 한·러 장르 형태적 대조 → 모범 글 장르의 특성 분석 및 탐색 → 한·러 장르 구성요소 대조하기 → 장르의 기능·표현 배우기(목표어) → 모국어 장르글을 목표어 장르글로 바꾸기 → 주어진 상황에 맞게 목표어 장르 글쓰기

연구에서는 위의 쓰기 교육 방안을 통해 모국어 영향 때문에 나타나는 오류를 줄이고 요구하는 문서를 한국어로 쓸 수 있다고 보았다.

박혜옥(2014)에서는 초·중급 한국어를 학습하는 러시아어권 카자흐스탄 대학생의 쓰기 오류의 유형과 원인을 규명하는 것을 목적으로 했다. 분석한 자료는 2012년 9월에서 2013년 6월까지 모은 카자흐스탄 유라시아대학교에서 한국어를 전공으로 하는 학생과 한국어를 제2외국어로 배우는 학생의 글쓰기 자료이다. 실현된 오류 유형은 '통합', '일대일 대응', '새 범주', '분화', '유사하나 다른 범주'로 구분했다. 오류의 원인은 모국어 간섭과 중간언어적 요소로 구분했다. 대부분의 오류는 모국어 간섭으로 인한 것이다.

성갑연(2020)에서는 러시아어권 중도 입국 학생 12명의 읽기 테스트와 받아쓰기를 통해 발음 오류와 철자 오류의 원인을 분석하고 발음 오류와 철자 오류가 연관성이 있는 것을 확인하였다. 그리고 대조 분석 가설과

오류 분석을 적용하여 실험 자료를 정리했다. 오류는 4 가지로 분류하였다. 우선 단모음 /ㅡ/와 /ㅓ/의 발음 처리와 쓰기의 상관성이다. 단모음 /ㅡ/와 /ㅓ/ 에 관한 발음 오류를 보인 학습자는 모두 받아쓰기에서도 /ㅡ/와 /ㅓ/에서 오류를 보였다. 다음으로는 이중모음 발음 처리와 쓰기의 상관성이다. 여기에서 y계 이중모음의 발음 오류를 생성한 모든 학생은 쓰기에서도 y계 이중모음에 관한 철자 오류를 보였으며 w계 이중모음에서도 이와 유사한 현상을 발견했다. 셋째, 초성에 오는 장애음의 평음, 경음, 격음의 발음 처리와 쓰기의 상관성이다. 초성에 오는 장애음인 평음, 경음, 격음의 발음에서 오류를 범한 학생은 철자에서도 오류가 나타났다. 마지막은 종성에 오는 /ㅇ/의 발음 처리와 쓰기의 상관성이다. 학습자 3명의 발음과 철자에서 오류가 발생되었다. 이와 같이 이 연구에서는 철자 오류가 발음 오류와 관련이 있는 것을 발견하였다.

3. 나가는 말

본 연구에서는 한국어와 러시아어 대조 연구의 동향을 크게 음운, 어휘, 문법, 담화 네 가지로 나누어 살펴보았으며 논문 유형, 연구 목적, 각 영역별 세부 연구 영역, 연구 방법 등을 중심으로 한·러 대조 연구의 동향을 확인하였다. 본 장에서는 전반적인 연구 동향을 정리하고 추후 한·러 대조 연구의 방향에 대해 제안하고자 한다.

분석 대상 논문 77편 중 문법이 32편, 음운이 21편, 어휘가 17편, 담화가 2편, 기타가 5편으로 문법과 음운 연구가 과반 이상을 차지해 어휘와 담화에 비해 활발히 일어나고 있음을 알 수 있다. 그러나 어휘의 경우 2016년 이후 다양한 세부 영역에서 활발한 논의가 시작되었으며 담화 역시 마찬가지로 2014년과 2016년 차례로 논문이 발표되며 한·러 대조 연구의 영역이 점차 확장되고 있음을 알 수 있다.

음운의 경우 자음, 모음, 음운 현상들을 함께 살피는 연구가 많았으며 그중 자음과 음운 현상에 대한 연구가 가장 활발히 진행되었다. 또한 대부분의 연구들이 선행 연구 분석을 기반으로 하였는데 심현주(2020)에서는 실험 결과와 선행 연구와 일치하지 않음을 지적한 바 있다. 이에 조음 방법, 위치 등으로 음소의 대응 여부를 확인한 기존 연구 결과가 실제로도 적용되는 것인지를 다양한 실험을 통해 확인해볼 필요가 있다. 최근 다양한 시험 틀과 함께 Praat 등의 프로그램을 활용한 실험 연구들이 활발해지고 있는 만큼 기존 연구와의 비교가 이루어질 수 있을 것이라 기대한다. 또한 앞서 언급한 것처럼 전반적인 음운 대조를 하는 연구가 많았는데 물론 전체적인 현상을 살핀다는 점에서 의미 있는 연구들이겠으나 추후에는 세부 영역별로 구체적인 연구도 함께 이루어질 필요가 있어 보인다.

어휘 연구는 총 17편으로 문법이나 음운 연구에 비해 그 숫자는 많지 않다. 그러나 2016년 이후 현재까지 11편이 발표되어 최근 많은 관심을 받고 있음을 알 수 있다. 특히 기존에는 관용어를 중심으로 연구가 이뤄졌다면 2010년 후반 이후 호칭어, 지시사, 수량 표현 등 다양한 세부 영역에서 연구가 시작되었다. 어휘는 다른 영역에 비해 화자의 사회, 문화적 배경의 영향을 많이 받는 영역이라 할 수 있다. 따라서 두 언어권의 사회, 문화적 배경을 함께 설명할 수 있는 연구들이 활발해지기를 기대한다.

문법은 조사 대조 연구가 12편으로 가장 많이 이루어졌으며 시제와 상 5편, 연결어미 4편순이다. 본 연구의 분석 대상 논문의 수가 적지 않았음에도 연구 대상, 방법이 연구별로 상이하여 특정한 동향을 파악하는 것이 쉽지 않았다. 특히 문법의 경우 러시아어에 없는 한국어의 조사와 한국어에서는 뚜렷하게 나타나지 않는 시제와 상이 있어 각 언어권 학습자들이 어려움을 겪고 있는 만큼 더 많은 수의 연구가 진행될 필요가 있다.

담화는 응답조사, 서면 DCT, 설문조사 등 다양한 방법을 활용하였으나 앞서 언급한 것처럼 연구 수가 2편으로 현저히 적어 연구의 경향을 살피는 것이 어려웠다. 담화에 대한 학습이 있어야 효과적인 의사소통을 할 수 있기 때문에 이에 대한 연구는 필수적으로 이루어져야 한다. 어휘와 마찬가지로 한 언어의 담화에는 문화가 반영될 수밖에 없기 때문에 서로 다른 문화권인 두 언어권의 담화 대조 연구가 더 많이 진행되어야 할 것이다.

최근 러시아어권 한국어 학습자가 늘어나고 있다. 분석 논문 중 다수가 러시아어권 출신 한국 유학생의 학위논문인 것을 보아도 한국어에 대한 관심이 높아졌음을 알 수 있다. 이에 한국어 러시아어 대조 연구에 있어 우선 연구의 영역을 확장하고 또 깊이 있게 연구할 필요가 있다. 앞으로 한국어와 러시아어 대조 연구가 다양한 분야에서 활발히 이루어져 한국어 학습자와 교사 모두에게 도움이 될 수 있기를 바란다.

● **참고문헌**

국립국어원(2005), 『외국인을 위한 한국어 문법 1·2』, 커뮤니케이션북스.
마정(2021), 「중국인 학습자들의 한국어 작문에 나타나는 문법 오류 분석 연구」, 석사 학위논문, 인하대학교.
박은선(2013), 「장르중심 학문 목적 한국어 쓰기 교수의 실행 연구 −대학원 보고서를 중심으로−」, 이화여자대학교 석사학위논문.
배주채(2013), 『한국어의 발음』, 삼경문화사.
백봉자(2003), 『외국어로서의 한국어 문법사전』, 도서출판 하우.

이재성(2001), 『한국어의 시제와 상』, 국학자료원.

Brown, P., & Levinson, S.C.(1987), *Politeness: Some universals in language usage*, Cambridge university press.

Thornbury, Scott(1999), *How to Teach Grammar*, Longman. (이관규 외 옮김 (2004), 『문법을 어떻게 가르칠 것인가?』, 한국문화사.)

• 분석 대상 논문

가니예바 아세네(2019), 「한국어와 러시아어 음운체계 및 음운현상의 비교」, 강릉 원주대학교 석사학위논문.

강스베틀라나(2010), 「한국어와 러시아어의 목적어 대조 연구」, 경희대학교 석사 학위논문.

곽부모(2013), 「한국어 장소, 시간 기능 후치사와 러시아어 전치사의 대조 -러시 아인 한국어 학습자의 '-에'와 '-에서' 인지를 중심으로-」, 『한국어교육』 24(4), 국제한국어교육학회, 1-15쪽.

김알라(2008), 「러시아 학습자를 위한 한국어 발음 교육 방안」, 창원대학교 석사학 위논문.

김우현(2020), 「한국어와 러시아어 수량표현의 대조 분석」, 한국외국어대학교 석 사학위논문.

김유리(2020), 「러시아어권 한국어 학습자의 오류 문석 연구」, 연세대학교 석사학 위논문.

김은석(2018), 「러시아어권 한국어 학습자들의 한국어 자음 발음에 관한 연구」, 숭 실대학교 석사학위논문.

김이고르(2016), 「러시아어권 학습자들의 한국어 발음 오류 연구」, 한국외국어대 학교 석사학위논문.

김지윤(2005), 「한글의 러시아어 표기에 관한 연구: 지명을 중심으로」, 단국대학 교 석사학위논문.

김태희(2015), 「러시아어와 한국어의 상 대조 연구 -인식과 표현을 중심으로-」, 고려대학교 석사학위논문.

김현숙(2004), 「러시아어 화자의 한국어 발음 습득과 관련한 몇 가지 문제」, 연세 대학교 석사학위논문.

김효정(2014), 「러시아어권 학습자를 위한 한국어 형용사 교육 연구」, 영남대학교 석사학위논문.

김희연(2016), 「언어적 세계상에서 러시아어와 한국어의 신체어 대조」, 『학술대회 발표집』 한국노어노문학회, 31–49쪽.

나세르자노바(2016), 「한국어와 러시아어의 신체 관용 표현 대조 연구」, 상명대학교 석사학위논문.

네스터렌코마리아(2022), 「한국어와 러시아어의 감정 표현 관용어 대조 연구」, 한양대학교 석사학위논문.

누르갈리예바 아이굴(2008), 「한국어와 러시아어 관용구의 비교연구」, 대구대학교 석사학위논문.

드주숩베코바 쿤두스(2016), 「한국어와 러시아어의 의성어 대조 연구」, 상명대학교 석사학위논문.

릴리엔탈아나스타시야(2017), 「러시아 한국어 학습자를 위한 머리 관련 관용어 연구」, 한국교통대학교 석사학위논문.

메이마닐리예바 아이잔(2021), 「러시아어권 학습자를 위한 한국어 연결어미 교육 방안 연구 -'고/-어서/-(으)니까'를 중심으로-」, 한국외국어대학교 석사학위논문.

문성원(2011), 「러시아어와 한국어의 언어적 세계상에서 개념 'душа'와 '마음'」, 『노어노문학』 23(4), 한국노어노문학회, 67–90쪽.

박현정(2021), 「러시아어권 중도입국 학생의 한국어 발음 오류 연구」, 진주교육대학교 석사학위논문.

박혜옥(2014), 「러시아어권 한국어 학습자의 오류 분석」, 『러시아어문학연구논집』 46, 한국러시아문학회, 77–105쪽.

백소영(2009), 「러시아어권 화자를 위한 한국어 발음교육 연구」, 충남대학교 박사학위논문.

성갑연(2020), 「러시아어권 중도입국 학생의 발음과 쓰기 오류의 상관성 연구」, 진주교육대학교 석사학위논문.

성나랑(2018), 「러시아어를 모국어로 하는 한국어 학습자의 격조사 사용 연구 -'이/가', '을/를', '에/에서'를 중심으로-」, 연세대학교 석사학위논문.

송지연(2016), 「한국어와 러시아어의 부사어 대조 연구」, 경희대학교 석사학위논문.

심현주(2020), 「한국어와 러시아어 자음 간 지각적 대응 관계 분석」, 『언어와 문화』, 16(3), 한국언어문화교육학회, 183–204쪽.

앤스타티아나(2016), 「러시아어권 한국어 학습자의 문장의 확대 양상과 오류 분석

연구: 중도입국학습자 복문 오류 분석을 중심으로」, 경인교육대학교 석사학위논문.

야마모토미사키(2021), 「한국어 학습자의 모어와 한국어의 어두 파열음 산출에 나타나는 다언어적 특징 연구 −중국어, 러시아어, 일본어, 태국어, 한국어를 대상으로−」, 『새국어교육』 126, 한국국어교육학회, 373−400쪽.

양수향(2005), 「연어 오류 분석을 통한 어휘 교육 연구」, 연세대학교 석사학위논문.

양엘레나(2015), 「한·러 피동법 대조 연구」, 한국외국어대학교 석사학위논문.

양철훈(2005), 「러시아어 부정문 학습에 따른 의사소통능력 형성」, 한국외국어대학교 석사학위논문.

엠드미트리(2020), 「한국어와 러시아어의 격체계 및 실현 양상 대조 연구」, 공주대학교 석사학위논문.

오트넬첸코폴리나(2021), 「러시아어 양상 소사 ведь, же의 한국어 번역 연구 −체호프의 회곡 작품을 중심으로−」, 한국외국어대학교 석사학위논문.

유재선(2009), 「러시아어권 한국어 초급 학습자를 위한 자음 발음 교육 방안」, 부산외국어대학교 석사학위논문.

유주연(2019), 「러시아인 초급 학습자의 평서문 억양 교육 방안 연구」, 경희사이버대학교 석사학위논문.

윤영해(2005), 「러시아어 화자들의 중간언어 음운연구」, 한국외국어대학교 석사학위논문.

이선경(2018), 「러시아어권 한국어 학습자를 위한 한국어 보조사와 러시아어 양상 소사의 사용역 연구」, 단국대학교 석사학위논문.

이영숙(2008), 「한국어와 러시아어의 자음 음소 및 변이음의 대조 분석」, 연세대학교 석사학위논문.

이용권(2006), 「러시아어 모국어 학습자의 한국어 발음교육」, 『언어과학』 13(3), 한국언어과학회, 90−115쪽.

이용권(2015), 「러시아어와 한국어 구개음화의 음향적 특성 연구」, 『슬라브어 연구』 20(2), 한국슬라브어학회, 123−142쪽.

이재옥(2004), 「한국어와 러시아어의 시제와 상에 대한 대조 연구」, 연세대학교 석사학위논문.

이지현(2017), 「러시아어권 학습자의 한국어 단순모음 비교 및 교육방안 연구」, 군산대학교 석사학위논문.

이지훈(2011), 「러시아어권 학습자의 한국어 격조사 오류 분석 연구 −러시아어,

카자흐어, 우즈백어 학습자 중심으로-」, 한국외국어대학교 석사학위논문.

이지희·남혜현(2020), 「러시아어와 한국어 자세 동사의 대조 연구」, 『동유럽발칸연구』 44(4), 한국외국어대학교 동유럽발칸연구소, 61-87쪽.

이드미뜨리(2017), 「한국어와 러시아어의 인과관계 구문 대조 연구」, 경희대학교 석사학위논문.

이크나티예바 옥사나(2014), 「러시아어권 한국어 학습자를 위한 공손 표현 교육 연구 -간접 요청 화행을 중심으로」, 서울대학교 석사학위논문.

임율리아(2018), 「러시아어권 학습자의 한국어 발음 교육 연구」, 서울대학교 석사학위논문.

임엘레나(2011), 「'발'과 관련된 한·러 표현 대조 연구」, 경희대학교 석사학위논문.

임흥수(2008), 「러시아어와 한국어의 품사 대조」, 『국제문화연구』 1(2), 조선대학교 국제문화연구원, 269-290쪽.

임흥수(2018), 「한국 대학생을 위한 러시아어 발음 교육 연구」, 『동유럽발칸연구』 42(3), 아시아중동부유럽학회, 49-80쪽.

전명선(2011), 「러시아어의 완료상에 관하여 -한국어의 종결상과 대조하여」, 『외국학연구』 18, 중앙대학교 외국학연구소, 131-160쪽.

정버들(2019), 「러시아인 학습자의 한국어 파찰음 습득 연구」, 한국외국어대학교 석사학위논문.

정수현(2005), 「한국어 음운 간섭으로 인한 러시아어 발음 오류와 개선방안」, 한국외국어대학교 석사학위논문.

조나야(2011), 「한국어 격조사의 언어유형적 재분류」, 『국어문학』 51, 국어문학회, 5-28쪽.

조소연(2014), 「한국어 '가다'와 러시아어 'идти'의 대조 연구」, 한국외국어대학교 석사학위논문.

채민정(2007), 「이중언어 교육에서의 간섭현상 : 한국어&러시아어를 중심으로」, 고려대학교 석사학위논문.

최문정(2007), 「한국어와 러시아어의 전문용어에 나타난 복합명사 구조의 대조 연구 -시사용어를 중심으로-」, 『언어연구』 26, 서울대학교 언어연구소, 3-61쪽.

최예브게니야(2007), 「한국어와 러시아어 부정문의 대조연구」, 경희대학교 석사학위논문.

최지영(2012), 「러시아어화자 한국어 학습자의 격조사 교육 방안 연구」, 『국제어문』

56, 국제어문학회, 373-400쪽.

최지영(2017), 「한국어와 러시아어의 상(相) 문법 표지 비교 연구」, 『인문사회』 21, 8(5), 아시아문화학술원, 1289-1304쪽.

최지영(2020), 「한국어와 러시아어의 이유·원인 표현 연구 '-아어서, -(으)니까' 와 'потому что, так как'」, 『인문사회』 21, 11(4), 아시아문화학술원, 1405-1418쪽.

파블로바 나데즈다(2019), 「한국어 인과관계 접속어미와 러시아어 인과관계 접속 사에 대한 대조 연구」, 한남대학교 석사학위논문.

필라델퍼브 꼰스딴친(2007), 「한국어 자음과 러시아어 자음의 발음 비교 연구」, 우석대학교 석사학위논문.

한만춘(2006), 「한국어와 러시아어 관용구의 비교연구 -감정표현 관용구를 중심 으로-」, 『노어노문학』 18(1), 한국노어노문학회, 87-120쪽.

함계임(2019), 「러시아어권 한국어 학습자를 위한 협조문 대조연구와 쓰기 교육 모형 제시」, 『교육문화연구』 25(2), 인하대학교 교육연구소, 811-832쪽.

함계임(2019), 「한국어 지시어 '이', '그'의 선택 기준 제시 -러·한 번역 사례를 중 심으로-」, 『언어와 언어학』 85, 언어와 언어학, 125-146쪽.

함계임(2020), 「백과사전적 지식을 이용한 속담 교육 방안 : 한-러 속담 대조를 통해」, 『교육문화연구』 26(1), 인하대학교 교육연구소, 243-260쪽.

Assubayeva, A.(2017), 「한국어와 러시아어의 접두사 대조 연구: 동작의 방향과 정도 강화 표시 접두사를 중심으로」, 건국대학교 석사학위논문.

Emelyanova, A.(2007), 「러시아어와 한국어의 격의 대조 연구」, 우석대학교 석사 학위논문.

Fedorova, Y.(2021), 「러시아 학습자의 말뭉치 오류 분석을 통한 한국어 시제와 상 교육 방안 연구」, 인하대학교 박사학위논문.

Golovanov, K.(2016), 「러시아어와 한국어 거절 화행 대조 연구 -러시아인 한국 어 학습자를 중심으로-」, 연세대학교 석사학위논문.

Moleva, E.(2017), 「한국어 보조사 '도'의 용법: 러시아어 강조조사와 대응에 관한 연구」, 서울시립대학교 석사학위논문.

Mukabenova, Z.(2009), 「러시아어 모국어 사용자의 한국어 격조사 사용 오류 연 구」, 경북대학교 석사학위논문.

Sakhabutdinova, L. Z.(2020), 「한국어와 러시아어 형상성 분류사 대조 연구: 대 응 관계를 중심으로」, 이화여자대학교 박사학위논문.

Shin, A.(2019), 「러시아인 학습자를 위한 한국어 사회 호칭어 교육 방안 연구」, 한국외국어대학교 석사학위논문.

YULIA KIM.(2019), 「한국어와 러시아어 관용어 대조 연구」, 연세대학교 석사학위논문.

Ⅱ.
한·러 격 체계 대조 연구 분석
: 대응 관계를 중심으로

즈보가르 마샤

1. 들어가는 말

본고는 한국어·러시아어의 격 체계를 대상으로 하는 연구의 연구 방법과 결과를 살피는 것을 목적으로 한다. 한국어와 러시아어는 유형론적으로 첨가어와 굴절어에 속하는 언어이므로 문법적 차이가 있을 것이라 예상할 수 있다. 그러나 유사점이 없는 것은 아니다. 그중 하나는 격이다. 한국어에서 격은 후치사인 조사를 통해 실현되는 반면, 러시아어에서 격은 어미와 비슷한 후치사로 실현된다. 이렇듯 한국어 격 체계와 러시아어의 격 체계는 실현 형식의 관점에서 공통점이 있으며 다른 점도 있다.

연구를 진행하기 위해 〈RISS〉에서 주제어 '한국어', '러시아어', '대조'로 검색하여 한국어와 러시아어 대조 연구를 검토해봤다. 한국어와 러시아어 대조 논문은 총 77편이 있었으며 그중에 격 체계나 격조사를 대상으로 삼은 연구가 9편이었다. 누락된 연구를 모으기 위해서 〈RISS〉에서 주제어 '격어미', '격 어미', '러시아 학습자', '러시아어권 학습자'를 검색하여 5편의 논문을 더 찾았다. 이에 따라 본고에서는 총 14편의 한·러 대조 논문을 분석하고자 한다.

연구는 다음과 같이 진행하고자 한다. 2장에서는 격조사 대조 연구의 특성을 살펴볼 것이다. 각 연구의 연구 대상이 무엇인지, 대조할 때 사용한 방법이나 도구가 무엇인지를 보도록 한다. 다음 3장에서는 2장에서 살펴본 내용을 바탕으로 한국어와 러시아어의 격 체계를 정리하고자 한다. 먼저 한국어와 러시아어 격 체계를 대조한 논문에서 두 언어의 격체계를 어떻게 해석했는지를 살펴볼 것이다. 그리고 한국어·러시아어 대조 논문을 바탕으로 한국어 격이 러시아어에서 어떻게 나타나는지 분석하고자 한다. 4장 결론에서는 한국어 격조사 교육 방법을 살펴볼 것이다. 우선 한국어 격 용법에서 나타나는 오류를 분석한 연구의 방법과 결과를 살펴보고 논문에서 제안한 격조사 교육 방법을 분석하도록 한다.

2. 한국어·러시아어 격 체계 논문의 특성

본 장에서는 한국어·러시아어 격 체계를 대상으로 한 대조 연구에서 삼은 분석 대상과 대조 방법을 보도록 한다. 먼저 연구 대상과 연구 방법을 살펴보면 다음 〈표 1〉과 같다.

〈표 1〉 격 체계 대조 연구의 대상 분류

연구	대상
백소영(2001)	한국어 격 체계
오상은(2004)	한국어 격 체계
김정숙(2006)	주격조사, 목적격조사, 관형격조사, 부사격조사 '에,에서, 에게, 께', 보조사 '은/는'
Mukabenova(2009)	한국어 격 표기 체계

이지훈(2011)	주격조사, 목적격조사, 관형격조사, 부사격조사
곽부모(2013)	한국어 부사격조사
Nelep(2017)	조사 '이/가', '의', '을/를'
성나랑(2018)	주격조사, 목적격조사, 부사격조사
김유리(2020)	한국어 격조사 체계
Emelyanova(2007)	한국어와 러시아어의 주격, 대격, 생격, 여격, 조격, 전치격
김성완(2008)	한국어 격 체계
조나야(2011)	주격 표지, 목적격 표지
최지영(2012)	한국어 격조사
엠드미트리(2020)	한국어 격조사 체계

위와 같이 14편 중 7편에서 격조사 전체를 대조의 대상으로 삼았다. 그리고 나머지 연구에서는 특정한 격조사에 집중하였으며 주로 주격조사와 목적격 조사를 분석하였다. 다음으로 연구 방법을 살펴보면 14편 중 9편은 오류 분석을 통해서 연구를 진행하였으며 5편은 선행연구를 토대로 연구하였다.

다음은 연구 방법, 접근법, 도구를 포함한 대조 방법을 살펴보겠다. 논문에서는 하나 혹은 그 이상의 연구 방법을 사용하였다.

〈표 2〉 조사 연구에서 사용한 대조 방법 분류

| 연구 | 대조 방법 | | | | | | |
	선행 연구	말뭉치	오류 분석	사전	교재	조사[1]	인터뷰
백소영(2001)	○		○			○	
오상은(2004)			○			○	
김정숙(2006)	○		○			○	
Emelyanova(2007)	○						
김성완(2008)	○						
Mukabenova(2009)			○			○	
조나야(2011)	○						
이지훈(2011)	○		○			○	
최지영(2012)	○						

곽부모(2013)			○			○	○
Nelep(2017)			○	○	○	○	
성나랑(2018)		○	○				
김유리(2020)		○	○				
엠드미트리(2020)	○						
합계	8	2	9	1	1	7	1

위의 〈표 2〉를 살펴보면 가장 많이 사용된 대조 방법은 오류 분석이었으며, 다음으로 선행 연구, 조사를 활용한 연구가 뒤를 이었다. 그 외에도 말뭉치, 사전, 교재, 인터뷰를 활용한 연구도 있었다. 연구는 주로 두 가지 이상의 연구 방법을 사용하였으며, 한 가지 연구 방법만 사용한 연구는 전체 14편 중 5편인데 이 연구들은 모두 선행 연구를 중심으로 하였다.

3. 한국어와 러시아어의 격 체계 및 격조사

1) 두 언어의 격 체계에 대하여

한·러 문법 대조 연구 중 가장 많은 연구는 조사를 대상으로 한 연구이다. 러시아어는 한국어처럼 조사라는 품사가 없지만 격 체계가 있고 격조사와 대응하는 형태소가 있다. 따라서 두 언어는 대조할 수 있는 범주를 갖는다고 할 수 있다.

먼저 격조사에 관한 연구를 보고자 한다. 한국어 격은 조사로 실현되고 조사는 품사이므로 단어로 여겨진다. 격 체계는 격조사가 해당하는 문장 성분의 기능에 따라 명명되는 체계이다. 한국어 문법에서의 격 체계는 다음과 같다.

---

1 쓰기 자료, 자유 작문, 문법 테스트를 모두 조사로 분류했다.

　　(a) 주격, 목적격, 보격, 관형격, 부사격, 호격, 서술격

　러시아어에서 격은 명사, 대명사, 형용사 어근 뒤에 접사 혹은 어미처럼 붙는 형태소이다. 이 때문에 논문에서 격 어미라는 용어를 사용하기도 한다. 러시아어의 격 체계는 아래와 같다.

　　(b) 주격(nominal), 대격(accusative), 생격(genitive), 여격(dative),
　　　　조격(instrumental), 전치격(prepositional)[2]

　러시아어의 격은 한국어처럼 정확한 형태로 실현하지 않고 명사의 성, 수, 주격어미의 형식에 따라서 곡용 유형이 다양하다. 또 한국어 조사와 달리 선행하는 명사가 격어미 없이 나타날 수 없다. 그러므로 러시아어의 격어미는 한국어의 격조사처럼 자립성이 없으며 구분할 수 없는 명사의 일부이다. 그리고 한국어 격 체계와 달리 러시아어는 각 격이 어느 문장 성분을 표시하는지가 반영되지 않는다. 예를 들면 긍정문에서 주어는 주격과, 목적어는 여격과 결합하여 표현되지만 부정문에서는 부정의 대상이 주격이나 여격 대신 생격으로 표현된다. 반면 한국어에서는 주어나 목적어가 부정의 대상과 상관없이 늘 주격 조사나 목적격 조사와 결합된다.

2) 한국어와 러시아어의 격 체계 해석

　조나야(2011)에서는 한국어의 격조사와 러시아어의 격어미가 유형론

2　(b)의 격 체계는 Comrie(1984)과 Timberlake(2004)를 참조하였으나 Blake(2001), Wade(2020) 등에서는 다른 방식으로 러시아어 격 체계를 구분하는 등 연구마다 격 체계 분류가 상이함을 밝혀둔다.

적으로 같은 범주에 속할 수 있는지에 대해 연구했다. 주격 표지, 목적격 표지를 자세히 보고 양 언어에서 격 표지를 확인했다. 한국어의 격 표지는 항상 유사한 형태로 나타나지만, 러시아어의 경우 명사의 성(性)과 수에 따라서 다른 격 표지가 실현될 수 있다. 또 러시아어에서는 목적격 표지의 경우 예외적으로 격 표지가 나타날 수 있는 위치가 있지만 한국어에는 특정 단어에서만 출현하는 격 표지를 발견할 수 없다. 그리고 한국어는 격 표지를 생략하거나 중복 사용할 수 있지만, 러시아어는 그렇지 못하다. 이 때문에 한국어의 격 표지와 러시아어의 격 표지를 같은 범주로 분류하기에는 어렵다는 결론을 내렸다.

김성완(2008)에서는 번역을 통해 한국어 격조사가 러시아어 격어미와 어떻게 다른지, 한국어 격조사가 러시아어에서 어떻게 실현되는지를 살펴봤다. 연구 결과 러시아어에 없는 호격조사와 서술격조사를 제외하고 한국어 격조사의 적용 영역은 러시아어 격어미보다 자유롭고 넓다는 사실을 보여주었다. 그리고 격조사와 격어미는 형태론적 차이 때문에 범주가 다르고 결합하는 단위도 다르며 격어미는 격조사와 달리 문장의 구조에 배정되어, 문자 구성과 관계성이 있는 것으로 본다.

다음 세 연구는 한국어 격과 러시아어 격의 의미와 용법을 대조하는 연구이다. Emelyanova(2007)에서는 한국어와 러시아어의 격 표지에 대한 선행연구와 한국어의 주격, 대격, 생격, 여격, 조격, 전치격이 나타나는 구문 대조를 통해 양 언어의 격 형태와 용법을 보고 공통점과 차이점을 살펴보도록 연구했다. 연구 결과 형식의 경우 한국어에서 격은 조사로 표현되는 반면 러시아어에서는 어미로 표현된다. 또 러시아어에서 격은 자립성이 없다. 그리고 한국어 격조사가 생략 가능하며 격은 어순으로도 표현할 수 있다. 연구에서 언급한 주격, 대격, 전치격의 용법이 두 언어에서 매우 비슷하게 나타나지만 여격의 용법에서는 차이점이 많다.

그리고 러시아어의 생격과 한국어의 속격, 조격, 주격의 용법은 기본 용법이 같지만 그 외의 쓰임이 다르다. 러시아어에서 생격은 용법이 다양한 반면 한국어의 속격은 기능이 하나뿐이다.

엠드미트리(2020)에서는 두 언어의 격 체계 대조를 통하여 한국어 격조사에 대응하는 러시아어 격어미를 고찰하였다. 이 연구에서는 한국어 주격 조사, 관형격 조사, 목적격 조사, 보격 조사, 서술격 조사, 부사격 조사, 호격 조사를 러시아어의 주격 어미, 생격 어미, 여격 어미, 대격 어미, 조격 어미, 전치격 어미와 대조했다. 한국어 격조사는 각 격에서만 쓰므로 명사의 격이 격조사로 정해진다. 따라서 격이 정해진 규칙 격조사의 의미를 배우면 한국어 격 체계를 이해할 수 있다고 보았다. 반면 러시아어 격어미의 경우 같은 어미가 여러 격을 표현할 수 있으므로 명사의 격을 정할 수 없다.

최지영(2012)에서는 한국어와 러시아어의 대조와 러시아어권 한국어 초급 학습자를 위한 격조사 교육 방안을 제시하고자 선행 연구를 바탕으로 한국어 격조사에 대응하는 러시아어 격어미를 비교·대조했다. 연구 결과 한국어의 주격조사와 목적격조사는 러시아어의 주격, 대격과 대체로 대응하고, 다양한 형태와 의미를 지니는 부사격조사는 러시아어에서 다양한 격과 전치사구와 대응함을 밝혔다. 이에 따라 격조사의 기본의미와 러시아어에서 대응하는 격어미의 차이점으로 인한 오류를 언급하는 교육 방법을 적용한다면 효과적인 교육 방법으로 보인다고 하였다.

선행연구를 바탕으로 두 언어의 격 체계를 대조한 연구에서는 각 언어에서 격의 의미와 쓰임을 보여주어 두 언어의 격 체계 차이점을 밝혔다. 이를 통해 두 언어의 주격과 목적격 혹은 대격의 쓰임이 대체로 비슷하며 부사격 또는 여격은 차이점이 많다는 것을 알 수 있었다. 그리고 러시아어의 생격은 나타날 수 있는 환경이 다양하지만 한국어에서 매우 제약적인 것을 알 수 있었다.

3) 양 언어의 격 체계 대조

다음으로 두 언어에서 나타나는 격 체계의 일치와 불일치를 살펴보고
자 한다. 본고에서 기준으로 한 한국어 격 체계는 『표준 국어문법론』의
격 체계이다. 한국어의 각 격을 표현하는 조사의 기능 혹은 나타나는 환
경과 형식을 보는 동시에 동일한 문장 성분이 러시아어에서 어느 격으로
쓰이는지도 확인하도록 하겠다.

(1) 주격

주격은 문장에서 주어를 표현하는 격이지만 항상 주격 표지로 표현하
지는 않는다. 한국어에서 주격조사 '이/가' 외에 단체 명사가 주어 된 경
우 조사 '에서', 주어가 높임의 대상이 된 경우 조사 '께서'로 대치된다.
러시아어에서도 주어를 주격으로 실현하는데 그렇지 않은 예도 있다. 한
국어 주격은 러시아어에서 생격, 여격, 대격, 조격으로 실현될 때가 있
다. 이럴 때 주격 대신 어느 격이 나타나는지는 서술어의 특성 혹은 의미
에 의존하는 것이 일반적이다. 러시아어 계사 'быть'의 부정문과 존재를
부정하는 문장에서 주어는 생격어미를 사용하며 이때 생격어미는 한국
어의 주격조사에 대응한다.

(c) 엄마가 집에 없어.

   мам<u>ы</u> нет дома.

러시아어 여격어미는 서술어가 요구나 가능/불가능의 의미, 심리 형
용사[3], 부정부사가 나타날 때 주어에서 실현된다. 주어의 나이를 표현할

때도 여격으로 나타난다.[4]

> (d) ㄱ. 고양이가 장난감이 필요하다.
>   кошке нужна игрушка
>
> ㄴ. 그가 춥다.
>   Ему холодно.
>
> ㄷ. 나∅ 할 일이 없다.
>   Мне нечего делать.
>
> ㄹ. 안나는 다섯 살이다.
>   Анне пять лет

한국어 주격은 특정한 환경에서 대격이나 조격에 대응한다. 김성완 (2008)과 Mukabenova(2009)에 따르면 한국어 주격이 러시아어에서 대격으로 나타나는 경우는 주어가 부정인칭문이나 수동문의 불특정인칭문인 경우다.[5]

> (e) 새 수도가 건설되었다.
>   Новую столицу построили.

그리고 한국어 주격은 러시아어 조격에 대응하기도 한다. 이것은 특정 동사가 주어 자리에 오는 명사구는 조격어미를 갖는 것을 요구하기 때문에 나타나는 경우이다(김성완, 2008;, Mukabenova, 2009).[6]

---

3 특히 '춥다, 덥다' 등과 같이 기온 느껴지는 의미를 표현하는 형용사이다. 심리형용사 대신 품질 형용사와 상황 부사를 부르는 논문도 있다.

4 김성완(2008: 14)의 예문(4다) 재인용.

5 Mukabenova(2010:28)의 예문 (9) 재인용.

6 Mukabenova(2010: 28)의 예문 (10) 재인용.

(f) 특수한 사전이 사용되었다.

Пользовались специальным словарём.

(2) 목적격

한국어에서 목적격은 격조사 '을/를'로 나타낸다. 그리고 러시아어 격 중에 목적격에 대응하는 격은 대격이다. 러시아어에서 목적격조사 '을/를'은 대격어미로만 나타나는 것이 보통이지만 문장에서 서술어의 특성과 목적어에 온 명사의 의미에 따라서 여격, 생격, 조격, 주격, 전치사로 실현되기도 한다.

이 중에 대격이 직접 목적어를 표시하는 격이면, 여격은 간접목적어를 표시하는 격이다(백소영, 2001). Mukabenova(2009)에서 여격으로 표시된 목적어는 간접목적어로 인정하는 동시에 '방해나 감정을 의미하는 동사의 수혜자'로도 본다.[7]

대부분의 연구에서는 목적어가 생격으로 실현되는 환경 명사의 의미, 동사의 의미, 문장의 형식에 의존하는 것으로 본다. 이중 생격으로 나타나는 명사를 살펴보면 물질의 일부를 표현하거나 1로 끝나지 않는 수사 혹은 수량을 표현하는 명사가 있다(백소영, 2001; 오상은, 2004; Nelep, 2017; 성나랑, 2018).

(g) 물 한 잔

чашка воды

---

7 성나랑(2018) 엠드미트리(2020)에서는 여격 목적어 형식은 요구하는 동사의 목록만 있다. 이 동사는 '도와준다', '방해한다', '기뻐한다', '가르친다', '부러워한다', '동정한다', '(해를) 끼친다', '복수한다'이다. 동사의 의미를 확인하면 Mukabenova(2009)에서 설명한 동사의 의미에 해당하는 것으로 볼 수 있다.

(h) 나는 책 3권을 샀어.

　　Я купил 3 кни́г−∅

생격을 나타내는 동사의 의미는 희망, 요구, 강조를 의미하는 동사이다(백소영 2001; 오상은 2004; 최지영 2012; 성나랑 2018; 엠드미트리 2020).

(i) 그녀는 행복을 바란다.[8]

　　Она хочет счастья.

(j) 선생님은 정숙하도록 요구한다.[9]

　　Учитель требует тишины

부정문에서 목적어가 부정의 대상이 된 경우 목적어가 생격어미로 표현된다(오상은, 2004; Mukabenova, 2009; 최지영, 2012; Nelep, 2017; 성나랑, 2018).

(k) 나는 책을 안 샀어.

　　Я не покупал книги

Nelep(2017)과 성나라(2018)에서는 특정 행위동사가 목적어에서 생격을 요구하는 기능을 가진다고 한다. 이는 내적 행동성인 인지 동사와 '떠난다'처럼 출발점을 의미하는 동사이다.[10]

8　오상은(2004:26)의 예문 (15) 재인용.

9　백소영(2001:30)의 예문 (13) 재인용.

10　성나라(2018: 32)의 예문 (22) 재인용.

(l) 그가 고향을 떠났다.

Он уежал с родины

다음은 조격어미를 지니는 목적어가 나타나는 환경이다. 조격어미를 갖는 목적어는 특정한 동사가 서술어에서 실현될 때 쓰인다. 최지영 (2012)에 따르면 조격은 관리, 지배의 의미를 지니는 동사의 목적어에 붙인다.

(m) 학생들은 우리 대학교에서 도서관을 이용한다.

Студенты пользуются библиотекой в нашем унив ерситете.

(n) 컵에 물을 채우시오.

Наполните стакан водой.

Emelyanova(2007)에서는 '축하하다'가 서술어일 때 목적어가 조격과 전치사 'c'[s]와 함께 나타난다.[11]

(o) 새해를 축하합니다!

Поздравляю с новым годом!

그리고 한국어 목적격은 러시아어 특정 문장에서 주격으로도 실현되는 것을 보여줬다.[12]

(p) 나는 이 영화를 좋아한다.

Мне нравится этот-∅ фильм-∅.

---

11   Emelyanova(2007: 29)의 예문 (36) 재인용.

12   Emelyanova(2007: 29) 예문 (37b) 재인용.

'이 영화'(этот фильм)의 주격형과 대격형이 동일하지만 (p)에서는 'этот фильм'이 '좋아하다' 문장의 목적어로 사용되었다고 볼 수 없다. 동사 'нравиться'가 주격을 받는 동사이기 때문에 주격이 사용된 것이다.

마지막으로 목적어는 특정한 동사가 서술어에서 쓰이면 전치사와 함께 나타날 때가 있다. 백소영(2001)과 Emelyanova(2007), 엠드미드리(2020)에서는 '떠나다, 오다, 가다' 이동동사가 쓰인 문장에서 대격어미에 전치사 'в'[v], 'на'[na]가 나타난다고 하였으며 김성완(2008)과 Mukabenova(2009)에서는 전치사 'в'[v], 'на'[na]에다가, 전치사 'из/с'[iz/s]도 나타난다고 보았다. 김성완(2008)에 따르면 대격어미를 요구하는 행동이 나타나는 위치의 경우 전치사 'в'[v]가 나타나고, 목표 위치에 나타난 행동의 경우 반향을 표시하는 전치사 'на'[na]가 나타나며, 행동이 시작되는 위치의 경우 전치사 'из'[iz]로 표현된다고 했다. Mukabenova(2009)에서도 전치사는 명사와 함께 목적어 자리에 올 수 있다고 했는데 방향 전치사 'в'[v], 'на'[na]가 나타나는 경우는 명사가 목표 위치에서 행위가 나타나는 경우에 쓰이고 전치사 'из/с'[iz/s]은 명사구가 행동이 시작되는 위치를 의미할 때 쓰이는 전치사인 것이다. 그러나 이럴 때 명사를 지니는 격어미는 늘 대격이 아니라 전치격도 올 수 있다고 했다.

(3) 관형격

한국어 관형격은 조사 '의'로 실현되며, 소유격, 속격 등이라는 명칭도 갖는다. 한국어에서는 두 명사 사이에서만 관형격 조사가 나타날 수 있는 환경이다. 러시아어에서 이와 유사한 환경에 관형격 조사에 대응하는 생격이 올 수 있는데 두 명사의 의미적, 통사적 관계에 따라 생격이 아닌 주격, 조격, 여격 등이 올 수 있고 전치사도 나타날 수 있다.[13]

먼저 관형격 조사를 주격어미로 표현하는 경우를 살펴보고자 한다.

여기서 주격어미는 명사 혹은 체언이나 형용사 어미 자리에 나타날 수 있다. 선행 명사가 후행 명사의 주어와 같은 통사적 관계를 지니면 러시아어에서 이러한 관계가 주격어미로 실현된다(김성완, 2008).[14]

> (q) 나의 살던 동네
> Район, где я-∅ жил

형용사 주격은 한국어 명사구에서 선행하는 명사는 러시아어에서 정도를 의미하는 형용사로 나타난다(Mukabenova, 2009; Nelep, 2017).[15]

> (r) 최악의 상황
> Худший-∅ ситуация.

그리고 'NP1의 NP2' 구성에서 NP1이 NP2의 목적어 혹은 대상이나 주어를 의미하는 명사와 결합할 때도 러시아어에서 주격으로 (s)나 조격 (t)로 실현된다(Nelep, 2017).[16]

---

13 백소영(2001), 오상은(2004), 김정숙(2006)에서는 한국어 관형격조사를 러시아어 생격에 해당한다고 본다. 그리고 김정숙(2006)에서 밝힌 관형격조사와 생격어미의 차이점은 생략인데, 관형격조사는 생략할 수 있는 반면 생격어미는 반드시 나타나야 되기 때문이다. 이 특징은 관형격조사와 생격어미만 지니는 차이점이 아니라, 두 언어의 격 체계의 특성이다.

14 예문은 Mukabenova(2009)의 사례 (28)을 재인용한다.

15 형용사 주격을 언급한 연구는 Mukabenova(2009과 최지영(2012)이지만 표현하는 환경에 대한 설명이 없고 예문만 있다. 대신, Nelep(2017)에서도 형용사가 명사를 대치하는 것을 인정하지만 주격형을 지니는 것은 언급하지 않는다.

16 Nelep(2017:32)에서 예문 (52) 재인용이다.

(s) 친구의 살던 집

дом, где жил друг-∅

(t) 자연의 관찰

наблюдение за природой

그러나 초점을 두어야 되는 점은 예문 (t)에서의 '자연'('природой')은 조격으로 실현되는 것이다. 여기서 조격이 나타난 이유는 '관찰'('наблюдение')이 전치사 за[za]를 요구하기 때문이다(Nelep, 2017; 엠드미트리, 2020).

대격이 관형격에 대응하는 경우에도 선행 명사가 후행 명사의 대상을 표현할 때 쓰이고 납입('Оплата')이 전치사 за[za]를 요구한다(엠드미트리, 2020).

(u) 보험료의 납입

Оплата за страховку

다음으로 관형격조사 '의'가 러시아어에서 여격어미로 나타나는 경우를 살펴보겠다. 김성완(2008)에서는 두 명사의 사이에서 '에 대하다'의 뜻을 가지면 러시아어에서 여격으로 나타난다고 한다. 또 최지영(2012)에서는 이런 경우에 여격어미가 전치사 'к'[k]와 함께 나타난다고 한다.[17]

(v) 조국통일의 염원

смремление к объединению Родины.

---

17 사례 (22)은 최지영(2012: 386)의 예시 (40) 재인용이다.

하지만 Nelep(2017)에서 이러한 관계는 러시아어에서 대격이나 전치격어미와 전치사로 나타나는 것으로 본다.

(w) 장미의 전설
 ㄱ. легенда о розе (전치격)
 ㄴ. легенда про розу (대격)

관형격과 러시아어 격의 대응 대조를 포함하는 연구는 대부분 러시아어의 생격에 대응한다고 하며 관형격조사에 대응하는 격어미가 전치사와 같이 실현된다고 하지만 어느 격어미인지는 설명해주지 않는다.

(4) 부사격

부사격은 다른 격보다 형태소가 많다. 『표준 국어문법론』(남기심·외, 2019)에서 부사격조사는 처소의 낙착점을 의미하는 '에, 에서, 한테, 께, 더러, 보고', 처소의 출발점을 의미하는 '에서, 에게서, 한테서, 로서', 처소의 지향점을 의미하는 '(으)로', 도구의 의미를 하는 '(으)로(써)', 비교의 대상을 의미하는 '와/과, 처럼, 만큼, 보다', 동반을 의미하는 '와/과, 하고, (이)랑', 변성을 의미하는 '(으)로', 직접 인용을 표시하는 '라고', 간접 인용을 표시하는 '고'이다.

부사격에 대응하는 러시아어 격은 전치격이다. 러시아어의 전치격은 다른 격과 달리 필수적으로 전치사와 함께 실현된다. 한국어 부사격 조사들과 러시아어에서 대응하는 격을 살피면 한국어 부사격조사와 러시아어는 격의 관계가 아니라 한국어 부사격의 의미와 러시아어 전치사의 의미 관계라고 볼 수 있다.[18]

〈표 3〉 러시아어에서 각 격에 대응하는 한국어 부사격 조사의 의미

러시아어 격	한국어 부사격의 의미
주격	비교(엠드미트리(2020):'처럼')
생격	이유, 위치, 대상, 시간, 출발점, 공간적과 시간적 방향, 위치를 의미하는 전치사[19]
대격	공간적과 시간적 방향, 도달점, 자격, 시간, 상황, 단위, 대상, 시간, 이유, 위치
여격	지향, 대상, 기준, 영역, 대상, 상황
조격	도구, 수단/방법, 자격, 신분, 비교, 재료, 공간적과 시잔적 범위, 변화, 공동, 대상이나 목표, 장소, 피동
전치격	장소, 고두, 수단, 대상, 상황, 도구, 수단, 방향, 기준, 시간

위의 〈표 3〉에서 볼 수 있는 것처럼 부사격의 한 의미는 두 개 이상의 러시아어 격으로 실현될 수 있다. 김성완(2008)에서는 특정한 격을 요구하는 전치사를 보여준다.

〈표 4〉 특정한 격과 결합하는 전치사 및 대응하는 부사격조사의 의미

전치사 (번역)	요구하는 격	부사격 조사와 의미
c[s] (와/과, 함께)	생격	에서[출발점] 에서부터[범위 또는 시간의 시작]
	조격	랑[함께], 과[함께], (으)로[상태] 에게[과][20]
из[iz] (에서(부터))	생격	에서[기준점], 에서부터[범위 또는 시간의 시작], (으)로[재료, 완료]
до[do] (까지)	생격	까지

18 대부분 부사격조사는 러시아어에서 '전치사 + N-격어미'로 나타나는데 전치사 없이, 즉 격어미만 실현되는 데가 없는 것이 아니다. 격어미가 홀로 부사격조사를 대응하는 데가 적어서 유의미한 현상으로 보기가 어렵다.

19 백소영(2001), 오상은(2004), Mukabenova(2009), 성나랑(2018).

20 김성완(2008)에서 예문을 재인용 함.

y[u] (안에)	생격	에게[안에, 사이에], 한테[소유] 더러(러시아어의 동사가 요구하는 전치사)[21]
от[ot] (부터)	생격	에게[(으)로부터], 에게서, 서부터, 한테, (으)로[원인], 과[비교의 대상]
из-за[izza] (에서부터)	생격	(으)로[원인]
к[k] ((으)로, ~ 쪽으로)	여격	로[방향, 지향점](러시아어 명사 'дверь'이 요구하는 전 치사)[22]
по[po] (후에)	여격	(으)로[행동의 경로 (으)로['-마다'][23]
в[v] (안에(서))	대격	(으)로[방향], (으)로[러시아어 서술어가 요구하는 전치사][24]
	전치격	에서[추상적 장소나 시간], 에게[러시아어 서술어가 요구하는 전치사][25] (으)로[시간], (으)로[걸친 상태]
на[na] (위에(서))	대격	보고, (이)랑(러시아어 서술어가 요구하는 전치사)[26]
	전치격	에서[추상적 장소나 시간] 와/와[러시아어 서술어가 요구하는 전치사][27]

저 사람에 비하면 나는 행복한 편이다. По сравнению с тем человеком, я счастливый.

21 김성완(2008)에서 예문 (15마) 재인용.
친구가 날더러 심각하게 묻더군요. Друг спросил у меня сегоёзно.

22 김성완(2007)에서 예문 (16가) 재인용.
대성이는 문쪽으로 걸어갔다. Дэсон поёл к двери.

23 사례는 김성완(2007)에서 예문 (16다) 재인용.
아침저녁으로 벌써 쌀쌀해졌다. Ужя холодно по утрам и вечерам

24 사례는 김성완(2008)에서 예문 (17나) 재인용.
물이 수증기로 변한다. Вода превращается в пар.

25 사례는 김성완(2008)에서 예문 (19나) 재인용.
나는 나 자신에게 실망했다. Я разочаровался в себе.

26 사례는 김성완(2008)에서 예문 (17나) 재인용.

〈표 4〉를 살펴보면 한국어의 부사격조사와 러시아어 격의 실현 방법
을 볼 수 있다. 러시아어에서는 '전치사 + 격'과 같은 구조로 나타나며
러시아어에서 나타나는 형태는 여러 가지의 조건을 따른다. 하나는 한국
어 부사격 조사의 의미에 대응하는 러시아어 전치사가 특정한 격을 요구
하는 경우도 있고, 다른 하나는 문장이나 절의 서술어가 특정 격을 요구
하기도 한다. 그리고 특정 전치사가 한 특정한 격을 요구하는 데가 많지
만 전치사 'c[s]', 'в[v]', 'на[na]'의 조건에 따라서 두 가지 격으로써 실현
이 가능하다. 즉, 한국어의 부사격 조사에 대응하는 러시아어 구조는 복
합하다는 사실을 알 수 있다.

(5) 보격

한국어 보격조사는 주격조사의 '이/가'와 동일하며, 서술어 '되다, 아
니다' 앞에 오는 명사구에서 실현되는 격조사이다. 러시아어에서 보격조
사와 완벽히 대응하는 격이 없는데 양 언어를 대조한 연구에서[28] 한국어
보격은 러시아어 주격과 조격으로 나타나는 것을 발견했다.

보격이 러시아어에서 주격이나 조격 중에 어느 격으로 실현되는지는
서술어에 따른다. 예를 들어 서술어 '되다'의 경우 보격이 조격으로 표현
된다.[29]

나보고 욕하지 마세요. He ругай тесь на меня.
네 딸이 너랑 많이 닮았어. Твоя дочь очень похожа на тебя.
27 사례는 김성완(2008)에서 예문 (17나) 재인용.
진수는 영화배우랑 결혼한대. Говорят, Динсу женитсяна на киноактрисе.
28 백소영(2001), 오상은(2004), 김성완(2009), Mukabenova(2009), 최지영(2012), 엠
드미트리(2020).
29 오상은(2004: 26)에서 예문 (16)을 재인용.

(x) 그는 선생님이 아니다.

Он не учитель.

서술어 '아니다'의 경우 보격이 주격으로 표현된다.

(y) 보리스는 엔지니어가 될 것이다.

Борис будет инженером.

물이 얼음이 된다.

Вода становиться льдом.

김성완(2008)에서 서술어 '되다'의 경우 보격이 주격이나 조격을 둘 다 실현될 수 있는 것으로 본다.[30]

(z ㄱ) x

엄마가 뚱보가 되었다.

Мама стала тостуха.

(z ㄴ) y

그는 외교관이 되었다.

Он стал дипломатом.

예문 (z ㄱ)에서 보격이 주격으로 실현되며, 예문 (z ㄴ)에서 조격으로 실현된 것을 볼 수 있다.

---

30 예문 (z ㄱ)과 (z ㄴ)은 김성완(2008: 16)에서 예문 (7가)와 (7나)의 재인용이다.

(6) 호격

한국어에서 호격은 '야, 아'로 실현하는 격이다. 러시아어에서 호격은 존재하지 않지만 주격으로 나타낸다. 한·러 대조 연구 중 김성완(2008)에서는 호격이 러시아어에서 표현되지 않는 것으로 보는 반면 오상은 (2004), Mukabenova(2009), 최지영(2012)에서는 러시아어는 호격이 없지만 주격으로 표현된다고 하였다.

(7) 서술격

'이다'를 한국어교육에서 격조사로 고려하는 반면 언어학에서는 계사나 지정사로 본다. 러시아어에서는 '이다', 즉 서술격조사와 같은 기능을 하는 격이 없으며 주로 주격어미로 표현된다. 김유리(2020), 엠드미트리 (2020), Emelyanova(2007)[31]에서 한국어 주격은 서술어의 기능을 갖는다고 하였다.

4. 나가는 말

본고는 한국어·러시아어 대조 논문에서 한국어의 격이 러시아어에서 어떤 양상으로 나타나는지를 살펴보았다. 두 언어는 유형론적으로 다른 언어족에 속하지만 격은 양 언어에서 주로 후치사로 표현되며 러시아어

---

31 Emelyanova(2007)에서 서술격조사가 러시아어에서 어떻게 양상으로 나타나는지를 문장 구조를 비교함으로써 보여주었다.
  (1) (한) N2주격/대격 + 있는/가지고 있는/데리고 가는 + N1주격
     (러) N1주격 + 전치사 c + N2조격
  (2) (한) N1주격 + N2-격 + ~이었다/일 것이다.(예: 형은 기자일 것이다)
     (러) N1주격 + -이었다/일 것이다 + N2조격

전치격은 후치사와 전치사가 함께 실현된다. 먼저 언어의 격 체계를 단순하게 확인하고 한국어의 격은 러시아어에서 어떻게 표현되는지 혹은 어느 격으로 나타나는지를 살펴보았다. 논문에서 나타나는 양 언어의 격 체계 비교와 격 표지 대응을 정리하면 아래 〈표 5〉와 같다.

〈표 5〉 러시아어에서 대응하는 한국어 격조사

한국어 격조사(표지)	러시아어에서 대응하는 격어미					
	주격	생격	여격	대격	조격	전치격
주격	○	○	○	○	○	
목적격	○	○	○	○	○	
관형격	○	○	○	○	○	○
보격	○				○	
부사격	○	○	○	○	○	○
호격	○					
서술격	○					

한국어 격조사와 러시아어 격어미의 상관관계를 확인하면 두 언어의 격 체계는 일대일 관계를 맺지 않는 사실을 볼 수 있다. 대신, 러시아어 격은 대부분의 한국어 격과 대응될 수 있는 것으로 보인다. 특히 러시아어 주격은 한국어의 모든 격에 해당한다. 한편, 한국어 관형격과 부사격은 러시아어에서 여섯 개의 격으로 나타날 수 있다. 그 원인은 격과 명사의 의미적 관계 때문이다. 한국어 관형격의 경우 선행 명사와 후행 명사의 의미 관계 및 관형격조사와 결합하는 명사가 러시아어에서 형용사에 대응하는지에 따라 러시아어에서 나타나는 격이 달라진다. 그리고 러시아어 격의 실현은 전치사에 의존하기도 한다. 러시아어의 전치격은 반드시 격어미와 전치사가 함께 나타난다. 하지만 많은 전치사의 경우 그 의미에 따라서 특정 격을 요구한다.

다른 격을 확인하면 러시아어의 조격은 러시아어에서 대응되지 않는 호격과 서술격을 제외하고 나머지 한국어 격으로 표현될 수 있다. 그리고 생격, 여격, 대격은 모두 한국어의 주격, 목적격, 관형격, 부사격에 해당한다. 전치격은 러시아어 격 중에 한국어 관형격과 부사격에만 대응한다. 동시에 늘 전치사와 나타나야 하므로 러시아어 격 중 실현 제약이 가장 엄격한 격인 것을 예측할 수 있다.

그러므로 한국어의 격 체계와 러시아어의 체계는 나타나는 조건이 다르다고 볼 수 있다. 한국어 격조사는 특정한 환경에서 사용하지만, 러시아어 격어미는 그렇지 않은 것으로 보인다. 다시 말해, 한국어 격의 적용 영역은 좁은 반면, 러시아어 격의 적용 영역은 넓다. 이 때문에 한국어의 각 격 영역에서 여러 격어미가 나타날 수 있다. 그리고 한국어 격조사는 표현하는 문장 성분을 표시하는 반면, 러시아어 격어미의 실현은 서술어의 의미에 의존하는 것으로 보인다. 그래서 러시아어에서 특정 격의 실현을 요구하는 전치사나 서술어도 있다. 사실 전치사는 문법 기능과 의미가 약하지 않고, 특정 격을 요구할 수 있으며, 한국어의 부사격에 대응하므로 격어미와 대등한 격 표지로 볼 수 있다.

본고에서는 한국어와 러시아어의 격을 대조하는 연구에서 두 언어의 격 체계의 관계를 어떻게 해석하는지를 검토해보았다. 두 언어는 명사구와 서술어의 관계를 표현하는 형태를 지니고, 격을 후치사로 표현하는 점에서 같지만 언어별 격의 수와 의미가 다르기 때문에 쓰임도 다르다는 사실을 알 수 있었다.

● **참고문헌**

남기심 외(2019), 『표군 국어문법론』(전면개정판), 한국문화사.

Blake, B. J.(2001), *Case*(Cambridge Textbooks in Linguistics) (2nd ed.),

Cambridge University Press.

Comrie, B.(1982), Russian in Chisholm, W., Milic, L. T., Greppin, A. C. (Eds), *Interrogativity: A Colloquium on the Gramar, Typology, and Pragmatics of Question in Seven Diverse Languages*, John Benjamins Publishing Company 7-46.

Timberlake, A.(2004), *A Reference Grammar of Russian*(Reference Grammars) (Illustrated), Cambridge University Press.

Wade, T., Gillespie, D., Gural, S., & Korneeva, M.(2020), *A comprehensive Russian grammar*(Forth Edition, Ser. Blackwell Reference Grammars), John Wiley & Sons, Incorporated.

•분석 대상 논문

곽부모(2013), 「한국어 장소·시간 기능 후치사와 러시아어 전치사의 대조 -러시아인 한국어 학습자의 '-에'와 '-에서' 인지를 중심으로-」, 『한국어교육』 24(4), 국제한국어교육학회, 1-15쪽.

김성완(2008), 「러시아어 '격 어미'와 한국어 '격조사'의 비교 및 분석 -번역을 위한 활용방안으로서의 탐구를 중심으로」, 『비교문화연구』 12(1), 경희대학교 비교문화연구소, 5-30쪽.

김유리(2020), 「러시아어권 한국어 학습자의 오류 분석 연구」, 연세대학교 석사학위논문.

김정숙(2006), 「러시아어권 학습자를 위한 한국어 격조사 교육 방안 연구 -초급 단계 학습자를 중심으로-」, 경희대학교 석사학위논문.

백소영(2001), 「러시아 학습자의 한국어 격조사 사용의 오류 분석과 지도연구」, 이화여자대학교 석사학위논문.

성나랑(2018), 「러시아어를 모국어로 하는 한국어 학습자의 격조사 사용 연구 -'이/가', '을/를', '에/에서'를 중심으로-」, 연세대학교 석사학위논문.

엠드미트리(2020), 「한국어와 러시아어의 격체계 및 실현 양상 대조 연구」, 공주대학교 석사학위논문.

오상은(2004), 「러시아어권 한국어 학습자의 격조사 오류분석 및 지도방안 연구 -초급 단계 중심으로-」, 한양대학교 석사학위논문.

이지훈(2011), 「러시아어권 학습자의 한국어 격조사 오류 분석 연구 -러시아어,

카자흐어, 우즈백어 학습자 중심으로-」, 한국외국어대학교 석사학위논문.

조나야(2011), 「한국어 격조사의 언어유형적 재분류」, 『국어문학』 51, 국어문학회, 5-28쪽.

최지영(2012), 「러시아어화자 한국어 학습자의 격조사 교육 방안 연구」, 『국제어문』 56, 국제어문학회, 373-400쪽.

Emelyanova, A.(2007), 「러시아어와 한국어의 격의 대조 연구」, 우석대학교 석사학위논문.

Mukabenova, Z.(2009), 「러시아어 모국어 사용자의 한국어 격조사 사용 오류 연구」, 경북대학교 석사학위논문.

Nelep, A.(2016), 「러시아어권 학습자의 한국어 격조사 오류 교육 방안 연구 -'-이/가, -의, -을/를' 조사를 중심으로-」, 가천대학교 석사학위논문.

Ⅲ.
한·러 음운 대조 연구 동향 및 쟁점
: 실험 연구를 중심으로

손지혜

1. 들어가는 말

최근 한국어를 배우고자 하는 러시아어권 학습자들이 증가하고 있다. 한국어는 서로 다른 어족이며 유형론적으로도 달라 두 언어는 많은 층위에서 차이를 보여 러시아어 모어 화자들에게 한국어 학습에 어려움을 겪을 가능성이 높다. 본 연구에서는 대조가 가능한 여러 영역 중 한국어와 러시아어의 음운 대조 연구의 동향과 성과를 살피고자 한다. 음운은 발음 교육과 연결되는 부분으로 발음은 치명적인 오류가 있을 경우 문법에 맞게 발화하여도 의사소통이 어려울 만큼 중요한 부분이다. 뿐만 아니라 원어민에 가까운 발음에 대한 학습자들의 요구가 높아지고 있어 그간 문법, 어휘 교육 등에 비해 많은 관심을 받지 못했던 발음 교육에 대한 연구 필요성이 대두되고 있다.

본 연구에서는 음운 대조 연구 중 실험(산출 실험, 음성 인지 실험, 오류 분석)을 진행한 연구들을 집중적으로 분석한다. 연구별 결과의 공통점과 차이점을 분석하고 인지와 산출 실험 결과에 차이를 보이는 연구들도

정리한다. 이어 한·러 음운 대조 연구에서의 쟁점과 추후 연구 방향을
제시하는 것에 목적이 있다.

2. 음운 대조 연구 동향 및 쟁점

본 장에서는 한국어·러시아어 음운 대조 연구의 전체 동향을 연도별,
연구 목적별, 세부 연구 영역별, 연구 방법별로 살펴본다. 이어 연구 방
법 중 산출 실험, 음성 인지 실험 등을 통해 두 언어를 대조한 논문들을
중심으로 실험 대상과 실험 방법을 구체적으로 살피고 연구 결과를 확인
한다.

1) 음운 대조 연구 동향

우선 '한국어, 러시아어, 대조' 등을 키워드로 논문을 검색하여 그 중
음운 대조 논문 총 21편을 추렸다. 음운 대조 논문 21편을 발간 유형에
따라 학위 논문과 학술 논문으로 구분하고 연구 영역에 따라 한국어교
육, 러시아어 교육, 언어학으로 나눠 살펴보았다.

〈표 1〉 발간 유형별 한·러 음운 대조 연구의 동향

발간 유형	대분류		연구 수
학위 논문	한국어교육	9	16
	러시아어 교육	1	
	언어학	5	
	한국어교육-언어학	1	
학술 논문	한국어교육	3	5
	러시아어 교육	2	
합계			21

음운 논문 21편 중 5편이 학술 논문이며 나머지 16편은 학위 논문으로 석사 논문 15편, 박사 논문 1편으로 학위 논문의 수가 학술 논문보다 많다. 특히 학위 논문 중 6편이 러시아어권 외국인 유학생의 석사 논문임을 확인하였다. 또한 한국어교육 관련 논문 12편, 러시아어 교육 관련 논문 3편으로 구성되어 언어 교육 논문은 총 15편이고 언어학 논문은 총 5편, 한국어교육과 언어학을 함께 다룬 논문이 1편이다. 이를 통해 음운 대조 연구는 언어 교육을 목적으로 한 연구들이 주를 이루고 있음을 알 수 있다.

(1) 연도별 연구 동향

연도별 음운 연구 진행 현황을 살펴보면 2004~2005년 3편, 2006~2010년 6편, 2011~2015년 1편, 2016~2020년 9편, 2021년 이후 2편 진행되었다.

〈표 2〉 연도별 한·러 음운 대조 연구 동향

연도	~2005	2006~2010	2011~2015	2016~2020	2021
연구 수	3	6	1	9	2

2000년대 초반 연구가 시작할 시점보다 연구의 수가 많아졌음을 확인할 수 있으며 특히 2022년 상반기 기준, 2021년 이후 논문이 2편이 나왔다는 것은 앞으로 한·러 음운 대조 연구가 더욱 활발히 이루어질 것임을 시사한다.

(2) 연구 목적별 연구 동향

한·러 음운 대조 연구는 크게 대조 내용만 제시한 논문, 대조 내용과 함께 교수 방안을 제시한 논문, 대조와 오류 내용을 기술한 논문, 대조와 오류를 제시하고 더불어 교수 방안을 제시한 논문으로 크게 나눌 수 있다.

<표 3> 연구 목적별 한·러 음운 대조 연구 동향

	연구 목적			
	대조	대조+교수	대조+오류	대조+오류+교수
연구 수	6	7	5	3

이에 따라 논문의 연구 목적을 ① 대조, ② 대조+교수, ③ 대조+오류, ④ 대조+오류+교수로 구분하였다. 각 목적에 따른 논문의 수는 위의 <표 3>과 같다. 앞서 한국어교육 및 러시아어 교육을 연구 목적으로 삼은 연구가 15편인 것에 비해 교수 방안까지 제시한 논문의 수는 10개에 그치는 것을 확인할 수 있다.

(3) 세부 연구 영역 연구 동향

한·러 음운 대조 연구의 세부 영역은 크게 자음 체계, 모음 체계, 음운 현상, 음절, 음성 체계, 음운 등으로 구분할 수 있다. 하나의 세부 영역을 단독으로 연구하는 논문에 비해 여러 영역을 함께 연구하는 논문들이 다수임을 확인하였다.

자음을 연구한 논문은 총 17편으로 이 중 자음 단독 대조 연구가 5편이며 모음을 연구한 논문은 총 8편에 모음 단독 대조 연구는 1편에 그친다. 음운 현상을 연구한 논문 역시 11편으로 수는 적지 않으나 음운 현상 단독 대조 연구는 모음과 마찬가지로 1편에 불과하다. 음절에 대한 연구도 7편이나 단독 연구는 존재하지 않고 음성 체계에 관한 연구는 전체 1편, 억양, 장단, 강세 등 운소를 연구한 논문은 3편이다.

〈표 4〉 세부 영역별 한·러 음운 대조 연구 동향

논문명 \ 세부영역	자음	모음	음운현상	음절	음성체계	운소[1]
김현숙(2004)	○	○	○	○		○
정수현(2005)	○					
윤영해(2005)	○	○	○	○		
이용권(2006)	○	○				
필라델퍼브 꼰스딴친(2007)	○		○			
이영숙(2008)	○		○			
김알라(2008)	○	○	○			
유재선(2009)	○					
백소영(2009)	○	○	○	○		
이용권(2015)			○			
김이고르 (2016)	○		○	○		
이지현(2017)		○				
김은석(2018)	○		○	○		
임율리야 (2018)	○		○	○		
임홍수(2018)					○	
가니예바 아세네(2019)	○	○	○			○
유주연(2019)						○
정버들(2019)	○					
심현주(2020)	○					
박현정(2021)	○	○		○		
야마모토 미사키(2021)	○					
합계	17	8	11	7	1	3

전체적으로 자음과 음운 현상에 대한 대조 연구가 다른 영역에 비해 다수 진행되었음을 알 수 있다. 자음 연구가 활발하게 일어난 데에는 한 국어와 러시아어의 자음 체계가 모음 체계에 비해 대조점이 많기 때문이

---

1   김현숙(2004)에서는 한·러 강세를 대조하였고, 가니예바 아세나(2019)는 한·러 장단, 강세, 억양을 대조하였다. 유주연(2019) 논문은 한·러 억양을 단독으로 연구하였다.

라 추론할 수 있다. 음운 현상과 음절은 주로 한국어와 러시아어의 자음 체계 차이에서 비롯된 현상들을 연구하였음을 확인하였다.

(4) 연구 방법별 연구 동향

한·러 음운 대조 연구의 방법은 선행 연구 분석, 오류분석, 말뭉치, 실험 연구 등이 있다. 실험은 듣고 인지 여부를 확인하는 음성 인지와 실제로 발화한 결과물을 분석하는 산출 실험으로 나눌 수 있다. 대부분의 연구는 선행 연구를 기반으로 하여 연구를 진행하였으며 12개 논문이 선행 연구 이외의 방법을 사용하여 연구를 실시하였다.

연구 방법을 기준으로 한·러 음운 대조 논문을 분류한 결과, 선행 연구를 바탕으로 한 논문이 13편으로 가장 많았으며 산출 실험 10편, 오류분석 6편, 음성 인지 5편, 말뭉치 1편의 순서로 나타났다.[2] 즉 대부분의 음운 대조 논문이 기존 선행 연구를 바탕으로 이론적 대조를 하였음을 알 수 있다.

〈표 5〉 연구 방법별 한·러 음운 대조 연구 동향

논문명＼연구방법	선행연구	실험 연구			말뭉치
		음성인지	산출실험	오류분석	
김현숙(2004)	○				
정수현(2005)	○				
윤영해(2005)	○		○	○	
이용권(2006)	○				
필라델퍼브 꼰스딴친(2007)	○				
이영숙(2008)	○				
김알라(2008)	○				
유재선(2009)	○	○			

---

2 분석한 논문은 총 21편이나 두 가지 이상의 연구 방법을 사용한 논문들이 있어 각 논문에서 사용한 연구 방법은 총 35회이다.

백소영(2009)		○	○	○	
이용권(2015)			○		
김이고르(2016)			○	○	
이지현(2017)			○		○
김은석(2018)		○	○	○	
임율리야(2018)	○		○	○	
임흥수(2018)	○				
가니예바 아세네(2019)	○				
유주연(2019)	○				
정버들(2019)		○	○		
심현주(2020)		○			
박현정(2021)	○		○	○	
야마모토 미사키(2021)			○		
합계	13	5	10	6	1

오류 분석을 한 연구는 총 6편으로 윤영해(2005), 백소영(2009), 김이고르(2016), 김은석(2018), 임율리야(2018), 박현정(2021)이 있다. 윤영해(2005), 김이고르(2016), 김은석(2018), 율리야(2018)에서는 러시아어권 한국어 학습자를 대상으로 문장 읽기 산출 실험을 통해 자·모음 발음과 음운 현상 등에서 나타난 오류를 분석하였으며, 백소영(2009) 연구는 학습자들에게 무의미한 단어를 읽게 하여 오류를 분석하였다. 마지막으로 박현정(2021)에서는 학습자들이 의식하지 못하도록 단어와 문장을 연결하는 활동을 통해 자연스러운 발화를 유도하여 자음을 중심으로 발음 오류를 분석하였다.

음성 인지 실험을 진행한 연구는 총 5편으로 백소영(2009)에서의 음성 인지 실험은 한국인 화자가 읽어주는 어휘 듣고 맞는 것 고르기의 형태로 진행되었으며 김은석(2018)에서는 한국어 자음에 모음 'ㅏ'를 붙여 가장 가까운 러시아어 음을 고르게 하였다. 반대로 심현주(2020) 연구에서는 러시아어 자음에 한국인, 러시아인을 대상으로 러시아어 자음에 모음

'a'를 붙여 대응하는 한국어 음을 작성하게 하였다. 유재선(2009)에서는 한국인, 러시아인을 대상으로 한국어 자음과 'ㅏ'의 결합 및 러시아어 자음과 모음 'a', 'я'[3]와의 결합에 대한 인지를 양방향으로 조사하였다. 정버들(2019)는 파찰음에 한정하여 실험을 진행하였는데 파찰음과 /ㅏ, ㅓ, ㅗ, ㅜ, ㅡ, ㅣ/의 결합 형태를 들려주고 들은 음소를 선택하게 하였다.

  산출 실험을 진행한 연구는 총 10편으로 10편 중 6편은 산출 실험을 바탕으로 오류 분석을 한 연구들이다. 하지만 이용권(2015)[4], 이지현(2017), 정버들(2019), 야마모토 미사키(2021) 등의 연구에서는 학습자를 대상으로 산출 실험을 하되 학습자의 발화를 음성학적으로 분석하고 원어민과의 발음과 비교하는 연구로 오류 분석은 진행되지 않았다. 정버들(2019) 연구는 한국인과 러시아인을 대상으로 Praat을 활용하여 한국어 파찰음의 발음 양상을 분석하였다. 야마모토 미사키(2021) 연구는 어두 파열음을 특정하여 한국인, 러시아인의 산출 자료를 Praat으로 분석하였으며 이용권(2015)에서는 한국인과 러시아인을 대상으로 각 언어에서 구개음화가 일어나는 단어들의 산출 실험을 통해 양 언어의 구개음화 현상을 대조하였다. 이지현(2017)은 한국어 모어 화자와 러시아어권 한국어 학습자들의 단순 모음 발화 산출 결과를 대조하였다. 이지현(2017) 연구에서는 한국어 모어 화자 발화자료로 L2KSC(외국어로서의 한국어 음성말뭉치)를 활용하였다.

---

3 'я'는 한국어의 이중모음 'ㅑ'에 대응하는 발음이지만 러시아어에서는 앞에 오는 자음을 연음화시켜주는 역할을 하며 모음으로는 인정받지 못하는 하나의 철자이다(김알라, 2008).

4 이용권(2015) 연구는 러시아어 관련 논문으로 이때 원어민은 러시아인, 학습자는 러시아어 학습 한국인으로 구성되었다.

2) 실험 연구 논문 분석

앞서 2.1.4. 연구 방법별 논문 분류에서 확인한 것처럼 한·러 음운 대조 연구에서 사용한 연구 방법 중 실험 연구 방법으로는 오류 분석, 음성 인지, 산출 실험 등이 있다. 본 절에서는 실험을 진행한 논문들의 실험 방법과 연구 결과를 자세히 분석하고자 한다. 분석 대상은 자음을 중심으로 한다.

(1) 실험 연구 논문 세부 영역 및 연구 방법

다음 〈표 6〉은 분석 대상으로 삼은 12편의 논문에서 대조한 세부 영역과 연구 방법을 정리한 표이다.

〈표 6〉 한·러 음운 대조 연구의 세부 영역 및 연구 방법

논문명 \ 세부영역	자음	모음	음운 현상	연구 방법		
				인지	산출	오류
윤영해(2005)	○	○	○		●	●
유재선(2009)	○			●		
백소영(2009)	○	○	○	●	●	●
이용권(2015)			○		●	
김이고르(2016)	■		○			●
이지현(2017)		○			●	
김은석(2018)	○		○	●	●	●
임율리야(2018)	■		○		●	●
정버들(2019)	○			●	●	
심현주(2020)	○			●		
박현정(2021)	○	○			●	●
야마모토 미사키(2021)	○				●	
합계	8	4	6	5	10	6

분석 논문 중 자음 연구는 총 8편, 모음 연구는 총 4편, 음운 현상 6편이다. 김이고르(2016)와 임율리야(2018)에서는 자음 대조도 진행하였으나 실험을 통해서는 음운 현상만을 분석하였다. 인지 실험을 단독으로 진행한 논문은 유재선(2009), 심현주(2020) 두 편, 산출 실험을 단독으로 진행한 논문은 이용권(2015), 이지현(2017), 야마모토 미사키(2021) 세 편으로 나타났다. 대부분의 연구들이 2개 이상의 실험 연구를 모두 활용하였는데 인지 실험은 5편 산출 실험은 10편, 오류 실험은 6편이다.

(2) 피험자 정보 및 실험 방법

다음 〈표 7〉에서는 각 실험 연구의 피험자 정보와 실험 방법을 확인하였다.

〈표 7〉 한·러 음운 대조 연구의 피험자 정보 및 실험 방법

	피험자 정보		실험 방법
윤영해 (2005)	러시아어권 한국어 학습자 11명(초급 3명, 중급 4명, 고급 4명)	산출 오류	단어와 문장을 읽게 하고 녹음한 내용을 한국어 원어민이 듣고 전사
유재선 (2009)	한국어 무학습 러시아인 36명 러시아어 무학습 한국인 30명	인지	아래 음성 자료를 2회 들려주고 가장 유사한 모국어 음 선택 - 한국인: 러시아어 자음 18개와 모음 'a', 'я' 결합(경-연자음 각 18개) - 러시아인: 한국어 자음 18개와 모음 'ㅏ' 결합 모두 어두 위치 자음으로 한정하였으며 한국인, 러시아인 인지 결과를 대조함
백소영 (2009)	러시아인 한국어 학습자 6명(중급 이하 5명, 고급 1명)	인지 산출 오류	인지: 한국인 화자가 읽어주는 실제 어휘 고르기(삼지선다) 산출: 2음절, 3음절의 무의미 단어를 읽게 하고 녹음한 내용을 한국어 원어민이 듣고 전사 * 연습 기회 제공하지 않음
이용권 (2015)	한국인 러시아어 학습자 4명 러시아 원어민 4명	산출	① 구개음화가 일어나는 한·러 녹음 시료를 각 원어민들이 읽게 하여 음성학

			적 대조(praat) ② 한국인 러시아어 학습자에게 러시아어 시료를 읽게 하고[5] 러시아어 원어민 자료와 비교(praat)
김이고르 (2016)	러시아어권 한국어 학습자 30명 (초/중/고급 각 10명)	산출 오류	단어와 문장을 읽게 하고 녹음한 내용을 분석
이지현 (2017)	우크라이나 국적 한국어 학습자 10명(한국어 학습기간 1년~1년 반)	산출	/ㅏ, ㅓ, ㅗ, ㅜ, ㅡ, ㅣ, ㅔ. ㅐ[6]/ 음성 분석(praat)
김은석 (2018)	러시아어권 중급 학습자 4명	인지 산출 오류	인지: 한국어 자음과 모음 'ㅏ' 결합 형태 듣고 유사한 모국어 음 선택 산출: 3,4어절로 된 89개의 짧은 문장을 읽게 하고 녹음한 내용 분석
임율리야 (2018)	러시아어권 한국어 학습자 20명 (4~5급)[7]	산출 오류	30개 문장을 읽게 하고 음성 분석 (praat) * 연습 시간은 충분히 제공
정버들 (2019)	러시아어권 한국어 학습자 16명(초급 5명, 중급 5명, 고급 6명) 한국인 모어 화자 8명	인지 산출	인지: 파찰음과 /ㅏ, ㅓ, ㅗ, ㅜ, ㅡ, ㅣ/ 모음 결합한 형태를 듣고 맞는 것 고르기 산출: '자~아자'와 같이 어두, 어중 위치의 파찰음을 읽게 하고 음성 분석 (praat)
심현주 (2020)	러시아 국적 한국어 학습자 25명 한국인 러시아어 학습자 27명	인지	한국인과 러시아인 피험자에게 러시아어 자음 /Б, В, Г, Д, Ж, З, К, Л, М, Н, П, Р, С, Т, Ф, Х, Ц, Ч, Ш, Щ/에 /a/ 모음이 결합된 20개의 음절을 무작위 순서로 들려주고 피험자에게는 자신이 들은 말소리를 한국어로 쓰게 함('없음' 표기 가능)
박현정 (2021)	러시아어권 중도입국 초등학생 10명	산출 오류	제시된 글자와 낱말을 읽게 하고 녹음한 내용을 발음 진단표에 기록하여 표준 발음과 비교 및 유사한 오류 유목화
야마모토 미사키 (2021)	러시아어권 한국어 학습자 6명	산출	학습자의 모국어와 한국어의 어두 파열음을 모음 /a/와 결합한 형태로 3회 읽게 하고 분석(praat) 한국어 모국어 화자의 파열음 발음과 한국어 학습자의 파열음 발음 비교

5 "Я скажу _____ ещё раз.", "나는 다시 한 번 ____ 라고 말할 겁니다."와 같은 틀문장을 활용하여 발화하게 하였다.

이용권(2015) 논문은 러시아어학 논문으로 한국인 러시아어 학습자가 주 피험자이며 유재선(2009) 논문은 한국어/러시아어 무학습 피험자들로 구성하였다. 나머지 논문들은 러시아어권 한국어 학습자들로 구성하였으며 피험자에 한국어 모국어 화자가 포함된 경우 학습자의 발화와 대조하기 위한 기준으로 삼기 위함이다. 러시아어권 한국어 학습자는 초급부터 고급까지 분포되어 있으며 국내/국외 거주, 일반목적, 중도입국 청소년 등으로 다양하다.

산출 실험은 크게 학습자 발화를 녹음하여 원어민이 들으면서 피험자의 발음을 진단하는 방식과 녹음 자료를 Praat 등의 프로그램으로 음성적 분석을 실시하는 방식 두 가지로 나눌 수 있다. 한·러 음운 연구 중 산출 실험을 진행한 연구는 총 10편으로 윤영해(2005), 백소영(2009), 이용권(2015), 김이고르(2016), 이지현(2017), 김은석(2018), 임율리야(2018), 정버들(2019), 박현정(2021), 야마모토 미사키(2021) 등이 있다. 이 중 윤영해(2005), 백소영(2009), 김이고르(2016), 김은석(2018), 박현정(2021) 등 5편의 논문이 피험자의 발화를 듣고 교사 혹은 원어민이 진단하는 방식으로 진행되었다. 나머지 이용권(2015), 이지현(2017), 임율리야(2018), 정버들(2019), 야마모토 미사키(2021) 등 총 5편의 논문은 praat을 활용하여 피험자의 발화를 음성학적으로 분석하였다.

(3) 연구 결과

다음 〈표 8〉은 자음 연구 논문별 연구 결과를 보여준다. 실험을 인지와 산출로 구분하여 결과를 제시하였다. 각 결과를 보면서 연구별로 혹

---

6   실험에는 'ㅔ'와 'ㅐ'를 모두 실시했지만 'ㅔ'의 결과만 산출하였다.

7   토픽 4~5급은 중·고급 수준에 해당한다.

은 같은 연구 내에서도 인지 실험인지 산출 실험인지에 따라 결과에 차
이를 보이는 것들이 있는지를 중심으로 살펴보았다.

〈표 8〉 한·러 음운 대조 연구의 연구 결과

논문	연구 결과	
	인지	산출
윤영해 (2005)		① 파열음 /ㅂ/(61.6%)〉/ㅃ/(33.3%)〉/ㅍ/(25.5%) /ㄱ/(48.1%)〉/ㄲ/(44.9%)〉/ㅋ/(34.4%) /ㄷ/(52.1%)〉/ㄸ/(34.8%)〉/ㅌ/(32.6%) 위 순서로 오류가 나타남 ② 파찰음 /ㅈ/(80.4%)〉/ㅉ/(42.9%)〉/ㅊ/(22.8%) 위 순서로 오류가 나타남 ③ 마찰음 /ㅅ/(45.8%)〉/ㅆ/(29.8%) 위 순서로 오류율이 나타남 → 평음에서 특히 오류가 높게 나타나며 무성음인 한국어 평음을 러시아어 자음 중 같은 무성음에 대응시켜 발음하는 경 향이 나타남
유재선 (2009)	지각 상호 일치 ① 파열음[8] /t/-/ㄸ/,/k/-/ㄲ/ ② 파찰음 /c/-/ㅊ/ ③ 마찰음 /s/-/ㅅ/, /x/-/ㅎ/ ④ 비음 /m/-/ㅁ/ /n/-/ㄴ/	

	⑤ 유음 /l/-/ㄹ/ 지각 상호 불일치 ① 파열음 /ㅂ/→/p/→/ㅃ/, /ㅃ/→/b/→/ㅂ/, /ㅍ /→/p/→/ㅃ/ /ㄷ/→/t/→/ㄸ/, /ㅌ/→/t'/→/ㄸ/ /ㄱ/→/k/→/ㄲ/, /ㅋ/→/k'/→/ㄲ/ ② 파찰음 /ㅈ/→/c/→/ㅊ/, /ㅉ/→/c/→/ㅊ/ ③ 마찰음 /ㅆ/→/z/→/ㅈ/	
백소영 (2009)	① 파열음 어두 /ㄱ/를 격음으로 인식하는 반면 어 중, 어말에서는 평음으로 바르게 인식 /ㄷ/ 인지에 대한 오류가 다른 평음에 비해 적음 ② 파찰음 어두에서 평음을 격음으로 인지하는 경 우가 많음 어두, 어중에서 경음을 평음으로 인지 하는 경우가 많음 ③ 마찰음 큰 오류를 보이지 않음	① 파열음 /ㅂ/ 〉/ㅃ/ 〉/ㅍ/ /ㄱ/ 〉/ㄲ/ 〉/ㅋ/ /ㄸ/ 〉/ㅌ/ 〉/ㄷ/[9] 위 순서로 오류가 나타며 경음을 평음으 로 발음하는 경향이 있음 평음을 격음으로 산출하는 경우는 나타 나지 않음 ② 파찰음 /ㅉ/ 〉/ㅊ/ 〉/ㅈ/ 위 순서로 오류가 나타나며 경음을 평음 으로 발음하는 경향이 있음 평음을 격음으로 산출하는 경우는 나타 지 않음 ③ 마찰음 /ㅅ/=/ㅆ/ 큰 오류를 보이지 않음
김은석 (2018)	① 파열음 /ㄱ/-/K/(3), /ㄱ/-/Г/(1) /ㄷ/-/Д/(2), /ㄷ/-/Т/(2) /ㅂ/-/П/(3), /ㅂ/-/Б/(1) /ㄲ/-/K/(2), /ㄲ/-/Г/(2) /ㄸ/-/Д/(2), /ㄸ/-/Т/(2)	'ㅃ'(92%) 〉 종성 'ㅇ'='ㄸ'='ㅆ'(90%)〉 'ㄲ'(65.6%) 〉 'ㅎ'(44.6%) 〉 'ㅍ'(30%) 〉 'ㅈ'(24%) 〉 'ㅌ'(22.2%) 〉 'ㅋ'(20%) 〉 'ㄱ'(12.5%) 〉 'ㄷ' (8.9%) 〉 'ㅂ'(7.8%) 〉 'ㅊ'(7.7%) 〉 'ㄹ'(6.6%) 〉 'ㅅ'(3.7%) 〉 'ㄴ' (2.8%) 〉 'ㅁ'(0%) 순으로 발음의 오

	/빼/-/П/(3), /빼/-/Б/(1) /ㅋ/-/K/(4) /ㅌ/-/T/(3), 무응답(1) /ㅍ/-/П/(4) ② 파찰음 /ㅈ/-/Ч/(4) /ㅊ/-/Ц/(2), /ㅊ/-/Ч/(1), 무응답(1) /ㅉ/-/Ч/(2), /ㅉ/-/Ц/(1), 무응답(1) ③ 마찰음 /ㅅ,ㅆ/-/c/ /ㅎ/-/X/ ④ 비음 /ㅁ/-/М/ /ㄴ/-/Н/ 종성 /ㅇ/-/Н/(1), 무응답(3) ⑤ 유음 종성 /ㄹ/-/Л/(3), 무응답(1) 초성 /ㄹ/-/Л/(2), /ㄹ/-/Р/(2)	류가 발생 ① 파열음 평음을 격음으로 발음(ㄱ〉ㅂ〉ㄷ) 경음을 평음, 격음으로 발음(격음으로 발화하는 비율이 높음) ② 파찰음 평음을 격음으로 발음 무성 파찰음 /ㅈ/을 유성 파찰음, 유성 마찰음으로 발음 ③ 마찰음 경음을 평음으로 발음 ④ 비음 종성 /ㅇ/를 /Н/, /М/으로 발음 ⑤ 유음 탄설음 /ㄹ/을 전동음 /Р/로 발음
정버들 (2019)	① 파찰음 /ㅈ/(47.4%)〉/ㅉ/(41.7%)〉/ㅊ/(25%) 평음을 격음으로 인지하는 경우가 많음 경음을 평음으로 인지하는 경우가 많음 ⇒경음과 격음은 다른 소리로 지각하지 만 평음과는 다른 소리로 지각하지 못함	① 파찰음 VOT 어두, 어중에서 /ㅈ/, /ㅉ/ 한국인-러시 아인 유의미한 수준에서 차이 어두, 어중 /ㅊ/는 VOT 유의미한 차이X 격음에서 VOT 범위가 가장 넓게 나타남
심현주 (2020)	① 파열음 /Г, Д, Б/ - /ㄱ, ㄷ, ㅂ/ (한·러 집단 차이 적음) /K, T, П/ - /ㄲ, ㄸ, ㅃ/(한) /K, T, П/ - /ㄲ, ㄸ, ㅃ/와 /ㄱ, ㄷ, ㅂ /(러) ② 파찰음 /Ц/ - /ㅉ/〉/ㅊ/(한) /Ц/ - /ㅉ/〉없음〉/ㅊ/〉/ㅈ/〉/ㅅ/(러) /Ч/ - /ㅊ/(한) /Ч/ - /ㅊ/〉/ㅈ/〉/ㅉ(러)	

	③ 마찰음 /B/ – /ㅂ/(한) /B/ – 없음〉/ㅂ/〉/ㅃ/〉/ㅍ/(러) /Φ/ – /ㅍ/〉/ㅃ/〉/ㅎ/(한) /Φ/ – /ㅍ/〉없음(러)	
박현정 (2021)		① 파열음 /ㅍ/〉/ㅌ/=/ㄸ/〉/ㄷ/〉/ㅋ/〉/ㅃ/〉/ㄱ/〉/ㅂ/〉/ㄲ/ ② 파찰음 /ㅉ/〉/ㅈ/〉/ㅊ/ ③ 마찰음 /ㅅ/〉/ㅆ/〉/ㅎ/
야마모토 미사키 (2021)		① 어두 파열음 평음에서의 VOT 분포 범위가 넓게 나타남 한국어 평음(무성음)을 러시아어의 유성음으로 대체하는 경향 한국어 경음을 러시아어의 무성무기음으로 대체하는 경향

분석 결과 평음-경음-격음에 있어 다양한 결과를 보임을 확인하였다. 연구별로 실험 결과가 다른 경우도 있었으며 인지와 산출 실험을 모두 진행한 경우 두 실험 결과에 있어 차이를 보이는 경우도 있었다. 이에 다음 절에서는 삼지적 상관속에 대한 연구 결과 차이를 쟁점으로 설정하여 논의를 이어가고자 한다.

---

8 유재선(2009) 연구에서는 폐쇄음이라는 용어를 사용하였으나 본 연구에서는 용어의 통일을 위해 파열음, 폐쇄음, 불파음 등의 용어를 모두 파열음으로 통일한다.

9 해당 결과는 '도라-또라-토라'의 산출 결과로 평-경-격음이 어두에 올 때 나타난다. '아투리', '오뚝이' 등 다른 환경의 경음과 격음에서는 오류가 적게 나타났다.

3) 한·러 음운 대조 쟁점

본 절에서는 분석 논문을 대상으로 한-러 음운 대조 연구에서의 쟁점을 제시한다. 첫 번째로는 삼지적 상관속의 연구 결과에 대해 논의하고 두 번째로는 한국어 발음 교육 방안에 대해 논의한다.

(1) 삼지적 상관속

삼지적 상관속이란 한국어 자음의 특징 중 하나로 평음-격음-경음의 세 가지 쌍을 이루는 것을 의미한다. 러시아어권 한국어 학습자들은 삼지적 상관속 발음에 있어 많은 오류를 보인다. 본 연구에서는 삼지적 상관속과 관련하여 인지와 산출 실험에서 결과 차이를 보이는 연구와 삼지적 상관속 중 파열음 결과의 차이에 대해 논의하고자 한다.

분석 대상 논문 중 인지와 산출 실험을 모두 진행한 연구는 백소영(2009), 김은석(2018), 정버들(2019) 등이 있다. 백소영(2009)의 인지 실험 결과에서는 어두에 나타난 평음 파열음과 평음 파찰음을 격음으로 인지하는 경우가 많았으나 실제 산출 실험에서는 평음을 격음으로 발음하는 경우는 나타나지 않았다. 그 이유는 인지 실험에서는 의미가 있는 실제 단어를 대상으로 하고 산출 실험에서는 무의미 단어를 읽게 하여 서로 다른 자료에 대해 실험을 했기 때문이라고 해석할 수 있다. 파찰음을 대상으로 한 정버들(2019)의 인지 실험 결과에서도 백소영(2009)의 인지 실험 결과와 비슷하게 평음을 격음으로, 경음을 평음으로 지각하는 경우가 많은 것으로 나타났으며 /ㅈ/>/ㅉ/>/ㅊ/ 순의 오류율을 보였다. 산출 실험에서도 비슷한 결과가 나타나 /ㅈ/과 /ㅉ/의 산출에서 한국인과 러시아인의 VOT 값이 유의미한 차이를 보였다. 정버들(2019) 연구에서는 /ㅈ, ㅊ, ㅉ/에 모음 /ㅏ, ㅓ, ㅗ, ㅜ, ㅡ, ㅣ/를 결합한 형태로 지각 실험을 진행하고 산출 실험에서는 '자/차/짜', '아자/아차/아짜'를 발음하도록 하였다. 정버들(2019) 연구는 백소영(2009)의 연구와 달리 지각 실험과 산출 실험에서 사용한 자료가 비슷하다. 이를 미루어볼 때 인지와 산출 실험 진행에 있어 자료를 일치시키거나 혹은 비슷한 조건으로 설정하는 것이 필요해 보인다. 지각과 산출 실험 결과 차이가 유의미하기 위해서는 실험틀을 동일 조건으로 맞춰야 하며 더 많은 실험 참가자들을 대상으로 추후 연구를 진행할 수 있다.

이어 평음-격음-경음 중 파열음 결과를 좀 더 자세히 살펴보고자 한다. 윤영해(2009)의 산출 실험에서는 파열음의 오류 순서가 /ㅂ/>/ㅃ/>/ㅍ/, /ㄱ/>/ㄲ/>/ㅋ/, /ㄷ/>/ㄸ/>/ㅌ/로 나타난다고 하였다. 즉 평음에서의 오류가 가장 많이 나타나고 경음, 격음의 순서로 오류가 나타난다. 백소영(2009)에서는 /ㅂ/와 /ㄱ/ 계열은 윤영해(2009) 연구와 동일한 순서로 나타나지만 /ㄷ/ 계열은 /ㄸ/>/ㅌ/>/ㄷ/ 순서로 나타나 차이를 보였다. 전반적으로 평음에서의 오류 빈도가 높음을 보여준다.

이와 달리 김은석(2018) 연구에서는 /ㅃ/>/ㄸ/>/ㄲ/>/ㅍ/>/ㅌ/>/ㅋ/>/ㄱ/>/ㄷ/>/ㅂ/ 순서로 오류를 보였다. 즉 경음에서의 오류가 가장 많이 나타나고 격음, 평음의 순서로 나타나는 것으로 연구마다 결과가 다름을 알 수 있다. 또 박현정(2021)에서는 파열음의 오류 순서가 /ㅍ/>/ㅌ/=/ㄸ/>/ㄷ/>/ㅋ/>/ㅃ/>/ㄱ/>/ㅂ/>/ㄲ/로 나타나 격음에서 가장 많은 오류를 보인다. /ㅂ/, /ㄷ/ 계열에서는 경음이 그 다음으로 나타났으며 /ㄱ/ 계열에서는 평음이 뒤를 이었다.

<표 9> 파열음 오류 비율 순서

	윤영해(2009)	백소영(2009)	김은석(2018)	박현정(2021)
파열음 오류	/ㅂ/>/ㅃ/>/ㅍ/ /ㄱ/>/ㄲ/>/ㅋ/ /ㄷ/>/ㄸ/>/ㅌ/	/ㅂ/>/ㅃ/>/ㅍ/ /ㄱ/>/ㄲ/>/ㅋ/ /ㄸ/>/ㅌ/>/ㄷ/	/ㅃ/>/ㅍ/>/ㅂ/ /ㄲ/>/ㅋ/>/ㄱ/ /ㄸ/>/ㅌ/>/ㄷ/	/ㅍ/>/ㅃ/>/ㅂ/ /ㅋ/>/ㄱ/>/ㄲ/ /ㅌ/>/ㄸ/>/ㄷ/

이는 윤영해(2009)와 백소영(2009) 연구는 단어와 문장 수준을 발화하게 하고 김은석(2018) 연구에서는 자음과 단모음 'ㅏ'와의 결합을 발화하게 하여 차이가 나타난 것으로 보인다. 즉 같은 자음이라도 실험에 사용한 산출 자료에 따라 결과가 달라짐을 보여준다. 박현정(2021) 연구에서는 낱말과 무의미 단어를 모두 대상으로 선정하였으며 실험 대상이 중도 입국 청소년으로 다른 세 연구들과 차이를 보인다.

물론 윤영해(2009), 백소영(2009), 김은석(2018), 박현정(2021) 연구의 피험자 수가 각각 11명, 6명, 4명, 10명으로 절대적인 수가 적었다는 점이 결과에 영향을 미쳤을 가능성이 있다. 그러나 각 연구 내 평음—경음—격음에 따라 일정 정도 경향성이 드러난 것을 볼 때 유의미한 결과라할 수 있다.

유재선(2009)에서는 러시아어 무학습 한국인 집단과 한국어 무학습 러시아인 집단을 대상으로 서로의 모국어에 대한 인지 실험을 진행하였다. 그 결과 경음은 각 집단에서 지각하는 자음이 일치하는 반면 평음과 격음은 상호 불일치하는 모습을 보인다. 이는 러시아어 학습자가 한국어를 학습할 시 평음과 격음에서 어려움을 겪을 가능성이 높음을 의미한다. 유재선(2009) 연구가 양 언어를 배우지 않은 피험자들을 대상으로 하였음을 고려할 때 습득 과정에 있어 오류의 양상이 달라질 수 있음을 시사한다. 초급 3명, 중급 4명, 고급 4명을 대상으로 한 윤영해(2009)와 중급 5명, 고급 1명을 대상으로 한 백소영(2009) 연구 결과 격음의 오류율이 가장 낮게 나타난다. 이를 통해 한국어 학습이 진행되는 과정에서 격음의 오류가 줄어든다고 할 수도 있으며 반대로 목표어 내 간섭으로 평음과 경음이 오류가 더 높아진다고 볼 수도 있을 것이다.

(2) 발음 교육 방안 다양화 필요성

앞서 쟁점 1에서도 살펴본 것과 같이 같은 자음 내에서도 계열에 따라 오류 정도가 다르게 나타나기도 하며 자음의 출연 위치에 따라서도 인지 및 산출이 서로 달라지기도 한다. 학습 유무 혹은 수준에 따라서도 오류의 빈도 등이 달라진다. 이에 따라 발음 교수 방안을 제시할 때에도 자음을 별도로 교수하기 보다는 여러 조건에 따른 각 자음에 적합한 교육 방안을 제시해야 한다.

본 연구의 분석 대상 논문 중 한국어 자음 발음 교육 방안을 제시한 논문에는 유재선(2009), 백소영(2009), 임율리야(2018), 심현주(2020) 등이 있다. 유재선(2009)에서는 조음 위치와 조음 방법에 대해 학습자에게 설명하고 단면도 등을 활용하는 방안을 제시하였다. 유재선(2009)에서는 개별 음소 단위로 교수하는 방안은 제시하였으나 백소영(2009)에서는 학습자 수준에 따라 초급은 기본 발음과 더불어 철자는 같지만 발음이 달라지는 경우, 철자는 다르지만 발음이 같은 경우 등을 제시하였으며 중급에서는 최소 대립쌍, 음운 현상에 의해 발음이 달라지는 경우 등을 추가로 제시하였다. 임율리야(2018)은 자음 발음을 음운 현상과 연결하여 학습자 수준별로 제시하였다. 또한 스펙트로그램을 학습자들에게 제공하여 발음을 확인하고 오류가 있을 경우 수정할 수 있도록 하는 방안도 제시하였다. 심현주(2020)에서는 한국인, 러시아인을 대상으로 한 지각 실험 결과를 바탕으로 대응하는 자음의 말소리를 제시하는 방안을 제시하였다. 그 예로 한국어 파열음 /ㄱ, ㄷ, ㅂ/과 러시아어 /г, д, б/가 있다.

전문적인 지식이 없는 사람들은 일반적으로 모국어라도 조음점과 조음 위치를 설명하기 어려울 것이다. 따라서 한국어 발음을 가르치면서 단면도를 제시하거나 조음점과 조음 위치를 설명하는 것이 실제적으로 효과적일지에 대한 의문이 있다. 오히려 수준에 맞게 개별 음소 수준, 단어 수준, 문장 수준으로 범위를 확장하면서 때로는 음운 현상과 결합하여 발음 교육을 하는 것이 더욱 효과적일 것이라고 본다. 또한 같은 계열의 자음이더라도 학습자들이 더욱 어려움을 느끼는 계열이 있음을 인지하고 그에 맞는 교육 방안을 제시할 필요가 있다. 앞서 연구에서 살펴보았듯이 일반적으로 경음이나 격음보다 평음에 대한 오류가 빈번하게 발생한다. 따라서 오류를 보이는 평음의 출연 환경, 오류를 생성한 학습자의 학습 수준 등을 살펴 그에 대해 집중적인 교수가 이루어져야 한다. 따라서 추후 연구에서는 발음 교육 방안을 제시하고 실제 교육 진행을 통해 교육 방안이 효과적인지 확인하는 것도 의미 있는 연구가 될 것이다.

3. 나가는 말

지금까지 한국어와 러시아어의 음운 대조 연구 중 실험 연구를 중심으로 연구 결과를 분석하였다. 분석 결과 평음—격음—경음의 삼지적 상관속에 있어 다양한 결과가 나타남을 확인하였다. 이때 결과 차이는 연구 내 지각−산출 실험에서 나타났으며 또한 연구 간 실험에서도 나타났다. 이 차이는 실험에 사용된 자료 혹은 틀이 일치하지 않아서 발생했을 가능성을 고려해야 한다. 분석 대상 연구들은 자음에 모음을 결합한 형태, 단어, 무의미 단어, 문장 등을 사용하여 실험을 진행하였다. 추후 연구에서는 이 부분을 고려하여 실험을 설계하고 연구를 진행해볼 필요가 있다.

또한 발음 교육 방안 제시에 있어 실제성 측면도 고려해야 한다. 이를 위해서는 논문에서 제시한 교육 방안을 실제 교실에서 적용하고 효과를 검증하는 과정이 필요하다. 유주연(2019) 연구에서는 평서문 억양 교육 방안과 함께 실제 교실에 적용하여 효과가 있음을 확인하였다. 이처럼 발음 교육안을 제시하는 것에서 더 나아가 학습자들에게 어떠한 영향을 미쳤는지를 확인하는 연구들이 다양해진다면 한국어 발음 교육이 발전하는데 밑거름이 될 수 있다.

한국어와 러시아어 음운 대조 연구는 다른 언어권에 비해 그 숫자가 많지 않다. 이에 본 연구는 적은 수의 논문을 대상으로 자음 중심의 분석이 이루어졌다는 점에서 한계를 갖는다. 러시아어권 학습자가 증가하고 있으며 발음 교육의 중요성이 대두되고 있음을 고려할 때 한국어와 러시아어 음운 대조 연구, 더 나아가 교육 방안과 적용에 관한 연구가 활발해질 필요가 있다.

• **참고문헌**

가니예바 아세네(2019), 「한국어와 러시아어 음운체계 및 음운현상의 비교」, 강릉원주대학교 석사학위논문.

김알라(2008), 「러시아 학습자를 위한 한국어 발음 교육 방안」, 창원대학교 석사학위논문.

김현숙(2004), 「러시아어 화자의 한국어 발음 습득과 관련한 몇 가지 문제」, 연세대학교 석사학위논문.

배주채(2013), 『한국어의 발음』, 삼경문화사.

이영숙(2008), 「한국어와 러시아어의 자음 음소 및 변이음의 대조 분석」, 연세대학교 석사학위논문.

이용권(2006), 「러시아어 모국어 학습자의 한국어 발음교육」, 『언어과학』 13(3), 한국언어과학회, 90-115쪽.

유주연(2019), 「러시아인 초급 학습자의 평서문 억양 교육 방안 연구 -명시적 교수를 중심으로-」, 경희사이버대학교 석사학위논문.

필라렐퍼브 꼰스딴친(2007), 「한국어 자음과 러시아어 자음의 발음 비교 연구」, 우석대학교 석사학위논문.

• 분석 대상 논문

김이고르(2016), 「러시아어권 학습자들의 한국어 발음 오류 연구」, 한국외국어대학교 석사학위논문.

김은석(2018), 「러시아어권 한국어 학습자들의 한국어 자음 발음에 관한 연구」, 숭실대학교 석사학위논문.

박현정(2021), 「러시아어권 중도입국 학생의 한국어 발음 오류 연구」, 진주교육대학교 석사학위논문.

백소영(2009), 「러시아어권 화자를 위한 한국어 발음교육 연구」, 충남대학교 박사학위논문.

심현주(2020), 「한국어와 러시아어 자음 간 지각적 대응 관계 분석」, 『언어와 문화』 16(3), 한국언어문화교육학회, 183-204쪽.

야마모토미사키(2021), 「한국어 학습자의 모어와 한국어의 어두 파열음 산출에 나타나는 다언어적 특징 연구 -중국어, 러시아어, 일본어, 태국어, 한국어를 대상으로-」, 『새국어교육』 126, 한국국어교육학회, 373-400쪽.

유재선(2009), 「러시아어권 한국어 초급 학습자를 위한 자음 발음 교육 방안」, 부산외국어대학교 석사학위논문.

윤영해(2005), 「러시아어 화자들의 중간언어 음운연구」, 한국외국어대학교 석사학위논문.

이용권(2015), 「러시아어와 한국어 구개음화의 음향적 특성 연구」, 『슬라브어 연구』 20(2), 한국슬라브어학회, 123-142쪽.

이지현(2017), 「러시아어권 학습자의 한국어 단순모음 비교 및 교육방안 연구」, 군산대학교 석사학위논문.

임율리아(2018), 「러시아어권 학습자의 한국어 발음 교육 연구」, 서울대학교 석사학위논문.

정버들(2019), 「러시아인 학습자의 한국어 파찰음 습득 연구」, 한국외국어대학교 석사학위논문.

찾아보기

저자소개

원미진 연세대학교 국어국문학과 교수
mwon@yonsei.ac.kr

여의주 연세대학교 국어국문학과 박사과정
uijoo0407@yonsei.ac.kr

양지현 연세대학교 국어국문학과 박사과정
yangjh@yonsei.ac.kr

박미영 연세대학교 한국학협동과정 박사과정
pmy2394@yonsei.ac.kr

오세원 연세대학교 국어국문학과 박사과정
robebt12099@naver.com

즈보가르 마샤 연세대학교 국어국문학과 박사과정
pmy2394@naver.com

손지혜 연세대학교 국어국문학과 박사과정
jihyes@yonsei.ac.kr

한국 언어·문학·문화 총서 **12**

한국어교육을 위한 대조 연구
– 한국어와 영어, 스페인어, 러시아어 대조

2022년 8월 25일 초판 1쇄 펴냄

저 자 원미진·여의주·양지현·박미영·오세원·마샤·손지혜
펴낸이 김흥국
펴낸곳 보고사

등록 1990년 12월 13일 제6-0429호
주소 경기도 파주시 회동길 337-15 보고사
전화 031-955-9797(대표)
　　　02-922-5120~1(편집), 02-922-2246(영업)
팩스 02-922-6990
메일 kanapub3@naver.com / bogosabooks@naver.com
http://www.bogosabooks.co.kr

ISBN 979-11-6587-347-9 94710
　　　979-11-5516-424-2 94080(세트)

ⓒ 원미진 외, 2022

정가 30,000원